평신도 혹은 그리스도인

GIACOMO CANOBBIO
LAICI O CRISTIANI?
Elementi storico-sistematici per una descrizione del cristiano laico

Translated with notes by YOON Jeonghyun

평신도 혹은 그리스도인
평신도 그리스도인을 설명하기 위한 역사적 · 조직적 자료

2025년 12월 3일 교회 인가
2025년 12월 18일 초판 1쇄

지은이 자코모 카노비오
번역 · 해제 윤정현
펴낸이 박현동
펴낸곳 성 베네딕도회 왜관수도원 ⓒ 분도출판사
찍은곳 분도인쇄소

등록 1962년 5월 7일 라15호
주소 04606 서울 중구 장충단로 188 분도빌딩(분도출판사 편집부)
39889 경북 칠곡군 왜관읍 관문로 61(분도인쇄소)
전화 02-2266-3605(분도출판사) · 054-970-2400(분도인쇄소)
팩스 02-2271-3605(분도출판사) · 054-971-0179(분도인쇄소)
홈페이지 www.bundobook.co.kr

ISBN 978-89-419-2524-8 93230

• 본 번역서는 가톨릭대학교 강엘리사벳 학술연구기금의 연구비 지원에 의해 작성되었습니다.

평신도

혹은

그리스도인

평신도 그리스도인을
설명하기 위한
역사적·조직적 자료

자코모 카노비오 지음
윤정현 번역·해제

분도출판사

일러두기

1. 각 장에서 다루는 본문의 내용이 방대하기에, 절에서 주제가 바뀔 때마다 한 줄 띄우고, 그 주제를 굵은 글씨체로 표현했다.
2. 책 제목은 『』로, 논문, 기사 제목은 「」로 표기했다. 교황 문헌은 한국어 번역본이 없는 경우는 역자가 번역하고 이텔릭체로 원어를 병기했다. 교부 문헌은 『교부 문헌 용례집』(수원가톨릭대학교 출판부 2014)을 따랐다.
3. 성경 인용문과 인명 · 지명은 『성경』(한국천주교주교회의 2005)을 따르되, 신약성경 인용문은 『200주년 신약성서』(분도출판사 1991)를 따랐다.

해제

제2차 바티칸공의회는 '교회에 관한 공의회'라고 말한다. 공의회의 역사에서 처음으로 평신도에 관해 진술했기에, '평신도에 관한 공의회'라고 부를 수도 있다. '교회에 관한 교의 헌장'인 「인류의 빛」 제4장과 '평신도 사도직에 관한 교령' 「사도직 활동」을 통해 공의회는 평신도에게 교회의 모든 구성원이 지니는 '품위'와 '동등성'을 부여했다. 더 나아가 평신도가 지니는 "세속적 성격"(「인류의 빛」 31항)을 높이 평가하면서, 세상에서 그리고 교계와 협력해 수행해야 할 교회의 임무를 평신도에게 부여했다. 이후에 교황 권고 『평신도 그리스도인』은 공의회의 정신을 이어받아 평신도를 정의하고, 그들의 활동을 풍요롭게 제시했다.

하지만 오늘날 교회 생활에서 마주하는 평신도와 교회 문헌이 제시하는 평신도 사이에는 간극이 있는 것처럼 보인다. 이러한 간극은 공의회의 정신이 아직 제대로 수용되지 않았음을 보여 준다. 성직주의적 성향이 강한 한국 교회에서 평신도는 여전히 교계의 지시를 따라야 할 사목적 대상으로, 교계에 협조해야 하는 봉사자로 왜곡되고 있다. 특히 '참여-친교-사명'을 주제로 열리는 '시노달리타스' 시노드의 기초 자료를 '아래로부터' 수렴했을 때, 이 주제에 관한 많은 의견은 성직자에 대한 '평신도의 성토대회'와 같았고, 이러한 의견들이 종합되면서 성직자에 대한 '평신도의 의존성'이 두드러지는 것처럼 보인다. 우리가 살아가는 교회의 현실에서 공의회 이후 펼쳐진 평신도에 대한 자각과 성장은 아직 먼 이야기인 듯하다.

오늘날 교회에서 평신도 신학의 진전은 적어도 세 번 있었다. 제2차 바티칸공의회(1962~1965), '평신도 그리스도인'에 관한 시노드(1987) 그리고 교황 프란치스코의 재임 이후 개최된 시노드들이다. 특별히 '시노달리타스' 시노드와 맞물려 교황 프란치스코는 유일한 교회의 사명에 참여하라고 모든 그리스도인을 초대한다. 이 초대는 평신도에게 더 많은 '권한'과 '공동 책임'을 부여할 것이다. 하지만 평신도에게 '권한'은 부여하지 않고 '공동 책임'만을 요구한다면, 조금씩 드러나고 있는 '새로운 성직주의'에 함몰되고 말 것이다.

우리나라에서 평신도에 관한 이해와 연구는 아직 활발하지 않다. 평신도는 교회론의 한 부분 혹은 영성의 한 부분으로 다루어진다. 평신도에 관한 단편의 논문은 많지만, 평신도의 정의와 본질을 일관되게 설명하는 전문적인 도서는 많지 않다. 그중에서 후안 마리아 라보아의 『간추린 평신도의 역사』(김영식 역, 가톨릭출판사 2014)가 탁월하지만, 이마저도 교회사적으로 간추려져 평신도에 관한 신학적이고도 종합적인 설명은 그다지 드러나지 않는다.

이러한 상황에서 평신도에 관한 체계적이고도 종합적인 설명이 필요하다. 자코모 카노비오의 작품 『평신도 혹은 그리스도인: 평신도 그리스도인을 설명하기 위한 역사적 · 조직적 자료』는 평신도에 관한 역사적 이해와 조직적인 설명을 제시하고, 더 나아가 평신도 그리스도인이 어떻게 살아가야 하는지 제시하고 있다.

원서의 표지에는 이 작품을 다음과 같이 설명하고 있다.

> 교회가 세상과 관계를 지니므로 세속적 성격이 온 교회의 특성으로 드러난다면, 여전히 '평신도'는 유의미한 개념인가? 평신도 그리스도인의 모습은 신학적으로 극복된 계절이 우연히 빚어낸 열매일까 혹은 그리스도교의 부르심을 실현하는 전형적인 방법일까? 이 책은 교회론적 성찰로 이해된 평신도의 역사를 짚어 가면서 제기된 질문들에 대답하고자 한다. 곧, 평신도는 신학적으로 온전히 합법적이며 그리스도의 부르심을 실현하는 특별한 형태라고 결론을 내릴 수 있다.

1. 작품의 개요: 그리스도인으로서 평신도

"평신도를 성찰하는 역사는 교회론의 역사"(서문)라고 저자는 제시한다. 평신도는 교회의 구성원 중 한 부류이기에, 정확한 설명을 위해서는 교회의 다른 구성원들과 비교해야 한다. 이러한 작업에는 "교회론 총론, 교회와 사회의 관계, 사제 직무의 개념 그리고 그리스도인의 생활"(서문)이라는 주제가 함축되어 있다.

방대한 주제를 다루는 평신도에 관한 이해는 제2차 바티칸공의회에서 부각된 평신도가 지니는 '품위'와 교회의 다른 구성원들과의 '동등성'을 바탕으로 펼쳐진다. 그리하여 이제는 극복된 과거의 교계 제도론의 교회에서 파생된 평신도의 '열등감'이나 '이질감'은 사라진다.

평신도는 교회의 다른 구성원들과 동등하며, 세속성을 지니고 세상에서 교회의 임무를 수행한다. 평신도의 본질적인 부르심은 복음화와 인류 증진으로 세상을 성화하는 것이다. 그러므로 평신도는 각자의 삶의 자리에서 복음을 살아가며 '보편 사제직'을 수행하는 그리스도인이라고 저자는 강조한다.

이를 통해 교회를 이해하는 방식이 확장된다. 교회는 인간의 영혼을 보살피고 북돋우는 일을 할 뿐만 아니라 하느님이 창조하신 세상 전체를 하느님께로 이끌어 가야 할 의무를 지닌다. 이는 제2차 바티칸공의회가 교회를 설명하면서 제안한 '교회 안'(Ecclesia ad intra)과 '교회 밖'(Ecclesia ad extra)으로 향하는 교회의 활동에 근거한다.

이러한 이해와 관점에 이르기 위해 저자는 평신도의 어원과 역사를 함께 제시한다. 저자가 제시하는 역사적 자료는 방대하다. 이 방대한 자료를 조직적으로 종합해 평신도에 관한 정확한 이해로 이끈다. 곧, 평신도라는 교회의 신분과 역할이 아닌 그리스도인이라는 공통된 조건과 역할을 강조한다. 그 결과, "평신도는 성품성사를 받지 않았지만, 일상적 생활 환경에서 활기찬 증언을 하며 살아가는 그리스도인"이라고 결론짓는다.

2. 작품의 구조와 내용

이 작품은 총 11장으로 구성되어 있으며, 내용상 세 부분으로 나뉠 수 있다. 먼저 평신도라는 용어의 어원학적 이해(제1장)로 시작한다. 신약성경 시대로부터 제2차 바티칸공의회의 수용에 이르는 평신도 이해에 관한 역사적 변천(제2-9장), 마지막으로 평신도에 관한 저자의 관점과 전망(제10-11장)으로 구성된다. 세세하게 짚어 주는 저자의 안내를 따라가다 보면, 평신도에 대한 오래고도 새로운 이해는 깊어진다.

먼저 작품의 주제를 전달하기 위해 평신도라는 용어의 어원학적 이해(제1장)를 제시한다. 교회는 전통적으로 평신도를 교회의 지도자에 반대되는 '대중'(plebs)이라고 부정적으로 설명한다. 이러한 의미를 지닌 평신도라는 용어의 어원은 성경과 문화 안에서 찾을 수 있고, 이 어원에서 다양한 의미가 파생한다.

이어서 평신도의 역사적 변천이 제시된다. 이러한 작업은 교회론의 역사를 포함하고 있다. 신약성경 시기에는 복음의 전파와 공동체 설립이 먼저였으며, 이어서 공동체에서 임무의 분담이 생겨났다. 따라서 신약성경에는 평신도라는 용어가 나타나지 않는다(제2장). 오히려 신약성경에서 믿는 이 모두는 새로운 '하느님 백성'이라는 자의식을 지님으로써, 대사제인 예수 그리스도의 사제직에 참여하는 사제적 백성이 된다. 이때는 교회 조직이 아직 고정되지 않았고, 다양한 형태가 발견된다. 그런데도 공동체에서 임무 분담이 이루어진 단서들을 발견할 수 있다. 예를 들어, 공동체를 설립하는 권위 있는 '말씀'의 선포자는 공동체의 중심이 된다. 신약성경 시대에는 믿는 이 모두가 동등한 사제적 백성으로 나타나는 한편, 임무의 차이가 생기는 단서 또한 발견된다.

이어지는 시기는 교회가 조직화되는 교부 시기(제3장)다. 교부들의 자료는 교회 공동체가 구조적으로 확정되는 과정을 보여 준다. 사도 전승을 통한 사도성이 강조되었고, 감독(주교)이 공동체의 중심이 되어 거룩한 위계가 교회에서 형성된 것을 확인할 수 있다. 이 과정에서 공동체 안의 많은 직무는 사제직을 중심으로 재편되고 또 사라지게 된다.

교회에 '신분'(ordo)이라는 용어가 들어온 중세 시기(제4장)에는 그라티아누스의 구분에 따라 그리스도인을 "두 부류"로 나누기 시작했다. 중세 중반에 이르기까지 평신도는 성직자와 권력자의 이중 하층 계급으로 특별한 중요성을 지니지 못했다. 12세기까지 수도자는 복음의 완전함을 살아가는 참된 그리스도인으로 이해되었으나, 이후에 그 자리는 직무자로 대체되었다. 평신도는 완전하지 않은 삶의 상태에 있더라도 가정생활과 노동이라는 고귀한 임무를 받았고, 그 임무로부터 구원이 결정된다고 이해되었다. 12세기부터 평신도는 경제적 활동의 중요성을 지닌 노동자로서, 하나의 사회 계급으로 인식되었다. 다른 한편, 중세에는 교회의 직무자와 평신도인 세상의 주권자 사이의 충돌이 지속되었다. 여기서 교계는 평신도인 주권자들의 개입에 저항해 '교회의 자유'(libertas Ecclesiae)를 주장했다. 이를 바탕으로 한 '교황 중심주의'는 결과적으로 '종교개혁'이라는 새로운 시대를 앞당기는 결과를 초래했다. 이단들과 초기 종교개혁자들은 종교개혁의 불씨를 지피기만 했다. 그러나 종교개혁은 조직적이고 제도적인 교회에 반대해 복음의 비전을 제시했다. 이때 평신도는 덕을 함양하고 세상에서 문화를 형성하는 집단으로 부상한다.

종교개혁 시기에 평신도(제5장)는 중요한 주제가 되었다. 종교개혁을 대표하는 루터와 칼뱅은 직무에 관한 이해는 서로 달랐지만, 보편 사제직을 주장하며 믿는 이 모두의 공통된 품위를 회복하고자 했다. 두 사람 다 성찬이 '희생 제사'라는 이해를 거부했다. 그러나 루터는 믿는 이들을 위한 사제직이 필요하다고 주장한 반면, 칼뱅은 사제가 필요한 것이 아니라 말씀과 성사에 대한 직무자들이 필요하다고 주장했다. 사제직과 직무에 관한 종교개혁가들의 이해를 바탕으로 극단적 상황이 펼쳐졌는데, 성직 신분을 포기하면서 믿는 이들의 공통된 품위를 강조하거나(폰 카를슈타트) 성직 신분과 투쟁하기도 했다(뮌처, 농민전쟁). 또한 성직자에게만 유보된 설교가 평신도에게 수여되는 일이 발생했다(영국 청교도). 아무튼 종교개혁은 '성직 중심주의'적인 교회의 판을 흔들어 놓았다. 그 결과, 교회는 '믿는 이들의 결합'(윌리엄 오컴)이라는 이해가 나왔다.

종교개혁에 대응하는 트리엔트공의회(제6장)는 믿는 이 모두의 사제적 조건을 부정하지 않았지만, 직무 사제직에 더 많은 비중을 두었다. 따라서 교계의 확립, 희생 제사로서의 성찬, 일곱 성사의 확정을 통해 교회의 성직자화를 확정했다. 그 결과, 성직자와 평신도의 차이, 믿음의 거룩한 세상과 속된 평신도적 세상의 차이가 선명해졌다. 트리엔트공의회는 '교계 제도론'을 확립했고, 로베르토 벨라르미노는 평신도에게 어떠한 권력도 양도될 수 없다고 주장하면서, 평신도를 교계에 종속되는 신분으로 정의했다. 교회는 자율성을 지향하는 세상에서 점점 방어적이 되고 고립되어 갔다. 몇몇 학자에 의해 교회론의 쇄신이 일어났지만(묄러, 뉴먼, 로스미니), 그럼에도 교회와 사회는 점점 멀어져 갔다.

근대에 평신도(제7장)는 자율성을 추구하는 세상과 권위를 유지하려는 교회 사이에서 양다리를 걸칠 수밖에 없었다. 이러한 상황에서 '창조된 세상의 가치'(마리탱)를 바탕으로 '지상 현실에 관한 신학'(틸스)이 대두되고, 마침내 '평신도 신학'이 저자의 관점에 따라 개화된다(몽쇠유, 콩가르, 필립, 스힐레벡스, 라너, 폰 발타사르). 이러한 정신을 바탕으로 평신도가 수도자에게만 유보된 완전함의 삶을 세상에서도 살아갈 가능성이 알려지기 시작했다. 아울러 교계는 교회와 사회의 거리감을 좁히기 위해 평신도를 메신저로 활용하고 교계의 사도직에 '협력'을 요청했다. 그 결과, 평신도는 교회의 한 구성원으로 인지되고, 부르심은 평신도의 생활로 드러나며, 평신도의 사명은 하느님을 따라 세상에 질서를 부여하는 것이라는 결론에 이른다. 그러나 평신도의 자율성에 관해서는 결정이 나지 않았다.

마침내 제2차 바티칸공의회(제8장)는 교계 제도론에서 벗어나 '하나의 복합체인 교회'(「인류의 빛」 8항 참조)를 정의한다. 공의회는 「인류의 빛」 제2장에서 교회가 '하느님 백성'이라는 공의회 핵심 사상을 선언하고 보편 사제직을 복원하며(「인류의 빛」 10항 참조), 세례성사를 통한 메시아 백성의 품위와 동등성을 강조한다. 이러한 코페르니쿠스적 전환을 바탕으로 평신도의 "세속적 성격"(「인류의 빛」 31항)을 인정하고 그리스도의 삼중 직무를 평신도에게 부여(「인류의 빛」 34-36항 참조)함으로써 교회의 유일한 사명, 곧 선교하는 교회(「인류의 빛」 17항)에 참여하게 한다. 그리고 「평신도 사도직」은 평신도의 정의와 사명 그리고 활동을 섬세하게 설명한다. 특히 교계에 '협동'하는 평신도의 활동을 엿볼 수 있다.

제2차 바티칸공의회는 '평신도에 관한 공의회'라고 해도 과언이 아니다. 하지만 공의회의 수용 단계(제9장)에서는 현대 세계를 마주하는 교회의 태도와 보편 사제직에 대한 결이 다른 이해가 갈등과 혼란을 빚는다. 공의회 이후의 혼란과 갈등에도 교회의 사명에 평신도의 참여를 위한 제도적인 정비(평신도 위원회)는 이루어졌고[「일부 직무」(1972)], 새 『교회 법전』은 평신도의 존재와 활동, 직무를 규정한다. 여전히 평신도에 관한 공의회의 수용은 완결되지 않았다. 그런데도 평신도 신학은 확장되는데, 공동체-직무를 다루는 '그리스도의 삼중 직무 신학', 은사와 직무를 규정하는 '직무에 관한 신학', 세상의 가치를 드높이는 '현세성에 관한 신학' 그리고 성직자-평신도를 넘어서는 '그리스도인의 신학'으로 발전한다. 특히 평신도를 주제로 하는 1987년 시노드와 이에 따른 교황 권고 『평신도 그리스도인』(1987)은 제2차 바티칸공의회의 가르침을 재확인하고 유일한 교회의 사명에 평신도가 참여할 것을 독려하지만 미완의 문제는 여전히 남아 있다.

평신도 이해에 관한 긴 역사를 살펴본 이후, 평신도에 관한 저자의 관점(제10장)이 제시된다. 곧, 유일한 교회의 사명은 선교이고, 이 사명에 교회의 모든 이가 참여해야 한다는 것이다. 여기서 교회가 자신의 사명을 수행하는 공간은 '교회 안'과 '교회 밖'인 세상이다. 평신도에 관해 말할 때, '현대 세계의 교회에 관한 사목 헌장'인 「기쁨과 희망」을 소홀히 할 수 없다. 「기쁨과 희망」은 이 세상을 살아가는 평신도가 교회의 사명을 펼칠 주역이라고 강조한다. 더 나아가 교회가 세상에 복음을 선포하고 하느님 나라로 이끌며 인류 증진을 위한 도구의 역할을 할 때, "세상의 가치와 교회의 가치는 반대되는 것이 아니라 '상호 내재'(pericoresi)"(이 책 394쪽)한다고 주장한다. 따라서 저자는 온 교회의 '세속성'을 강조한다. 온 교회가 세속성을 지닌다면, 평신도에게 유보된 세속성으로 평신도를 설명하는 것은 특별한 가치를 지니지 못한다. "평신도는 그리스도인일 뿐이다"(이 책 354쪽). 성직자나 평신도의 신분이 중요한 것이 아니라 각자의 자리에서 복음을 선포하는 그리스도인이라는 정체성이 더욱 중요하다.

마지막으로 저자는 평신도의 신분에 대해 전망한다(제11장). 저자는 이미 제2차 바티칸공의회가 폐기한 '성화의 위계'를 공의회 이후의 교도권 문헌이 '생활 신분'으로 되돌리려 한다고 비판한다. 모든 그리스도인은 성화되어야 하고, 성덕에 가까운 신분은 없다고 주장한다. 이러한 이해를 바탕으로 저자가 여러 번 강조한 "평신도는 과거의 교회가 임시로 대처했던 역사적 우연이 빚어낸 열매"라는 주장이 이해된다. 따라서 '성직자-평신도'라는 구분은 중요하지 않다. 그러나 이미 고착된 평신도에 대한 통념에서 벗어나기 쉽지 않을 것이다. 그런데도 평신도에 관한 오래되고도 새로운 이해를 위해서 '교회의 외적 상징'으로 드러나는 평신도를 충분히 강조해야 한다. 직무로 인한 신분의 구분, 완전함을 위한 생활 양식의 구분이 중요한 것이 아니라 그리스도인으로서 공통된 요건인 복음으로 살아가는 것이 더욱 중요하다.

3. 저자의 신학적 관점

교회는 역사의 주체인 동시에 객체이기도 하다. 이 문장에는 다음과 같은 의미가 내포되어 있다. 역사의 객체인 교회이기에 교회의 역사에 대해 살펴봐야 하고, 역사의 주체인 교회이기에 역사에서 살아가는 교회의 의미에 대해 살펴봐야 한다.

저자는 역사의 객체의 관점에서 평신도를 설명할 뿐만 아니라, 역사의 주체의 관점에서 평신도에 관해 전망한다. 이 작품은 평신도에 대한 역사적 이해를 관통할 뿐 아니라 역사가 완성에 이르는 '종말'(*éschaton*)의 관점에서 평신도를 이해하려 한다.

교의신학자인 저자의 주 전공은 종말론으로, 저자 소개에 제시한 그의 저작들을 보면 종말론을 주제로 연구하고 있음을 알 수 있다. 이 책의 결론에서도 이 작품을 관통하는 방법론이 역사의 주체와 역사의 객체를 이해하는 것을 바탕으로 하는 '종말론'임이 드러난다(이 책 438쪽).

저자가 의도하는 종말론은 '세상의 멸망'이 아니라 '세상의 완성'이다. 이는 그리스도교의 오래된 종말론인 피안의 흔적을 극복하려는 시도로 보인다. 종말의 주체인 예수께서는 인간과 세상의 구원을 위해 온 힘을 다했다. 예수가 믿는 이들의 실존이 되어, 예수처럼 세상을 살아가는 것이 온전히 새로운 현실인 종말이다.

따라서 예수의 삶은 종말의 근본 형태다. 세상에서 종말론적인 삶을 살아가신 예수는 종말의 모델이다. 따라서 교회는 세상에서 도피하는 것이 아니라 세상을 완성하는 방향으로 살아간다. 그러므로 온 교회는 언제나 '세속적'이어야 하며, 교회에 속하는 믿는 이 모두는 '세속성'을 지닐 수밖에 없다. 특히 평신도는 자신이 지닌 특별한 조건인 "세속적 성격"으로 세상을 하느님께로 이끈다.

이를 바탕으로 부르심에 대한 의미를 제시한다. 하느님의 '부르심'은 성직자나 수도자의 특별한 성소에만 국한되지 않으며, 오히려 인간의 공통된 생활 양식을 통해서 '부르심'이 나타난다. 성직자나 수도자가 되지 못해 평신도가 되는 것이 아니다. "먼저 그리스도인이 있었고, 그다음에 이들이 평신도로서 세상에 나아간다"(이 책 394쪽). 평신도의 부르심은 직업이 있고 가정을 이루며 살아가는 평신도의 '생활 조건'(condizione vitale)을 통해 세상을 완성으로 이끈다.

이로써 평신도는 유일한 교회의 사명에 참여한다. '선교하는 교회'로서 교회의 사명은 교회의 '제도-조직'을 넘어 세상을 하느님의 뜻으로 이끄는 것을 의미한다. 교회의 사명은 단순히 '교회 안'에서 성사 생활과 교회 생활만 이루는 것이 아니라 '교회 밖'에서도 인간의 인간화와 세상의 세상화를 이루는 것이다.

이러한 주장은 '제도-조직'으로 드러나는 교회를 상대화하면서, 신앙이 생활로 이루어지고 생활로 드러나는 단순한 복음적 생활을 강조한다. 따라서 평신도는 교회의 다른 구성원들에 비해 "2부 리그"라는 열등감과 이질감을 느끼는 구성원이 아니라, 품위와 평등성을 지니고 자신의 일상생활에서 유일한 교회의 사명을 실행한다.

결론적으로 저자는 "더 이상 평신도는 존재하지 않는다"(이 책 390쪽)라고 주장한다. 평신도라는 신분을 설정하는 것은 "과거의 교회가 정확하게 임시로 대처했던 역사적 우연이 빚어내는 열매"일 뿐만 아니라 "과거의 사회에서 교회의 이익을 위해 시도한 역사적 우연이 빚어낸 열매"(이 책 438쪽)이기 때문이다. 신분 설정보다 더 중요한 것은 그리스도인으로 생활하며 복음을 증언하는 것이다. "평신도는 그리스도인이고, 그것으로 충분하다"(이 책 355쪽).

이로써 교회의 신비가 밝혀진다. 교회는 '이미-아직' 도래한 하느님 나라를 향해 나아간다. 교회는 모든 그리스도인 생활을 통해 인간과 세상을 하느님 나라로 향하게 하는 "표징이며 도구"(「인류의 빛」 1항)다. 이 교회의 기원 앞에 역사적 형태로 설정된 교회의 모든 구조는 다시 이해되어야 하며 또 재설정되어 교회의 본질을 드러내야 한다.

4. 한국 교회의 현실

이러한 저자의 주장이 우리 교회의 현실에 가능할까?

평신도에 관한 이해는 우리 교회의 현실과 짧게는 수십 년, 길게는 백 년 정도 차이가 있는 것처럼 보인다. 우리 교회에서는 평신도 신학이 활발하게 전개되지 않았다. 제2차 바티칸공의회가 강조한 평신도의

'품위'(dignitas)라는 말을 들으면, 그 용어는 성직자나 수도자에게만 해당되는 것이라 이해된다. 그리고 공의회 이후에 전개된 '성직자-평신도 구조'에서 '공동체-직무 구조'로 전환되지도 않았다. 평신도 신학의 전개에 따른 '그리스도의 삼중 직무 신학', '직무에 관한 신학', '현세성에 관한 신학' 그리고 '그리스도인의 신학'도 논의되지 않았다. 더 나아가 저자가 제시하는 '온 교회의 세속성'과 평신도 신학이 사목적 문제일 뿐이라는 담론도 형성되지 않았다. 그 결과, 사목자들이나 평신도들은 평신도와 그 고유한 사도직에 관해 깊게 성찰하거나 제대로 설명을 들은 적이 없어서, 평신도가 교계의 사도직에 협조하는 것이 자신의 사명을 다하는 것이라고 오해한다.

오늘날 교회 생활에 평신도가 참여해야 한다는 인식이 확대되고 있다. 사목자 수가 감소하고 있는 현실에서 평신도가 사목자의 역할을 대체하거나 사목자의 권한을 평신도에게 나누어 주어야 한다는 주장이 제기되고 있다. 실질적으로 본당 운영에 있어서 공동체적이라 하기에는 본당 사목구 주임의 권한이 강력해 성직주의적이고, 법적이라 하기에는 본당 사목구 주임에 대한 견제와 항의가 끊이지 않아 사목적 활동이 움츠러든다. 이러한 모습은 모든 그리스도인이 나아가야 할 방향인 유일한 교회 사명의 참여를 두고 정치적 헤게모니를 장악하기 위한 투쟁으로 비칠 수 있다.

이 책은 성직자(수도자)에 대한 평신도의 투쟁을 위한 지침서가 아니다. 저자는 교회 구성원 중 누구 하나를 편들지 않는다. 다만 교회의 본질과 사명을 위해 교회 구성원들에게 교회의 인식을 새롭게 하자고 초대한다. 저자는 이러한 쇄신을 통해 이미 굳어진 '성직 중심주의'에서 '그리스도인 중심주의'로 전환하자고 믿는 이 모두를 초대한다.

이러한 초대는 교회가 세상을 위한, 세상을 향한 활동을 할 것을 제안하며, 교회의 구성원 모두가 복음화와 인류 증진에 투신할 것을 촉구한다. 이것이 '선교'다. 세상에서 살아가는 그리스도인은 일상생활에서 교회의 사명을 실현한다. 교회는 제도와 조직으로 드러나는 것이 아니라 영향과 매력으로 드러난다. 따라서 세상 안에서 복음을 살아가는 평신도의 부르심은 교회의 사명을 실행하는 '교회의 외적 상징'이 된다.

교회의 중심이 평신도라고 한다면, 평신도는 그리스도인이라는 품위와 교회의 다른 구성원과 동등하다는 것을 자각해야 한다. 평신도가 중심인 교회는 '2부 리그'로 하향 평준화되거나 '그들만의 리그'로 엘리트화가 되면 안 된다. 평신도 그리스도인은 자신의 생활 조건에서 복음적 삶을 살아가고 선포해야 한다. "그리스도인이 되기 위해 (교회) 조직의 특별한 역할을 맡지 않아도 된다"(이 책 443쪽)라는 파격적인 제시는 교회 생활을 하지 않아도 된다는 말이 아니다. 오히려 그리스도인은 자신의 삶에서 그리스도를 증언해야 하며 세상을 하느님께로 이끄는 것을 자신의 사명으로 여겨야 한다. 이 사명을 수행하기 위해서 또 믿는 이들의 실존을 위해서 성사 생활과 교회 생활은 자발적이어야 한다. 교회 생활은 부담감을 주는 의무가 아니라 그리스도인의 실존을 위한 초대다. 따라서 교회의 중심이 될 평신도 그리스도인은 그리스도인의 지혜를 갖추고, 그리스도교의 가르침과 교의도 익히 알아야 한다(이 책 292쪽 참조).

그리고 수도자 그리스도인은 가난과 정결 그리고 순명이라는 생활 방식으로 복음 권고를 살아가야 한다. 특히 본당에 파견된 전교 수녀는 사목자와 평신도의 중간 관리자가 될 수 없다. 이는 수도자의 본질이 아니기 때문이다. 어디에도 이러한 삶을 살아가야 한다는 지침은 없으며, 이러한 지침이 있다고 하더라도 이는 교계의 편의를 위해 수도자를 이용하는 것일 뿐이다. 저자가 강조하듯이, 교회가 우연한 역사에서 선택하고 취한 열매들은 그 본질(종말)에 비추어 이해되어야 한다. 따라서 이들은 이 세상에서 지복직관의 삶을 보여 주는 표지가 되어야 한다.

끝으로 성직자 그리스도인은 자신의 직무를 통해 그리스도인으로 살아가야 한다. 교회의 다른 구성원들과 "정도만이 아니라 본질에서"(「인류의 빛」 10항) 다른 교계 사도직은 권한과 관료주의에 사로잡히지 말고 "그리스도의 인격"(in persona Christi)으로 하느님 백성을 위해 봉사해야 한다. 이것이 바로 성직자 그리스도인들의 영예이며 기쁨이다. 성직자는 수많은 평신도를 교계 사도직을 위해 지원하고 협조하는 이들로 여길 것이 아니라 이들이 지닌 품위와 동등함을 앞장서서 보장해야 하고, 이를 바탕으로 세상에서 유일한 교회의 사명을 실행하도록 봉사해야 한다. 사실, 직무 사제직은 보편 사제직의 실현을 위해 필요한데, 보편 사제직이 직무 사제직에 우선할 뿐만 아니라 특수한 직무 사제직에 비해 공통적이기 때문이다(「인류의 빛」 10항 참조).

우리나라 교회의 현실적 이유를 들면서 이 모든 담론이 먼 나라 교회의 한 신학자의 주장일 뿐이라고 치부할 수는 없다. 그러기에는 이 작품에 매우 정확한 자료들과 예리한 신학적 관점들이 제시되어 있다. 담론은 일시적으로 파장을 일으킬 수 있지만, 담론이 생활이 되기까지는 수많은 시간이 필요하다. 파격적으로 여겨지는 이 담론들이 상식이 될 때까지, 지치지도 포기하지도 않고 한 걸음씩 나아가기를 바랄 뿐이다.

"일어나 먹어라. 갈 길이 멀다"(1열왕 19,7).

이 번역 작업에서 교정을 도와주신 이선미 선생님과 정상미 선생님께 감사드린다. 아울러 함께 논의하고 조언해 주신 마산교구 윤종두 신부님과 처음부터 꼼꼼하게 검토해 주신 부산가톨릭대학교 연구 교수인 이정민 신부님께도 진심으로 감사의 마음을 전한다. 그리고 난삽한 번역을 다듬어 주신 분도출판사 편집부에게도 감사드린다.

차례

서론

평신도는 1980년대 말에 신학자들, 특히 사목자들에게 열광적인 주제가 되었다. 이전에는 이러한 열성이 나타나는 일이 드물었다. '교회와 세상 안에서 평신도의 부르심과 사명'을 주제로 하는 1987년 시노드가 그 계기가 된 것이다. 그리고 이 시노드에 이어진 결과로 교황 권고 『평신도 그리스도인』(1988)이 반포되었다. 이 교황 권고는 시노드에서 논쟁한 내용을 알려 주면서, 공의회의 가르침을 다시 제시했다. 하지만 공의회 이후 한동안 '평신도 신학'(teologia del laicato)을 대표하는 몇 가지 신학적 성찰은 평신도 신학을 포기해야 한다고 주장했다. 평신도라는 주제를 둘러싼 신학적 변천을 새롭게 이해했기 때문이다. 이 주장에 따르면, 평신도 신학이나 이 서사의 주인공인 평신도에게 "세속적 성격"(indoles saecularis, 「인류의 빛」 31항)을 부여하며 특별한 관심을 드러내는 것은 과거의 교회가 임시로 대처했던 우연이 빚어낸 열매일 뿐이다. 곧, 교회의 사명에 참여하는 평신도의 부르심은 교회와 시민사회 사이의 거리를 좁히기 위해서나 혹은 교회와 문화 사이에 생긴 간극을 극복하기 위해 활용될 뿐이라고 주장했다.

시노드로부터 시작된 격렬한 논쟁의 관점들은 좁혀지지 않고, 근본적인 두 관점이 오늘날에도 계속되는 것처럼 보인다. 첫째 관점은 공의회에 충실하자는 것으로, 평신도가 지닌 세속적 성격은 교회의 사명에 특별함을 간직하고 있다는 관점이다. 이는 교도권의 전형적인 설명이다. 하지만 둘째 관점은 세속성이 교회의 구성원 중 특정 부류에게만 적용되기에 가치가 없다는 관점으로, 심지어는 평신도의 신학적 형태는 존재하지 않는다고 주장한다. 곧, 평신도가 다름 아닌 그리스도인이라면, 평신도에 관한 신학적 형태는 사목적 문제일 뿐이라고 단언한다. 이러한 전반적인 두 관점의 결정적인 차이점은 이 책의 제9장에서 제시될 것이다.

시노드로부터 또 격렬한 논쟁으로부터 세월이 흘렀다. 평신도라는 주제를 다시 제시하는 것이 과도하다고 여겨질 수도 있다. 이미 여러 번 표현된 생각들을 반복하는 것이 의미가 있을까? 평신도를 다시 주제로 삼는 것이 의미 있는 이유는 믿는 이 모두가 교회의 사명에 참여할 것을 요청하는 교회의 새로운 상황 때문이고, 평신도 그리스도인이 교회의 사명에 참여하는 특별한 역할을 지니고 있는지를 물어야 하기 때문이다. 이러한 의미에서 교황 권고 『복음의 기쁨』 그리고 두 번에 걸쳐 열렸던 가정에 관한 시노드에 이어지는 교황 권고 『사랑의 기쁨』에서 교황 프란치스코가 제시하는 통찰은 신학이 관심을 기울여 다루어야 할 주제들이다. 하지만 이 문헌들은 이 책의 중심 주제인 평신도에 관해 그다지 진보하지 않은 것처럼 보인다. 이는 평신도라는 주제가 더 이상 필요하지 않거나 혹은 다른 주제가 더 긴급한 것처럼 보인다. 신학은 교회와 사회의 상황에서 자극을 받고, 문화가 논쟁적으로 제시하는 주제들에 더 큰 주의를 기울이며 헌신한다. 하지만 오늘날에 평신도를 주제로 설정하는 것은 제자리를 찾지 못한 것 같다. 이는 정교한 관찰자의 눈에 또 수많은 평신도의 눈에 '새로운 성직주의'(nuovo clericalismo)에 모순적으로 편승한다는 느낌을 준다. 곧, 평신도에 관해 결코 충분히 말한 적이 없으며, 오늘날 교회의 사명에 관한 결정적인 책임이 평신도에게 있음을 충분히 알리지 못했다. 그 결과, 평신도에 관한 교회의 가르침에 부합하는 교회의 실천을 낳지 못했다. 한편, 교황 프란치스코는 사제 직무자의 수가 점차 감소하고 있는 상황에서 예수의 모든 제자에게 교회의 사명에 관해 책임감을 지니라고 호소하며, 이 사명을 거듭 촉구하고 있다.

이 책의 의도는 단순하다. 평신도에 관한 성찰을 새롭게 시작하자는 것이다. 평신도에 관한 새로운 성찰이 앞으로 태어나고 발전하길 바란다.

이 작업을 이끌어 가는 연구의 전제는 이미 널리 퍼진 확신을 따른다. 제2천년기에 등장한 이 확신은, 교회의 교계적 차원이 강조되면서 평신도의 교회적 가치를 제거해, 평신도들이 교회에서 사라진 것처럼 제시했다. 사실, 역사를 단순화하는 것은 쉬우며, 어원을 따라 한 대상에 의미를 단순하게 부여하거나 부정하기도 쉽다. 그러나 평신도에 관한 이러한 전제를 검증하면, 이 전제가 완전히 본질을 벗어났다는 결론에 이른다. 전제와는 달리 평신도는 언제나 존재했고, 평신도의 의미

중 몇 가지 핵심적인 의미를 제외하면 다양하게 표현되었다.

이 책을 읽는 독자는 신약성경의 시대부터 오늘날까지 역사의 과정을 훑어보게 될 것이다. 이 시간을 관통하면, 평신도를 성찰하는 역사는 교회론의 역사라는 것을 알게 된다. 따라서 평신도라는 주제는 교회론 총론, 교회와 사회의 관계, 사제 직무의 개념 그리고 그리스도인의 생활이라는 주제로 확장된다.

이 모든 주제를 꿰뚫는 것은 굉장히 복잡한 숙제가 되기에, 풍부하고 복합적인 참고 자료를 제시해야 한다. 이 작업은 여전히 진행 중인 평신도에 관한 신학적 변천의 잠정적인 결론을 이해하는 데 도움이 되고, 복잡하게 발전하는 사상을 이해하는 기초를 제공할 것으로 기대한다. 내용을 전개하는 과정에서 권위와 백성의 관계에 집중하는 것은 지배적인 교계의 자기 이해가 자신과 대등한 평신도의 자기 이해를 제한하기 때문이다.

역사적 연구를 마무리한 이후, 종합을 이루는 마지막 두 장(제10장과 제11장)에서 평신도 그리스도인의 정체성과 거룩함을 향한 보편적 부르심에 정향된 평신도의 조건이라는 문제를 마주하게 된다. 따라서 교회의 사명이라는 관점에서 교회를 설명할 때, 평신도는 교회를 대표하는 형태라는 결론에 이른다. 이 결론에 따라 주장하는 바는 다음과 같다. 그리스도인은 교회의 모든 구성원에게 공통되며, 평신도는 서품받은 성직자는 아니지만 복음의 영으로 살아가는 평범한 그리스도인으로 교회 밖으로 드러나는 교회의 얼굴을 가장 잘 드러내며, 하느님 나라의 오심을 목표로 삼아 살아간다. 따라서 모든 평신도 그리스도인은 교회의 사명을 실현하면서, 애덕으로 부르심을 받아 그 완전함에 도달한다. 하지만 전통적 표현인 평신도의 '생활 신분'이 수도자나 성직자에 대한 열등감을 교묘하게 드러내고자 한다면, 우리가 제시하는 평신도의 의미에서 이러한 시도는 더 이상 합당하지 않다.

제3판인 이 책에서 제2판의 몇 군데 단어와 역사적인 자료를 수정했다. 그리고 최근 20여 년간 진행된 새로운 연구들을 보충해 몇 가지 사실을 정확하게 입증했다. 그 결과, 이탈리아 서적으로 제한될지라도, 참고문헌의 폭이 한층 넓어졌다. 이전 세대의 연구 결과에 새로운 세대의 물음과 요구가 봇물 터지듯 터져 나왔다. 이 연구가 그 원의에 응답하기를 바란다.

제1장

어원으로 충분할까?

‘평신도’라는 용어의 다양한 의미

말은 의미를 품고 있다. 말하는 이는 의미를 전달하고, 말의 맥락은 무언가를 의도한다. 따라서 말하는 것은 절대적인 영향을 불러일으킬 수 있다. 말은 살아 있기에 새로운 어조를 얻기도 하고, 말이 설명하려는 특정한 상황에서 새로운 의미가 더해지기도 한다.

오늘날 ‘평신도’라는 말에는 다양한 의미가 있다. 특히 이는 이탈리아어 사전에서 쉽게 발견된다. 한편으로, ‘평신도’는 교회 용어에서 관습적으로 성직자에 반대되는 이로 정의된다. “하느님의 제정으로 그리스도교 신자 중에는 교회 안의 거룩한 교역자들이 있는데 이들을 법에서 성직자들이라고 부르고 그 외의 신자들은 평신도들이라고 부른다.”[1]

1 『교회 법전』 207조 1항 - 역자 주.

다른 한편으로, 이 용어는 공적 영역에서 신앙의 요소를 배제하면서, 이데올로기적 · 종교적 교조주의의 모든 형태에서 자유롭게 된 실재(정부, 정당, 학교, 문화)를 가리킨다. 더 나아가 이 용어는 한 개인을 가리키기도 하는데, "제도 안에는 포함되지 않으나, 전문가로서 제도(행정, 사법, 입법)에 참여하도록 부름을 받은 이 그리고 조직에서 임시로 활동하는 이"다. 끝으로 이 용어는 '박학한'이라는 의미를 지닌 '성직자'와 반대되는 문맹을 일컫는다.[2] 때때로 독일어권에서 이 용어는 특수한 교육에 적합하지 않은 사람을 뜻하는 '아마추어'로 이해된다.

이 간단한 조사만 보아도 평신도라는 용어가 사용되는 맥락에 주의를 기울이지 않으면, 우리의 관심사인 평신도라는 용어는 여러 의미로 오해할 소지가 있다. 따라서 '평신도'의 다양한 의미가 어떤 방식으로 활용되는지 입증하기 위해 이 용어의 어원을 숙고할 필요가 있다.

1. '평신도' 용어의 기원

'평신도'라는 용어는 그리스어 λαϊκὸς(라이코스)에서 나왔다. 이 말은 '백성'을 뜻하는 명사인 λαός(라오스)에서 파생되었다. 여기서 백성은 통상적인 의미가 아니라 지도자들의 대척점에 있는 '인구의 총합'으로 이해된다.

그러나 그리스어로 쓰인 몇몇 기록에서는 앞서 말한 '백성'을 의미하는 명사 라오스를 제외하고, 그 형용사인 라이코스는 찾을 수 없다. 그리스어 성경에서 찾을 수 있는 용어 라오스는 이와 비슷한 결론을 드러

---

2 *Vocabolario della lingua italiana* (Istituto della Enciclopedia italiana, vol. II, Roma 1987) 1041 참조.

낸다. 칠십인역 성경에서 라오스는 종종 '이방인'(εθνη에트네)과 구분되는 이스라엘 백성 전부를 지시하는 동시에 제의적이고 예언적인 역할을 수행하는 지도자들의 대척점에 있는 인구의 총합으로 드러나지만(참조: 탈출 19,24; 예레 26,7), 명사 라오스의 형용사인 라이코스는 쓰이지 않는다.

하지만 라이코스는 2세기의 그리스어 역본들인 아퀼라 사본, 심마쿠스 사본, 테오도시온 사본에서 발견된다. 이 역본들에서 라이코스가 사용된 구절은 1사무 21,5(세 사본 모두), 에제 48,15(심마쿠스 사본, 테오도시온 사본), 에제 22,26(심마쿠스 사본)이다. 세 구절을 분석하면, 라이코스는 '하느님께 봉헌되지 않은 실재'라고 결론지을 수 있다. 이 결론으로써 하느님 백성의 맥락에는 다양한 실재가 있음을 알 수 있다. 어떤 이는 하느님께 봉헌되었지만, 다른 이는 그렇지 않다. 그 결과, 봉헌되지 않은 이들은 속되고, 제의적 요소에 포함되지 않으며, 직접적으로 종교적 가치도 없다.

3세기까지 이르는 초기 그리스도교 문헌에서 라이코스는 매우 드물게 사용되었는데, 한 번은 로마의 클레멘스에게서, 세 번은 알렉산드리아의 클레멘스에게서 그리고 또 한 번은 오리게네스에게서 사용되었다.

그리스어가 원문인 **로마의 클레멘스**가 쓴 『**코린토 신자들에게 보낸 편지**』는 굉장히 중요한데, 라이코스를 사용한 것이 처음으로 입증된다. 클레멘스는 몇몇 장로에게 대항한 코린토의 그리스도인들에게 편지를 보내어 화합하도록 권고하는데, 확립된 질서를 존중해야 한다는 주제를 펼친다. 이 편지에서 로마의 클레멘스는 다음과 같이 적었다.

> 대사제에게 특별한 전례적 직무(λειτουργίαι 레이투르기아이)가 부여되었고, 다른 사제들에게는 특별한 지위가 부여되었으며, 레위인들에게는 특별한 봉사(διακονίαι 디아코니아이)가 맡겨졌고, 대중(ὁ λαϊκὸς ἄνθρωπος 오 라이코스 안트로포스)에게는 평신도의 고유한 법칙이 주어졌습니다(『코린토 신자들에게 보낸 편지』 40,6).[3]

이 단락을 다른 자료나 앞서 언급한 그리스어 역본과 대조하면, 라이코스에 관해 더욱 세밀하게 설명해야 한다. 다른 자료에서 라이코스는 사물[4]을 지칭하는 반면, 『코린토 신자들에게 보낸 편지』에서는 신성한 직무에 비해 낮은 자리를 차지하는 사람을 지칭하기 때문이다. 이 단락에서 로마의 클레멘스가 직무의 품계에 따라 주교, 사제, 부제로 이루어지는 교계 제도를 의도했다고 보기에는 의문이 남는다. 그런데도 클레멘스의 이 진술을 언급하는 이유는 사목 서간을 따라 교계의 규범적 모습을 세울 안티오키아의 이그나티우스와 연결 고리를 보여 주기 때문이다.

아무튼 '평신도'라는 용어는 같은 공동체에 속하지만, 고위 역할을 맡은 이들과 구별되는 사람을 지시한다는 것이 중요하다. 그리스어 문헌에서 입증되고, 2세기 그리스어 성경 역본에서도 발견되는 이러한

---

3 "Τῷ γὰρ ἀρχιερεῖ ἴδιαι λειτουργίαι δεδομέναι εἰσὶν καὶ τοῖς ἱερεῦσιν ἴδιος ὁ τόπος προστέτακται καὶ λευΐταις ἴδιαι διακονίαι ἐπίκεινται· ὁ λαϊκὸς ἄνθρωπος τοῖς λαϊκοῖς προστάγμασιν δέδεται" - 역자 주.

4 (기원전 3세기 중반에 쓰였고, 종에 관한 프톨레마이오스 2세 필라델포스의 칙령이 포함된) 확실한 고문서 중의 하나는 형용사 λαϊκὸς가 *sôma laikón*이라고 쓰였다. 이는 태생적 종과 시녀(*laikai*)를 가리킨다. 『코린토 신자들에게 보낸 편지』는 사람에 관해서 지시하는 형용사의 유일한 경우다. M. Guerra Gomez, *En torno a los términos «laïkós – laicus – laico» y a la existencia, rasgos definitorios, etc. del laicado en los primeros siglos de la Iglesia*, in AA. VV., *Vocacion y mission del laico en la Iglesia y en el mundo* (Aldecoa, Burgos 1987) 16 참조.

의미는 그리스도교 문헌에서 지속된다. 곧, 평신도는 한 조직에서 낮은 자리에 배정된 구성원이다. 이는 평신도가 교회 생활에 참여하는 것이 배제된다는 것을 의미하지 않는다. 다만 평신도는 허용된 자리에만 있어야 한다.

로마의 클레멘스부터 알렉산드리아의 클레멘스와 오리게네스에 이르기까지 평신도는 같은 의미로 이해된다. 알렉산드리아의 클레멘스와 오리게네스는 라이코스를 사제와 부제와는 반대되는 의미로 사용했다. 이러한 의미는 그리스도교의 언어와 라틴어 문헌에 지속적으로 남아 있다.

이제 **『코린토 신자들에게 보낸 편지』의 라틴어 역본**에 주의를 기울여 보자. 이 문헌은 라틴어로 쓰인 가장 오래된 그리스도교 문헌이라 여겨진다. 이 편지의 그리스어 원문에서 라이코스는 '사람'(ἄνθρωπος)이나 '사물'(προστάγμασιν)에도 활용되지만, 라틴어로 번역할 때 사물보다는 사람을 더 강조하려는 것처럼 보인다.

그리스어 "ὁ λαϊκὸς ἄνθρωπος τοῖς λαϊκοῖς προστάγμασιν δέδεται."
호 라이코스 안트로포스 토이스 라이코이스 프로스타그마신 데데타이.

라틴어 "plebeius homo laicis praeceptis datus est."
플레베유스 호모 라이치스 프레쳅티스 다투스 에스트.

한글 "대중에게는 평신도의 고유한 법칙이 주어졌습니다."

'대중에 속한다'는 의미의 라틴어 plebeius(플레베유스)는 plebs(플렙스)에서 파생되었다. 그리스어 λαός(라오스)를 라틴어로 번역한 plebs(플렙스)라는 말은 정확하게 통치자와 대척하는 '백성'(집단)이라는 의미로 이해되었다. 왜 번역자는 하나의 그리스어 λαϊκὸς(라이코스)를 라틴어로는 plebeius(플레베유스)와 laicus(라이쿠스)라는 두 용어로 다르게 번역해 사용했을까? 이 물음에 답하기는 쉽지 않다. 문체적 이유 혹은 λαϊκὸς(라이코스)라는 단어를 사람에게 새롭게 적용하려는 시도로 보인다.

클레멘스 이후 시기에 plebeius(플레베유스)와 laicus(라이쿠스)는 성직자에 해당하지 않는 사람을 가리키는 동의어로 사용되었다. 한편으로, 중세 교회 언어에서 라이쿠스는 '서품받지 않은 사람', 정확하게는 사회생활에서 결정권이 있는 군주와 같은 고귀한 신분에 속하는 사람의 의미로 이해해야 한다. 이런 맥락으로 공의회에 참석한 평신도라는 문제를 이해할 수 있다. 사실, 교회 권위가 자신의 고유한 자율성을 방어하려 할 때는 고귀한 신분의 평신도에게 요청할 것이다. 다른 한편으로, 바로 이 평신도가 교회와 상관없이 사회생활의 영역에서 결정권을 실행할 것이다. 그러므로 '평신도'(laicus)는 성직자에 속하지 않고 백성에는 속하지만, 시민사회에서는 '지도자의 책임을 지니는 이'라고 정의될 수 있다. 중세에서 성직자와 평신도 사이의 충돌은 왕과 신하의 충돌이기보다는 왕과 왕의 충돌로 드러나며, 시민 권위와 교회 권위가 경쟁하며 분리되는 서곡이라 할 수 있다. 이러한 충돌을 거룩한 영역과 속된 영역의 충돌로 묘사할 수 없는 이유는 시민 권위 또한 하느님에게서 온 것이기에 거룩함을 지니기 때문이고, 교회 생활에 영향을 미치면서 교회의 권위에 봉사했기 때문이다. 그러므로 이 평신도가 교회 통치자와의 관계에서는 신하인 측면이 있지만, 대중과 그들이 다스리는 백성과의 관계에서는 통치자인 측면이 있다.

최근 몇십 년 동안 하나님의 백성을 지시하는 어원인 라오스를 지렛대로 삼아 평신도의 긍정적인 역할을 부각하려는 시도가 있었지만, 앞에서 제시한 간략한 개요는 이러한 시도와 관련이 없다.

더군다나 어원을 지렛대로 삼아 거룩함의 영역에 포함되지 않는 의미로 하느님 백성 모두는 평신도라고 진술하는 것은 올바르지 않다. 앞서 제시한 맥락에서 '평신도'가 라오스에서 파생되었을지라도, 백성의 통치자와 구분되는 사람들을 가리키기 때문이다.

따라서 다양한 언어의 사전에서 검색되는 평신도라는 용어의 첫째 의미는 사람에게 적용되기에, 원래 용어가 가리키는 의미(사물)보다는 더 존중하는 의미(사람)로 활용된다고 결론지을 수 있다. 그러므로 평신도가 교회에서 긍정적인 역할이 없는 사람임을 의미하지 않는다고 당연히 결론지을 수 있다.

'평신도'의 의미를 더 깊이 이해하기 위해서는 이 용어와 연관된 '**성직자**'라는 용어에 주의를 기울여야 한다. 최근 자료에서 성직자는 평신도라는 말과 쌍으로 연결된다. 성직자를 뜻하는 그리스어 κλῆρος(클레로스)는 무엇보다 '제비뽑기의 도구', 곧 '제비뽑기'를 의미한다. 이를 확장하면, 제비뽑기로 주어질 '땅'이다. 칠십인역 성경에서 '클레로스'는 앞서 제시한 의미로 많이 사용되는데(129회), 하느님께서 히브리 백성에게 영원히 주신 유산인 '땅'을 가리키는 κληρονομία(클레로노미아)와 종종 동의어로 사용된다. 더 나아가 히브리 백성이 하느님의 '소유'(참조: 신명 9,29; 에스 4,17)라는 의미로 확장된다. 또한 테오도시온 역본의 다니 12,13에서 '클레로스'는 '사람이 죽은 다음 차지할 몫'을 지시한다. 이 의미는 종말론적으로 중요한데, 후기 유다교에서 사용되었다.

신약성경에서 이 용어는 "특별히 누군가에게 부여된 몫을 가리"[5]키기 위해 사용되었다. 예를 들어, 사도 1,17에서 하느님의 뜻이 같은 직무를 수행하도록 유다에게 그 몫이 전해졌음을 다음과 같이 전한다. "그는 우리 중의 하나로서(τὸν κλῆρον톤 클레론) 이 봉사직의 한몫을 맡았었습니다." 사도 26,18과 콜로 1,12이 말하듯이, '몫'(재산)으로 할당된 부분은 종말론적 특성도 지닌다.

베드로의 첫째 서간에서 '몫'이라는 근본적 의미가 유지된다고 하더라도, 클레로스라는 용어는 공동체 전체에서 특별한 역할을 하는 것과 연결되기 시작했다. "맡겨진 몫(κατακυριεύοντες τῶν κλήρων카타퀴리에우온테스 톤 클레론)의 폭군으로서 군림하지 말고 오히려 양 떼의 모범이 되시오"(1베드 5,3). 따라서 원로들은 하느님께 하느님 양 떼를 위임받은 자들인데, "하느님의 뜻을 따라"(1베드 5,2) 양 떼를 돌보아야 한다.

이 단서들로부터 성직자를 이해하는 하나의 연결 고리가 실질적으로 발견된다. 곧, 성직자는 공동체에서 특수한 임무를 수행하는 사람들의 집단에 속한다. 이러한 의미는 3세기 초반에 명확하게 입증되었다. 그 예로 『**사도 전승**』은 과부단寡婦團(istituzione delle vedove)의 규범을 정하면서 다음과 같이 진술했다. "서품은 전례를 집행하기 위한 성직자에게 해당하는 것이다. 그러나 과부는 기도를 위해 세워지는데, 기도는 모든 신자들의 의무인 것이다"(『사도 전승』 10항).[6] 이와 유사한 내용이 오리게네스, 테르툴리아누스 그리고 키프리아누스에게도 발견된다.

하지만 성직자에 관한 의미 변화가 어떻게 이루어진 것인지 정확하

---

5 W. Foerster, *Klêros*, in *Grande Lessico del Nuovo Testamento*, V (Paideia, Brescia 1969) 598.

6 히뽈리뚜스 『사도 전승』 이형우 역 (분도출판사 2019) 107 – 역자 주.

게 분석하는 것은 쉽지 않다. 성경의 위대한 번역가이며 해설가인 성 히에로니무스는 이 용어의 본래 의미를 다음과 같이 해설한다.

> 그리스도의 교회에 봉사하는 성직자에 관해 우선 이 명칭을 숙고한 후 번역해야 하며, 그 이후에 성직자를 정의할 때는 명칭이 표현하고자 하는 바를 성실하게 표현해야 합니다. 성직자를 지칭하는 그리스어 클레로스는 '부분'이나 '제비뽑기의 몫'을 의미합니다. 따라서 성직자는 주님의 부분이거나 일부라고 이해됩니다. 이러한 성직자의 의미를 받아들이고 고백하는 이는 그의 행동을 통해 주님을 모시고 있거나 주님께 속한다는 것을 보여 주어야 합니다. 그래서 주님을 모시는 이와 예언자가 고백하듯이, "주님은 나의 유산"이라고 말하는 이는 주님 외에는 어떠한 것도 소유할 수 없습니다.[7]

성직자에 관한 이러한 설명은 신약성경이 제시한 클레로스의 의미와는 다른데, 이러한 교회의 이해는 신약성경의 교회의 이해에서 이미 변화되었음을 전제해야 한다.

용어들을 조사해 다다른 결론은 이러하다. 곧, 교회 용어에서 세월이 흘러도 평신도의 의미는 변하지 않고 보존되었지만, 성직자의 의미는 매우 빠르고 뚜렷하게 변화했다. 따라서 성직자에 관한 의미 변화는 교회에서 지도하는 역할에 존재론적 가치를 부여하면서, 하느님과 믿는 이들의 관계를 이해하는 방식이 다양해짐을 알려 준다.

더 나아가 성 아우구스티누스는 성직자에 관한 이러한 의미 부여를

---

7 *Epist.* 52, 5, *Ad Nepotianum* : PL 22, col. 531.

정당화하는데, 사도 1,26에서 마티아가 제비 뽑힌 것을 두고 다음과 같이 해설한다. "성직자는 부름받았는데, 제비뽑기로 선택된 마티아는 사도들에게서 처음으로 서품되었습니다. 사실, 그리스어에서 성직자는 제비뽑기나 유산을 의미합니다."[8] 이 설명에 따르면, 믿는 이 모두에게 우선적으로 주어진 선택됨이 지도의 역할을 맡는 이들에게만 유보된다. 이처럼 믿는 이들의 공통된 선택됨에서 차이가 발생한다.

따라서 평신도라는 용어가 부정적으로 강조된 것은 그 어원으로부터 온 것이기보다는 의미의 변화로 인해 생겨났다. 또한 교회 조직이 시민사회로부터 영향을 받아 변화된 것이라고 이해해야 한다. 교회가 점차 널리 퍼지면서 조직화는 피할 수 없었고, 교회가 위로부터 온 것이라는 자각에도 불구하고, 세상이 주는 체계를 배제할 수 없었기 때문이다. 사실, 그리스도인의 창조성은 그들이 지속적으로 살아가는 세상에서 체득한 것과는 완전히 다른 새로운 것을 고안해 낼 수 없었다. 하느님께서 모든 이를 구원하시기에 교회에서 믿는 이 모두가 평등하다 하더라도, 다른 역할들을 수행하는 이의 차이를 부인할 수 없다. 그 결과, 교회에서 하나의 백성이 다른 두 신분으로 나뉘었다. 이 결과를 바탕으로 교회에서 성직자와 평신도 사이의 거리가 그렇게 빠르게 생겼다는 것을 문제 삼는 것은 최근에 주류가 된 민주주의의 이데올로기일 뿐이다.

신약성경은 믿는 이들의 근본적 동등함을 이미 알고 있었지만, 동시에 역할의 차이도 알고 있었다. 이 차이는 위계적 구분이라는 씨앗을

---

8 *Enarrat. in Ps.* 67, 19: PL 36, col. 824: "cleros et clericos hinc appellatos credimus, quia Mattias sorte electus est, quem primum per Apostolos legimus ordinatum, kleros cum graece sors vel haereditas dicitur."

파종할 것이다. 신약성경은 계층적 사회 구조를 논의하지 않았지만, 공동체에서 기능적 역할을 논의하면서 지도자의 조건은 다른 믿는 이들의 조건과 달라야 함을 이해했다. 이러한 다름은 공동체의 역할에서 상대적일 뿐, 공동체에서 구원으로 부르심을 받은 이들의 공통된 조건은 상대적이지 않음이 명확하다. 그리고 교회 구조를 이해하기 위해 교회의 지도자와 다른 믿는 이들의 구분을 강조한 구약성경을 참조한 것에 놀랄 것도 없다. 이 점에 대해서는 앞으로 상세하게 다루겠다.

2. 평신도에서 파생된 용어들

평신도라는 용어는 역사적으로 파악되어야 하기에, 때로는 새로운 의미를 지닌다는 것을 앞서 강조했다. 이 용어는 본래 거룩한 영역에 속하지 않는 것을 지칭한다고 이미 살펴봤다. 평신도의 어원적 의미는 오랫동안 유지되었는데, 시민사회가 정점에 이르러 교회의 후견을 거부하고, 자신의 자율성을 확립하기를 원했을 때도 그러했다. 이러한 문맥에서 '평신도'는 단순히 '속됨'을 의미하지 않고, '자율'이나 '반신앙'이라는 논쟁의 단서가 된다.

평신도의 논쟁적인 의미가 정착된 시점을 정확히 규정할 수 없지만, 적어도 18세기 후반에 체계화되었다고 말할 수 있다. 이는 종종 인용되는 에르네스트 라비스의 표현에서 잘 드러난다. "평신도가 된다는 것은 […] 모든 무지를 거부하는 것이다. 믿음은 삶을 소중히 여기고 사랑하며, 현세를 '슬픔의 골짜기'라고 정의하지 않는 것이다. […] 평신도가 된다는 것은 모든 비참을 거부하는 것이다. 굶주린 이들을 배부르게 하고 목마른 이들의 갈증을 해소하며 불의를 제거하는, 심지어는 우는 이를 위로하는 피안의 심판관을 허용하지 않음을 의미한다. 평신도가 된다는 것은 정의의 이름으로 악과 싸우는 것이다."[9]

이 인용문은 논쟁을 불러일으켰지만, 평신도는 무신론적인 '믿지 않는 이'를 의도하지 않는다. 다만 평신도는 현세에서 다른 세상을 기대하지 않고 주체적인 인간으로서 책임감 있게 살아가는 이를 의미한다. 1920년대에 쓰인 이 인용문은 근대 시기에 해당하지 않지만, 그 정신을 드러낸다.

근대의 정신에서 '현세성'(laicità)과 '평민주의'(laicismo)라는 두 용어가 파생된다.[10] 먼저 '**현세성**'이 드러난다. '현세성' 그리고 그 이후 '평민주의'가 형성된 배경은 19세기 중엽의 프랑스인데, 당시에 교회는 시민사회의 삶에 간섭했고, 이에 대항하는 프랑스 정부가 교회와 충돌했다. 이때 교회의 간섭을 합리화하는 이데올로기를 '성직주의'라고 부른다. 따라서 '현세성'(laicità)은 앞서 이해한 '평신도'(laico)의 의미에서 파생했다. '현세성'의 의미가 종종 논쟁을 불러일으킨 이유는 이 용어가 어원이 아닌 역사적 · 사상적 흐름에서 나타났기 때문이다. 곧, '현세성'은 성직자의 지배에서 벗어나 자율성을 지니려는 과정을 일컫는다.

'현세성'에서 '**평민주의**'가 파생되는데, '평민주의'의 본래 의미는 '현세성'과 겹치는 것처럼 보인다. '현세성'에서 '평민주의'가 분화되는데, 역

9 *Annales de Jeunesse laïque*, 1920, Y. Congar, *Per una teologia del laicato* (Morcelliana, Brescia 1967) 42에서 재인용.

10 한동일 「정치권력과 종교권력의 투쟁: 서양법제사 안에서 법과 종교의 분리」 서강대학교 법학연구소 『법과 기업 연구』 제1권 제2호 (2011년 10월) 201/203-227 참조 - 역자 주.

사가들은 '평민주의'를 '성직주의'와 대치되는 영역으로 설정했다. 따라서 '성직주의'와 '현세성'이 아니라 '성직주의'와 '평민주의'가 대립한다. '평민주의'라는 용어는 실질적으로 이데올로기거나 시민사회에서 종교의 영향에 반대되는 태도를 의미한다. 곧, 사회 구조를 다룰 때, 종교적 차원의 어떠한 의미도 통용될 수 없다는 현실의 통상적인 관점을 제시한다. 가톨릭, 적어도 교회 교도권의 문헌은 '평민주의'를 그렇게 이해했다. 예를 들어, 교황 비오 11세는 1925년 12월 11일에 회칙 『처음으로』*Quas Primas*에서 '온 누리의 임금님이신 그리스도왕 대축일'을 제정했는데, 이 회칙에서 평민주의에 대해 상징적으로 다음과 같이 진술한다. "흔히 말하는 것처럼, 우리 시대의 페스트는 '평민주의'가 파생하는 오류들과 이 죄성의 영향력입니다."

이러한 의미에서 명사 '평민주의자'(laicista)와 형용사 '평민주의적'(laicistico)이라는 용어가 파생되는데, 이 용어들은 평민주의를 지지하는 사람의 태도나 생각들을 지시할 때 사용한다. 이 용어들이 지닌 부정적 의미로 인해, 많은 경우에 명사든 형용사든 단순히 '평신도'라는 용어를 선호하며 활용했다.

명사 '평민주의' 옆에 '평민화하다'(laicizzare)라는 동사가 파생되고, 이와 더불어 '평민화'(laicizzazione)라는 용어가 나타났다. 이 용어들은 시민 제도들이 교회의 간섭에서 자유로워지거나 혹은 성직자의 조건이 되는 교회성을 제거함을 의미한다. 이 두 용어에서 오래된 교회 용어인 '평신도'의 의미와 근대에서 파생한 '평신도'의 의미를 발견할 수 있다.

교도권이 '평민주의'는 거부했을지라도, '현세성'은 승인했고 또 반포했다. 예를 들어, 교황 비오 12세는 이탈리아의 중요한 선거 전날인 1958년 3월 28일에 마르케주州의 한 순례단을 향한 훈화에서 그리스도교가 고유한 임무를 지닌 정부를 포섭하려 한다는 우려에 대해 다음과 같이 에둘러 표현했다. "정부의 건강하고도 합법적인 현세성은 가톨릭 교리의 원리 중 하나에 포함되지 않습니다."[11] 아이러니하게도 이러한 진술로 인해 교회에서 벗어나 국가의 자율적 통치가 강화되었다.

그러므로 추상적인 표현인 '현세성'은 '**독자성**'(indipendenza)이라는 특성을 나타낸다. '독자성'이라는 말과 유사한 의미로 활용되는 '현세성'은 최근에 창조된 모든 실재의 '**자율성**'(autonomia)을 내포한다. 이 말은 초자연적 질서에 편입된 것을 배제하면서, 그 스스로 유효성과 일관성을 지닌다는 것을 의미한다. 또한 '현세성'이 지닌 의미의 다의성을 피하기 위해 '**평범함**'(laicalità)을 활용하지만, 이 용어는 여전히 다듬어지지 않았다. 따라서 '독자성', '자율성', '평범함'을 포함하는 '현세성'의 의미들은 그 어원인 '평신도'에 새로운 가치를 부여한다. 이에 따라 '평신도'의 의미는 '보편적' 혹은 '모두가 지닌'이라는 의미와 동의어가 된다. 따라서 넓은 의미로 확장하면, 현실이나 더 나아가 하느님이나 부활하신 그리스도에게도 적용된다.[12] 하지만 '현세성'이라는 용어가 본래 의미보다 과도하게 확장된 것이 명확하기에, 이 확장이 적절한지 의문도 제기된다.

교회에서 나타난 '**평신도**'(laicato)라는 용어는 복합적인 의미를 지닌 '평신도' 그리스도인을 전반적으로 지시하기 위해, 특히 평신도 단체들을

---

11 *Acta Apostolicae Sedis* 50 (1958) 220.

12 L. Lombardi Vallauri, *Laicità o universalità?*, in AA. VV., *laicità. Problemi e prospettive* (Vita e Pensiero, Milano 1977) 249-268 참조.

지칭하기 위해 활용된다.[13] 이러한 의미로 이 용어는 오늘날 교도권의 진술에서 자주 사용되는데, 교회의 사명에 평신도의 참여를 확장하고 평신도의 임무를 정당화하는 신학, 곧, '평신도 신학'과 연결된다.

평신도와 연관된 용어들을 설명하는 이 짧은 개요는 평신도가 누구인가를 이해하기 위해서는 어원에만 집중할 수 없음을 분명하게 보여 준다. 게다가 평신도라는 용어가 교회 언어에 연관되는지 혹은 세속 언어에 연관되는지 물어야 한다. 더 나아가 이 용어가 역사의 어느 시기에서 활용된 것인지 파악해야 한다. 시기적 측면에서 근대 시기까지 교회 권위가 평신도를 교회의 자녀로만 보호하려 했다면, 근대 이후로 평신도는 교회에서 벗어나려 했음을 쉽게 알 수 있다.

이제 교회 안에서 평신도에 관해 집중하며 주의를 기울이자. 평신도에 관한 변천 과정이 지니는 복합성을 이해하기 위해 신약성경의 시기를 살펴본다.

13 우리말에는 평신도를 지시하는 'laico'와 'laicato'의 용어가 분명하게 구분되어 있지 않다. 'laico'는 평신도 신분에 관한 용어로 특정하고, 'laicato'를 평신도 전반에 관한 용어로 규정하며, 두 용어를 '평신도'라고 혼용한다 - 역자 주.

제2장

왜 신약성경은 평신도에 관해 말하지 않는가?

'평신도'라는 그리스도교 용어는 교회에 결합한 그리스도인의 한 부류를 지칭한다고 앞서 소개했다. 그러나 신약성경에서는 이 용어를 찾아볼 수 없다. 이러한 사실은 신약성경을 이해하는 하나의 척도로 제시되거나 최소한 다음의 가정을 전제한다. 곧, **신약성경은 평신도라는 용어를 사용하지 않았다**. 이는 그리스도교 공동체가 점진적 · 위계적으로 조직되지 않았음을 의미한다.

이러한 가정은 신약성경이 쓰인 연대를 설명하면 이해될 수 있다. 사실, 로마의 클레멘스가 쓴 『코린토 신자들에게 보낸 편지』는 요한 복음서와 동시대의 것이고, 신약성경을 이루는 정경의 시기와 비슷하다.

따라서 이러한 자료들의 연대기를 살펴보면, 신약성경 시대와 그 이후 시대 사이에 근본적인 단절이 없음을 알 수 있다. 신약성경을 이루는 정경은 확실한 기준이 된다. 하지만 신약성경의 이 정경과 시기적으로 연관성이 있는 로마의 클레멘스가 쓴 『코린토 신자들에게 보낸 편지』가 조작된 것이라거나 부당한 변형이라고 결론을 내릴 수 없다. 이 편지는 그때의 공동체들이 다양한 형태의 조직을 구축하고 있었음을 알려 주기 때문이다. 그때의 공동체 중에서 클레멘스의 공동체나 안티오키아의 이그나티우스가 제시한 조직된 형태의 공동체는 주류를 이루었다.

신약성경에서 찾을 수 없다는 단순한 이유로 공동체에 조직된 형태가 있었다는 가정이 부정될 수는 없다. 적어도 사도 시대에 공동체의 조직된 형태는 합법적이었음을 제시할 수 있다. 그러므로 갓 태어난 초대교회가 체험한 것 중에는 교회의 조직화도 있다. 이는 신약성경의 정경만이 공동체의 형태를 합법적으로 규정한다고 할 수 없으며 또 신약성경과 동시대에 쓰인 자료들은 절대적 규범은 아닐지라도, 그리스도교 사건과 단절되지 않은 연속성을 지님을 의미한다.

게다가 『코린토 신자들에게 보낸 편지』가 유다교적 발상에 기초한다고 해서 이를 넘어서야 한다고 여길 필요도 없다. 최근의 연구는 유다-그리스도교 교회들을 공인된 교회라고 제시하는데, 교회의 시작에는 유다교와 거리 두기가 아닌 공생이 필요했다. 그리고 다른 연구들의 공통된 의견에 따르면, 유다 회당(synagoga) 조직의 많은 요소가 그리스도교 공동체 조직으로 스며들었다.

이러한 개요를 통해 신약성경이 '평신도'라는 용어를 쓰지 않은 이유를 추론할 수 있다. 신약성경 시대에는 그리스도교 공동체가 조직되어야 할 필요성이 아직 부족했다.

1. 신약성경에서 교회를 조직하는 노선들

방법론적인 전제는 다음의 물음에 초점을 맞춘다. '예수의 죽음 이후 어떻게 초대교회가 수십 년에 걸쳐 조직을 형성했는가?'

이 물음에 신약성경이 교회의 조직화를 체계적으로 설명한다고 기대해서는 안 된다. 신약성경은 대부분 특정한 상황에서 쓰였거나 혹은 공동체를 조직하기 위한 부가 사항만을 전하기 때문이다. 하지만 신약성경이 공동체를 위해 새로 생긴 일반적 역할이나 필요 때문에 만들어진 역할이 성령의 충동으로 이루어졌다고 전하는 것이 더욱 중요하다. 교회의 공동체 조직을 알려 주는 신약성경의 단락을 살펴보면, **교회의 살아 있는 원리인 성령**께서는 공동체가 예수와 그분의 사명에 충실하도록 이끄신다.

이러한 분석을 통해 신약성경에서 성령과 제도 사이의 반목은 본래 없다고 앞서 설명했다. 이러한 반목은 '사회학적 굴절'(막스 베버) 또는 '교회와 제도 사이의 통상적인 충돌'과 비슷하게 설명할 수 있지만, 교회 그 자체에 긴장이나 반목이 있다고 할 수 없다. 이러한 긴장과 반목은 신약성경의 한 면만을 다룰 때 제기된다.

사도들의 권위는 논쟁의 여지가 없다. 루카계 문헌에서 '사도'는 '파견된 이'라는 의미인데, 예수께서 선택하고 파견하신 열두 제자에게만 적용된다. "날이 밝자 당신 제자들을 부르시고 그중에서 열둘을 뽑아 사도라고 이름 지으셨다"(루카 6,13). 그러나 사도 14,14는 예외적으로 바오로와 바르나바도 사도라고 지칭한다. 그리고 바오로계 문헌에서 '사도'는 종종 바오로 자신을 지시했지만, 드물게는 복음화의 협력자를 지시할 때에도 사용되었다(참조: 로마 16,7: 안드로니코스와 유니아; 1테살 2,7: 실바누스와 티모테오). 아무튼 사도라는 용어는 '그리스도께서 임명한 이'라는 의미로 완전히 고정되었고, 이후 그 의미가 확장되면서 사도의 활동에 참여한 이들도 사도라고 불렸다.

루카는 사도를 정의하면서 근본적인 기준을 제시했다. 곧, 사도는 요한의 세례부터 승천에 이르기까지 주님이신 예수님과 함께 지낸 이다(사도 1,21 참조). 하지만 바오로는 사도를 주님이신 예수님을 "본" 이들이라고 한다(참조: 1코린 9,1; 15,7-9). 아무튼 사도로 불리는 것은 언제나 위로부터 온 것이다. 하느님의 뜻이 이들을 사도로 설정했다. 바오로 서간들의 도입 부분에는 거의 고정된 형태가 있는데, 이에 주의를 기울이면 사도가 누구인지 명확하게 알 수 있다. "하느님의 뜻으로 그리스도 예수의 사도로 부르심을 받은 나 바오로가 …"(참조: 1코린 1,1; 로마 1,1; 2코린 1,1; 갈라 1,1; 에페 1,1; 콜로 1,1).

사도들의 권위는 "하느님의 뜻으로" 합리화된다. 누구도 사도들과 견줄 수 없고 그들과 다른 증언을 할 수도 없다. 따라서 사도들은 그리스도교 공동체와 예수님을 결속하는 필수적인 연결 고리다. 여기서 사도가 아닌 이들이 그리스도교 공동체에서 직무를 받아 공동체의 조직에 포함될 가능성도 있다. 공동체는 사도들이 설교한 힘으로 설립되고, 그들의 감독으로 충실함을 지닐 수 있다. 사도들이 직접적으로나 간접적으로 감독하면서 전해 받은 복음에 충실함을 지니도록 이끌 사람들을 선택했고, 공동체에서 지속적으로 생기는 역할들을 설정하며 공동체 생활을 유익하게 했다.

이러한 목적에서 공동체의 주된 직분들은 **공동체의 조직이 아닌 선포**

에 더 많이 연관된다는 것을 반드시 강조해야 한다. 바오로가 코린토 신자들에게 보낸 첫째 서간에서 제시한 직분의 목록은 그 예가 될 것이다. 코린토 공동체의 '열광주의자'들의 주장을 거슬러 사도는 은사, 활동, 직분에 부여된 우선순위를 정확하게 알려 준다. 여기서 선포나 말씀에 연관된 직분들이 첫째 자리에 배치된다. "하느님께서 교회 안에 세우신 이들로 말하면, 첫째로 사도들이고 둘째로 예언자들이며 셋째로 교사들입니다. 그다음은 기적의 은사, 그다음은 치유의 은사, 도와주는 은사, 지도하는 은사, 갖가지 이상한 언어의 은사들입니다"(1코린 12,28). 그리스도교 공동체는 말씀 없이 있을 수 없기에, 말씀과 연관된 직분에 특별한 중요성을 부여했다. 그 이유는 이러한 직분들의 근원이 성령이시기 때문이다. 따라서 성령이 지시하는 특정한 믿는 이는 공동체에서 직무를 맡는다.

그렇다면 이들이 평신도인가? 이 질문에 답할 수 없는 이유는 신약성경이 평신도라는 용어를 알지 못했기 때문이다. 하지만 말씀의 직분들은 사도로부터 임무를 부여받은 사람에게만 유보된 것은 아니라고 답할 수 있다. 곧, 예언자들이 임명되었다는 표시를 발견할 수 없다. 사실, 예언자들이 공동체 생활에 중요하다고 하더라도(1코린 14 참조), 사도들의 대리자는 아니다. 이는 사도들의 대리자로 티토와 티모테오를 세운 의도에서 볼 수 있다.

한편, 예언자들은 부활 사건을 권위 있게 증언하는 역할이 아니었기에, 그들의 역할은 공동체를 설립하는 것이 아니었다. 이러한 역할은 사도들에게만 유보되었다. 예언자들의 역할은 말씀의 본래 뜻을 설명하고, 공동체가 활기를 지니도록 말씀을 해설하는 것이었다.

성 바오로는 말씀의 직분 외의 다른 직분을 정확하게 지시하지 않고,

열거만 했다. 따라서 주요 직분에 비해 다른 직분은 부가적이다. 이 사실은 그리스도교가 퍼져 나가는 첫 시기에 근본적으로 집중해야 하거나 필요한 것은 조직화가 아니었음을 쉽게 입증한다. 복음의 전파와 공동체의 설립이 먼저였고, 공동체를 조직하는 것은 아직 문제가 되지 않았다. 그리스도교는 자신의 새로움을 매력으로 발산한 다음, 공동체를 조직하는 단계로 건너갔다. 바오로의 편지들은 전교 여행 중인 선포자가 있었음을 알려 준다. 이제 갓 형성된 모임에서 조직적 형태를 갖추는 일은 아직 필요하지 않았다.

따라서 신약성경에서 찾을 수 있는 다양한 형태의 조직은 구속력 있는 규범이 모든 공동체에 적용되지 않았음을 말해 준다. 최근의 주석학적 연구는 신약성경에 실질적으로 여러 형태의 교회 조직이 있었다는 사실을 강조하지 않는다. 공동체나 공동체의 모임들은 자율적인 조직을 형성했고, 각자가 처한 환경이나 시기에 영향을 받았다. 따라서 교회의 조직된 형태가 서로 다르고 또 다양하게 공존했음을 알 수 있다.

코린토 공동체의 전형인 은사의 형태는 적어도 사도행전에서 발견할 수 있는 루카 계열의 형태와 다르고, 바오로의 편지에서 파생된 사목서간에서 발견할 수 있는 형태와도 다르며, 심지어는 요한의 편지들에서 엿볼 수 있는 요한계 문헌의 형태와도 다르다.

코린토 공동체의 은사의 형태는 앞서 제시했다. 루카 계열이나 요한 계열에서 은사의 형태는 공동체의 책임자로 드러나는데, 이들을 **원로**(사제)나 **감독**(주교)이라 불렀다. 사도 20,17-38은 그 명확한 예를 드러낸다. 루카는 바오로가 밀레토스로 에페소의 원로들을 불러 이들과 인사하는 장면을 묘사한다(사도 20,17 참조). 바오로는 자신이 임명한 이들을 "감독"(사도 20,28)이라 불렀다. 여기서 원로는 '상태'(status)를 드러내고, 감독은 '역할'(funzione)을 강조하는 용어로 이해된다. 같은 단락에서 두 용어를 혼용하는 것은 용어의 정의가 아직 확정되지 않았음을 나타낸다. 그런데도 공동체는 책임자 없이 존재하지 않기에, 공동체 전반에서 믿는 이 모두는 동등하지 않은 것이 어느 정도 뚜렷하게 드러난다.

풍성한 자료를 제시하는 사도행전은 믿는 이 모두가 동등하지 않다는 이해를 더욱 타당하게 전한다. 특히 예루살렘 공동체, 더 나아가 흔히 말하는 '예루살렘 사도 회의'(사도 15장 참조)는 그 근거가 된다. 이 이야기에서 루카는 "사도들과 원로들"(사도 15,2.4.6.22.23; 16,4)이라는 문구를 자주 사용한다. 이 두 책임자는 예루살렘 공동체를 돌보는 임무를 지니는데, 이교도들을 그리스도교로 받아들이는 문제를 해결하려는 바오로와 바르나바보다 더 높은 권위를 지닌다고 알려졌다. 다른 한편, 바오로와 바르나바도 여러 공동체에서 원로들을 임명하는 것을 볼 수 있다(사도 14,23 참조).

공동체의 책임자에 관한 기원을 찾는 것은 어렵지 않다. 유다 회당 공동체는 모임의 책임자를 '원로'라고 불렀다. 원로는 공동체에 구성원을 받아들이거나 거부하면서, 공동체 생활을 이끄는 역할을 했다. 유다교에 뿌리를 두고 또 이와 연속성을 지니는 그리스도교가 유다교의 조직 구조를 받아들이는 것은 당연하다. 사람이 살아가는 전형적인 사회적 모임은 구조로 표현된다. 그리고 사도들이 공동체의 책임자인 원로들을 예루살렘으로 모은 것을 루카가 전하는 것도 그리 놀랍지 않다. 더 나아가 사도들은 그 도시를 떠나면서 생기는 자신의 부재를 대신할 원로를 지명했다. 사도 11,30이 전하는 내용에서 원로들은 공동체의 결정을 받아들이는 이라고 해석된다. 곧, 모든 땅에 심한 기근이 들 것이라는 하가보스의 예언을 받아들인 제자들의 결정에 따라, 바오로와 바르나바는 유다 공동체의 원로들에게 구호 헌금을 전달했다(사도 11,28 참조). 이는 원로들이 공동체의 결정을 수행하는 것처럼 보인다.

사목 서간은 사도행전에 비해 훈계하는 듯하지만, 여기서 드러난 원로의 형태는 사도행전과 비슷하다. 이 편지들은 공동체의 직분에 **새로운 임무**를 제시하는데, (바오로) 사도는 협력자인 티모테오와 티토에게 전해 받은 가르침을 체계적으로 정리하고 보존하는 임무를 부여했다.

이 서간의 본래의 메시지는 공동체의 책임자들이 이단의 전파를 통해 변질될 신앙의 위험에 신중함을 더해 주의를 기울이라는 것이다. 티모테오에게 보낸 첫째 서간에서 책임자들은 "감독"(episcopo), "봉사자들"(diaconi), "원로들"(presbiteri)이라는 용어로 나타나는데, 문맥에 따른 그들의 역할은 서로 다르다. 감독의 역할은 가르치고 지도하는 일이고(1티모 3,2.4 참조), 봉사자들의 역할은 순수한 양심으로 믿음의 신비를 보존하고 봉사하는 일이며(1티모 3,9 참조), 원로들의 역할은 모임을 주례하는 일이다(1티모 5,17 참조). 원로 중에 어떤 이들은 설교와 가르침에 헌신하기도 했다(1티모 5,17 참조). 이러한 문맥에서 임무가 분할된 교회의 조직된 형태가 특별히 강조되지만, 공동체의 책임자들, 특히 감독과 원로의 임무를 정확하게 구분하기는 쉽지 않다.

티토에게 보낸 서간은 원로의 자격에 관해 진술하는데, 단 한 번 "감독"(티토 1,7)이라는 용어를 사용한다. 이 구절에서 감독은 순번제로 원로단의 의장을 맡는 원로 중 한 명이라고 가정할 수 있다. 공동체가 구성원들에게 동등한 역할을 맡기지 않았고, 역할들이 자발적이지 않았다는 사실은 중요하다.

적어도 초기 그리스도교 공동체에서 공동체의 설립자나 공동체 모임의 관리자는 안수를 통해 책임자들을 임명했다. 1티모 5,22는 원로들의 임명을 위해 다음과 같이 당부했다. "아무나 서둘러서 안수하지 말고 …." 같은 맥락에서 1티모 4,14는 티모테오에게 권위를 부여하면서, 그에게 맡겨진 역할의 본래 의미를 다음과 같이 알려 준다. "그대가 지닌 은사, 곧 원로단의 안수와 예언을 통해 그대가 받은 은사를 소홀히 여기지 마십시오." 사목 서간의 문맥에서 안수를 받는 정확한 의미를 설명하지 않더라도, 공동체에 대한 책임의 임무를 받아들이는 것은 전적으로 독자적이지만은 않았다. 공동체의 책임자에게는 통제와 임명의 형태가 부여되었다. 이 임무가 지속적이었는지 혹은 일시적이었는지는 알 수 없다.

이 책임자들과 더불어 '과부'라는 역할도 있었다. 하지만 사목 서간은 공동체에서 과부들의 역할이 무엇이었는지 쉽게 알려 주지 않는다. 티모테오에게 보낸 첫째 서간에서는 다음과 같이 말한다. "정말 과부로서 홀로 남은 이는 하느님께 희망을 두고 밤낮으로 항구히 간구와 기도를 드립니다"(1티모 5,5). 이 구절은 과부들이 도움을 받을 수 없었던 혹독한 삶을 산 것을 암시한다. 아무튼 과부들이 특별한 모임을 만들었고, 이 모임이 적합했음을 확실하게 알 수 있다. 이 자료는 앞서 설명한 것들을 확정한다. 곧, 공동체는 사람들이 결합한 모임이고, 주님을 중심으로 한 공통적인 관계를 지닌 모임에서 다양한 임무들이 발생한다.

요한계의 모델은 몇 가지 특별함을 드러낸다. 요한계 편지는 교회의 확장을 알려 주지만, 공동체는 여전히 조직된 형태로 고정되지 않았다.

요한 복음서는 20장을 기준으로 두 부분으로 나뉜다. 첫째 부분(요한

1-20장 참조)은 **그리스도와 제자들의 직접적 관계**를 강조한다. 곧, 그분은 포도나무이고 제자들은 그 가지이므로, 제자들은 서로 중개하지 않는다. 이는 공동체가 제자들의 특별한 역할을 강조하지 않는다는 의미이다. 모든 그리스도인은 제자들이고, 이들의 위대함은 직분이나 역할이 아닌 예수와 사랑의 관계에서 드러난다. 그렇기에 사랑받는 제자, 예수와 특별한 사랑의 관계에 있는 이가 우선적이다. 하지만 이 제자가 베드로를 앞질러 달렸다고 하더라도(요한 20,4 참조), 예수께서 사랑하셨던 제자보다 부활하신 예수를 먼저 직접 뵌 베드로는 요한 복음서에서 다른 열한 제자보다 우위를 차지한다. 따라서 베드로는 요한 복음서의 둘째 부분을 대표한다(참조: 요한 13,22-26; 18,15; 20,3-9). 요한계 공동체는 초대교회 시기의 '평등주의'를 특별하게 암시한다고 통상적으로 말한다. 하지만 이 공동체가 권위를 전적으로 무시한 것은 아니다. 그런데도 요한계 공동체에서 요한의 권위가 결정적인 이유는 예수와 그 제자가 지닌 사랑의 특별한 결속 때문이다.

반면, 요한 복음서의 둘째 부분은 달라진 상황을 알려 주는데, 1요한 2,18은 요한 공동체에도 분파가 일어났음을 전한다. 이 공동체의 구성원들은 "우리"(grande Chiesa)라고 결속하면서, 영지주의로 인한 타락의 위험을 피하려고 공동체를 조직했다. 이러한 공동체의 조직은 사목 서간과 로마의 클레멘스가 쓴 『코린토 신자들에게 보낸 편지』(2세기 초반)에서도 드러난다. 흔히 요한 복음서의 둘째 부분의 시작은 요한 복음서 21장이라고 말한다. 여기서 예수께서 베드로에게 양 떼를 먹이는 임무를 부여하신다. 이 단락은 요한 복음서 10장의 비유를 떠올리게 하는데, 세 번이나 고백한 사랑의 힘으로 베드로에게 특별한 권위가 부여된다. 요한 복음서의 둘째 부분은 요한의 둘째 서간과 요한의 셋째 서간과 연결된다. "원로인 나는 …"(2요한 1,1)이라고 소개하는 표현은 중요하다. 요한계 학파의 대표자이자, 나이가 지긋한 원로인 그가 방금 세상을 떠난 사랑받는 제자와 매우 가까운 사이였음을 드러내기 때문이다. 이는 예수께로 거슬러 갈 수 있는 힘이 그에게 전승되었으며, 그가 특별한 권위를 부여받은 것을 의미한다.

이 자료들을 제외하면, 요한계 공동체에서 교회를 조직하는 지침은 찾을 수 없다. 이 자료들은 공동체를 형성하는 과정을 점차 드러낸다. 이 공동체에서는 권위의 형태들이 평등주의에 앞서는 것처럼 보인다. 하지만 권위의 형태들은 그리스도 안에서 새로운 삶이라는 신앙의 원천적 태도에 충실함을 보존하는 도구일 뿐이다.

특별히 요한계 공동체가 사목 서간과 비교되는 점은 여자들의 지위다. 1티모 2,11-12는 여자들은 남을 가르칠 수 없다는 명확한 지침을 전한다. "여자는 언제나 순종하며 조용한 가운데 배워야 합니다." 그러나 이러한 견해는 몇몇 여자들이 복음화에 참여한다는 '바오로의 친서들'[1]과 상반된다. 안드로니코스와 더불어 바오로가 임명한 유니아는 뛰어난 사도이고(로마 16,7 참조), 포이베는 켕크레애 교회의 여성 부제였으며(로마 16,1 참조), 여자들이 예언한다는 것도 알려졌다(1코린 11,5 참조). 요한계 문헌은 바오로의 친서들처럼 여자들이 중요한 위치를 차지한다고 전한다. 곧, 사마리아 여자, 마르타와 마리아 그리고 부활하신 주님을 첫 번째로 발견하고 제자들에게 알린 마리아 막달레나(요한 20,11-18 참조)를 떠올리는 것만으로도 충분하다. 이들은 중세 문학에서 '사도들의 여사도'(apostola apostolorum)라는 칭호를 얻었다.

1 로마서, 코린토 1서, 코린토 2서, 갈라티아서, 필리피서, 테살로니카 1서, 필레몬서 – 역자 주.

요한계 문헌은 사목 서간과 문화적 배경이 다르기에, 평등주의는 요한계 문헌에서 중요하다. 곧, 예수와 맺는 개인적인 관계가 공동체에서 부여받은 역할보다 중요하다. 그 결과, 요한계 문헌은 사랑의 관계를 바탕으로 역할을 수행할 책임이 누군가에게 부여되었음을 알려 준다.

2. 공동체 조직의 의미

'최초의 공동체들은 어떻게 조직되었나?' 이를 이해하기 위해서는 먼저 구체적인 분석이 필요하다. 모든 사회적 단체에는 그 단체의 기원이 되는 사람이나 사건과 연속성이 유지되길 바라는 **조직적 구조가 발생**한다. 곧, 조직적 구조는 다른 사회적 · 문화적 배경에서 온 사람들이 공존하면서 발생하는 긴장을 해소하기 위해서라도 필요하다.

그리스도교 공동체도 이 조직화의 법칙을 피하지 못했다. 일반적으로 그리스도교는 토속적인 종교 공동체들이 이미 존재하는 상황에서 널리 퍼졌고, 정확하게는 유다 회당 공동체와 결별하며 분리되어 퍼져 나갔다.

이러한 분석은 그리스도교 공동체의 조직화가 가진 신학적 가치를 알려 주는 동시에 이 가치를 상대화한다. 조직화는 체험하게 하는 기능이 있다. 달리 말하면, 조직화 그 자체로는 의미가 없다. 조직화가 보증하는 근본적인 요소는 그리스도와 만나는 사람들의 관계이고, 따라서 이들의 모임은 단순한 심리적 응집력이 아닌 주님과의 개인적 결속을 드러낸다. 신약성경은 이 근본적인 요소를 집중적으로 제시하지만, 공동체의 조직화를 공동체의 상황에 따라 간헐적으로 묘사했다. 따라서 신약성경에서 사도들의 역할을 제외하면, 교회의 조직화로 발생한 역할들은 예수와의 관계에서 필수적이거나 고정된 요소는 아니었다. 이러한 관계는 믿는 이 모두가 '거룩한 이'와 '구원된 이'로서 동등한 위치에 있음을 알려 준다. 이것이 바로 신약성경이 알려 주는 '평등주의'라고 말할 수 있다. 바로 이 점에 주의를 기울여야 한다.

성 바오로는 **그리스도인의 실존**을 설명할 때, 과거의 삶과 현재의 삶을 비교하곤 했다. 바오로는 갈라티아 신자들에게 보낸 서간에서 율법은 "그리스도 오실 때까지 우리의 감시자"(갈라 3,24)였다고 전한다. 하지만 그리스도께서 오셨기에 더 이상 율법은 필요치 않다. "사실 여러분은 모두 그리스도 예수 안에서 신앙으로 말미암아 하느님의 아들들입니다. 그것은 그리스도와 하나가 되는 세례를 받은 여러분이 누구나 그리스도를 새 옷으로 입었기 때문입니다. 이제는 유다인도 없고 헬라인도 없으며, 노예도 없고 자유인도 없으며, 남성이랄 것도 여성이랄 것도 없습니다. 여러분은 모두 그리스도 예수 안에 하나이기 때문입니다"(갈라 3,26-28). 세례의 힘으로 모든 사회적 차별은 '사라졌다'. 그리스도의 힘은 모든 불평등의 장벽을 부쉈다. 앞서 말한 바오로의 설명은 분명히 상징적이다. 사도는 그때의 사회조직을 전복하려 한 것이 아니라, 믿는 이들이 차별로 갈라진 현실에서 경험하는 것들을 넘어서 더욱 강력한 경험을 공유할 수 있음을 알려 준다. 중요한 것은 사회적 조건이 아니라 신앙과 세례에서 오는 실존적 조건이다.

이러한 관점에서 바오로는 종에 관한 사회적 관습을 비판하지 않았다(예를 들어, 필레몬에게 보낸 서간). 그가 종들에게 한 훈계를 신약성경에서 찾을 수 있다.

결론적으로 "새 창조"(참조: 갈라 6,15; 2코린 5,17)를 염두에 두어야 한다.

그리스도인 자신의 조건이 어떠하든지 그리스도와 관계 맺음이 다른 모든 관계나 역할보다 더 중요하다. 따라서 바오로는 다음과 같이 말한다. "그분 때문에 나는 모든 것을 잃었지만 그것을 쓰레기로 여깁니다"(필리 3,8). 그리스도에게서 드러난 하느님의 사랑에서 그리스도인을 갈라놓을 수 있는 것은 그 어떤 것도 없다(로마 8,39 참조).

이러한 맥락에서 믿는 이는 신앙을 자유롭게 결정한다. 곧, 믿는 이는 그리스도와 결속 없이 자신의 실존을 살아갈 수 없다. 그리스도께서 선사하신 자유는 다음의 권고로 이해된다. "육을 위하는 구실로 삼지 마십시오"(갈라 5,13). 믿는 이는 이 객관적인 사실을 끊임없이 되새겨야 한다. 삶의 규범은 단순히 계명을 지키는 것이 아니라 예수를 따름에 있다. 이러한 의미에서 복음 이야기는 과거에 일어난 사건을 알려 주는 것을 넘어서, 현재를 걸어가는 여정의 이정표가 된다. 따라서 그리스도인은 '예수를 바라보며'(히브 12,2 참조) 그분 뒤에 서는 제자이며 또 그분이 이끄시는 대로 따라간다(참조: 요한 10,4; 16).

예수가 믿는 이의 실존이 되기 위해서는 예수의 모습에 관한 객관화가 필요한데, 객관화의 방법은 **증언**으로 이루어진다.

먼저 성령의 증언은 증언 중의 으뜸이다. 성령께서는 "우리가 하느님의 자녀임을 친히 우리의 영에게 증거"(로마 8,16)하시는 분이시다. 하느님의 심오함을 아는 분(참조: 1코린 2,10; 12)인 성령은 그리스도인의 조건을 결정한다. 성령은 예수의 영이며, 성령의 임무는 예수 그분을 증언한다(요한 15,26 참조). 따라서 성령으로 인도되는 자는 예수께로 이끌린다. 그러므로 예수는 하느님과의 관계 그리고 형제들과 관계를 형성하는 새로운 기준이 된다.

더 나아가 예수와 처음부터 함께 있었던 증인들이 있는데, 권위 있는 이들의 선포는 성령 안에서 예수를 증언한다(요한 15,27 참조). 따라서 성령과 사도들의 같은 증언을 통해 모든 사람이 예수와 일치된다. 그 결과, 증언 자체가 지닌 내적 구조는 예수에 대한 충실함을 지키려는 노력이라는 것이 논리적이다. 곧, 성령이 진리의 영(요한 16,13 참조)이고 권위 있는 증인들을 통해 활동하신다면, 증인들은 진리인 예수의 말씀과 인격을 보존해야 한다. 그리스도교에 속한다는 것은 이 모든 증언을 받아들이겠다는 약속이다. 이는 예수에게 속하기 위한 유일한 방법이다.

신약성경은 유일한 교의를 다양한 측면으로 제시했지만, 신약성경의 서로 다른 단편 성경들은 하나의 본질적 요소인 사도 전승의 규범으로 수렴된다는 것을 부정할 수 없다. 예를 들어, 바오로는 코린토의 그리스도인들을 진리로 결속할 때, 그가 전해 받은 전승을 들려주었다(참조: 1코린 11,23; 15,3). 이 전승 중에 가장 중요한 것은 성찬례 그리고 예수의 죽음과 부활이다. 이 세 가지는 그리스도교 공동체 생활을 위한 본질적인 요소이며 그리스도교 공동체의 삭제할 수 없는 근원적 원리다. 성찬례는 역사를 바꾸고 믿는 이들의 삶을 변화시키는 부활 사건을 기억하게 한다.

하느님께서 제시하고 가능하게 하신 구원을 받으려면, 예수의 정체성으로 이끄는 이 필수적인 요소들을 지켜야 한다. 곧, 권위 있는 선포자가 전한 말씀을 통해 역동적으로 전해지는 예수의 정체성을 간직해야 한다. 여기에 말씀과 증언의 밀접한 연관성이 있다. 이때 말씀은 증언을 능가하지만, 증언 없이 말씀은 있을 수 없다. 그렇더라도 말씀의 권위는 증언의 권위보다 앞선다. 따라서 증언이 사라질지라도, 말씀은 남아 지켜질 것이다. 그러므로 말씀은 공동체의 으뜸 원리가 된다.

이러한 맥락에서 신약성경은 '**직무**'[ministero; 봉사(diaconía)]를 강조한다. 통상적으로 오랫동안 역할을 지시한 이 용어는 말씀과 연관된 직무로 확장된다. 곧, 한 번만 언급된 여러 가지 직무(1코린 12,5 참조) 그리고 개별 임무를 지시하는 사도들과 예언자들 그리고 교사들(1코린 12,28 참조)은 직무를 이해하는 표지가 된다.

직무를 이처럼 한정하는 이유는 '봉사'라는 용어의 본래 의미에서 비롯된다. 봉사는 살아가는 데 필요한 것을 제공하는 것이라고 통상적으로 정의된다. 이러한 의미로 신약성경에서 나오는 '봉사'라는 용어는 공동체에서 사람들이 살아가도록 제공하는 특별한 활동을 지시한다. 이는 믿는 이들이 예수 안에 머물도록 말씀을 제공하는 역할을 의미한다. 이러한 관점에서 신약성경에서 언급한 부제들(로마 16,1: "나는 켕크레애 교회의 봉사자로 있는 우리의 자매 포이베를 여러분에게 추천합니다." 참조: 필리 1,1; 1티모 3,8.10.12.13)은 지역 공동체에 복음을 선포하는 임무를 수행한 것처럼 보인다.

직무가 말씀과 연관된 것이기에, 말씀을 전하는 이 없이는 말씀을 듣는 이도 없다. "또 그들이 들어 보지도 못한 분을 어떻게 믿을 수 있겠습니까? 또 선포하는 이들이 없으면 어떻게 들을 수 있겠습니까? 또 파견되지 않았다면 어떻게 선포할 수 있겠습니까?"(로마 10,14-15). '말씀-직무'의 결속은 공동체를 유지하는 역할 중에서 첫자리를 차지한다. 1코린 12,28은 그 예가 된다. 공동체는 말씀을 소홀히 할 수 없다는 것이 일관된 논리다. 이와 같은 이유로 성 바오로는 코린토의 전례 집회에서 예언을 신령한 언어보다 우위에 두었다(1코린 14,1-5 참조). 따라서 말씀의 역할을 수행하는 이에게 공동체에서 특별한 역할이 부여되고, 공동체를 방문해 복음을 전하는 일꾼들이 특별한 주목을 받는다. 이러한 사실은 공관복음에서 예수의 제자 파견 설교(마태 10참조)와 마태 25,31-46[2]에서 드러나는 것과 같다.

이제 말씀은 공동체의 기준이 된다. 이 기준으로 믿는 이들이 공동체에서 다르게 배치된다. 곧, 모두가 사도들이나 예언자들이나 교사들이 될 수는 없다(1코린 12,29 참조). 성령께서는 모든 이에게 같은 은사를 선사하지 않으신다. 그리고 모든 은사는 공동체 생활의 필요를 위해 같지도 않다.

이러한 진술에 이의 제기가 있을 수 있다. 사도 2,14-21에서 베드로는 요엘 3,1-5을 언급하며 성령강림을 해석했는데, 예언의 영이 모두에게 주어진다고 선포했기 때문이다. 하지만 이 본문 외에 신약성경에서 예언의 은사를 모두에게 예외 없이 부여하는 교회의 형태를 찾을 수 없다. 예언자에 관해 말할 때는 언제나 특정한 사람이나 사람들의 모임을 지시하지, 공동체 전체를 지시하지 않는다. 따라서 예언의 은사가 공동체의 책임자에게 속한 전유물이 아닌 것은 확실하다. 예언의 은사를 받은 이는 공동체에서 말씀과 연관된 임무를 수행하는 이들과 분명하게 구별된다.

더 나아가 예언자는 전적으로 오류를 범하지 않는다. 신약성경의 많은 부분은 거짓 예언자에 주목한다(참조: 마태 7,15; 24,11.24; 마르 13,22; 2베드 2,1; 1요한 4,1 등). 마태 7,16에 따르면, 참된 예언자와 거짓 예언자를 구분하는 기준은 그들이 맺는 '열매'다. 그리고 진리에 관한 부차적인 기준도 제시된다. 곧, 거짓 예언자는 사람들을 잘못된 길로 이끌고(마태 24,24 참조), 1요한 4,2이나 2요한 1,7에서 말하듯이, 육화하신 예수를 알

2 몇몇 저자는 "작은 이"(마태 25,45)를 예수와 동일시하고 또 그들을 돌보는 것은 최후의 심판에서 심판의 기준이 될 것이라고 해석한다. 이러한 해석은 '아마도' 정당화될 수 있을 것이다.

지 못한다. 이처럼 그리스도론적 진리로 되돌아가는 이유는 예수 없이 하느님을 알 수 없기 때문이다(2요한 1,9 참조).

말씀에 봉사하는 모든 기준은 예수의 정체성에 관한 충실함이다. 앞서 말한 것처럼, 사도가 선포한 것을 충실히 지켜야 한다. 그리스도교 공동체 전반에서 역할이 다양해지더라도, 가르침을 충실히 지키는 임무가 다른 임무들에 비해 더욱 강조된다. 이러한 강조를 통해 2세기 초반에 **감독**은 특별한 중요성을 지니게 되었다. 이는 안티오키아의 이그나티우스의 『일곱 편지』[3]에서 입증되었다.

전승을 보존하라는 사명은 믿는 이 모두에게 적용되지 않는다고 분명히 말할 수 있다(참조: 2테살 2,15; 3,6). 그러나 사목 서간은 공동체의 책임자에게 특별한 주의를 기울이라는 지침을 준다. 책임자는 깨어 있어야 하며 감독을 선발하는 과정에서 다음의 권고를 지켜야 한다. "가르침에 의거한 건전한 말씀을 굳게 지키는 사람이어야 합니다. 그래야 그는 확실한 가르침으로 남을 격려하기도 하고 반대하는 이들을 꾸짖을 수도 있을 것입니다"(티토 1,9).

교회의 기원에서 점차 멀어지는 시간 동안 진리를 벗어나 널리 퍼진 이단은 교회를 위협했다. 따라서 사도의 설교를 유효하게 보존하는 이가 교회를 위해서나 교회의 구성원을 위해서도 절실히 필요해졌다. 그러므로 감독의 직무는 예수나 사도들에게 거슬러 올라가야 한다는 규정이 아닌 상황의 필요성에서 비롯된다. 하지만 감독의 직무가 신학적 가치가 없다는 의미는 아니다. 가르침과 연관된 직무의 역할은 본래의

3 이냐시오스 『일곱 편지』 박미경 역 (분도출판사 2000) 참조 - 역자 주.

가르침을 지속시키는 신학적 가치가 있다. 따라서 가르치는 직무는 단순한 역할이거나, 있어도 되고 없어도 되는 역할이거나, 공동체를 조직하는 역할도 아니다. 감독은 건강한 가르침을 보존하기에 공동체를 복음에 충실하게 한다. 결국, 감독의 역할은 공동체와 예수의 관계를 유지시킨다.

감독의 임무는 사도들의 임무와 당연히 같지 않다. 사도들은 가르침을 전하지만, 감독들은 그 가르침을 보존한다. 사도들이 쓴 증언과 감독들이 쓴 임무의 규정도 같지 않다. 사도들의 증언은 원천적인 자료이기에 참고해야 하지만, 감독들은 이 자료를 따라야 한다. 예수께로 거슬러 올라가기 위해서는 필수적인 자료들의 우선순위를 정하고, 이 자료들을 다양하게 해석하기보다는 핵심 가르침을 보존하는 것이 필요하다. 이러한 의미에서 감독의 직무는 성령께 밀접하게 결속된다.

성령의 이름으로 전승된 가르침을 넘어서자고 주장하는 것은 성령의 결속과 진리의 결속을 끊어 버리는 것이다. 나아가 이런 주장은 하느님의 계시가 예수의 삶이라는 역사적 사건으로 종결되지 않았음을 의미한다. 반면, 사도들의 증언에 기록된 감독의 임무는 성경의 특별한 의미를 보존하는 것이다. 따라서 성경은 공동체 생활에서 '규범 되지 않은 규범'(norma non normata)이고 감독의 임무에 필수적인 지침이다.

하지만 앞서 진술한 것들은 감독만이 말씀에 다가간다는 의미는 아니다. 믿는 이 모두는 말씀을 듣는다는 같은 상황에 놓인 것이 확실하다. 다만 감독은 모든 이를 위해 말씀을 보존할 임무를 지닌다. 따라서 말씀의 선포는 감독에게만 유보되어 있지 않다.

신약성경은 공식적인 서임이 없어도 선교 여행을 하는 그리스도인을 복음의 선포자라고 전한다. 예를 들어, 교회를 없애려는 폭력적인 박해를 전하는 사도 8,1-4의 단락은 명확하게 이를 전한다. 이 단락에서 사도들을 제외한 예루살렘의 믿는 이 모두가 사마리아로 피신해 하느님의 말씀을 전한다고 알려 준다. 그러나 선포는 성령으로 보완되어야 하는데, 사도들은 베드로와 요한을 사마리아로 파견해 새로운 믿는 이들에게 손을 얹어 성령을 받게 한다(사도 8,14-17 참조). 여기서 안수는 사마리아에서 일어난 일들을 승인한다는 의미로, 권위 있는 이들과 복음을 선포하는 모든 이를 연결한다. 결과적으로 믿는 이 모두가 복음을 선포한다고 하더라도, 복음을 '보존'할 수는 없다. 복음을 보존하는 임무는 특정한 이에게 유보된다.

시간의 흐름에서 알 수 있는 것은 증언의 내적 구조가 **말씀의 증언에서 말씀을 보존하는 역할로 강조점이 이동**했다는 것이다. 먼저 힘차게 펴져 나간 선포 활동에 이어, 말씀에 충실함을 지키려는 노력이 이어졌고, 그다음으로 그리스도교 공동체에 전해진 전승을 보존하는 감독의 필요성이 대두되었다. 곧, 감독은 말씀의 충실함을 활발하게 보존하며 본래 가르침을 벗어나 널리 퍼진 이단을 반박했다.

이러한 맥락에서 성경 목록이 고정되는 과정은 감독의 임무를 강조하는 것과 같이 나아갔다. 따라서 이러한 임무를 맡지 않은 이들이 공동체 생활에서 부차적으로 이해되는 것은 논리적이다. 사도들의 증언을 올바르게 전승하는 이는 공동체의 구심적인 인물이 되었으며 공동체 구성원들에게 직접적으로나 간접적으로 복종을 요구할 수 있었다. 예를 들어, 요한의 셋째 서간이 입증하는 경우가 그러하다. 이 서간에서 원로(아마도 사랑받는 제자의 유산을 간직한)는 가이오스에게 보내는 편지에서 첫째 자리를 열망하고 편지를 전달하는 형제들을 받아들이지 않는 디오트레페스의 행동을 비판한다. 공동체의 수장은 원로가 파견한 이들을 받아들여야 했다. 이 편지를 쓴 시점은 사도 시대의 끝자락으로, 교회 구성원을 '위계화'하는 단계에 들어섰다. 요한의 셋째 서간은 공동체 구성원을 '원로 · 가이오스와 디오트레페스 · 형제들'이라는 세 부류로 나눈다. 여기서 원로는 원천적 증언을 보증하면서 근본적인 책임감을 지니고 있지만, 다른 이들은 그의 발언을 받아들여야 했다.

결론적으로 믿는 이 모두가 '선교적'일 수 있지만, 원천적 말씀을 보증할 수는 없다. 이러한 설명은 우리 연구의 새로운 주제, 곧 '믿는 이들의 사제적 차원'과 '공동체에서 지도자의 특별한 지위'로 이어진다.

3. 사제적 백성과 '지도자들'

신약성경 시기에 교회의 자기 이해는 성경의 복합적 사상이 집약된 모델들을 통해 드러난다. 이 모델 중에서 '**사제적 백성**'은 중요한 위치를 차지한다.

사제적 백성이란 표현은 구약성경이나 신약성경에서 발견할 수 없다. 이러한 표현은 교회론적 언어의 전형이며 최근에 등장했다. 그런데도 구약성경의 하느님 백성은 사제들의 백성이라는 확신이 탈출기에 분명하게 나타난다. "너희는 나에게 사제들의 나라가 되고 거룩한 민족이 될 것이다"(탈출 19,6). 이 구절에서 히브리 백성 모두가 하느님을 섬기도록 성별되어 부르심을 받은 것이 알려진다. 사제라는 개념은 선민사상과 거룩한 직무의 사상을 포함한다. 곧, 이스라엘의 사제들이 백성을 대표하듯이, 이스라엘 백성이 다른 백성들을 대표한다는 의미로 확장한다. 사제가 수행해야 할 다양한 임무는 모세가 레위에게 축복을 전하는 신명기에서 명확하게 드러난다.

> 당신께 충실한 이에게 당신의 툼밈과 당신의 우림을 주십시오. 당신께서는 마싸에서 그를 시험하시고 므리바의 샘에서 그와 겨루셨습니다. 그는 자기 아버지와 어머니를 두고 '나는 그를 본 적이 없다' 하며 자기 형제를 외면하고 자기 아들들을 아는 체하지 않았습니다. 정녕 그는 당신의 말씀을 지키고 당신의 계약을 준수했습니다. 그는 당신의 법규들을 야곱에게 가르치고 당신의 율법을 이스라엘에게 가르칩니다. 당신 앞에 향을 피워 올리고 당신 제단에서 번제물을 바칩니다. 주님, 그의 힘에 복을 내리시고 그의 손이 하는 일을 기꺼이 받아 주십시오. 그를 반대하는 자들의 허리를 치시고 그를 미워하는 자들이 다시는 일어나지 못하게 해 주십시오(신명 33,8-11).

인용한 단락은 사제직의 네 가지 역할인 '기도, 가르침, 법, 예배'를 드러낸다. 이 네 가지 역할은 '중개'라는 개념으로 요약될 수 있다. 사제는 백성이 상승의 방향(제사)이나 하강의 방향(하느님의 뜻을 아는 것)으로 하느님과 통교하도록 중개한다.

하지만 구약성경은 사제직의 중개 역할을 깊이 성찰하지 않았고, 그보다는 사제가 접하는 하느님의 영광을 강조했다. 사제는 하느님과 친밀함이라는 힘으로 그분의 영광을 성찰했지만, 백성과는 분리되었다.

여기서 사제에게 거룩함을 강조하는 것이 이해된다. 하느님께 가까이 다가간 이는 그분이 거룩하신 것처럼 거룩해야 한다(레위 19,2 참조). 레위기는 정화 예식의 법이 발전하는 것을 명확하게 알려 준다. 더 나아가 정화의 법은 동시에 성별聖別도 강조한다. 곧, 사제는 사제가 아닌 나머지 백성(혹은 백성들)에서 분리된다. 사제에게는 윤리적 요구도 암묵적으로 강조된다. 따라서 성별이나 윤리적 요구를 충족하기 위해 예식은 더욱 숭고한 순간을 표현해야 했다. 마치 거룩함이 요구하는 것처럼, 사제는 (그리고 백성은) 하느님께 자신을 봉헌하고 당신 뜻을 따른다는 태도를 예식으로 드러내야 했다.

하지만 예식과 삶은 분리될 수 없다. 예언자들은 형식적인 예배에 대해 경고했다. 예식이 의미를 지니려면 하느님을 올바로 찾는다는 의미를 예식을 통해 드러내야 하고, 자신의 삶이 하느님에 의해 결정된다는 것을 결정적으로 받아들여야 한다.

그 결과 제3 이사야는 다음과 같이 선포한다. "너희는 '주님의 사제들'이라 불리고 '우리 하느님의 시종들'이라 일컬어지리라"(이사 61,6). 그러므로 사제적 백성에게 예식의 역할만 부여되지 않는다. 이 백성은 다른 민족들에게 드러나지 않은 하느님의 영광을 알리며 미래를 열어갈 것이다. 또한 하느님께서 선택하신 이스라엘은 '속적' 임무들을 수행하지 않고, 오로지 다른 민족에게 봉사할 것이다. 이스라엘의 '남은 자'들은 하느님과 친밀함을 통해 다른 민족들 가운데서 표징이 될 것이다. 달리 말하면, 예식은 지속되는 '신분'(status)을 상징적으로 드러낸다.

신약성경은 탈출 19,6과 이사 61,6의 예언이 그리스도인에게서 실현되었다고 보았다. 베드로의 첫째 서간은 불신자와 그리스도인을 대립시키면서 다음과 같이 말한다. "여러분은 선택된 민족, 왕다운 제관들, 거룩한 겨레, 그분이 차지한 백성이 되었습니다. 그것은 어두움에서 당신의 놀라운 빛으로 여러분을 부르신 분의 업적을 여러분이 선포하게 하려는 것이었습니다"(1베드 2,9). 이 구절에서 "왕다운 제관들"(ἱεράτευμα 히에라테우마)이라는 용어는 칠십인역 성경의 탈출 19,6에서 차용했다. 베드로서의 저자는 이 구절에 앞서 그리스도와 그리스도인의 관계를 설명하는데, 믿는 이들을 살아 있는 돌에 비유한다. "거룩한 제관이 되기 위해 영적인 집으로 세워지도록 하시오. 이는 영적인 희생, 하느님께서 좋아하시는 희생을 예수 그리스도를 통해 바치기 위함입니다"(1 베드 2,5). 곧, 믿는 이들은 함께 사제단을 형성한다. 이들의 임무는 영적 제물을 바치는 것이다.

베드로서의 저자는 사제단에 관해 말할 때, 믿는 이 개개인을 '사제'라고 말하지 않는다. 구약성경에서 몇몇 사람이 사제라고 불린 것과는 달리, 그는 믿는 이 모두를 '사제단'이라고 부른다. 따라서 전체성의 관점에서 교회는 사제단이라 불린다. '영적 제물'의 의미는 앞의 구절보다는 베드로 서간의 전체 맥락에서 이해해야 하는데, 결정적으로 그리스도와 결속으로 살아가는 것이라 이해된다(참조: 1 베드 1,2.15; 2,12).

요한 묵시록은 탈출 19,6을 칠십인역 성경이 아닌 히브리 성경을 따라 인용한다. 그래서 그리스도인은 그리스도를 통해 "왕국을 이루게 하시고 당신의 아버지 하느님을 섬기는 사제"(묵시 1,6)가 된다고 말한다. 이 구절은 묵시 5,10에서 반복된다. "당신은 우리 하느님을 위해 그들을 한 왕국과 사제들로 삼으셨으니 그들은 땅 위에서 군림할 것입니다." 그리고 그다음 장에서 순교자들을 다음과 같이 말한다. "그들은 하느님과 그리스도의 사제가 되어 천년 동안 그분과 함께 군림할 것이다"(묵시 20,6).

베드로의 첫째 서간과 요한 묵시록은 '사제'라는 용어를 복수로 사용하지만, 요한 묵시록은 왕국과 사제의 밀접한 연관성을 드러낸다. '사제'라는 단수를 '사제들'이라는 복수로 표현하는 것은 믿는 이 개개인이 '사제'임을 떠올리게 한다. 묵시록의 맥락에서 발견되는 이 의미는 그리스도의 구원적 활동을 암시한다. "우리를 사랑하시어 당신 피로써 우리를 우리 죄에서 풀어 주시고"(묵시 1,5), "하느님을 위해 … 사람들을 사셨기 때문입니다"(묵시 5,9). 이는 구약성경이 전하는 사제의 모습을 넘어선다. 곧, 그리스도인은 죄에서 해방되어 하느님께 다가가는 사제로 명백하게 드러난다. 이들은 그리스도의 피로 거룩하게 되어 더 이상 정화의 희생 제사가 필요치 않으며, 그분에게 예배를 드리며 하느님께 가까이 다가간다.

왕국과 사제직의 결속은 그리스도인이 그리스도 안에서 하느님께 다가가는 삶이 역사와 겹친다는 것을 강조한다. 그리스도인은 과거부터 현재에 이르기까지 그리스도의 주권을 나누어 받았고, 마지막 때에 그분의 주권에 충만하게 참여할 운명을 지닐 것이다. 이러한 확신은 믿는 이들, 특히 순교자들이 시련을 견디는 힘 안에서 드러나며, 죽음에 관한 결정적인 승리로 그 정점을 드러낸다.

신약성경의 베드로의 첫째 서간과 요한 묵시록은 **사제직이 예식의 용어가 아닌 생활한 용어**라는 것을 보여 준다. 여기서 이 용어는 믿는 이들이 지닌 사제직의 가치를 설명하는 동시에 때때로 예식이 지닌 중개의 의미도 포함한다. 신약성경에 따르면, 믿는 이 모두는 구약성경이 전하는 사제의 전형적인 역할도 지니고 있다.

사제직의 예식보다는 삶에 강조점을 두는 경향은 구약성경에서도 발견된다. 예수 시대에 예식적 차원이 강조된 것은 사제직의 축소로 이해된다. 그때에는 정화 예식 그리고 마음이 아니라 입술로만 드리는 예배(참조: 마태 9,13; 12,7; 이사 29,13를 인용하는 마르 7,6)에 관한 설교가 널리 퍼져 있었다.

예수께서는 사제직이 예식보다는 삶이라고 특히 강조했다. 따라서 그분의 직무는 사제 계급에 속하지 않은 예언자처럼 드러났다.

방대한 저작인 히브리인들에게 보낸 서간은 예수를 사제로, 더 나아가 당신의 죽음과 부활의 힘을 통해 대사제로 소개한다. 이 편지의 저자는 예수가 사제라는 근거를 다음과 같이 전개한다. "실상 우리 주님은 유다 지파에서 나오신 것이 분명합니다. 모세는 제관들에 대해 말할 때 이 지파와 관련시켜 아무런 말도 하지 않았습니다"(히브 7,14). 이 구절은 예수께서 사제의 지파에 속하지 않지만 사제임을 다음과 같이 밝힌다. "그분은 육적인 규정의 법을 따라 제관이 되신 것이 아니라 불멸하는 생명의 능력을 따라 되셨습니다"(히브 7,16). 곧, 그분이 중개 역할을 실현하기에 그분의 사제직은 권위가 있고 또 그 힘으로 중개자가 되셨다. 중개 활동은 예수께서 자신을 봉헌하는 것으로 이루어지는데, 당신의 죽음과 부활로 하느님께 제사를 바친다(히브 9,14 참조). 자신을 봉헌하는 그분은 제물인 동시에 사제다. 따라서 그분은 상징적으로 자신을 제물로 바치며 죄에서 사람들을 해방하면서 옛 사제직의 부족함을 넘어선다. 그러므로 그리스도는 자신을 봉헌하는 영원히 "완전한" 사제(히브 5,9; 7,28)이며, 그 누구도 그분을 대체할 수 없다.

이러한 단서들을 통해 히브리인들에게 보낸 서간은 그리스도의 사제직이 예식적인 것이 아니라 생활한 것이라고 전한다. 그분의 희생 제사는 하느님께 당신의 생명을 바치고 당신의 형제들인 사람들을 위해 진영 밖으로 나아가 속죄한다(히브 13,13 참조. 이 구절은 예수께서 십자가에 못 박힌 장소는 예루살렘 성 밖이라고 명확하게 암시한다).

따라서 그리스도인은 다음과 같이 살아가는 것이 논리적이다. "그러므로 우리는 그분을 통해 항상 하느님께 찬미의 제사, 곧 그 이름을 고백하는 입술의 열매를 바칩시다"(히브 13,15). 그리스도인의 사제직은 그리스도를 통해 이루어지는 '중개하는' 사제직이고, 그분이 그러하신 것처럼 생활한 사제직이 되어야 한다.

이러한 의미에서 신약성경이 말하는 사제직의 중개적 차원을 간과해서는 안 된다. 오로지 그리스도만이 사제직의 중개적 차원을 부여한다. 그리스도의 업적을 통해 백성은 사제단이 되고 그분을 따르며 살아갈 때만 믿는 이들은 '사제들'이 된다.

이러한 관점에서 해소되지 못한 물음은 이러하다. '어떻게 공동체의 책임자나 사도들이 임명한 책임자에게 특별한 역할이 부여되느냐?'

사제라는 명칭이 공동체의 책임자에게만 부여되지는 않았다는 사실은 놀랍지 않다. **책임자의 역할**은 히브리인들의 사제나 이방인들의 사제가 수행하는 역할과는 전혀 다른 것이었다. 사도들이 임명한 책임자는 우선적으로 선포자다. 그리고 공동체의 책임자는 유다 회당 공동체의 원로처럼 공동체를 지도하는 역할을 수행하는 지도자이기도 하다. 사실, 예배의 핵심 장소인 예루살렘 성전은 제사를 봉헌하는 곳이었지만, 회당은 제사를 바치는 곳이 아니었다.

이를 바탕으로 궁극적으로 다음을 관찰할 수 있다. 곧, 공동체의 책임자와 선포하는 책임자에 연관된 어휘는 그리스도의 사제직에 관한 교리가 아직 정립되지 않았을 때 형성되었고, 따라서 예수를 닮으려 한 이들과 그분의 활동을 지속적으로 수행하는 이들은 그리스도론의 개념 중 하나인 사제로 불릴 수 없었다.

그런데도 시간이 흐르면서 복음을 선포하는 이들의 활동을 지시하기 위해 전례적 · 예식적 언어가 활용되기 시작했다. 예를 들어, 바오로는 하느님에게서 받은 은총을 다음과 같이 증언했다. "이 은총은 내가 이방 민족들을 위한 그리스도 예수의 공복(λειτουργὸν레이투르곤)이 되어 하느님의 복음에 제관(ἱερουργοῦντα히에루르고운타)으로서 종사케 하려는 것이고, 그리하여 이방 민족들의 봉헌(προσφορὰ프로스포라)이 기꺼이 받아들여지고 성령 안에서 거룩하게 되도록 하려는 것입니다"(로마 15,16). 이 구절에서 전례적 · 예식적 뜻을 지닌 용어들은 반드시 사제의 역할을 내포하지는 않는다(그때는 이 용어를 사제가 아닌 이에게도 적용했다). 바오로가 다른 민족들을 위한 "제물"이라고 말하는 것은 사도가 제물을 바치는 사람임을 의도할지라도, 과거의 사제직을 의미하지 않는 것이 확실하다. 본래 제사는 희생 제물을 바치는 것이지만, 여기서는 인간이 자기 자신을 제물로 바치는 것이다. "여러분의 몸을 하느님께 맞갖은 거룩한 산 제물로 바치시오"(로마 12,1). 그 결과, 사제직은 하느님께 예식적으로 봉사하는 직무의 삶으로 의미가 변화된다. 그리스도께서 사제직의 의미를 변화시키신 것처럼, 바오로도 그 의미를 변화시켰다.

바오로는 코린토 신자들에게 보낸 첫째 서간에서 복음을 살아가는 선포자의 합당한 의무를 제시한다. 그는 구약성경의 관습을 말하면서, 제단에 봉사하는 이들이 제단의 제물을 통해 살아가는 법을 언급한다(1코린 9,13 참조). 이는 명확하게 예시적이다. 왜 바오로가 구약의 사제직을 언급하는지 의문이 생길 수 있다. 이 의문에 유연하게 가정하자면, 바오로가 언급한 사제직의 가치는 자신이 수행하는 직무를 의도하는 것처럼 보인다. "그러나 여러분이 바치는 신앙의 제사와 예배를 위해 내 피가 제물로 쏟아지더라도 나는 이것을 기쁘게 생각하며 여러분 모두와 함께 즐거워하겠습니다"(필리 2,17). 이 구절은 바오로 자신의 죽음을 예견하며, 자신의 순교와 공동체가 드려야 할 예배를 암시한 것으로 해석할 수 있다. 따라서 사제직의 전례적 · 예식적 이미지를 활용하는 순교에 이르는 복음적 직무는 하느님께 드리는 생활한 예배를 암시한다. 그리고 이때 직무는 사제적 용어로 해석된다는 것도 이해할 수 있다. 그러므로 궁극적으로 정확하게 설명해야 하는 것은 다음과 같다. 사제직은 직무의 역할이 아니지만, 직무는 사제직의 의미를 지닌다.

따라서 "지도자들"(ἡγουμένοις 헤구메노이스; 히브 13,7.17.24)이 사제직을 지닌다고 확증할 수 없다. 지도자들은 이방인의 사제직 혹은 구약성경의 사제직이 강조하는 예식적 역할과 같지 않다. 이와 반대로 사제직은 하느님께 자신의 삶을 봉헌해 바치고 또 복음 때문에 헌신하는 삶이다. 이러한 삶을 통해 사제직은 그리스도께 대한 의존으로 또 그리스도와 일치 안에서 믿는 이들을 구원으로 이끈다.

결론적으로 신약성경의 백성은 사제적 백성이며, 유일한 중개자이자 대사제인 예수 그리스도의 사제직에 참여한다. 이 백성 중에는 책임자도 있는데, 그들은 자신의 직무를 수행하면서 고유한 방식으로 그리스도의 사제직에 참여한다. 그러므로 다른 직무의 '우선성'을 강조하더라도, 직무를 맡지 않은 이들의 사제적 역할을 제거할 수 없다. 오히려 예수께서 하신 것처럼 또 예수를 통해 제자들이 한 것처럼, 복음 선포자들의 임무나 공동체 지도자들의 임무는 자신의 삶을 하느님께 봉헌하는 것임을 강조해야 한다.

4. 모든 그리스도인의 특성인 현세성?

신약성경의 사제직에 관한 최근의 연구는 사제직이 예식적 · 전례적 이해에서 점차 벗어났으며, 하느님 백성의 종교의식적 관점에서 생활한 관점으로 이동했다고 강조한다.

하느님 백성에 관한 신약성경의 이해는 구약성경의 이해와 다르다는 것을 부정할 수 없다. 하느님 백성에 관한 구약성경과 신약성경의 더욱 뚜렷한 차이점은 새로운 백성이 단일 종족이 아니라 "모든 민족과 종족과 백성과 언어에서 나온"(묵시 7,9) 이들로 구성된다는 것이다. 이 새로움의 근거는 예수께서 유다인과 이방인 "두 편을 하나로 만들고 자신의 몸으로 장벽 곧 적개심을 없애"(에페 2,14)셨고 또 그분이 모두에게 하느님께 다가가는 가능성을 열어 주신 것에 있다. 누군가는 제외되는 거룩한 공간은 이제 더는 없다.

그 결과, 속됨 또한 하느님과 만날 수 있는 장소가 된다. 여기서 '속됨'이라는 말은 예식적 영역에 반대되는 생활 영역이라고 이해된다. 하느님과의 만남은 예식의 행위가 아닌 삶의 행위를 통해서 실현된다. 앞서 말한 것처럼, 이는 그리스도의 사제직과 믿는 이들이 지닌 사제직을 의미한다. 더 나아가 '평신도'가 '공동적', '거룩하지 않은', '속된', '세속적'이라는 의미와 같다면, 예수의 삶에서 태어난 하느님 백성은 '평신도적' 백성이라고 이해해야 한다.

그러나 이러한 주장의 핵심에 있는 방법론적 한계도 관찰할 수 있다. 곧, 신약성경은 오늘날 말하는 '평신도'라는 용어를 알지 못했다(신약성경은 이 용어를 사용하지도 않았다). 오늘날 '평신도'라는 용어의 의미는 명확한 신약성경의 자료들을 평신도의 관점으로 해석한 것일 뿐이다.

신약성경이 사제직의 종교의식적 · 예식적 개념을 넘어선다는 것은 부정할 수 없다. 하지만 이러한 이해가 하느님 백성이 '속된' 이들임을 의미하지는 않는다. 신약성경의 어휘는 세상에 대비되는 '선택-분리'의 특성을 강조하는 용어로 그리스도인을 표현했다. 이러한 의미에서 거룩함의 개념은 이전의 이해를 넘어서는 것이 아니라 그 확장을 말해야 한다.

거룩함의 확장이라는 관점은 두 가지로 충분하다. 첫째는 성전과 관계된다. 하느님은 사람의 손으로 지은 성전이 아니라 예수 그리스도 안에 사시며(참조: 요한 2,19-22; 묵시 21,22), 그분의 힘으로 믿는 이들은 영과 진리 안에서 하느님을 경배할 수 있다(요한 4,23 참조). 따라서 그리스도인은 자신이 성령의 궁전이며(참조: 1코린 3,16; 6,19; 2코린 6,16), 자신의 몸으로 하느님께 영광을 드리고(1코린 6,20 참조) 성령을 통해 하느님께서 머무르시는 거처가 된다(참조: 에페 2,22; 묵시 21,3). 둘째는 그리스도인이라고 불린 것과 관계된다. 그리스도인을 지시하기 위해 신약성경에서 가장 많이 사용된 용어 중 하나는 '거룩한 이들'(59회)이다. 이는 구약성경이 강조한 것과 같다. 그리스도인이 다른 이들과 분리된 이유는 사람들 사이에서 선택되었기 때문이고, 예수의 영에 감사드리고 하느님과 일치를 이루며 살아가기 때문이다. 예를 들어, 베드로의 첫째 서간을 관통하는 개념은 신약성경 전반에 적용할 수 있다. "여러분은 순종하는 자녀이니 이전에 무지했을 때의 그 욕정을 따르지 말고 오히려 여러분을 부르신 분이 거룩하신 것처럼 여러분도 어떠한 행위에서나 거룩한 사람이 되시오. '내가 거룩하니 너희도 거룩해져라'라고 기록되어 있기 때문입니다"(1베드 1,14-16).

그러나 앞의 구절을 근거로 신약성경이 모든 그리스도인의 '현세성'을 전망한다고 단정하기는 어렵다.

따라서 일반적이고 널리 퍼진 특성인 **'현세성'의 의미**를 정확하게 규정해야 한다. '현세성'은 오늘날의 문화가 요구하고 신학이 형성한 주제가 되지만, 그 자체로 가치를 지닌다고 말할 수 없다. 곧, 창조된 실재의 자율성이나 믿는 이 모두의 근본적인 평등성만이 가치를 지닌다고 말할 수 없다.

이처럼 주장하는 이들의 의도를 파악해야 하는데, 신약성경이 '성직자-평신도'라는 이분법을 극복했다고 이들은 주장한다. 하지만 신약성경은 이러한 이분법을 설정하지도 않았으므로 알 수 없었던 의미를 투사할 수도 없다.

신약성경이 믿는 이 모두의 근본적인 평등성을 드러냈다는 것에는 논쟁의 여지가 없다. 하지만 이 평등성은 '현세성'이나 '세속성'이라는 용어로 표현될 수 없다. 이러한 시도는 오랜 세월을 거쳐 형성된 '현세성'을 모든 곳에 적용하려는 시도일 뿐이다. 이는 신약성경과는 무관하며, '현세성'으로 믿는 이들과 믿지 않는 이들 사이에 공통된 조건이 있다고 주장할 수도 없다. 구원된 이들로서 믿는 이 모두가 하느님의 은총에 따라 변화되는 삶을 살아가려면(로마 12,2 참조), 이 '세상'[4]의 정신을 따라 살 수 없다. 하지만 현세성을 강조하는 이들은 하느님을 만나 거룩해지기 위한 특별한 장소는 더 이상 존재하지 않기에 모든 것은 속되기보다는 거룩한 것이 되어야 한다고 주장한다.

성화의 자리를 확장하기 위해 '성속'의 구분이 사라졌다고 결론을 내린다면, 현세성을 말하는 의미도 잃게 될 것이다. 하지만 신약성경은 주님의 현존이 알려지기에 중요한 (전례) 거행의 순간들에 주의를 기울인다. 그중 특별한 자리는 세례와 성찬이다. 먼저 세례는 통상적으로 죄를 지은 모든 인간의 공통 조건이 하느님 자녀가 되는 조건이라고 정

---

4 '세상'을 뜻하는 그리스어는 αἰών(아이온), 라틴어는 saeculum(세쿨룸)이다. 이 어원에서 '세속'(secolare세콜라레), '세속성'(secolarita세콜라리타)이 나왔다.

확하게 제시한다. 세례를 통해 인간은 분리의 과정을 거쳐 새로운 속함(1코린 6,19 참조)으로 이동한다. 그리고 성찬은 그리스도교 공동체의 정체성을 드러내는 드높은 순간으로 구원된 이들의 공동체를 형성한다.

이러한 전례 거행으로 거룩한 순간들이 습관이 될 수 없는 것은 명확하다. 하느님과의 만남은 거룩한 순간이기에 일상에서 일어나는 일들과는 분명 다르다. 그리고 하느님과의 만남을 살아가는 이들은 자신이 선택한 결정을 따라 살아간다(참조: 1코린 10,19-22; 11,17-34. 코린토의 그리스도인들에게 바오로가 질책하는 것을 보라). 따라서 생활과 전례 거행이 결합되어야 한다. 생활과 전례 거행은 새로운 속함, 곧 예수에게 속한다는 표지다. 반드시 그렇게 되어야 한다. 이처럼 예수에게 속함은 구약성경의 백성이 지닌 분리의 지향을 본질적으로 더 깊이 실현한다. 예수에게 속함은 '주님(*JHWH*) 거룩함의 표지'가 된다. 예수 시대의 사제들과 바리사이들의 집단에서 거행한 예식의 거룩함을 비교해 보면, 후자는 극복되어야 할 퇴보일 뿐이다. 따라서 예식을 거행하는 거룩한 시간은 생활 속에서 거룩한 시간의 표지로 이어져야 한다. 희생 제사의 궁극적 의미를 생활 속에서 실현할 때, 예식이 하느님과 친교를 확립한다는 의미를 발견할 수 있다.

전례 거행의 순간과 일상생활이 구조적으로 일치하는 것은 직무자만을 통해서 실현되지 않는 것은 분명하다. 믿는 이 모두는 '사제단'으로 살아가도록 부르심을 받았다. 이들은 "세계를 창건하시기 전에 그리스도 안에서 우리를 뽑으시어 사랑으로 당신 앞에서 거룩하고 나무랄 데 없도록"(에페 1,4) 해 주시고, "우리를 어둠의 권세에서 구해 당신이 사랑하시는 아드님의 나라로 옮겨"(콜로 1,13) 주신 '그리스도에 속함'을 선언하도록 부르심을 받았다.

그러므로 공동체의 '지도자들'과 나머지 사람 간의 관계의 문제는 구약 시대에 파급력이 있었던 '권력'이나 오늘날 강렬한 주제인 '현세성'으로 해결되지 않는다. 더군다나 널리 퍼져 있는 '현세성'이라는 통상적인 용어로도 해결되지 않는다.

결론

신약성경의 자료들을 압축해 설명한 빠른 전개는 초세기 그리스도교 공동체에서 교회가 조직화된 의미와 세상에서 살아가는 그리스도인들의 조건에 관한 몇 가지 측면을 성찰하게 한다.

신약성경은 모든 시대를 살아가는 그리스도인이 지니는 자기 이해의 규범과 그리스도인 실존을 위한 규범을 형성한다. 그렇다면 우리가 다루는 주제인 평신도와 신약성경을 연결하면 무엇을 찾을 수 있을까?

먼저 다음의 전제는 필수적이다. 곧, 그리스도인의 자기 이해의 방법은 신약성경뿐만 아니라 이어지는 역사적 상황의 복합성으로 결정된다. 개별 사안의 합법성을 신약성경에서 찾으려는 시도는 신약성경만이 규범이 된다고 선언할 것이지만, 이로 인해 신약성경의 규범은 붕괴될 수 있다. 게다가 신약성경은 오랜 세월 형성된 모든 상황을 평가하는 직접적인 기준을 정해 놓지 않았다. 모든 상황은 역사적으로 우연히 일어난 사건이다. 이 역사적 우연성은 적어도 신약성경만큼 규범적이지 않다. 그리고 어떻게 발생하는지 항상 입증되지도 않는다. 그런데도 신약성경만이 규범이라고 주장하는 것은 반드시 극복되어야 한다.

초대교회 시기 교회의 조직화는 예수나 성령의 영감에 의해 규정된 것이 아니라 주위 환경의 필요와 당시에 있었던 구조를 모방하며 우연히 형성되었다. 이러한 조직화는 복음을 전파하고 보존하는 봉사로 자리 잡았고, 따라서 이 역할들을 위해 규범이 정해졌다. 이 역할 중 직무는 없어서는 안 될 중요한 지위를 차지하지만, 모든 이에게 수여되지 않았다. 그리스도에게서 직접 임무를 받은 사도들이나 그들이 보낸 임무를 수여받은 이들만 권위를 지닐 수 있었고, 이들이 뿔뿔이 흩어지면서 그 권위는 믿는 이 모두에게 수여되지 않았다. 공동체는 이 임무를 지닌 이들이 선포하는 증언을 받아들이면서 형성되었다. 그리고 복음을 선포한 이들은 자신 이후에 다른 이들도 복음을 선포할 수 있도록 전승해 주었다. 이들은 공동체의 다른 구성원들과 동등하지 않았다. 달리 말하면, 신약성경에는 책임자들이 있었으며, 공동체는 그들의 말을 따랐다. 이는 부정할 수 없다. 그래서 공동체에는 구원된 이들의 평등성이 있었지만, 책임감을 지닌 이들의 차이도 강조된다. 공동체의 책임자들은 다른 이들에 비해 '더 나은 그리스도인'은 아니지만, 그들에게 맡겨진 책임을 그리스도교적으로 완수해야 했다. 그 결과, 그리스도인 지도자들은 헬레니즘 문화권이나 유다 회당 공동체의 지도자들과 구별되는 새로움을 확립했다. 그들은 순전히 그 자리의 역할만을 맡는 것이 아니라 복음의 확산과 믿음의 확신을 이끄는 성령의 영감으로 복음에 봉사했다. 이들은 복음에 봉사하기에 예수의 역할과 태도를 지녀야 했다. 따라서 책임을 지는 지도자의 태도에 관한 훈시들은 명확하게 다음을 드러낸다. 곧, 사도들, 감독들, 원로들의 임무는 그리스도께서 하신 것처럼 그리스도의 양 떼의 "돌봄"(vigilanza)이다(참조: 마르 10,42-45; 마태 20,24-28; 사도 20,28-31; 1베드 5,1-3; 요한 21,15-19). 그리스도를 따르는 그들의 방법은 주님이신 예수의 관심사가 투명하게 드러나도록 받은 책임을 다하는 것이며 그 책임에 관해 설명해야 한다(1코린 3,10-17 참조).

다른 한편, 공동체에서 지도의 책임을 맡지 않은 그리스도인은 믿음과 사랑으로 일치를 살아가야 했다. 오직 이 방법으로 주님의 몸에 속함을 입증할 수 있었다(에페 4,1-6 참조). 이들은 지도자들에게 순종하고 복종해야 한다. 지도자들이 이들을 돌보기 때문이다(히브 13,17 참조). 지도자들은 이들을 매우 존중하며 사랑으로 대해야 하고(1티모 5,1-2 참조) 다른 이들을 교육하는 이들을 가르치며 지도할 수 있어야 한다(참조: 갈라 6,6; 1코린 9,11; 로마 15,27). 이런 일련의 의무는 공동체의 책임자들이 그 구성원을 사랑하는 방법이고, 이 사랑을 받은 공동체가 '지도자들'이나 복음 선포자들을 특별히 대우했음을 알 수 있다. 순명이란 지도자들이 지닌 권위를 인정하면서 그들의 증언을 받아들이는 것을 의미한다.

지금까지 제시한 자료들이 모든 그리스도인이 지닌 근본적인 평등성을 강조하고 세상과 분리된 믿는 이들의 차이를 보여 주기에 빈약한 것은 분명하다. 그러나 이 자료들이 모두가 같은 선택을 받았지만 불평등이 발생할 수밖에 없다는 신약성경 저자들의 전반적인 인식을 보여 주기에는 충분하고, 지도자들과 다른 믿는 이들의 차이가 생기는 이유를 설명하기에도 충분하다. 이 차이는 후대에 더욱 견고해질 것이다.

평신도라는 용어를 소개하는 것은 이미 신약성경에서 확인된 배경을 정리하는 것일 뿐이다. 신약성경의 배경을 이해하는 것은 복음 그 자체의 기원에 충실하기 위해 필수적이다.

제3장

사제적 백성에서 사제들로

신약성경은 교회가 고정된 조직 형태로 나아가는 경향을 보여 준다고 앞서 설명했다. 특별히 사목 서간은 '감독-원로 그리고 봉사자'[1] 그리고 그리스도교 공동체의 다른 직무들(예를 들어, 과부단)을 규정했다. 이러한 규범화는 복음에 충실하기 위해 제도로 보증하려는 교회의 고민을 반영한다.

제도가 보증하는 가치는 신약성경 시대 이후에 강화되어 교회 생활의 결정적인 요소로 드러난다. 이러한 조직 강화에 반대하는 비판의 목소리는 때마다 제기되지만, 결과적으로 조직 강화는 주류가 될 것이다.

---

1 이 장에서는 '감독(혹은 주교, episcopo)-원로(혹은 장로, 사제, presbitero) 그리고 봉사자(혹은 부제, diacono)'가 혼용됨을 밝힌다. 이 용어들을 번역한 앞선 자료들이 혼용하기 때문이다. 하지만 교계의 위계화가 정립된 이후에는 '주교-사제 그리고 부제'라고 번역한다 - 역자 주.

신약성경 시대에 비교적 유연했던 교회가 이후 세기에서는 어떻게 고착될까? 이러한 추이에서 교회의 개념은 어떤 변화를 겪으며 정립될까? 이 과정에서 평신도는 어떻게 이해될까?

1. 초세기 교회 조직의 변화

교회의 조직화는 점진적으로 이루어졌다. 신약성경과 동시대의 문헌 그리고 그 후대 문헌은 각각 다른 상황에서 쓰였고 또 같은 용어를 사용하지 않았을지라도, 적합성의 기준과 '바른 가르침'(正敎)의 기준을 동시에 확립하려는 공통된 경향을 뚜렷하게 보여 준다. 이러한 경향에서 초대 그리스도교 공동체의 사도들과 지도자들이 연속성을 지닌다고 강조하는 것은 논리적이다.

『열두 사도들의 가르침 — 디다케』(이하 **『디다케』**)는 1세기 후반에 집성되었고, 그때의 시리아 그리스도교 공동체의 상황을 잘 보여 준다. 이 작품은 신약성경이 전하는 공동체 조직의 요소들을 담고 있지만, 이미 파악된 역할들의 정체성을 정확하게 규정하지 않는다. 이 작품에서 떠돌이 사도들, 예언자들, 박사들이라 불리는 '순례 선포자'들이 나타난다(참조: 『디다케』 11,3; 13,1). 이 세 용어는 정의하기 쉽지 않다. 주석가들마다 이 용어에 관해 달리 해석하기 때문이다.

이 용어에 관한 주석가들의 서로 다른 해석이 있다 하더라도, 객관적이고 윤리적인 기준을 통해 '예언'을 입증할 필요가 있다. 이를 통해 거짓 예언자와 참된 예언자가 구분된다. "영으로 말하는 모든 예언자를 여러분은 시험하거나 판단하지 마시오. 사실 모든 죄가 용서받겠지만, 그런 죄는 용서받지 못할 것입니다. … 거짓 예언자와 (참) 예언자는 그 생활 태도로써 밝혀질 것입니다. 식탁을 (마련하라고) 영으로 명하는 모든 예언자는 바로 그 식탁에서는 먹지 않습니다. 만일 먹는다면 그는 거짓 예언자입니다"(11,7-9).[2] 신약성경의 가르침이 이 작품에서 반복된다(예를 들어, 마태 7,15 참조).

후대에 편집된 『디다케』 14-15장은 공동체가 식별의 임무를 지니며 감독과 봉사자를 선발했다고 전한다. "여러분은 자신들을 위해 감독들과 봉사자들을 선출하되 주님께 합당하고 온순하고, 돈을 좋아하지 않고, 진실하며, 인정된 사람들을 선출하시오. 그들이 여러분에게 예언자들과 교사들의 직무를 수행할 것이기 때문입니다. 여러분은 그들을 무시하지 마시오. 그들은 예언자들과 교사들과 함께, 여러분의 존경을 받는 이들이기 때문입니다"(15,1-2).[3] 한편으로, 공동체는 순례 선포자들을 받아들였고, 다른 한편으로 공동체를 조직하는 사람들을 배치하기도 했다. 여기서 공동체에 배치된 사람들의 임무는 정확하지 않지만, 전례적 성격을 지녔을 것이다(14장 참조). 곧, 감독은 성찬을 주례하고, 봉사자는 봉사에 전념했다.

공동체에 맡겨진 식별은 공동체의 권한으로 이해된다. 직무들은 공동체 외부에서 부여된 것이 아니라 공동체 안에서 공동체 생활을 위한 필요에서 생겨났다. 앞서 본 것처럼, 바오로의 공동체에서는 사도 자신이 원로들을 임명했지만, 시리아의 공동체는 그에 비해 더 자율적이었다. 그런데도 외부에서 온 권위 있는 역할들이 공동체에 알려졌기 때문

---

2 『열두 사도들의 가르침 — 디다케』 정양모 역 (분도출판사 1993) 83-85 - 역자 주.

3 같은 책 97 - 역자 주.

에, 공동체는 가르침을 선포하는 순례 선포자들의 말을 반드시 받아들여야 했다. 순례 선포자들은 다른 공동체를 연결하는 고리 역할을 하는데, 이것은 신약성경에서도 입증된다.

한편, 『디다케』는 원로에 관해서 말하지 않는다. 앞서 살펴본 사목서간에서 이미 입증되었듯이, 원로와 감독에 관한 용어가 고정되지 않았다는 사실에 놀라지 말아야 한다. 『디다케』가 편집되던 시기에는 용어들이 명확히 구분되지 않았고, 그리스도교 공동체를 지도하는 역할을 조직하는 교계화는 여전히 확립되지 않았다.

앞서 제1장에서 설명한 것처럼, 『**코린토 신자들에게 보낸 편지**』에서 클레멘스는 원로들에 관해 말하면서 '평신도'(λαϊκὸς)라는 용어를 처음으로 사용했다. 그때 코린토에서는 '젊은' 구성원들(젊은이, 새 회심자, 부제)이 어느 원로의 직무를 박탈하는 충돌이 일어났다. 로마 공동체의 권위자이자 이 서신의 저자인 클레멘스는 이 문제를 해결할 목적으로 편지를 썼다. 그는 이 비합법적인 직무의 박탈을 지적한다. 사실, 원로들은 "사도들로부터 선발되었고, 모든 교회가 인정한 존경받는 인물로부터 선발되었으며, 또 겸손함과 부드러움 그리고 사심 없는 마음으로 그리스도의 양 떼에게 완전하게 봉사하는 이들"(『코린토 신자들에게 보낸 편지』 44,2)이다. 따라서 "거룩함과 완전함으로 제물을 봉헌하는 이들을 '감독'(ἐπισκοπῆς)에서 박탈하는 것"(44,4)은 작은 죄가 아니다.

앞의 인용구는 공동체의 책임자들에게 부여된 권위가 사도에게서 오고, 동시에 책임자들의 지위에는 그에 상응하는 행동이 요구된다는 클레멘스의 사상을 알려 준다. 그리고 공동체의 구성원 모두는 자기 공동체의 조직에 대해 생각할 수 있고 또 생각해야 하지만, 원로들에 앞서 주장하지 않아야 한다. 하느님은 모든 것을 질서 지으셨으며, 그 질서를 순종으로 받아들이게 하셨기 때문이다.

클레멘스는 이러한 사상을 군대의 구조로 다음과 같이 강조한다. "공공의 질서를 유지하는 우리 군대를 생각해 봅시다. 이들은 규율로써, 대비함으로써, 복종으로써 명령을 따릅니다. 모두가 총독이나 장교나 백인대장이나 오십인대장[4]은 아니지만, 각자는 자신의 자리에서 황제나 공식적 상관의 명령을 따릅니다"(37,2-3). 이 비유의 기원은 그때의 대중적인 스토아철학보다는 유다계 문헌에서 발견된다. 실제로 사막에서 이스라엘은 군대의 모델을 따라 천인대장, 백인대장, 오십인대장, 십인대장으로 하느님 백성을 조직했다(참조: 탈출 18,21.25; 신명 1,15; 1마카 3,55; 쿰란 문헌). 사실, 사막에서 지낸 이스라엘 백성의 조직에서 성별의 개념과 사제의 개념이 파생된다.

따라서 공동체에는 하느님께서 세우신 질서가 있고, 이 질서에 따라 각자의 위치가 정해진다. 그리고 공동체의 승인으로 선발된 원로들은 면직되기 전까지는 직무를 수행해야 한다.

모두가 선택되었고 또 모두가 세상으로부터 분리됐다는 사실이 없다면, '평등주의'도 있을 수 없다. 그리스도인은 특별히 선택된 백성으로, "주님의 바른 몫"(30,1)이고, "그리스도의 양 떼"(44,3; 54,2; 57,2)이며 "그리스도 안에서 한 몸"(38,1)이다. 따라서 그리스도인은 애덕을 살아가도록 부르심을 받는다. 이는 "그리스도의 양 떼가 선발된 원로들과 함께 평화롭게 살기 위해"(54,2) 공동체에서 배제되는 것을 의미한다.

클레멘스는 원로의 역할을 강조하지만, 그 역할을 특화하지 못했다.

---

4 '오십인대장'(quinquagenarius)은 이스라엘 군사 50명을 지휘하는 공식 직함이다. 이어지는 내용을 참조하라.

그는 원로의 역할에 관해 제물의 현시(44,4), 참회를 호소하고 촉구하는 일 그리고 복종을 요구하는 권위의 실행(같은 곳) 등 몇 가지 강조점만 제시했다. 그런데도 원로는 모범이 되는 그리스도처럼 겸손과 봉사의 영(16장 참조)으로 자신의 권위를 실행해야 한다.

결론적으로 『코린토 신자들에게 보낸 편지』에서 공동체의 권위는 원로들의 권위보다 크다. 제1장에서 살펴보았듯이, 이러한 맥락에서 평신도(λαϊκὸς)라는 용어가 처음으로 나타났다.

기원후 100년경에 헤르마스가 유다-그리스도교 원전을 바탕으로 쓴 『**목자**』[5]는 로마의 클레멘스가 쓴 『코린토 신자들에게 보낸 편지』와 같은 시기에 쓰였다. 여기서 원로들은 교회의 머리이고, 교회를 주재하며, 집회의 첫자리를 차지한다고 진술했다.

그리고 2세기 중반의 스미르나의 주교 폴리카르푸스는 『**필리피 신자들에게 보낸 편지**』[6]를 썼다. 이 작품이 그리스도인 중에서 부부들(『필리피 신자들에게 보낸 편지』 4,2), 과부들(4,3), 부제들(5,2), 젊은이들(5,3), 사제들(6)을 위한 윤리적 지침을 제시했음을 특별하게 언급해야 한다. 이 작품의 몇몇 대목에서 사목 서간과 유사한 내용이 발견된다. 곧, 원로들은 목자, 의사, 자비의 직무, 판관, 박사의 임무를 수행한다.

『목자』나 『필리피 신자들에게 보낸 편지』에서는 이전에 다른 사람들에게 부여되었던 임무들이 제도적으로 원로에게 집중되는 경향을 볼

---

5 헤르마스 『목자』 하성수 역 (분도출판사 2002) 참조 - 역자 주.

6 폴리카르푸스 『편지와 순교록』 하성수 역 (분도출판사 2000) 참조 - 역자 주.

수 있다. 예언자들이나 떠돌이 선포자들이 점점 사라지고 있다는 사실은 그리스도교 공동체의 형태가 확립되는 중임을 알려 준다. 공동체가 이제 설립되었지만, 동시에 이단적 가르침의 확산으로 인해 원천인 복음에서 멀어지는 위험에 직면했음을 알 수 있다. 따라서 공동체는 확립되거나 제어할 수 있는 검증된 직무에 특권을 주었고, 복음에 충실함을 보증하는 직무의 필요성이 요구되었다. 이러한 필요성은 여전히 유다회당 조직이나 헬레니즘 문화권의 조직과 유사한 형태로 제시되었다.

『**일곱 편지**』에서는 공동체의 고정된 형태를 분명하게 증언하는 것을 찾아볼 수 있다. 거룩한 감독인 이그나티우스는 열정적으로 교회 일치의 조건들을 여러 번 강조했는데, 이 조건들 가운데 위계의 조직화는 매우 중요하다. 이 위계의 정점에는 주교가 있다. 그는 보이지 않는 하느님의 살아 있는 모상이고(참조: 「마그네시아 신자들에게 보낸 편지」 6,1; 「트랄레스 신자들에게 보낸 편지」 3,1) 예수 그리스도께서 사도단 전체의 중심에 계셨듯이, 주교는 전체 원로단의 중심이다(참조: 「마그네시아 신자들에게 보낸 편지」 6,1; 「트랄레스 신자들에게 보낸 편지」 2,1-2). 그러므로 감독은 공동체의 '가시적' 일치를 드러내는 목적을 위한 유일한 제도적 요소가 된다. 곧, 감독은 하느님과 예수 그리스도를 '대표'하는 힘으로써 영적 권위를 지닌다. 그 결과, 공동체는 감독 없이는 무엇도 할 수 없다. "어느 누구든 주교를 제쳐 두고 교회와 관계되는 일을 해서는 안 됩니다. … 예수 그리스도께서 계신 곳에 가톨릭교회가 있듯이, 주교가 나타나는 곳에 공동체가 있어야 합니다. 주교를 제쳐 두고 세례를 주거나 애찬을 행하지 마십시오. 주교가 인정하는 것은 하느님께서도 흡족해하시므로 여러분이 하는 모든 일은 확실하고 적법하게 됩니다"(「스미르나 신자들에게 보낸 편지」 8,1-2).

감독 주위에는 원로들이 있다. 이들은 거문고 줄과도 같이 감독과 결합되어 있다(「에페소 신자들에게 보낸 편지」 4,1 참조). "고귀한 영적 왕관"처럼, 원로들은 예수 그리스도를 둘러싼 사도들의 무리와도 같다(「마그네시아 신자들에게 보낸 편지」 6,1 참조).[7] 그리고 봉사자들에게는 "예수 그리스도의 봉사직"(같은 곳)이 맡겨졌다.

이그나티우스는 「스미르나 신자들에게 보낸 편지」의 결론에서 그리스도인의 한 부류에 관해서도 말한다. 이미 1티모 5,3-16에서 공동체 전반에 과부단이 있었다고 알려 주는 것처럼, 이 편지는 "'과부'로 불리는 동정녀"[8]를 짧게 암시한다. 그러나 스미르나 공동체에서 과부의 임무가 무엇인지는 알 수 없다.

그때에 교계 제도가 거의 확정된 것은 분명하다. 그러나 『일곱 편지』가 감독에 관해 전반적으로 말하지 않았음에 주목해야 한다. 예를 들어, 이그나티우스는 「로마 신자들에게 보낸 편지」에서 이 공동체의 감독에 관해 상세하게 설명하지 않고, 다만 공동체 전체를 향해 "로마인들의 지역에서 앞서는 교회"[9]라고 적었다. 이 편지를 『필리피 신자들에게 보낸 편지』와 비교하면, 감독에 관해 언급하지 않는 이 침묵을 통해 이그나티우스의 시대에는 교계 제도가 아직 보편적으로 확립되지 않았음을 확신할 수 있다. 이그나티우스는 교계 제도를 확립하지 않았지만, 이미 존속하는 제도를 입증했고 그 제도에 관한 신학을 펼쳤다. 곧, 「트랄레스 신자들에게 보낸 편지」 3,1에서 감독, 원로 그리고 봉사자 없이 교회가 있을 수 없다고 말했다. 그러나 이 요소들이 모든 공동체

---

7 이냐시오스 『일곱 편지』 박미경 역 (분도출판사 2000) 55 - 역자 주.

8 같은 책 129 - 역자 주.

9 같은 책 81 - 역자 주.

에 적용되거나 필수적인 것은 아니었다.

『디다케』에서 중요한 자리를 차지한 은사의 역할들(예언자, 박사, 파견된 사도)이 사라진 것에 주목해야 한다. 공동체의 일치를 위한 고민은 제어할 수 없는 역할들을 사라지게 했다. 이를 통해 교회를 실현하는 통치 방법의 변화가 시작되었음을 알 수 있다.

공동체는 교회의 필수 요소인 공동체의 책임자들과 조화를 이루어야 했다. 사실, 감독, 원로 그리고 봉사자의 선발에서 공동체의 역할이 무엇이었는지 진술하는 자료는 찾을 수 없다. 안티오키아의 이그나티우스도 공동체의 역할에 관해 말하지 않는다. 다만 그는 공동체에서 책임자의 모습을 하느님과 그리스도의 '전형들'이라고 제시했고, 이러한 관점에서 백성이 공동체의 책임자와 단단하게 결합할 것을 요구했다. 이는 위로부터의 관점인데, 책임자에 비해 공동체에 속한 평신도가 하위의 부류라고 강조한 것은 논리적이다.

평신도가 그리스도인으로서 품위를 인정받지 못했다는 것은 결코 아니다. 이는 문제가 되지 않는다. 몇몇 사람만이 공동체 생활과 공동체의 건설을 위해 결정적인 역할을 하는 것이 문제가 된다. 사실, 모든 그리스도인은 저마다 선택을 받았고 또 복음에 살아 있는 충실함을 권고받았다.

최근의 연구들은 그 이후보다 더욱 **평등을 강조한 초세기 그리스도교의 경향**을 다양하게 전한다. 하지만 이러한 경향은 초세기 그리스도교 전반기 문헌과 후반기 문헌을 비교해 올바르게 분석하지 않고, 전반기 문헌만을 강조해 교회의 역사적 과정을 쇠퇴로 평가한다. 이 평가에는 방법론적 결함이 있다. 게다가 고대 동방에서는 '평등하지 않은' 구성원들이 결합해 전체적으로 위계를 형성했다고 전해진다. 각 구성원은 자신이 속한 위계에 따라 큰 존경을 받거나 혹은 덜 받았다.

초세기 그리스도교 저자들은 그리스도인의 품위가 평등하다고 강조했지만, 그 역할의 차이도 배제하지 않았다. 이는 신학 작품이나 그리스도론 작품에서 나타난다. 오래된 제도적 형태나 조직적 형태 그리고 공동체의 지도자는 영적인 모습으로 이해되었다. 이에 대해 토마스 카멜롯은 다음과 같이 설명한다. "여기서 권위의 종교와 영적인 종교 사이의 어떠한 충돌도 발견되지 않는다. 권위의 토대는 권위 안에 있는 영이다."[10] 이러한 맥락에서 예식이 중요해진다. 예식을 통해 공동체의 특정한 사람에게 지도자의 역할이나 공동체에 봉사하는 몇 가지 공적 활동이 부여되었다.

『**사도 전승**』은 3세기 초의 작품으로 규범을 전해 주는 문헌이기에, 주의 깊게 살펴보아야 한다. 이 작품의 의도는 전승에 충실하지 않고 무질서하게 실수한 이들을 거스르도록 지도자들에게 필요한 조건들을 제시한다. 또한 이 작품은 예식에 대해 위에서부터 아래로, 주교의 '서품'에서 점차 낮은 과부단과 독서단으로 제시한다.

> 감독자는 규정된 대로 온 백성에 의해 선출되어 세워질 것이며, 그는 책잡힐 데 없는 사람이어야 한다. 모든 이의 동의를 얻어 그의 이름이

---

10 Th. Camelot, In Ignace d'Antiochie, *Les lettres, Introduction* (SC, vol. X) (Cerf, Paris 1969) 38. 카멜롯은 19세기 말에서 20세기 초에 일어난 '법의 교회'와 '영의 교회'에 대한 논쟁을 암시한다. 이 논쟁은 제2차 바티칸공의회가 끝난 직후 재개되었다. 다음의 자료에서 찾아볼 수 있다. H. Küng, *La Chiesa* (Queriniana, Brescia 1969); G. Canobbio, *Ecclesiologia e diritto canonico,* in *Quaderni di diritto e politica ecclesiastica*, 25 (2017) 37-50.

발표되면, 주일에 온 백성과 장로들과 봉사자들이 모일 것이다. 모든 감독자들이 한마음이 되어 그분 위에 안수할 것이다. 장로들은 (그냥) 서 있고, 모든 이는 침묵하고 성령께서 그분 위에 내려오시기를 마음속으로 기도할 것이다(「2. 감독자들에 대해」).[11]

감독자가 장로를 서품할 때, 그의 머리 위에 안수하고 모든 장로들도 그에게 (손을) 댈 것이며, 우리가 감독자의 (서품에) 관해 규정했던 양식에 따라 그를 위해 기도할 것이다(「7. 장로들에 대해」).[12]

봉사자를 서품할 때에는, 앞에서 언급한 바에 따라 선출할 것이며, 또한 우리가 규정한 바와 같이 감독자 홀로 안수할 것이다. 봉사자를 서품할 때에 감독자 홀로 안수하는 것은, 그가 사제직에 서품되는 것이 아니라 감독자로부터 명령받은 것을 이행하며 감독자에게 봉사하기 위해 서품되기 때문이다(「8. 봉사자들에 대해」).[13]

명확한 역할이 전반적으로 '서품된 이들'에게 부여된다. 서품된 이들은 다른 이들과 철저히 구분되지만, 서품을 받지 않은 이들은 공동체에서 특정한 역할을 맡는다고 하더라도, 하위 부류로 이해되었다. 이러한 구분을 통해 과부단의 의미가 다음과 같이 밝혀진다.

과부로 세우려 할 때에는 서품하지 말고 명칭으로 지정할 것이다. 그녀의 남편이 이미 오래전에 죽었으면 그렇게 할 것이다. 만일 그녀의 남편이 죽은 지가 오래되지 않았으면, 그녀를 신뢰하지 말 것이다. 그

11 히뽈리투스 『사도 전승』 이형우 역 (분도출판사 2000) 75 – 역자 주.

12 같은 책 95 – 역자 주.

13 같은 책 99 – 역자 주.

러나 그녀가 연로하다면 (일정한) 기간 동안 시험해 볼 것이니, 왜냐하면 정욕들도, 그녀 자신 안에서 그것들을 일으키게 하는 그 사람과 함께 노쇠되어 가기 때문이다. 과부로 세울 때 구두로만 선언하고 과부들의 명단에 올릴 것이다. 과부에게 안수하지 않는데, 왜냐하면 이것은 봉헌을 바치는 것이 아니고, 또한 전례적인 임무를 받는 것도 아니기 때문이다. 그러나 과부는 기도를 위해 세워지는데, 기도는 모든 신자들의 의무인 것이다(「10. 과부들에 대해」).[14]

『사도 전승』은 서품과 제도를 구분한다. 바로 이 점에 주목해야 한다. 서품은 전례적 역할을 수행하는 이들에게 유보되고, 제도는 공동체에서 다른 역할을 맡는 이에게 유보된다. 이 제도 중에는 과부단 외에 독서단, 동정녀단, 부봉사자단, 치유단도 있었다.

특히 '증거자'는 특별한 지위를 지니게 된다. 『사도 전승』은 이들에 관해 다음과 같이 규정한다.

만일 (어떤) 증거자가 주님의 이름 때문에 감옥에 갇혀 있었다면, 봉사자직이나 장로직을 (주기) 위한 안수를 그에게 하지 말 것이다. 왜냐하면 그는 자신의 (신앙) 고백을 통해 이미 장로직의 영예를 갖고 있기 때문이다. 그러나 만일 그를 감독자로 세우려 하면, 그에게 안수할 것이다.

만일 증거자가 당국에 끌려가지 않았거나, 체포되어 고문받지 않았거나, 또는 감옥에 구금되지 않고 다른 형벌로도 처벌받지 않고 다만 어

14 같은 책 107 - 역자 주.

떤 기회에 우리 주님의 이름 때문에 조롱을 받고 가택연금의 형을 받고서도 (자신의 신앙을) 증거했다면, 그에게 합당한 어떤 직책을 주기 위해 안수할 것이다(「9. 증거자들에 대해」).[15]

이처럼 증거자들을 규정하는 이유는 순교가 완벽한 '그리스도를 닮음'이며 성령의 충만이라고 확신하기 때문이다. 성령이 충만한 것을 증거한 이에게 안수를 통해 성령을 내리는 것은 부적절하다.

하지만 감독 서품에 관한 규정은 다르다. 이 경우에는 안수를 해야 한다. 따라서 증거자와 감독의 차이에 관해 표면적으로 이렇게 가정할 수 있다. 곧, 모든 공동체는 분열을 피하고자 감독이 한 명 있어야 한다. (고백자가 많을 경우) 고백만으로는 감독으로 내세우기에 충분하지 않다. 그러므로 안수는 선발된 사람이 일치의 중심임을 알려 주고 또 안수를 통해 감독으로 선출됨을 지시한다. 이처럼 그리스도교 공동체는 많은 역할로 결합되어 있다. 이 역할들의 경계는 서품으로 구분되었고 또 확립되었다.

백성은 이 역할들의 수혜자인 것처럼 보인다. 하지만 성직자와 백성의 경계가 서품이라 할지라도, 백성은 직무자가 베푸는 것에 대한 단순한 수동적인 수혜자가 될 수 없다. 백성이 감독을 선출하기 때문이다.

히폴리투스가 전한 공동체의 교계적 결합은 거의 고정되었고, 이후에 백성이 점차 순전한 수혜자가 될 때까지 지속적으로 강조될 것이다.

『**사도들의 가르침**』은 230년경에 안티오키아의 총대주교좌가 있는 시

15 같은 책 105 - 역자 주.

리아에서 쓰였다. 이 작품은 서품의 확립 과정에 특별한 의미를 지니며, 사도들이 감독들에게 남긴 일련의 제도를 전한다. 감독의 인격은 모든 것을 포용하고 모든 이와 결합하는 중심이 된다. 감독 외에는 봉사자들과 '협력자들'이 있을 뿐이다. 이 작품은 공동체의 위계적 결합을 반영한다. 공동체의 정점에 감독이 있고, 사제의 역할이 없는 듯한 원로들이 있으며, 감독을 보필하는 봉사자들이 있고, 과부들과 여성 봉사자들도 있다. 감독과 백성의 차이는 신학적으로 다음과 같이 정의한다.

> 그러므로 어디서나 [감독은] 모든 평신도에게 존경을 받아야 합니다. 마치 세상에서 (누군가에게) 존경을 표하듯이, 선물과 영예와 같은 그는 존경받아야 합니다. [평신도는] 봉사자들을 깊이 신뢰하며, 언제나 감독을 심란하게 하지 않아야 합니다. 하지만 이들이 원하는 것들을 봉사자들을 통해 감독에게 알려야 하는 이유는 그리스도를 통해서가 아니면 누구도 주님이신 하느님께 가까이 가지 못하기 때문입니다. 그러므로 평신도는 봉사자들을 통해 원하는 것과 바랄 것들을 감독에게 알려야 합니다(『사도들의 가르침』 9).[16]

왕이 자신의 신하를 선발하듯이, 감독은 백성 가운데서 자신의 협조자를 선발한다. "감독은 백성 가운데에서 그 직무에 적합한 이를 선발합니다. 자신의 조언자와 보조자로 원로들을 선발할 것이며, 자신의 집에 봉사하도록 필요한 봉사자와 부봉사자를 선발합니다"(9).[17] 사실, 감

16 *The Didascalia apostolorum in Syriae*, I, Chapter 1-X, translated by Arthur Vööbus, Secretariat du Corpus SCO (Louvain 1979) 101.

17 같은 책 106-107.

독은 자신의 직무를 수행하면서 죄를 지을 수 없다고 여겨졌다. 따라서 평신도는 감독에게 영예를 드리고 그에게 봉사한다. 그리고 평신도는 높은 지위의 감독에 비해 아이처럼 여겨졌다. 『사도들의 가르침』은 평신도에 대한 감독의 임무를 다음과 같이 명확하게 알려 준다. "감독은 평신도를 자녀처럼 사랑하고 그들을 성장하게 하며, 사랑의 열정으로 그들을 양성합니다. 달걀이 암탉에서 나오는 것처럼 그들을 돌보고 또 병아리가 수탉으로 성장하는 것처럼 성인이 될 때까지 그들을 양육합니다"(7).[18]

한편, 평신도의 의무는 다음과 같이 표현된다. "평신도는 평신도를 사랑하고, 감독을 사랑하고 공경하며 아버지처럼, 주님처럼, 하느님처럼, 하느님 다음으로 존중해야 합니다. 사도들이 감독에 대해 이렇게 말했기 때문입니다. '너희를 받아들이는 이는 나를 받아들이는 사람이고, 나를 받아들이는 이는 나를 보내신 분을 받아들이는 사람이다'"(7).[19]

이러한 진술이 평신도를 부정적으로 바라본다는 의미는 아니다. 반대로 이 작품은 평신도를 아주 긍정적으로 다음과 같이 진술한다. "그러므로 하느님께 선택된 교회인 평신도 여러분, 이것을 들으십시오. 첫 백성이 교회라고 불렸다면, 그 유산인 여러분은 주님이신 하느님의 꾸며진 신부로서 보편되고 거룩하고 완성된 교회이고 또 거대한 교회이며, 임금의 사제단인 거룩한 백성입니다"(9).[20]

그런데도 공동체 전반의 직무에서 감독과 평신도의 지위는 다르다. 사실, 감독이 백성을 사랑과 부성으로 대하지만, 감독에게 호소해야 하

18 같은 책 76.

19 같은 책 75.

20 같은 책 99.

는 평신도의 지위는 감독과 확실하게 차이가 있는 것이 보인다.

『사도들의 가르침』이 전하는 이 관점이 어디에서나 동일하다고 입증되지 않는다. 그런데도 이 작품은 이후의 온 교회에서 감독의 직무가 확장되고 또 발전할 기초가 될 것이다. 따라서 여기서 입증된 감독의 직무가 발전하는 동기와 그 역동성을 이해하는 것이 중요하다. 사실, 이 작품은 통치의 형태가 어디서나 실현되고 또 정당화되는 공통된 구조를 지닌다는 이데올로기적인 동기를 알려 준다. 교회도 역시 이것을 피할 수 없었다. 곧, 통치가 필요하다면, 교회가 사회생활 전반에 퍼진 형태와 그 실행 양식을 더 적합하게 반영하려 했다는 사실이 이해된다. 교회도 시대 속에서 살아가는 한, 이는 걸림돌이 되지 않는다. 한 지역에서 고유한 언어를 배제할 수 없듯이, 교회는 그 고유한 조직 역시 무시할 수 없다.

교회가 점차 확산되고 사회화되면서, 교회 지도자의 생활 형태가 시민사회 지도자의 형태와 겹치는 것에 놀라지 말아야 한다. 종말론적 긴장은 주위 환경에 동화되는 것에 반하지만, 이 긴장은 점차 약화되었다. 따라서 교회는 역사 안에 뿌리를 내리고 정치적 방향에 부합하도록 결정할 수 있었다. 그 결과, 교회는 사회의 구조와 그 지도자들의 모습을 반영했고, 시민 권위를 염두에 두고 통치 방식을 실현해야 했다.

4세기 중반에 집성된 『**위僞-클레멘스서**』는 앞서 말한 것들을 반복한다. 카이사리아의 감독인 자캐오는 서품 강론에서 베드로의 입을 빌려 다음과 같이 말한다.

믿는 이들의 무리는 평화롭게 살기 위해 유일한 지도자에게 순명해야

> 합니다. 전제 군주에게 유보된 통치는 유일한 머리의 명령으로 다스려지기에, 올바른 질서를 통해 사람들에게 평화의 기쁨을 가져오기 때문입니다. 그러나 모두가 명령하기를 바라고 또 유일한 머리에게 순명하기를 거부한다면, 그들 사이가 분열되기에 패망의 운명만이 남게 됩니다. 우리 눈앞에 펼쳐진 사건들을 성찰하면서, 이 진리를 확신하는 기회를 우리는 경험하지 않았습니까? 이제 땅에는 수많은 왕이 나타나 다른 이들을 지배하면서 전쟁은 지속될 것입니다. 한 왕은 다른 왕에 맞서 힘으로 전쟁을 일으킬 것이기 때문입니다. 그러나 한 왕만이 모든 곳에 명령을 내린다면 전쟁을 할 이유가 없기에 지속되는 평화 안에서 살 것입니다. 하느님은 종말에 영원한 생명에 합당하다고 판단된 이에게만 모든 세계를 다스리기 위해 왕위를 줄 터인데, 군주제를 통한 은총으로 확실한 평화를 누리게 될 것입니다. 그러므로 공동체 전체는 한 사람만이 지도하는 것을 따라야 하며 또 다른 이들에 비해 하느님의 모습을 닮은 지도자를 공경해야 합니다.[21]

이 인용문에서 유일한 머리에 대한 정당화는 전혀 신학적이지 않으며, 심지어는 유일한 황제에 대한 '이상'으로 해석될 수도 있다. 그런데도 『위-클레멘스서』의 영향을 받은 지역의 교회는 이러한 증언을 '합당한' 주제로 받아들였으며, 그에 따라 신학적 결론을 추출했다.

공동체가 교계화된 이유를 설명할 때, 이에 관한 신학적 이해에 주의를 기울여야 한다. 이러한 신학적 이해가 대부분 명시적으로 드러나고 또 후대에 남겨질 것이기 때문이다.

---

21 *Clementina, Homilia 3* 61-62; PG 2. col. 150 s.

2. 교회의 '성직자화'가 널리 퍼진 이유

초세기 그리스도교에서 교리에 관한 이탈 현상이 매우 빠르게 일어났다. 혹은 적어도 하나의 교리를 두고 다양한 관점에서 해석이 이루어졌다. 앞서 요한계 교회들의 특별함을 설명하면서, 이러한 현상에 관해 언급한 바 있다.

신약성경에는 다양한 관점이 있다는 사실이 이미 분명하게 드러났다. 이 관점들은 신약성경 안에서는 그리 문제가 되지 않았지만,[22] 2세기 이후로는 더욱 심각한 문제가 되었다. 권위를 지니고 문제를 해결했던 사도들은 이제 거의 세상을 떠났고, 사도들의 제자들도 사라지고 있었다. 그에 따라 기준이 되어야 할 일련의 규범이 소실되고 있었다.

다른 한편, 이때 성경의 목록화는 여전히 확립되지 않았고 정확한 일련의 교리도 기대할 수 없었다. 따라서 원천적 설교에 관한 충실함을 보증하고 입증할 필요성이 요구되었다. 이 충실함을 강조하는 요소 중 하나가 '**사도 전승**'(successio apostolica)이다.

클레멘스의 『코린토 신자들에게 보낸 편지』에서 '원로-감독'을 다룰 때 '**전승**'(successio)이라는 주제를 이미 제시한 바 있다. 사도들은 '원로-감독'을 임명했고, 자신들이 세상을 떠난 후 다른 이들이 계승한다는 질서를 규정했다. 이 목적을 드러내는 의미 있는 진술은 다음과 같다. "주님이신 예수 그리스도께서는 우리 사도들에게 감독의 품위를 두고

---

22 교황청 성서위원회 「교회 안에서 일치와 다름. 교황청 성서위원회의 공식 문헌과 위원회 위원들의 개인 작업」 (1988년 4월 11일) (LEV, Città del Vaticano 1989) 9-28; G. Segalla, *L'unità della Chiesa e la varietà dei suoi modelli nel Nuovo Testamento*, 같은 책 297-311.

논쟁이 일어나게 될 것임을 염려하셨습니다. 앞으로 다가올 일들을 온전히 예측하면서, 우리가 말한 거룩한 직무자들을 세우고 또 그들이 죽으면 신뢰할 만한 이들이 사도들의 후계자로 선발되도록 질서를 세워야 합니다"(『코린토 신자들에게 보낸 편지』 44,1-4). 이처럼 사도들과 책임자들의 연결이 시작되었다. 이 연결은 하느님에게서 온다는 결론으로 귀결된다(42,1-2 참조). 따라서 사도들을 실질적으로 계승하는 이들이 지닌 권위는 문제가 될 수 없다.

『코린토 신자들에게 보낸 편지』에서 사도들과 원로들의 연결이 핵심적으로 드러난다. 곧, 일반적으로 순례하며 복음을 '선포하는 권위'와 이 증언을 규범화하는 임무를 지닌 '거주하는 권위'가 연결된다. 사실, 사도들과 원로들을 연결하려는 클레멘스의 사상은 모호한데, 이는 그에게 익숙한 유다적 배경에서 비롯된다. 공동체의 원로들에게 사도의 권위를 부여할 때, 그는 '아론의 지팡이'라는 유다적 전통을 토대로 삼았다. 만남의 천막에 모인 이스라엘 집안의 지팡이들 중에서 '아론의 지팡이'만이 싹이 돋는데, 이는 하느님께서 이 집안을 사제직을 수행하고 거룩한 임무를 맡을 자로 선택하신 것을 나타낸다(43 참조). 또한 그는 이사 60,17(칠십인역)을 감독과 봉사자 제도의 설정으로 해설한다. "정의로 그들의 감독을 세우고, 믿음으로 그들의 봉사자들을 세웁니다"(『코린토 신자들에게 보낸 편지』 42,5).

그러므로 성경에서 드러난 것처럼, 사도와 감독 사이에는 하느님의 뜻으로 설정되는 '연속성'이 있다. 클레멘스가 아론의 지팡이를 언급한 것은 공동체에서 권위의 우선성을 말하려는 것이다. 이는 사도들의 가르침이기보다는 유다적 사고를 드러내므로, 레위적 · 사제적 노선을 계승한다.

‘**연속성**’이라는 주제는 2세기에 이르러 헤게시푸스와 이레네우스에게서 다시 펼쳐지고 확장된다. 역사가 에우세비우스의 증언에 따르면 헤게시푸스는 다섯 권으로 구성된 『회상록』을 썼다. 그가 영지주의자들을 거슬러 로마교회 주교의 명단을 작성한 이유는 사도의 가르침에 관한 충실함을 입증하기 위해서였다. 반대로 영지주의자들은 사도 전승에 속하지 않는 교회들을 방문하면서 자신들의 명단을 제시했다. 이로써 자의적인 교리의 권위를 입증하려 했다.

여기서 명단 문제에 관한 논쟁은 남겨 두자. 다만 헤게시푸스가 명단을 파악하면서 감독들의 사도 전승을 옹호했다면, 이는 역사적으로 기록된 기원에 연속성을 지닌다는 뜻이다. 이레네우스도 감독들이 사도 전승을 보존한다는 헤게시푸스와 같은 노선이다. 그는 입증된 감독들의 전승이 진리를 보존한다고 주장했다. 그는 영지주의적 흐름에 반대하면서 다음과 같이 진술한다.

> 진리를 보려는 모든 이는 온 세상에 드러난 ‘사도 전승’을 온 교회에서 볼 수 있고, 사도들로부터 선발되어 세워진 감독들과 그 후계자들을 교회에서 헤아릴 수 있습니다. 영지주의자들이 가르치는 것처럼, 이제 감독들과 그 후계자들은 충격적인 것을 가르치지도, 알리지도 않습니다. 사실, 사도들은 전체적으로 숨겨진 비밀스러운 신비들을 부분적으로 가르칠 수 있었으나, 교회의 책임자들에게 이 신비들을 확실하게 모두 전해 주었습니다. 사도들은 절대적으로 완전하고 반복될 수 없는 진리를 후계자인 남겨진 이들에게 전승하기를 원했고, 가르치는 사명을 그들에게 전해 줍니다. 그들이 정확하게 이해했다면, 큰 유익이 될 것입니다. 그러나 잘못 이해했다면, 큰 위험이 될 것입니다.[23]

이레네우스가 감독들의 명단을 로마교회에만 한정한 이유는 로마교회가 "더욱 크고 오래되었으며, 모두에게 알려졌고, 영광스러운 사도 베드로와 바오로로부터 설립되었기 때문"(『이단 반박 3』 3,2)이다.

또한 사도 전승은 참된 원로와 그릇된 원로를 구분하는 기준이 된다.

> 교회 안에 있는 이들은 사도들을 계승하는 원로들에게 순종해야 합니다. […] 이들은 아버지의 마음에 드는 진리의 확실한 은사로 감독의 직무를 받았습니다. 그러나 믿는 이들은 중요한 사도 전승에서 벗어나 다른 장소에 모이는 사람들을 이단자와 오류를 범하는 자로, 분열의 원인이 되며 교만과 자만으로 호의와 허영을 추구하는 위선자로 의심해야 합니다(『이단 반박 4』 26,2; 참조: 26,5; 33,8).

이러한 관점에서 교회의 책임자들을 강조하는 것은 논리적이다. 책임자들 덕분에 참된 교회를 형성하기 위한 공인된 가르침과 포기할 수 없는 조건을 교회는 지니게 되었다.

3세기의 인물인 테르툴리아누스는 헤게시푸스가 윤곽을 잡고 또 이레네우스가 재차 강조한 주제를 발전시켰다. 로마법에 통달한 그는 『이단자에 대한 항고』에서 보편 교회에 대항하는 이단들이 제기하는 분쟁의 싹을 없애고자 했다. 그래서 그는 법적 이의 제기인 '시효'(praescriptio)[24]라는 개념을 상정했다. 곧, 소 제기를 할 수 없는 분쟁이 제기되

23 Ireneo, *Adversus Haereses* III, 3, 1: Ireneo di Lione, *Contro le eresie e gli altri scritti*, a cura di E. Bellini e per la nuova edizione di G. Maschio (Jaca Book, Milano 2003) 218.

24 살바토르 외 『교회 법률 용어 사전』 한동일 역 (가톨릭출판사 2017) 690-691 참조: "시효의 최종 토대는 권리와 의무의 명의(권원)에 대한 의문과 그 결과로 계속되는 분쟁을 피하면서 권리의 안전에 대한 필요성이다" - 역자 주.

는 것에 대한 중지를 분쟁의 방어자에게 허용해, 분쟁을 일으키는 이에게 진술할 기회를 주지 않는 것이다. 한편, 이단들도 성경을 인용하며 자신들의 관점을 정당화했다. 그러나 테르툴리아누스는 성경이 그들에게 속하지 않는다는 사실로 소 제기의 부당함을 지적했다. 성경은 믿음의 규범을 지닌 이들에게만 속한다. 사도 교회와 친교를 이루는 교회만이 참되다. 그러므로 이전 교회와 이후 교회의 연속성을 입증하기 위해 감독들의 명단이 활용된다.

> 사도 시대를 재현하려는 이단들이 있을 수 있습니다. 이들은 사도 시대까지 거슬러 올라가 말하고 사도들에게서 배운 것처럼 말하며 사도들로부터 태어났다고 주장합니다. 그러나 이들에게 반박할 수 있습니다. 그들 교회의 기원을 확인하고 또 그들 감독의 명단을 열어, 감독의 계승을 처음부터 확인해야 합니다. 그래서 첫 감독이 서임된 것인지 혹은 사도 중 한 분이나 최소한 사도와 연결된 사람이 계승한 것인지를 보는 것은 사도와 항구한 관계 속에 있는지 여부를 가늠하게 합니다. 이처럼 감독의 명부를 보면, 사도 교회들은 자신들의 이름을 제시합니다 […](『이단자에 대한 항고』 32,1-2).[25]

앞서 언급한 세 저자(헤게시푸스, 이레네우스, 테르툴리아누스)에게는 참된 가르침을 검증하기 위한 특별한 기준을 세우는 것이 중요했다. 그 기준은 사도들의 가르침과의 연속성이다. 이러한 의미에서 가르침의 전승이 우선한다고 말할 수 있고 또 말해야 한다. 또한 이 가르침의 전승은 각

25 Corpus Christianorum SL, I, 212.

교회에서 책임을 지도록 합법적으로 세워진 사람들의 계보를 확인하는 것과 분리될 수 없다.

3세기 초에 히폴리투스라 추정되는 이는 이러한 결속을 명확하게 다음과 같이 표현한다.

> 성령께서 교회에 전하지 않았다면, 또 처음으로 성령을 받은 사도들이 올바른 믿음을 지닌 이들에게 전승하지 않았다면, 누구도 이들(이단들의 오류)을 반박할 수 없습니다. 사도들의 후계자와 함께할 수 있기에, 대사제와 교도권의 은총에 참여할 수 있기에 그리고 교회의 수호자들을 신뢰할 수 있기에 우리는 잠들 수 없고, 바른말을 전하는 입을 다물 수 없습니다.[26]

권위 있는 연구에 따르면, 이 인용문에서 감독들은 사도들의 파견을 받은 '계승자'이며 '사도들의 후계자'라고 처음으로 이해되었다. 나아가 키프리아누스는 히폴리투스의 생각을 심화한다. 그에 따르면, 사도직은 감독의 직무다.[27] 이처럼 사도들과 감독들 사이의 간격은 사라지고[28] 또 '모든' 감독은 사도들의 후계자로 여겨진다.

이러한 단서들을 통해 이단적 교리로 위협받는 교회의 새로운 상황이 어떻게 책임자에게 특권을 부여하게 되었는지 이해할 수 있다. 교회

---

26 Ippolito, *Confutazione di tutte le eresie*, I Proemio, 6, a cura di A. Magris con un saggio introduttivo di E. Castelli (Morcelliana, Brescia 2012) 60-61.

27 Cipriano, *Lettera 66*, IV, 1: S. Cipriano di Cartagine, *Le Lettere*, Introduzione, versione e note a cura di N. Marinangeli (Paoline, Alba 1979) 390 참조.

28 Cipriano, *Lettera 3*, III, 1: 같은 책 55-56 참조.

는 교의적 연속성을 배제할 수 없기에, 역사적으로 입증 가능한 진리의 합법적 기준에 절대적으로 주의를 기울였다. 이를 바탕으로 '자유로운 은사들'이 결정되었다. 이에 관해서는 다음 장에 설명하겠다.

직무에 관한 핵심적인 이해가 다양해지더라도, 그 윤곽은 2세기에 드러나고 또 3세기 초에 발전해, 다음 세기로 이어질 것이다. '**직무의 사제화**'는 '사도 전승'이라는 가르침과 더불어 강조된다. 앞서 살펴본 것처럼, 신약성경에서 그리스도교 생활은 하느님에게서 거저 주어진 것으로 이해되고 또 사제직은 예식 영역에서 생활 영역으로 전환되었음을 알 수 있다.

이러한 관점은 법적 관점이 아닌 초세기 그리스도인의 작품에서 더욱 잘 드러난다. 클레멘스의 『코린토 신자들에게 보낸 편지』는 베드로의 첫째 서간의 메아리처럼 믿는 이들이 살아가야 할 방법을 다음과 같이 제시한다. "이제 신심 깊은 영혼으로 그분께 다가가, 얼룩 없는 순수한 손을 들어 높입니다. 당신 선택의 몫으로 우리를 선택하신 선하고 자비로우신 아버지를 우리는 사랑합니다"(『코린토 신자들에게 보낸 편지』 29,1). 이 진술은 신앙생활을 분명히 '예식적' 언어로 표현하지만, 이는 생활한 예배와 연관된다.

클레멘스는 '직무'라는 뜻을 지닌 λειτουργίας(레이투르기아스), λειτουργῶν(레이투르곤)이라는 용어를 자주 사용했다. 하지만 이 용어들이 언제나 사제직 역할을 나타내는 것은 아닌 듯하다. 당시 이 그리스어 용어들은 문맥에 따라 다소 다르겠지만, 일반적인 봉사를 의미했기 때문이다. 사도들의 주된 임무는 복음화였다(42,3-4 참조). 그리고 이들은 그리스도의 양 떼에게 '봉사'(λειτουργήσαντα 레이투르기산타)하려고 책임자들을 세웠다(44,3 참조). 감독들의 '봉사'(λειτουργία 레이투르기아)는 제물을 봉헌하는 역할도 포함한다.[29]

하지만 클레멘스는 구약성경에서 사제가 바치는 제물의 전형인 피의 '제사'(θυσία 퀴시아)라는 용어가 아닌 '선물'(δῶρα 도라)이라는 용어를 사용했다. 사제의 직무에 관한 용어가 다양해지는 것은 구약성경의 사제 직무가 지속되지 않고 다른 의미로 대체되었음을 알려 준다.

클레멘스는 그리스도를 "우리 제물의 대사제"(36,1) 혹은 "우리 영혼의 대사제이며 보호자"(참조: 61,2; 64)라고 진술했다. 이는 히브리인들에게 보낸 서간의 내용을 다시 인용한 것이다. 그리스도의 사제직이 생활한 사제직이라면, 사제의 직무는 생활한 직무가 되어야 한다. 곧, 모든 그리스도인이 생활 속에서 사제직을 살아가야 한다. 이처럼 사제직을 생활한 직무라고 강조하더라도, 책임자들의 임무에서 사제의 역할은 제거되지 않는다. 앞서 제시한 것처럼, 클레멘스는 사도 전승에 관해 말하면서, 구약성경의 레위의 역할을 자주 언급했다. 특히 예식적 사제 직무를 전하는 단락(44,4 참조)은 이 방향을 분명하게 드러낸다.

『디다케』도 감독과 봉사자의 사제적 차원을 제시했다. 이 작품의 14장은 다음과 같이 전한다. "주님의 주일마다 여러분은 모여서 빵을 나누고 감사드리시오. 그러나 그 전에 여러분의 범법들을 고백해 여러분의 제사가 깨끗하게 되도록 하시오."[30] 제사라는 용어는 예식, 곧 성찬을 암시하는 것처럼 보인다. 그리고 15장은 예언자와 교사의 직무를 대신할 감독과 봉사자를 세울 것을 요청한다. 이때, 14장과 15장의 편

29 "거룩함과 완덕으로 제물을 봉헌하는 감독에게 파문된 이의 죄는 결코 가볍지 않다"(코린 44,4).

30 『열두 사도들의 가르침 — 디다케』 93 - 역자 주.

집 시점을 정확히 파악하기는 어렵지만, 이 두 장을 연결하는 마지막 편집자가 감독과 봉사자는 성찬이라는 희생 제사를 봉헌한다는 사제적 관점을 드러낸다. 그런데도 우리는 '성찬이 희생 제사와 같다'라는 신학적 발전을 확신할 수 없다. 다만 이러한 관점이 후대의 신학적 발전을 위한 충분한 토대를 제공한다고 말할 수 있다.

히폴리투스의 『사도 전승』은 이러한 신학적 발전으로 결정적인 변화를 확정했다. (히폴리투스가 『사도 전승』의 저자라는 것은 몇 년 전부터 논의의 대상이 되고 있다.) 그가 전하는 감독자 서품 기도는 다음과 같다.

> 하느님 […] 시초로부터 […] 제왕들과 사제들을 세우시어 당신 성소를 끊임없이 돌보게 하셨으며 […] 감독직을 위해 간택하신 당신의 이 종으로 하여금 당신의 거룩한 양 떼를 보살피며, 책잡힐 데 없을 만큼 대사제직을 당신께 수행하게 하시고, 밤낮으로 (당신을) 섬겨 끊임없이 당신 얼굴의 (노여움을) 풀어 드리고, 당신의 거룩한 교회의 제물을 바치게 하소서. 대사제의 영의 (능력으로) 당신의 계명에 따라 죄 사하는 권한을 가지고, 당신의 명령에 따라 직무들을 나누어 주며 […](『사도 전승』 3).[31]

이 인용문은 감독의 직무가 사제적 차원임을 명확하게 입증한다. 그리고 히폴리투스 이후로 감독이 사제적 차원을 지닌다는 암시가 확장되는 것처럼 보인다. 이는 히폴리투스가 봉사자 서품을 위해 마련한 지

31 히뽈리뚜스 『사도 전승』 77-79 – 역자 주.

침으로 추정할 수 있다. "봉사자를 서품할 때에 감독자 홀로 안수하는 것은, 그가 사제직에 서품되는 것이 아니라 감독자로부터 명령받은 것을 이행하며 감독자에게 봉사하기 위해 서품되기 때문이다"(『사도 전승』 8).[32] 히폴리투스의 작품이 앞선 전승을 계승하기에, 그의 증언을 통해 전달된 유산을 볼 수 있다. 그 유산의 기원은 특정하기 어렵지만, 적어도 서방에서는 거의 보편적으로 받아들여졌다.

키프리아누스의 『서간집』에서 나타난 많은 변화를 신뢰한다면 더욱 그러하다. 카르타고의 감독인 키프리아누스는 처음으로 감독을 "사제이며 판관"이라고 부르면서, "그리스도의 대리로서 시간 안으로 파견되어 수행하는 이"라고 정의했다.[33] 이렇게 그는 감독에게 하느님과 공동체를 중개하는 역할을 부여했다. 이러한 의미에서 이전 두 세기와 비교할 때, 키프리아누스는 새로운 요소를 제시했다. 사실, 신약성경이 형성되는 앞선 두 세기에 그리스도인은 어떠한 중개 없이 직접 하느님께 다가갈 수 있는 이들로 이해되었고, 더 나아가 이들은 다른 백성들을 하느님께 중개했다. 이는 성 유스티누스의 증언만으로도 충분하다. "우리는 참으로 하느님의 대사제의 종족입니다. '민족들 가운데에서 곳곳에서 당신 마음에 드는 정결한 제물이 바쳐진다'(말라 1,10-12)는 말씀으로 하느님께서 이를 증언하십니다. 그런데 하느님은 오직 당신 사제들을 통해서만 제사를 받으십니다."[34]

---

32 같은 책 99 – 역자 주.

33 Cipriano, *Lettera 59*, V,1; ed. cit., 317.

34 Giustino, *Dialogo con Trifone*, 116, 3, ed. it., a cura di G. Visonà (Paoline, Milano 1988) 334. 역자 주: 유스티누스 『첫째 호교론 · 둘째 호교론 · 유대인 트리폰과의 대화』 안소근 역 (분도출판사 2024) 322.

그러나 3세기 초부터 직무의 사제적 차원에 관한 증언들은 복잡해진다. 이와 관련된 증언 중 위-암브로시우스와 성 히에로니무스의 증언은 매우 중요하다. 서방 전승은 이들에게 크게 의존한다고 알려졌기 때문이다. 특히 성찬례 거행에서 원로와 감독이 빵과 포도주를 축성하므로 동일한 사제직의 권위를 지닌다는 이들의 진술은 중요하다. 4세기 중반의 이름을 알 수 없는 저술가인 위-암브로시우스는 주교와 사제가 공동으로 사제직에 참여하므로 동등하다고 설명했다. 그는 1티모 3,8-10을 주해하면서 다음과 같이 말한다. "감독과 원로는 둘 다 사제입니다. 그러나 감독이 우선적인데, 모든 감독은 원로이지만, 모든 원로는 감독이 아니기 때문입니다."[35] 그리고 로마의 봉사자들의 요구에 맞서 싸운 성 히에로니무스는 '감독'과 '원로'의 호칭이 내포하는 사제직이 처음에는 같다고 설명했다. 다만 감독은 역할을 나타내고, 원로는 상태를 나타낼 뿐이다. 감독이 원로에 대해 지니는 유일한 특권은 직을 수여하는 것이다. 사실, 둘 다 사제인데, "이들의 기도는 그리스도의 몸과 피를 변화시키기 때문"[36]이다.

이처럼 사도 전승에 관한 가르침이나 직무의 사제화는 일반적으로 공동체보다는 교회의 책임자 집단, 곧 교계 형성에 적용되었다.

3. 거룩한 위계

현실의 한 측면은 전체적인 관점을 따른다. 특히 플라톤 사상에 영향을

35 In *Epist B. Pauli ad Timotheum primam*: PL 17, col. 470 B.

36 Girolamo, *Epistola 146*, 1; PL 22, col. 1195.

받은 고대 세계는 현실을 계층적 모형으로 이해했다. 곧, 더 완벽한 것에서 덜 완벽한 것으로 점차 하강하는 것처럼, 세상은 천상계에서 물질계로 점차 하강하는 것으로 이해했다.

그리스도교가 어려움 없이 이러한 관점을 받아들인 이유는 세상의 개념에 관한 독창적인 사유 체계가 없었기 때문이다. 따라서 세상의 기원에 관한 철학을 받아들이면서 교회 전반에 다양한 역할이 설정되었을 때, 이 역할들은 점진적인 상승을 통해 점차 더 높은 차원으로, 더 많은 책임을 지는 단계로 상승하는 것이 논리적이다.

첫 4세기 동안 역할에 따른 **교회의 조직화**는 점차 규정되었다. 초세기에 구체적인 환경에 따라 결정되었던 것들까지 점차 규범적으로 정확하게 고정되었다.

4세기 말에 시리아에서 편집된 『사도 헌장 요약 (8권)』은 『사도 전승』을 재해석해 발전시켰다. 이 작품은 성직자(*klêros*)의 역할을 주교, 사제, 부제, 여부제, 차부제, 독서자로 세분화해 열거했다. 이 작품은 주교, 사제, 부제만 포함했던 이전의 경계를 넘어서는 성직자 계층의 확장을 증언하고 있다. 또한 성직자가 되는 과정을 흔히 말하는 시민사회의 '승진 과정'(cursus honorum)을 기반으로 알려 준다. 이는 주교가 최고 책임자가 되기 전에 모든 과정을 거쳐야 함을 함축하고 있다. 또한 성직자가 평신도의 역할들을 흡수한다는 사실은 전례 거행에 관한 모든 것을 성화해야 하고 또 성직자의 역할을 전례 거행과 연관시켜 이해했음을 의미한다.

'거룩한 위계'에 관한 더 포괄적인 이론은 흔히 위-디오니시우스라 불리는 5세기 말의 저자 **디오니시우스 아레오파기타**가 확립했다. 이 저자를 시작으로 '위계'라는 말이 교회 용어로 사용된다. 디오니시우스 아레오파기타라는 이름은 사도 17,34에 나오는 바오로의 제자를 떠올리게 한다. 그러나 『아레오파기타 전집』을 집성한 무명 저자가 사용한 이름 앞에 위僞를 붙여서 명명한다. 디오니시우스의 편지가 활발하게 오고 간 시점은 대략 5세기 후반에서 6세기 초반 사이로 추정된다.

디오니시우스 사상의 틀은 이렇게 요약된다. 곧, 모든 것은 붙들 수 없는 최고의 유일자이신 하느님에게서 오고 또 그분에게 되돌아간다. 이러한 과정은 '유출'의 형태로 실현되기에, 세상의 모든 것은 위계로 정해진다. 이는 세상이 하느님으로부터 확립된 질서라는 의미다. 따라서 세상은 만물이 지닌 질서의 총합이다. 곧, 사물은 생명의 원천에서 더 가까운 곳에서 먼 곳으로 배치되기에, 더 높은 곳에서 낮은 곳으로 이동한다.

우리의 관심사는 『천상 위계』와 『교회 위계』라는 두 작품의 내용에 있다. 천상계는 엄격한 위계적 도식을 따라 구약성경과 성 바오로가 제시한 천사들의 분류로 구성된다. 한편, 교계는 그리스도교의 구성원들이 점차 상승하는 것처럼 묘사된다. 이처럼 다양한 단계를 드러내는 전례는 추상화된 교회의 교계 구조를 드러낸다. 여기서 교계 구조는 천상계의 모습을 본떴다. 곧, 교계의 머리에는 모든 것을 흘러내리게 하는 주교가 그 정점에 있고, 백성은 하위의 단계들에 배치된다.

> 대사제(주교)의 품계는 성화와 완전함을 부여받았습니다. 성화하는 이(사제)들의 품계는 영혼들을 비추고 그들을 빛으로 이끕니다. 마지막으로 봉사자(부제)들의 임무는 정화하고 분리하는 것입니다. 여기서 대사제의 품계는 성별의 역할만이 아니라 비추고 정화하는 역할도 맡는 것

이 분명합니다. 이처럼 성화하는 이들의 품계는 비추고 정화하는 힘에 결합됩니다. 하급자들이 상급자들의 역할을 남용하는 것은 불가능합니다. 이러한 만용은 그들에게 모독이 됩니다. 그러나 하급자들을 넘어서는 상급자들의 권력은 자신의 성사적 역할에서 하급자들의 범위에 속한 거룩한 지식도 포함합니다. 사제를 구분하는 것은 상징적으로 신적 활동을 드러내고, 이 때문에 신적 활동은 조화로운 질서에 해당하는 품계의 빛을 그 스스로 드러냅니다. 따라서 신적 활동의 뒤섞임이 없습니다. 신적 활동은 위계적으로 거룩한 활동과 거룩한 품계의 세 단계 — 첫째, 중간 그리고 마지막 — 에 따라 질서 지어집니다. 따라서 이들은 자신에게 부여된 품계의 모습 그리고 신적 활동이 고유하게 구분되는 모습을 지닙니다.[37]

이 인용문은 주교, 사제, 직무자들(*leitourgoi*)로 구성된 삼중의 '상급자'를 보여 준다. 주교는 '위계'(*hierarchia*)에서 파생된 '거룩한 위계자'(*hierarchês*)라 불리며, 위계의 정점에 배치된다.[38] "주교의 신적 품계는 하느님을 관상하는 수품자들의 으뜸이고 또 드높으며 가장 뛰어납니다. 우리 교계의 모든 품은 주교에게 도달하고 또 완성됩니다."[39]

그리고 이전 전통에서 사제의 임무가 없는 직무자들이 전부 열거된다. "직무자들의 품계는 사제가 봉헌하는 거룩한 전례에 앞서 스스로 신적 유사성을 지니지 못한 이들을 정화하거나 이끕니다. 사제는 성찬례에 참여하는 이들을 정화합니다. 이들을 성화하며 악에 물든 모든 것

37 Dionigi Pseudoareopagita, *De eccl. Hierarchia*: PG 3, col. 508 C-D.

38 같은 책 col. 393 B.

39 같은 책 col. 505 A.

을 그들에게서 떼어 놓습니다. 이들로 하여금 관상과 성화의 친교를 준비시킵니다."[40]

위-디오니시우스는 상급자들의 품계 아래 '하급자'들의 품계를 제시한다. 이들은 완전한 이, 조명된 이, 정화된 이로 구분된다. 완전한 이는 수도자이고, 조명된 이는 거룩한 백성 그리고 정화된 이는 참회자, '부마자'나 예비신자로서, 성찬에 참여할 수 없는 이들이다.

상급자들의 품계는 사제의 품계에 속하므로, 모든 이에게 안수할 수 있다.[41] 이 위계의 목적은 "가능한 한 하느님과 같아지고 일치되는 것"[42]이다. 이 단계의 전형적인 완전함에 따라 살지 못하면 겪는 위계의 강등도 다음과 같이 규정한다. "그러므로 사제의 품계가 조명을 통해 상승했다면, 조명된 이로 강등되거나 혹은 더 떨어져 조명되지 않은 이로 떨어질 수도 있는 것이 확실합니다."[43] 이는 위계의 본질을 더욱 강조한다. 곧, 품계에 올려지는 것은 하느님과 밀접함을 의미하기에, 그 힘을 통해 하급 품계에 관한 직무를 수행한다. 이러한 역할을 수행하지 못하는 이에게 하느님이 정하신 위계의 강등이 일어난다. 달리 말하면, 위계의 법은 강요할 수 없는 자발적인 것이다.

디오니시우스 아레오파기타의 관점을 통해 성직자와 사제직의 개념이 동일화되고 또 확장된다. 이로써 교회의 모든 역할이 거의 성직자에게만 유보된다. 성직에 해당하지 않는 이들은 모두 수취인이 될 뿐이다. 이는 하느님께서 원하신 현실에 새겨진 법으로 여겨진다. 불변하신

40 같은 책 col. 508 A.

41 같은 책 col. 509 C 참조.

42 같은 책 col. 392 A.

43 Dionigi Pseudoareopagita, *Epistola VIII*: PG 3, col. 1092 C.

하느님께서 창조하신 모든 피조물은 그분과 연결 고리가 끊어지는 지점까지 상위의 위계에서 하위의 위계로 흘러간다.

시리아 전통은 천상 위계를 본뜬 교계라는 위-디오니시우스적 관점을 반복하여 제시할 것이지만, 하급자들의 위계는 점점 망각할 것이다. 또 교회 전반에 활발한 역할들을 수행하는 이를 주목해 강조할 것이다. 시리아 전통에서 법 조항은 책임자들의 생활을 세밀하게 규정하면서 중요한 위치를 차지한다. 하지만 이 조항은 책임자 외의 '수취인'들에 대해서는 구체적으로 언급하지 않는다. 결론적으로 이들은 교회 생활에서 중요하지 않다.

4. 자유로운 '은사'?

교회의 조직화에 관한 규범화와 고정화에 집중하면서, 그 이유에 관해서도 살펴보았다. 하지만 평신도의 기여와 자유로운 은사들이 주장하고 차지한 지위를 다루지 않고는 초세기 교회 생활을 정확하게 이해할 수 없을 것이다.

순교자들은 특히 중요하다. 이미 알려진 것처럼, 그들은 증인들이다. 그러나 2세기부터 그리스도교 언어는 순교자를 믿음을 위해 고통을 받아 죽은 이로만 표현했다. 따라서 죽음에 이르지 않은 자는 '증거자'라고 불렸다. 앞서 살펴본 것처럼, 『사도 전승』은 공동체 생활에서 증거자에 관한 깊은 이해를 제시했다.

순교는 죽음에 대한 그리스도의 승리를 증언한다. 순교자는 세상의 힘에 맞서 용감하게 그리스도의 힘을 드러내며 죽음을 견뎌 냈다. 따라서 순교자는 하느님께 선택을 받은 이, 하느님을 증언하는 이, 교회의 영웅으로 여겨졌다. 순교자들을 통해 그리스도교는 매력적인 대상이 되었고 사람들을 끌어당겼다. 테르툴리아누스는 다음과 같이 말한다. "그리스도인들의 피는 (교회의) 씨앗이다!"[44] 순교자들은 사회의 모든 계층과 교회의 모든 신분에 존재했다. 순교는 종말론적 긴장이라는 성격을 지닌다. 따라서 순교자는 지상 교회에서 수행하는 역할들을 능가하면서, 더 고귀한 역할을 한 이들로 이해되었다. 곧, 순교는 복음을 증언한다고 이해되었다.

증언의 맥락에서 지난 세기 마지막 수십 년 동안 특별한 주목을 받은 『**디오그네투스에게 보낸 편지**』를 언급해야 한다. 이 짧은 작품은 편지라기보다는 호교서에 가깝다. 2세기 말 또는 3세기 초에 쓰였을 것으로 추정되는 이 작품은 이교도인 디오그네투스가 제기하는 그리스도교에 관한 몇 가지 물음에 대답하는 형식이다. 무명의 저자는 이 작품의 5장과 6장에서 그리스도인과 사회와의 관계 그리고 그리스도교와 시대의 관습을 비교한다. 여기서 저자는 몸과 영혼의 기능을 비유로 들면서, 세상에서 그리스도인의 활발한 활동을 다음과 같이 묘사한다.

> 그리스도 신앙인이라고 해서 다른 사람들과 나라를 달리하는 것도, 언어를 달리하는 것도, 의복을 달리하는 것도 아닙니다. 그들은 그들만의 고유한 도시에 사는 것도 아니며, 어떤 특수한 언어를 쓰지도 않습니다. 그들의 생활이란 특수한 것이 하나도 없습니다. [···] 한마디로

44 Tertulliano, *Apologeticum*, 50,13: Corpus Christianorum SL 1, 171. 역자 주: 테르툴리아누스『호교론』한창용 역 (분도출판사 2022) 221.

영혼이 육신 안에 존재하듯이, 그리스도 신앙인은 세상 안에 존재합니다. 그리스도 신앙인이 세상의 모든 도시에 흩어져 살듯이, 영혼도 육신의 모든 부분에 존재합니다. 그리스도 신앙인이 이 세상에 살면서도 세상에 속하지 않듯이, 영혼도 육신 안에 있으면서 육신에 속하지 않습니다.[45]

이 짧은 인용문은 주위 환경과 그리스도인의 관계, 곧 공유할 수 있는 것과 그렇지 않은 것을 선명하게 보여 준다. 이처럼 그리스도인은 누룩처럼 세상을 변화시키고 고양하기 위해 존재한다. 오늘날의 언어로 표현하면, 그리스도인과 세상은 육화의 차원과 종말론적인 차원의 변증법으로 밀접하게 연결되어 있다. 여기서 이교도나 유다 사상과는 다른 그리스도교의 새로움이 나타난다. 그리스도교는 강제로 하나의 종족으로 엮으려 하지 않고, 오히려 공통된 믿음과 보편적 사랑으로 하나의 백성을 형성한다.

이 인용문에서 제시된 그리스도인은 여러 가지 역할로 분류되거나 구분되지 않는다. 저자는 교회를 조직하는 문제에는 관심이 없어 보인다. 사실, 교회의 조직은 교회의 현실을 구성하는 한 측면일 뿐이다. 이러한 관점에서 교회 밖에서 교회를 바라볼 때, 그리스도교의 구성원 사이에서는 차이점이 드러나지 않더라도, 교회 안의 생활에서 그 차이점은 더욱 뚜렷해진다.

그리스도교가 시작 이후 초기 몇십 년간 지중해 문명과 마찰을 반복해 일으켰던 것을 생각할 때, 이 짧은 호교론은 그리스도교와 세상과의

45 *Lettera a Diogneto*, a cura di G. Carraro - E. D'Agostini (Servitium, Sotto il monte 2007) 29.33. 역자 주: 무명 교부 『디오그네투스에게』 서공석 역 (분도출판사 2010) 49; 52.

관계에서 매우 큰 중요성을 지닌다. 그때의 교회는 주위 환경과 전반적으로 달랐다. 그때의 교회는 시민사회에 이질적이었다. 클레멘스의 『코린토 신자들에게 보낸 편지』는 이를 상징적으로 제시하는데, "로마로 유배당한 하느님의 교회가 코린토에 유배당한 하느님의 교회에게"라고 썼다. 그러나 『디오그네투스에게 보낸 편지』는 종말론적 차원을 언급하면서, 세상과 삶의 여러 측면을 공유하는 동시에 이 측면을 치유하는 것을 보여 준다. 곧, 인간적 경험이나 시민사회의 경험에 대한 폄하가 아닌 상대화를 발견할 수 있다.

게다가 이 문헌은 호교론적 관점을 드러낸다. 그리스도교는 시민사회 체제를 전복하려는 의도가 없으며, 자신의 합법성을 사회에서 인정받으려 했다. 이 문헌에서 그리스도인은 정부를 상대화할지라도, 정부에 대한 충성을 분명하게 강조했다.

증언이라는 주제에서 수많은 그리스도인이 매진한 **선교 활동**을 다루지 않을 수 없다. 이미 설명한 것처럼, 『디다케』는 예언자들과 박사들에 대해 진술했다. 일자리를 이유로 이동하거나 순례를 통해 자연스럽게 널리 퍼진 그리스도인들의 현상은 충분히 증명되었다.

선교는 당연하게 받아들여졌고 또 계속 이어졌다. 활발하게 전해진 그리스도교의 새로움은 상인들, 수공업자들 그리고 노예들 사이에서 발견되었다. 선교의 필요에 관한 강조를 발견하기 위해서는 니케아공의회 이후 시기의 저자들을 연구해야 한다. 예를 들어, 요한 크리소스토무스는 그리스도인들에게 이미 받은 세례에 적합한 삶을 살아가라고 권고했고, 더 나아가 그리스도인들이 교회에서 멀리 떨어진 자들과 죄인들에게 다가가 이방인을 회개로 이끌어야 한다고 강조했다.

그리스도교가 확장하는 시기에서 주류가 되는 시기로 넘어가면서 생긴 변화는 명백하다. 곧, 공동체와 공동체는 선교 활동보다는 '공식적' 동의를 통해 더 깊이 결속되었다. 그 결과, 순례 사도는 사라졌으며, 앞에서 본 것처럼, 교계의 역할들은 교회 건설을 위한 다른 역할들을 모두 흡수해 버렸다.

이러한 변화에 동요와 항의도 있었다. 이 가운데 가장 뚜렷한 현상은 '**몬타누스주의**'다. 이 운동은 교회가 공적 계시를 보존한다는 주장에 대항해, 그들이 최후의 계시를 담지하고 있으며 또 성령의 이름으로 계시를 보존한다고 주장했다.

이 운동의 명칭은 창시자인 몬타누스의 이름에서 따왔다. 신앙의 초심자가 시작한 이 운동은 2세기 중후반에 프리스킬라와 막시밀라라는 두 여성 예언자와 함께 프리기아로 퍼져 나갔다. 고착된 그리스도교를 비판하는 몬타누스의 근본적인 요구는 교회의 전반적인 쇄신이었다. 이 운동의 핵심은 몬타누스를 통해 하느님은 인간에게 새로운 계시를 펼친다는 것이다. 그 계시의 내용은 세상 종말의 임박과 엄격한 윤리적 금욕(혼인 금지, 재혼 금지, 혹독한 단식, 실천하는 참회의 강화, 박해에서 도망가는 것 금지)도 포함되었다.

고착된 그리스도교에 대한 비판은 권위에 대한 비판이나 또 믿음을 위해 규정을 세우거나 혹은 공동체 생활을 위해 법을 만들려고 시도하는 이들을 향한 비판으로 향했다. 이들은 몬타누스 그리고 프리스킬라와 막시밀라의 입을 통해 말씀하시는 성령이 참된 권위라고 주장했다. 이 운동은 규정을 정하고 조직을 세우려는 교회의 경향에 반대하며 은사를 강조했다. 곧, 이 운동은 교회를 이끄는 책임자의 손에 집중된 권위에서 벗어나려 했다. 몬타누스주의는 아시아에서 꽤 성공했고, 이 운동에서 발생한 방언 현상이 널리 알려졌다.

이에 대한 교회의 대응은 쉽지 않았다. 교의적 관점으로 흠잡을 데 없지만 윤리적 관점으로 극단적인 이 운동을 단죄하기 위해 타당한 기준들을 제시해야 했다. 사실, 『디다케』에서 제시된 거짓 예언자들을 가려내기 위한 기준들은 턱없이 부족했다. "어떻게 '새로운 예언'을 판단할 수 있는가? 성령에게서 온 것인가 혹은 악마에게서 온 것인가?" 이 질문에 대해 이단자들이 주장한 것은 황홀경(방언) 현상이었다. 이 현상은 예언하는 권위의 표징으로 몬타누스주의에 가담한 이들에게는 중요했지만, 그리스도인의 공통된 체험과는 거리감이 있었다.

아무튼 차례로 열린 지역 시노드들은 몬타누스주의를 단죄했다. 그 결과, 몬타누스주의는 종말론적 긴장을 상실한 엄격한 분파로 축소되었다. 그리고 이 예언은 세상의 종말을 외쳤던 막시밀라의 죽음(179년)으로 입증되지 못했다.

몬타누스주의가 파생된 흔적은 **테르툴리아누스**에게 나타난다. 테르툴리아누스의 둘째 활동 시기의 문헌에서 이 흔적이 드물게 발견된다. 그렇다 하더라도, 테르툴리아누스의 자료들이 몬타누스주의에 결합했는지 확실하지 않다. 다만 테르툴리아누스의 풍자는 고착된 그리스도교에 대해 비판적이었다. 그는 전승된 권위의 합법성에 '영적' 생활이 결합되어야 한다고 주장했다. 그는 방탕한 로마의 주교인 칼리스투스에 대항하는 논쟁에서 교회의 비전을 다음과 같이 제시한다.

교회는 죄를 사할 권한이 있다고 당신은 말합니다. [⋯] 저는 당신의 진술을 비판합니다. 저는 당신이 어떤 권리로 교회의 권한을 착취하는지 묻고 싶습니다. […] 베드로가 죄를 사하는 권한을 받았음을 인정하지만 […] 이 권한은 베드로가 대표하듯이, 사도들이나 예언자들인 영적인 사람들에게 해당하는 권한입니다. 교회는 성령으로 인해 세워졌기 때문입니다. […] 그러므로 교회는 죄를 사할 것이지만, 영적인 사람들을 통해 활동하는 성령의 교회가 될 것이며, 당신이 말하는 대로 주교들이 다스리는 교회가 되지는 않을 것입니다.[46]

테르툴리아누스가 반反로마적 논쟁을 펼친 이유를 정확히 밝히기는 쉽지 않다. 로마의 성직자가 그를 고발했기에 자신을 방어하려는 것처럼 보이지만, 카르타고의 전통적인 반로마적 태도일 수도 있다. 아무튼 카르타고의 주교는 그리스도교의 고유성을 강조하면서, 신학적 질서와 그 제도들은 '영적'이어야 한다고 주장했다.

이러한 관점에서 테르툴리아누스의 둘째 시기에 쓰인 논쟁적인 작품인 『정결 권면』을 참조할 수 있다. 이 작품은 찬성과 반대라는 토론의 형식을 취하는데, 성경을 인용하면서 재혼 금지를 옹호하려고 했다. 다음의 인용문을 보자.

그러므로 다른 것들과 마찬가지로, 이 점에서 법을 완성하는 일은 그리스도에게만 유보되었습니다. [저자는 레위기 21,13-15을 인용한다: "그는 숫처녀만을 아내로 맞아들여야 한다."] 이 구절에서 더욱 완전하고도 정밀한 지시가 우리에게 주어졌습니다. 곧, 단 한 번 혼인한 이

---

46 Tertulliano, *De pudicitia*, 21, 7-17: Corpus Christianorum SL 2, 1326-1328.

들에게만 사제직이 허락됩니다. 그리고 재혼한 이들은 이 신분에서 배제된 것이 사실입니다. 다른 이들에게는 허용되지만, 허용되지 않는 이들에 관한 금지에 대해 이의 제기를 할 것입니다. 사제에게 허용되지 않는 것이 평신도에게 허용된다고 생각한다면, 이는 피상적일 것입니다. 평신도 또한 사제가 아닙니까? 성경에 다음과 같이 적혀 있습니다. "주님, 이때에 이스라엘을 위해 나라를 재건하시겠습니까"(사도 1,6). 사제와 백성(ordinem et plebem)의 차이는 교회의 권위가 정하는 것이고 또 사제단으로 결합될 때 영예의 자리는 성화됩니다. 따라서 교회의 품계와 함께 모이지 않을 때, 당신은 거룩한 제사를 바치고 세례를 주는 사제로서 혼자입니다. 그러나 믿는 이들 세 명과 함께 있다면 그들이 평신도일지라도 교회를 형성합니다. […] 그러므로 당신이 사제의 권한을 취할 권리(jus)가 있다면, 사제의 권한을 취하는 것이 필요한 경우에는 사제의 규율을 받아들여야 합니다. […] 하느님께서는 모든 상황에서 당신의 성사들을 수여할 수 있는 이러한 조건을 원하십니다. 한 분이신 하느님, 하나의 믿음, 하나의 가르침이 있습니다. 만일 평신도가 사제가 되는 것을 제약하는 규정을 지키지 않는다면, 어떻게 이들이 사제가 될 수 있으며 또 어떻게 평신도 중에서 사제를 선발하겠습니까? 그러므로 한 번만 혼인한 평신도가 사제가 되어야 하므로, 우리는 평신도가 재혼하지 않도록 투쟁해야 합니다.[47]

이 인용문은 해석하기 매우 어렵다. 그러나 핵심적 진술을 이렇게 요약할 수 있다. 1) 모든 그리스도인은 같은 가르침을 지켜야 한다. 2) 사제

47 Tertulliano, *De exhortatione castitatis*, 7, 2-6; Corpus Chrstianorum SL 2, 1024-1026.

직은 모든 그리스도인의 특성이다. 3) 사제적 품계와 백성의 차이는 교회에서 파생된 것일 뿐이다. 4) 신분과는 상관없이 믿는 이 세 명이 모인 곳에 교회는 현존한다. 따라서 세 평신도만으로도 교회를 형성한다.

마지막 진술은 좀 더 상세한 설명이 필요한데, 테르툴리아누스의 다른 자료에서도 약간 변형된 형태로 발견된다. 이 진술의 핵심은 "세 명이 단체를 형성한다"라는 널리 알려진 법적 개념에 있다. 이 원리는 삼위일체[48]에게 적용할 수 있고 평신도에게도 그러하다. 달리 말하면, 교회는 집합적인 단체이며 권위가 있지 않더라도 실현 가능하다는 뜻이다. 곧, 통상적으로 권위는 교회를 이루기 위해 반드시 필요한 것은 아니지만, 그렇다고 배제되지도 않는다.

앞서 언급한 테르툴리아누스의 작품인 『이단자에 대한 항고』와 방금 제시한 『정결 권면』에서는 상반되는 교회론적 개념이 드러난다. 『이단자에 대한 항고』는 사도 전승의 연속성을 강조하지만, 『정결 권면』은 같은 믿음을 지닌 세 사람이 교회를 형성한다고 주장한다. 이는 교회 안에 또 진리 안에 계시는 성령께서 이 모임을 보증하시기 때문이다.

테르툴리아누스의 사상에서 논쟁이 되는 지점은 몬타누스주의의 몇 가지 주장이 나름의 가치가 있다는 것이다. 이는 교회에서 권위 있게 말할 권한이 평신도에게도 있다는 주장으로 다시 드러날 것이다.

---

48 참조: Tertulliano, *De Baptismo*, 6, 2: "아버지와 아들과 성령 이 세 분이 계신 곳에 세 분의 몸인 교회가 있다"(Corpus Christianorum SL 2, 282).; *De Pudicitia*, 21, 16: "교회는 바로 또 핵심적으로 성령의 것인데, 성령 안에는 아버지, 아들, 성령이신 삼위일체가 거주한다. 주님께서는 '세 위격'을 통해 세우신 교회를 성령께서는 조직한다. 그래서 성령의 활동으로 교회를 창설하고 성화하는 이의 눈앞에 이 믿음에 함께 모인 사람들의 수는 '하나의 교회'를 이룬다"(Corpus Christianorum SL 1, 282).

교회 생활이 점차 조직화되었음은 다양한 분석을 통해 알 수 있다. 이는 성직자에게 사제직만이 아니라 교리를 가르치는 것까지 모든 역할이 집중되는 경향으로 드러난다. 예언자와 박사들이 이제 더는 성직자에 속하지 않는다. 이는 초세기 그리스도교와는 다른 변화를 드러낸다.

오리게네스는 이 변화의 상징적인 예가 된다. 216년경, 아직 서품을 받지 않았던 알렉산드리아의 유명한 스승인 오리게네스는 팔레스티나 여행 중에 카이사리아와 예루살렘 두 곳의 주교들에게 초대를 받아 신자들의 모임에서 성경을 강의했다. 그러나 알렉산드리아의 주교 데메트리우스는 평신도가 주교 앞에서 설교한다고 불쾌해하면서 항의했다. 이에 대해 예루살렘의 주교 알렉산더와 카이사리아의 주교 테옥티스투스는 다음과 같이 응답했다.

> [데메트리우스 주교는] 그의 편지에서 평신도가 주교 앞에서 설교하는 것을 들어 본 적도, 행해 본 적도 없다고 덧붙였습니다. 하지만 이렇게 부정확한 주장에 관해 무어라 말해야 할지 모르겠습니다. 형제들에게 유익을 행할 수 있는 사람이 있는 곳에, 주교는 백성을 위해 이들을 초대하기 때문입니다. 네온에서 라반다 에벨피스로, 켈수스에서 이코니움으로, 아티케에서 신나다로 우리의 사랑하는 형제들을 초대했습니다. 우리가 모르는 다른 지역에서도 이렇게 행하고 있습니다.[49]

이 일화는 평신도의 설교를 제한하는 전조가 된다. 에우세비우스가 다른 예를 기록하지 않은 것으로 미루어 3세기 이후에는 평신도를 초대

49 Eusebio, *Historia ecclesiastica*, VI, 19,17-18: Sources Chrétiennes 41 (Cerf, Paris 1955) 118.

해 회중을 가르치는 일이 지속되지 않았다고 가정할 수 있다.

평신도의 설교 금지는 5세기에 이르러 명확하게 제시되었다. 교황 대 레오 1세는 안티오키아의 막시무스에게 보낸 편지에서 다음과 같이 명시한다. "수도자이든 평신도이든 누구도 가르치고 설교하는 권리를 고수할 수 없습니다. […] 하느님의 교회에 모든 것은 서품된 이들에게 허용되는 것이 유익하기에, 사제직을 받지 못한 이에게 설교의 특전이 허락되어서는 안 됩니다."[50] 또한 그는 키루스의 테오도레투스 주교에게 다음과 같이 써 보냈다. "주님의 사제 외에는 누구도 설교해서는 안 됩니다. 명석하다고 인정된 수도자이든 평신도이든 해서는 안 됩니다."[51] 그리고 5세기 말에 남부 갈리아(프랑스)에서 편집된 법전인 『교회의 옛 규정집』은 앞서 인용한 편지보다 정제된 표현을 쓴다. "성직자가 있을 때, 묵인하지 않는 한 평신도가 가르칠 수 없다"(38항).[52]

초세기 그리스도교에서는 평신도에게 예비신자 교리 교사나 독서직 등 몇몇 임무가 주어졌지만, 시간이 지나면서 예비신자 교리는 성직자에게 유보되었고, 독서직은 성직자가 되는 과정의 단계로 흡수되었다.

주교 선출에 평신도가 참여하는 문제에 관한 확정된 규범을 찾기가 쉽지 않은 이유는 지역 상황에 따라 그 형태가 다양했기 때문이다. 공동체 구성원의 수가 적을 때에는 모든 구성원이 주교 선출에 참여하는 것

---

50 Leone Magno, *Epistola 119*, 6: PL 54 col. 1045-1046.

51 같은 책 *Epistola 120*, 6: PL 54, col. 1054.

52 *I canoni dei concili della Chiesa antica*, a cura di A. Di Berardino, II. *I concili latini. 2, I concili gallici*, vol. 1, a cura di R. Barcellona - M. Spinelli (Institutum Patristicum Augustinianum, Roma 2010) 100.

이 더욱 쉬웠을지라도, 공동체가 서품을 준 흔적은 없다. 사실, 초세기 그리스도교의 예식에서 서품은 공동체의 대표가 되는 것이 아니라 공동체를 위해 대표하는 임무를 받아들임을 의미했다. 이브 콩가르는 자신의 연구에서 다음과 같이 말한다. "교회론의 주제에는 평신도에게 부여된 다스리는 권한이 나타나지 않는다."[53] 그러나 이 말은 일반적으로 평신도나 공동체가 책임자의 선발이나 공동체 생활 전반에 전적으로 관여할 수 없다는 의미는 아니다. 키프리아누스가 말하듯이, 주교 선출에서 백성의 '관여'(suffragio)는 결정적인 요소인데,[54] 이는 더욱 합당한 사람의 선출에 이바지했다.

또한 키프리아누스는 사제들과 부제들의 의견과 대중(plebs)의 '동의'가 없을 경우, 주교 선출이 무산되는 관례를 말했다. 그는 자발적으로 물러난 은둔지에서 자신이 속한 교회의 사제들과 부제들에게 편지를 보내 다음과 같이 진술했다. "나와 함께 또 나에게 속한 도나투스, 포르투나투스, 노바투스와 고르디우스에게도 사제직이 주어졌습니다. 저의 주교직의 시작에서부터 이들의 '의견'(consilio)과 백성들의 '동의'(consensu)가 없었다면, 나에게 제시된 주교직을 수행하지 못했을 것입니다. 그러므로 저의 의견으로만 (주교 선출을) 결정할 수 없습니다."[55] '의견'과 '동의'의 차이점이 드러내는 미묘함을 말하지 않더라도, 주교의 결정에 백성이 배제되지 않았음은 명확하다. 키프리아누스가 자신의 여러 편지에서 적었듯이, 카르타고 교회에서 '배교자들'(lapsi)을 다시

---

53 Y. Congar, *Per una teologia del laicato* (Morcelliana, Brescia 1967) 337.

54 참조: per es., Cipriano, *Lettera 55*, VIII, 4; ed. cit., 264; *Lettera 59*, V. 2; ed. cit., 317.

55 같은 책 *Lettera 14*, IV: ed. cit., 112.

받아들일 때도 백성이 의견을 제시한 것은 확실하다.[56]

또한 아프리카 교회에는 '평신도 자문'이라는 평신도 단체가 있었다. 이 단체는 교회 유산을 관리하는 임무(주교와 함께 관리하는 평의회)와 파문 선고를 실행하며 정의를 실현하는 행정에 협력했다. 하지만 이어지는 세기에 이러한 관행은 사라졌다. 그 결과, 칼케돈공의회(451년)의 26항은 성직자의 손에 재산 관리를 맡기며 다음과 같이 선언했다. "주교가 있는 모든 교회는 성직자 재무 담당이 있어야 한다."[57]

교회 생활 중 교회의 통치와 전례에서 평신도의 참여는 점차 줄어들었고, 공동체는 결집된 모임 혹은 사회적 모임이라는 성격을 잃어버린 것처럼 보인다. 이는 교회가 사회의 중심으로 자리 잡으면서 사회 구조를 모방한 교회 권위의 체계를 확립했기 때문이다. 그 결과, 성직자의 수가 증가했고, 이를 통해 제기된 새로운 요구에 합당한 체계를 도입하는 현상이 나타났다. 이러한 현상이 성직자 중심의 이데올로기가 우세하다는 것을 의미하지 않는다. 오히려 이는 교회가 역사적 변화에 의해 규정된다는 것을 의미한다. 역사적 변화는 때로는 교회의 구조를 견고하게 하는 데 도움이 되지만, 교회의 한 시대와 구조가 무너지는 모습을 보여 주기도 한다.

마지막으로 이 장에서 다룰 주제는 **여성**이다. 공동체에서 여성을 맨 끝

56 Per es. *Lettera 17*, III, 2: ed cit., 125; *Lettera 16*, IV, 2: ed. cit., 122; *Lettera 19*, II, 2; ed. cit., 128-129.

57 *Conciliorum Oecumenicorum Decreta*, edidit Istituto per le scienze religiose (EDB, Bologna 2002) 99.

자리로 배치하는 관행과 법 제정에 관한 많은 자료가 있다. 초세기 그리스도교에는 과부의 직무(『사도 전승』 참조)와 동정녀의 임무가 있었고, 여성 부제도 알려졌으나(『디다케』 참조), 이후 여성의 역할은 점차 잊혔다. 게다가 여성 부제의 역할은 성사 수여에 관여하지 못했다. 여성 부제는 세례의 경우에 여성이나 병자들을 돕는 보조적 역할을 한 것으로 보인다. 『사도 헌장』에서 여성 부제의 전례적 직무는 명시적으로 제한되었다. 곧, 여성 부제는 중요한 전례적 역할을 수행하지 못했는데, 제단에서 주교나 사제들을 도울 수 없었고 성체 분배도 할 수 없었다.

결론

교회가 점차 세부적으로 법적인 조직을 갖추던 시기에 평신도의 상황을 개괄하고자 했던 이 장을 마무리하면서, 위-클레멘스 작품 중의 하나인 『주님의 형제 야고보에게 보낸 클레멘스의 편지』 가운데 한 구절을 읽어 보는 것이 좋겠다.

> 교회의 몸 전체는 큰 배와 닮았습니다. 이 배는 거센 폭풍우 속에서도 선한 나라의 도시에서 살고자 하는 서로 다른 지역에서 온 사람들을 운반합니다. 그러므로 이 배의 선장이신 하느님, 항해사인 그리스도, 키잡이인 주교, 갑판장인 사제, 노잡이인 부제, 승무원인 교리 교사, 승객인 다정다감한 형제들을 바라봅시다(14).

이 글은 초세기 그리스도교 이후 규정되어 내려온 조직화된 교회의 비전을 전한다. 바다를 항해하는 배라는 이미지는 고대 그리스도교에서 널리 퍼졌다. 이 비유는 믿는 이들이 구원을 받는 좋은 상황을 떠올리게 하고 동시에 교회의 순례하는 차원을 강조한다. 백성이 이 배의 승객으로 비유된 것은 놀랍다. 곧, 교계에 속하지 않은 이들은 받아들이기만 하는 사람 또 이끌지 않으면 무엇도 할 수 없는 사람으로 표현된 것은 중요하다.

한편, 교회에 관한 확장된 비전은 '몸'이라고 정의했다. 고대 시기에 '몸'은 사회로 이해되었다. 위-디오니시우스의 관점에 따르면, 교회라는 몸에서 주요한 부분은 많은 '하급자'보다는 소수의 '상급자'라고 이해된다. 이러한 이해는 신약성경의 이해에서 이미 확실하게 멀어졌다고 말할 수 있다. 신약성경 시기 이후에 사회와 관계를 맺는 교회의 상황도 변화되었다. 그렇다면 교회는 신약성경이 제시한 조직 구조를 유지한 공동체라고 생각할 수 있을까? 약자, 떠돌이, 열광주의에 쉽게 빠지는 이, 죄인마저 포함하는 교회에 구성원의 수가 많아지면서, 신앙을 수호하고 선교를 활성화하기 위해 그리고 전반적인 공동체 생활을 위해 교회에서 무엇이 축소되었을까?

교회의 활발한 확장을 부정적으로 평가할 때, 교회에 관한 이상적이고 탈脫역사적인 모델이 전제된다. 사실, 이러한 교회는 사회와의 결속을 원하면서 동시에 사회를 넘어선다고 이해되기에, 교회는 드러나는 형태나 자신의 임무들을 넘어서는 힘에 의해 결정된다고 생각할 수 있다. 하지만 교회가 이상적이고 탈역사적인 모델로 발전하는 형태는 이념적으로 정당화되지 않는다. 이와는 반대로 교회의 발전은 교회의 수많은 요소를 통해 역사의 우연이 만들어 낸 열매라고 생각해야 한다.

교회의 조직화는 교회의 거룩함을 말하는 것과 같다. 교부 시대 전체에 걸쳐 모든 그리스도인은 세례의 요구에 응답해야 한다는 확신이 있었기 때문이다. 하지만 하느님과 완전한 일치를 지향하는 모범은 '수도승생활'로 제시되었기에, 완전함의 신분은 다양한 '생활 조건'(condizione vitale)에 우위로 혹은 더불어 설정될 것이다. 이러한 경향은 중세에 무르익는다.

제4장

두 신분의 그리스도인

중세의 평신도

교부 시대에서 중세 시대로의 이동은 한 방향으로만 나아가지 않았다. 그런데도 교부들의 정신은 특히 5세기 이후 오랜 시간 동안 그리스도교의 사상을 결정했다. 예를 들어, 칼케돈공의회(451)가 규정한 그리스도론적 정의는 "거룩한 교부들을 따라"라는 문구로 시작된다.

황제들이 그리스도교로 개종해 교회와 제국은 하나가 된 것처럼 보였다. 프라이징의 오토(1114/5~1158) 주교가 쓴 『두 도시에 관한 연대기 혹은 역사』 7권 서문에 나오는 내용은 결코 우연이 아니다. 그는 테오도시우스 1세 시대부터 분리될 수 없는 두 도시(교회와 제국)에 관해 썼고, 따라서 교회라는 하나의 역사만 제시했기 때문이다.[1]▶

현실을 바라보는 일체적이고 조직적이며 교계적인 관점은 교부 시대에서 중세 시대로 전해졌다. 마치 구심점의 원리와 같은 이 관점의 중심에는 그리스도의 보편적 주권이 있다. 이 주권은 교황과 황제라는 두 체계를 통해 드러난다. 494년에 교황 젤라시오 1세가 아나스타시우스 황제에게 보낸 편지인 「두 경건한 종이 있습니다」의 한 단락은 중세의 모든 시기를 관통하는 통로가 된다. "존경하는 황제 폐하, 이 세상을 다스리는 원칙에는 두 가지가 있는데, 그것은 주교들의 신성한 권위와 왕권입니다. 둘 중에서 사제들의 짐은 사제들이 하느님의 심판 때에 세속인인 왕들을 위해서도 해명할 만큼 더 무겁습니다."[2]

이처럼 일반적인 관점을 드러내는 도식에서 평신도의 역할에 관한 중세의 사상이 정립된다.

1. 중세 교회에서 '신분들'

사회의 구조는 인간이 살아온 만큼 오래되었다. 중세는 고유한 사회적 신분에 신학적 가치를 부여했는데, 이전 전통을 따라 다양한 신분으로 구분되는 사회를 계승하면서 동시에 교회와 시민사회의 동등함을 물려받았다.

'**신분**'(ordo)이라는 용어는 3세기부터 교회 용어로 활용되었고, 그 이후 점차 그리스도인을 분류하는 데 사용되었다. 그리스도인은 자신의 신분에 따라 구분되었다.

중세는 삼중 분할 도식으로 신분을 구분하기를 선호했다. 이러한 도

◀1 *Ottonis Episcopi Frisingensis Chronica sive Historia De Duabus Civitatibus* (Editio Altera, Impensis Bibliopolii Hahniani, Hannoverae et Lipsiae 1912) 309 (Monumenta Germaniae Historica 45).

2 하인리히 덴칭거 『신경, 신앙과 도덕에 관한 규정 · 선언 편람』 (한국천주교주교회의 2017) 125 - 역자 주.

식은 이후에도 지배적인 영향을 끼칠 것이다. 모든 평신도는 드러내고자 하는 관점에 따라 신분의 명칭이 달라지기도 했지만, 어쨌든 끝자리를 차지했다. 그 이유는 두 가지로 설명할 수 있다. 첫째, 거룩함을 추구하는 사회는 거룩한 역할을 하지 않는 이들을 끝자리에 배치함이 논리적이다. 둘째, 그리스도교의 완전함에 관한 단계들은 그리스도의 삶과 제자들의 삶에 유사한 형태를 보여 주는 이들을 첫자리에 배치했다.

중세 사상은 둘째 이유를 확장했다. 이 이론은 오리게네스로부터 시작해 아우구스티누스를 거쳐 교황 대 그레고리오에 이르기까지 지속되었다. 그 결과, 중세에서 신분은 구분되며 확립되었다.

그리스도교의 완전함에 따른 신분의 구분은 성경의 두 단락을 토대로 삼는다. 첫 단락은 에제 14,14이다. 여기서 노아, 다니엘 그리고 욥을 언급한다. 그리고 둘째 단락은 루카 17,34-35이다. "그날 밤에 두 사람이 한 침대에 있다면 하나는 데려가고 다른 이는 버려둘 것입니다. 두 여자가 함께 맷돌질을 하고 있다면 하나는 데려가고 다른 이는 버려둘 것입니다." 마태 24,40-41도 같은 내용을 전한다. "그때에 두 사람이 들에 있다면 하나는 데려가고 하나는 버려둡니다. 두 여자가 맷돌질을 하고 있다면 하나는 데려가고 하나는 버려둡니다." 이 두 단락을 바탕으로 세 부류로 나눌 수 있었다. 곧, (다니엘이 대표하는) 관상가나 동정녀, (노아가 대표하는) 교회의 지도자나 고위 성직자, 박사 또는 독서자, (욥이 대표하는) 세상일에 전념하는 이들 혹은 기혼자들이다.

자주 쓰이는 형태는 아니지만 씨 뿌리는 사람의 비유(마태 13,8 참조: 백 배, 육십 배, 삼십 배)를 통한 구분도 찾을 수 있다. 교부들은 완전함에 이르는 삶의 단계를 '순교자, 동정자, 기혼자'로 변형했는데, 중세의 많은 저자도 이를 인용했다. 게다가 신분을 삼중 분할하는 삼위일체적 형태도 발견할 수 있다. 예를 들어, 실바칸디다의 움베르투스(†1060년경) 추기경은 『성직매매자 반박』의 한 단락에서 다음과 같이 진술했다. "이 시대의 교회에서 거룩한 삼위일체의 모범을 따라 '박사, 금욕자, 기혼자'라는 세 부류의 사람들로 나눌 수 있다."[3]

앞서 인용한 중세 초기 작품들의 해석에서 관상가 혹은 교회의 지도자는 강조하는 관점에 따라 자리가 바뀌기도 했다. 이러한 관점의 차이는 스콜라 시기(기원후 800~1400)에 논쟁의 동기가 될 것이다.

"누가 '참된' 그리스도인인가"라는 문제를 규정할 때, 적어도 12세기까지 수도자가 첫자리를 차지했다. 수도 생활이 사도들의 생활과 동일하기 때문이다. 곧, 공동체 생활과 사유 재산을 포기한 수도자만이 사도들의 생활을 실현한다고 이해했다. 이 관점을 증언하고 보호하는 이는 잘츠부르크의 주교 루페르투스(1075~1129/30)인데, 그는 참된 사도들의 생활이 설교자의 생활이라는 사상이 집약된 새로운 수도회가 출현하기 이전에 살았다. 루페르투스는 베네딕도회 수도승 전통이 교회와 모든 이가 따라야 할 모범이라고 주장하면서, 그리스도인의 이상을 보호하려 했다. 그 결과, 그는 수도원이 '하느님의 도시'를 드러내고 또 실현하며, 수도원 안에서 모든 것은 거룩한 봉사에 이바지한다고 주장했다.

그러나 완전함에 이르는 단계를 이해하는 관점은 유일하지 않았다. 수도자와 나란히 겹치며 확장될 역할인 직무가 있었다. 이전 전통을 이어받은 성직자가 직무를 통해 자신의 지위를 점유한 것은 논리적이다.

3 Lib. III, c. 3: PL 143, col. 1143 D.

이러한 관점에서 신분의 삼중 분할보다는 이중 분할이 우세해졌다. 곧, 그리스도인은 성직자와 평신도라는 두 부류로 나뉜다고 이해되었으며, 부차적인 환경에 따라 신분들 사이에는 보완이나 대립이 있었다.

다른 한편, 평신도 중에 어떤 이들은 사회적인 지위에 따라 '단순한 그리스도인'으로 분류되지 않았다. 곧, **권력자 평신도**들은 자신의 사회적 '신분'(status)을 통해 교회 생활에 긍정적 또는 부정적 영향을 미쳤다. 실제로 중세 초기의 평신도는 '대중'에 속하지 않고, 오히려 대중을 통치했다. 따라서 세비야의 주교 이시도루스(560~636)는 『어원학』에서 이미 '대중'(plebs)과 '백성'(populus)의 의미를 다음과 같이 구분한다. "백성은 인간의 집단으로서, 고유한 규범에 동의하며 화합과 친교를 누리고 살면서 결합한다. 백성은 대중과 다르다. 백성이 도시의 유력자를 포함한 모든 시민으로 구성된다면, 대중은 도시의 유력자가 아닌 민중이다."[4]

중세 사회는 귀족 사회다. 기본적인 사회적 가치를 지닌 이들만 신분을 가질 수 있었다. 게다가 중세 초기 사회에서 개인의 가치는 사회의 수직적 구조에 포함되지 않으면 전혀 알려지지 않았다. 사회에서 펼치는 역할에 기초하여 그 사람이 속하는 신분이 분류된다고 이해되었다. 따라서 '신성 제국'의 사회를 유지하기 위해, 사회를 이루는 모든 구성 요소는 '신앙, 복음적 규범, 일치'에 연관되는 것이 논리적이다.

신분의 **이중 분할**을 역할의 관점으로 제시하면, 평신도는 성직자와는 다른 권위를 실행하는 이라고 말할 수 있다. 적어도 중세 초기에는 교

4 IX, 4, 4-5; PL 82, 349 A.

회 권위와 이에 배제된 이(평신도) 사이의 충돌은 없었지만, 시간이 지나면서 교회 권위와 시민사회 권위가 충돌하기 시작했다. 이로 인해 대중은 이중 하층 계급으로 드러난다. 이들은 교회의 권위를 지닌 성직자 아래의 평신도 그리고 시민사회 권위 아래의 대중이라고 이해되었다.

신분의 이중 분할이 발생한 이유를 두 가지 원인으로 설명할 수 있다. 첫째, 문화적 · 경제적 몰락의 시기에 처한 '대중'은 종교나 사회에 이바지하는 활동이 없다면 어떠한 방식으로도 고려되지 않았다. 둘째, 교회와 사회가 동일하다고 이해할 때, 머리이신 그리스도와 그 지체로 나뉜 몸은 서로 다른 방식으로 행동한다.

이러한 사상은 카롤루스 대제 시대를 거쳐 12세기 초까지 지속되었다. 이를 입증하는 예는 많다. 예를 들어, 11세기까지 거슬러 올라가면 교회의 형태는 두 집단, 곧 교황 아래 주교와 성직자 그리고 수도자로 구성된 집단과 황제 아래 영주와 기사 그리고 농민으로 구성된 집단으로 나뉘었다. 빅토르의 성 후고(†1142)는 이 관점의 완성된 형태를 다음과 같이 제시한다. "교회의 전체성은 평신도와 성직자라는 두 신분으로 이해된다. 이는 마치 한 몸의 두 지체와 같다."[5] 곧, 평신도는 좌파이며 지상의 것에 얽매이지만, 성직자는 우파이며 영적 생활에 전념한다.

사회의 결합을 설명하기 위해 오랫동안 사용된 몸의 이미지는 중세의 시작에서부터 몇몇 저자에 의해 사회-교회의 신분을 정교하게 구분하며 확장되었다. 예를 들어, 호노리우스 아우구스토두넨시스[6](†1140년경)는 다음과 같이 진술한다.

5 Ugo da San Vittore, *De Sacramentis*, II, 2. c. 3: PL 176, col. 417 B.

전체적으로 교회는 몸과 같은데, 그 머리는 그리스도이시다(에페 5,23 참조). 그리고 그리스도의 머리는 하느님이시다(1코린 11,3 참조). 사도가 말하는 것처럼(에페 4,11 참조), 이 몸의 지체들은 교회에서 다른 신분을 지닌다. 곧, 눈은 박사로서 사도들이고, 귀는 순종하는 이들인 수도자들이며, 코는 식별하는 교사들이고, 입은 선한 것을 말하는 사제들이며, 손은 다른 이를 지키는 군인들이고, 발은 다른 이들을 도우며 먹을 것을 제공하는 농부들이다.[7]

이 글의 관점은 모든 것에 부여된 질서와 협력의 일치를 강조한다. 그 결과, 모든 신분은 각자에게 주어진 임무를 수행하면서 교회라는 몸을 실현한다. 이보다 몇십 년 앞선 실바칸디다의 움베르투스 추기경은 다음과 같이 진술한다. "성직자의 신분은 교회에서 주요한 자리를 차지한다. 주님께서 이들은 몸의 눈과 같다고 말씀하셨다. '너희를 건드리는 자는 정녕 내 눈동자를 건드리는 자다'(즈카 2,12). 그리고 평신도의 권한은 가슴과도 같은데, 교회에 순종하고 교회를 방어할 훌륭한 가슴이다. 그다음으로 대중은 말단 지체와 같은데, 교회나 세속의 권위에 복종하고 도움을 준다."[8]

---

6 영국 태생인 이 작가는 레겐스부르크 인근의 아우구스토두눔이라는 곳에 있는 수도원에서 지냈다. 이 지명에서부터 호격 아우구스토두넨시스Augustodunensis가 유래되었다. B. Beyer de Ryke, *Honorius Augustodunensis*, in C. Gauvard - A. de Libera - M. Zink(eds.), *Dictionnaire du Moyen Âge* (Quadrige-PUF, Paris 2009) 689-690 참조.

7 Honorius Augustodunensis, *Expositio in Cantica Cantorum*, Tr. I, c. 1: PL 172, col. 361 C-D.

8 *Adversus Simoniacos*, lib. III, c. 29: PL 143, col. 1188 D.

중세 초기의 법은 보편 규범보다 지역 관습을 더 많이 제시했지만, 대중에게는 관심이 없었다. 이 법이 세속 권위를 지닌 평신도에게 적용될 때, 교회 권위에 관해 무엇이 합법적이지 않은지 규정하거나 혹은 그들의 혼인 규범을 확정하는 데 그친 것은 놀랍지 않다.

그라티아누스는 12세기 초중반에 볼로냐에서 활동한 수도자다. 그의 작품인 『법의 불일치에 관한 교령 혹은 조정』은 후대의 모든 교회법에 기초적인 참고 자료가 될 만큼 매우 중요하다. 그는 당시에 널리 퍼진 신학적 방법에 능통해, 다양한 권위 사이에서 발생하는 충돌의 모순을 이성을 토대로 해결하려 했다. 그는 법 조항의 의미를 설명하면서, 모든 것에 적용되는 결론을 도출하려 했다. 이 작품은 관습법의 특수성도 다루지만, 핵심은 관습법을 능가하는 상위법인 보편적 규범이다.

이 작품은 이전 세기에 적용된 성직자의 의무와 금지에 관한 규범들을 열거하고 해설하는 방식으로 쓰였다. 그라티아누스는 평신도를 성직자와 연관시켜, 이들이 교회 문제에 관여할 수 없음을 강조했다. 이러한 노선에서 그라티아누스의 작품은 서서히 구축된 유산을 5세기부터 체계화한다.

그라티아누스의 자료는 중세의 평신도에 관한 실질적인 이해를 제시한다. 여기서 성직자가 재물을 소유할 가능성에 관한 변화를 볼 수 있다. 그라티아누스는 성직자의 소유권에 물음을 던지며 말한다. "수많은 권위에 따르면 성직자는 무엇도 가질 수 없다." 그는 이 문장에서 히에로니무스를 인용했는데, 히에로니무스는 한 레위인에게 쓴 편지에서 성직자에 관해 다음과 같이 언급했다. "성직자에게 또 하느님께 전념하는 이에게 법정에서 다투는 것은 허용되지 않으며 자신의 것을 소유하는 것도 그러합니다." 그라티아누스는 히에로니무스의 말을 인용하며, 통합적인 자신의 해설을 다음과 같이 덧붙인다.

> 두 부류의 그리스도인이 있다. 한 부류의 그리스도인은 신적 직무가 수여되어 관상과 설교에 헌신하기에, 현세의 것에 대한 모든 동요에서 멀어져 편안하다. 성직자나 하느님에게 헌신하는 이, 곧 회심자들이 이에 속한다. 이러한 사람들을 성직자라 부른다. 이 말은 그리스어의 κλῆρος(클레로스)라는 용어로 표현하고, 라틴어에서 sors(소르스)라고 번역된다. 이들은 '제비뽑기'로 뽑힌 사람이다. 이들은 왕으로서 자신과 다른 이들을 덕으로 다스리며 하느님 안에 그들의 왕국을 둔다. 이러한 의미로 그들의 머리카락 모양을 '왕관'(tonsura)처럼 자른다. 로마교회의 규정에 따라 왕관을 쓴 이들은 그리스도에게서 실현되는 왕국의 표징이다. '톤수라'는 세속의 모든 것을 포기함을 의미한다. 이들은 먹고 또 옷을 입지만, 자신을 위한 소유는 없으며 모든 것을 공동으로 소유해야 한다.
>
> 다른 부류의 그리스도인은 평신도인데, 그리스어에서 λαός(라오스)라는 용어로 표현하고, 라틴어에서 populus(포풀루스)라고 번역된다. 이들이 현세 재물을 소유하는 것은 축적이 아닌 사용하려는 이유로 허락된다. 재물을 소유하기 위해 하느님을 업신여기는 것보다 비참한 것은 없다. 이들은 혼인과 땅을 경작하는 일, 사람 사이의 일을 심판하는 일과 법정에서 다투는 일이 허용된다. 그리고 이들에게는 제단에 바쳐진 제물을 치우는 일과 십일조를 내는 일이 부과된다. 이처럼 악을 피하고 선을 행함으로써 구원을 받는다.[9]

---

9 Graziano, *Decretum*, II, Causa XII, q. 1, c. 7: PL 187, col. 884-885.

앞서 설명한 것과 같이, 이 인용문은 평신도를 부차적으로 바라본다. 곧, 평신도도 그리스도인이지만, 성직자나 수도자에게 허락되지 않는 것들이 허용된다. 그런데도 그라티아누스는 구원의 길이 평신도에게도 열려 있다고 진술했다.

사실, 그라티아누스는 평신도가 그리스도인이라고 진술하기를 꺼렸다. 평신도는 폄하해야 할 혼인을 하거나 '은혜로운' 허용으로 비치는 현세 사물을 소유할 뿐이기 때문이다.

더 나아가 앞의 인용문을 집중적으로 분석하면, 평신도에게 허용한 것들이 사소한 악의 일부가 아니라는 그의 주장은 거의 당시의 상식으로 받아들여졌다는 것을 알 수 있다. 따라서 그는 성직자와 수도자 그리고 평신도는 다를 수밖에 없고, 성직자와 수도자는 평신도의 생활 방식을 따를 수 없음을 강조했다. 그에 따르면, 성직자와 수도자는 선택된 이들이라 다르다. 평신도도 달라야 한다. 곧, 그리스도인의 이상은 하느님을 소유하는 것이라서, 현세 사물을 소유하는 평신도는 그 재물을 소유하기보다는 사용한다고 생각해야 한다. 평신도에게도 하느님은 재물보다 더욱 중요하다.

이를 바탕으로 빅토르의 성 후고는 평신도의 의무가 제단에 바쳐진 제물을 치우는 것과 십일조를 바치는 것일 뿐이라는 당시에 통용되던 상식을 명확하게 확립했다. 곧, 성직자는 레위 지파에 해당하지만, 평신도는 다른 모든 지파에 해당하므로 레위 지파에게 예물을 봉헌해야 한다.[10] 이러한 사상의 핵심은 교회는 하나의 몸이고, 이 몸을 보완하는 체계가 조직적으로 덧붙여진다는 것이다.

---

10 Ugo di S. Vittore, *De Sacramentis*, II, 2, c. 3: PL 176, col. 417 D.

그 결과, 성직자와 평신도의 구분은 차이를 넘어서 **두 부류의 분리**로 이어졌다. 예를 들어, 투르네의 스테파누스가 쓴 『그라티아누스 법령집의 종합』(1160년경)의 서문에서 이러한 기조가 보인다. 여전히 유일한 도시로 드러나는 교회는 이제 성직자와 평신도라는 두 부류의 '신분'(ordines)이 아닌 두 백성으로 구성된다. 그는 교회가 분리된 두 통치 체계와 다른 두 가지 법으로 다스린다는 사실을 다음과 같이 제시한다.

> 유일한 도시의 한 왕 아래 두 백성이 있다. 결론적으로 이 두 백성은 두 포도나무이기에, 두 '통치'(principatus)가 적용된다. 이들에게는 두 법적 질서가 있다. 곧, 도시는 교회이고, 그 도시의 왕은 그리스도이시다. 두 백성은 교회 안에 두 신분인 성직자와 평신도다. 두 포도나무는 영적인 포도나무와 육적인 포도나무로 나뉜다. 두 통치는 사제직과 왕직이다. 두 법은 신법과 인간의 법이다. 자기 신분에 속한 것들이 주어지고 또 모든 것은 신분에 따라 주어진다.[11]

이 인용문의 내용은 호노리우스 아우구스토두넨시스에게서도 발견된다. "두 자녀는 교회의 두 신분이다. 곧, 하느님의 일을 수행하는 축복받은 성직자의 신분과 이 직무에서 배제된 평신도의 신분이다. 두 백성은 영적 교회와 육적 교회에 따로 속한다." 그리고 이렇게 이어진다. 레아와 라헬은 "교회의 두 포도나무인데, 활동적인 포도나무와 관상적인 포도나무이다. 활동은 육으로 풍만해지지만, 관상은 영적인 것에만 몰두해서 육적인 자녀를 낳지 못한다. 그러나 관상이 하느님 말씀의 기근에

11 *Die Summa über das Decretum Gratiani*, herausgegeben von Johann Friedrich von Schulte (Neudruck der Ausgabe, Giessen 1891); (Scientia Verlag, Aalen 1965) 1.

서 세상을 구할 분, 세상의 마땅한 구세주라는 아드님을 낳을 것이다".[12]

이러한 관점이 주장하는 것은 매우 단순해 보인다. 한편으로 제국의 권위가 간섭해 충돌할 수밖에 없는 교회 권위를 지키려는 노력을 반영하고, 다른 한편으로 수도 생활이나 성직자 생활이 평신도 생활보다 우월하다고 암시하는 것이다. 따라서 중세는 [통치의 자리를 점유하지 않을지라도, 분리된 자 혹은 선택된 자(*klêros*)로 이해되는 수도자나] 성직자와 평신도라는 두 신분으로 확실하게 나뉘었다. 그들 사이에는 사회적 조건이 다양하지만, 결정적인 차이가 궁극적으로 설정되었다.

중세 사회에 관한 연구자인 자크 르 고프는 **중세의 첫 균열**이 성직자(oratores), 기사(bellatores), 농민(laboratores)의 구분으로 시작된다고 알려 준다. 고프는 이러한 계급에 지위가 설정되며, 하위 계급에 소속된 이들은 상위 계급에 봉사한다고 설명한다.

이와 관련해 노아가 함을 저주하는 창세 9,18-27의 단락은 중요하다. 셈과 야펫은 상위의 두 신분이 되지만, 함은 형제들의 종이 되는 관계로 설정되기 때문이다.

계급의 목적은 '일원주의'적 이상을 보호하려는 것처럼 보인다. 통치하는 왕은 기도하는 사람, 전투하는 사람, 일하는 사람이 필요하다. 이 세 신분을 통해 왕은 덕과 효율성으로 권력을 실행할 수 있다. 이는 9세기 말에 알프레두스 대왕이 보에티우스의 라틴어 작품인 『철학의 위안』을 고대 영어로 번역한 것에서 입증된다.[13]

하지만 평신도의 관점에서 보면, 성직자와 평신도의 구분은 만족스

---

12 Honorius Augustudunensis, *Expositio in Cantica Cantorum*, Tr. 1. c. 1: PL 172, col. 355 B-C.

럽지 않았다. 그리스도교의 완전함을 위해 질서 지어진 위계적인 생활 신분보다는 통치 체계를 유지하기 위한 사회적 세력이나 사회의 분류를 조직하는 더욱 실용적이고 기능적인 계급이 필요했다. 플뢰리의 성 아보가 10세기 말에 쓴 『변론자』의 본문은 이 점에 관해 진술한다. 곧, 믿는 이들을 남녀로 나누고, 다시 세 신분 또는 세 단계(기혼자/별거자-과부/동정녀-수도자)로 나누었다. 특히 남성은 세 신분 또는 세 단계(평신도-성직자-수도자)로 다음과 같이 분류된다.

> 이 점에 관해 먼저 남자들의 신분, 곧 평신도를 말해야 한다. 이들 중 농부도 있고 기사도 있다. 농부들은 농작물과 밭의 다양한 작물을 힘겹게 돌본다. 이들의 노동을 통해 교회에 속한 많은 것들이 유지된다. 그리고 기사들은 전투로 받은 상급에 기뻐한다. 어머니의 모태에서 편안하게 지낸 이들이 무용담에 나오는 것처럼 하느님 교회의 적과 전투를 치른다.[14]

이 글은 두 가지 이유에서 중요하다. 첫째, 평신도의 신분이 달라진다는 것이다. 곧, 이전에 농부들은 어떠한 사회적 중요성도 없이 들에서 노동하는 집단이었지만, 이제는 경제 발전의 기술 엘리트가 된다. 둘째, 평신도는 남성만을 지시한다는 것이다. 이는 믿는 이의 표상에 관한 지속적인 중세 개념을 드러낸다. 이 개념에서 '평신도'는 단지 한 사

13 알프레두스 대왕은 많은 이가 라틴어로 쓰인 고전들을 고유한 언어로 읽기를 바랐다. 그래서 라틴어를 당대의 고대 영어로 번역하기 위해 많은 학자를 등용했다. 보에티우스 『철학의 위안』 정의채 역 (바오로딸 2017) 참조 - 역자 주.

14 PL 139, col. 464.

람이 아니라 사회에서 역할을 수행하는 한 사람이기에, 여성은 포함될 수 없었다.

이러한 이유들을 통해 중세 중기에 경제 발전을 이끄는 사회 직능인이라는 범주가 도입되었다. 이는 사회를 이해하는 방식이 다양해진 표지다. 중세 사회는 여전히 일체적이고도 조직적인 관점을 유지했지만, 신분의 다양화에 따른 신분들 간의 상호 의존과 조화 그리고 연대는 사회 그 자체의 안전을 위해 필수적이었다. 12세기 말에 프랑스어로 쓰인 시는 이 구조가 완성되고 있음을 보여 준다.

> 성직자의 일은 기도
> 정의는 기사(cavaliere)의 일
> 농민들은 이들에게 빵을 제공한다.
> 이자는 키우고
> 저자는 기도하며
> 그자는 방어한다.
> 들이나 도시나 성에서
> 그들의 직업으로 서로 돕는
> 이 세 부류가 이루는 아름다운 조화.[15]

'기사'가 신분으로 편입된 것에 놀라지 말아야 한다. 사제와 수도자 곁에 있는 이 신분은 12세기에는 거의 상식이 되었다. 예를 들어, 12세기 한 수도원의 필사본은 사회-교회를 '협간탑'으로 묘사했다. 중앙에는

15 *Li Romans de Carité et miserere du Renclus de Moiliens. Poèmes de la fin du XIIe siècle*, Par A. - G. van Hamel, F. Vieweg (Libraire-Editeur, Paris 1885) 218.

사제가 자색 망토를 걸치고 오른손에 칼을 쥐고 있으며, 그의 오른쪽에는 기도하는 수도자가, 그의 왼쪽에는 칼을 든 기사가 있다. 곧, 영적인 칼을 쥔 사제, 세속의 칼을 쥔 기사 그리고 기도라는 무기를 쥔 수도자라는 세 신분이 있다.

사제 곁에 수도자가 있다고 묘사하는 것은 새로 등장한 탁발회의 부흥을 경계하면서도 축성 생활의 가치를 옹호하기 위해서다. 그러나 한편으로는 축성 생활이 사제들보다 우위에 있지 않음을 암시한다. 그리고 두 '영적'인 존재 곁에 기사를 두는 것은 황제뿐만 아니라 기사 계급이 점점 더 거룩한 역할을 수행한다는 것을 의미한다.

기사의 신성화는 '성직 서임'(investitura)에서 드러난다. 성직 서임은 왕의 성별 예식과 대관 예식에서 변형된 몇 가지 종교적 예식으로 이루어졌다. 기사는 성직 서임으로 신앙과 교회의 수호자가 된다. 이제 무기 사용은 종교적 의미를 지니게 된다.

앞서 인용한 시는 농민을 구분해 소개하지만, 수도자와 사제를 구분하지 않는다. 따라서 수도자는 거의 사제의 한 부류에 속하거나 혹은 이미 퍼진 관점에 따라 수도자에 대한 사제의 우위가 제시되었다. 동시에 새롭게 부상한 기사 신분에 가치가 부여되기 시작했다. 이처럼 신분이 다양해졌다는 것은 사회적 변화와 더불어 하느님과의 관계를 생각하는 방식이 변했다는 것을 의미하므로 중요하다.

앞서 관찰한 것처럼, 중세 초기에는 수도자만이 참된 그리스도인이었다. 황제들의 회심으로 교회를 허용한다는 칙령에 맞서 수도자의 삶은 새로운 통치 체제에 대항했다. 그래서 수도 생활의 기원인 '수도승 생활'은 '세상으로부터 도피'라고 알려졌다. '그리스도를 따름'이라고 이해된 이러한 삶의 방식은 순교에 버금갔으며, 삶의 종말론적 완성을 예견했다. 수도승생활의 관점에서 세상의 모든 것은 가치 없는 것으로 여겨졌다. 따라서 노동은 죄에 대한 마땅한 참회 혹은 태만을 피할 도구로 제시되었다.

고프가 설명하는 것처럼, 교회는 사회의 희생양인 종들의 처지를 죄의 종살이로 또 노동해야만 하는 처지는 원죄에 의한 벌이라고 정당화하려 했다.[16] 이러한 분석으로 수많은 직업 활동이 폄하되었다는 것을 설명할 수 있다. 이 직업들은 악습에 사로잡힌 경우로 이해되었다. 특히나 상업에 매진하는 이들은 조직된 신분에 속하지도 못했다. 아무튼 이들이 그리스도교 생활의 이상인 수도 생활에 반하는 이유는 세상을 폄하하는 수도자의 생활 방식이 그리스도교 생활의 이상으로 이해되었기 때문이다.

상업에 사회적 신분을 부여하는 것은 앞에서 설명한 12세기의 변화에서 이루어졌다. 이 변화는 점진적으로 진행된다. 이에 관한 증언을 호노리우스 아우구스토두넨시스가 지은『교리 문답 요약집』에서 찾아볼 수 있다. 교리 교육의 성격을 띤 이 작품은 질문하는 학생과 이에 답변하는 선생 사이의 대화를 통해 그리스도교의 모든 가르침을 조직적으로 체계화했다. 구원의 문제를 다루는 한 부분에서 그때의 상식이 다음과 같이 표현된다. "상인은 무슨 희망이 있을까? 거의 없다. 사실 그들이 가진 모든 것은 사기, 거짓, 탐욕으로 얻은 것들이다. […] 농민은? 그들은 대부분이 구원될 것인데, 단순하게 살고 또 그들의 땀으로 하느님 백성을 먹여 살리기 때문이다."[17] 이 글에서 상인은 거룩한 부류에

---

16 J. Le Goff, *Tempo della Chiesa e tempo del mercante* (Einaudi, Torino 1977) 137.

해당하는 계급에 속하지 못했다. 그러나 이 계급에 '농민'이 진입하기 시작했다. 이는 중세 전성기 사회의 틀에 균열이 생기기 시작했고, 농민 신분이 구원의 자리로 이해되기 시작했음을 의미한다. 노동과 관련된 직업들은 처음에는 세상에 대한 애착으로 여겨졌지만, 이제는 구원의 자리로 재평가된다.

이러한 재평가는 **노동을 이해하는 방식의 변화**를 의미한다. 곧, 노동은 더 이상 참회 행위가 아니라 하느님의 업적에 참여하는 것이다. 창세기의 해설은 이 변화를 설명한다. 하느님은 최초의 노동자이고 또 부양을 위한 노동은 아담이 타락 이전에 받은 부르심으로 이해된다. 따라서 세상에 가치를 두지 않는 것은 '세상으로부터 도피'가 아니기에, 세례를 받고 살아가는 것만으로도 충분하다. 12세기 초반기에 자크 드 비트리는 『주일과 연중의 설교』에서 믿는 이들이 행하는 '규범들'은 복음으로 충분하다고 진술했다.

라이헤르스베르크의 게르호흐가 저술한 『하느님의 건물에 관한 책』(1128~1129)의 한 단락은 이미 온 변화를 다음과 같이 보여 준다.

> 세례받은 이는 성직자나 수도자가 되지 않을지라도, 악마와 그의 모든 계략과 유혹을 끊어 내기에 세상에 가치를 두지 않는다고 말할 수 있다. […] 그러므로 부자와 가난한 자, 귀족과 노예, 상인과 농민, 그리스도교 신앙을 고백하는 모든 이는 그리스도의 이름에 반대되는 모든 것을 절대적으로 거부하고 또 이 이름에 걸맞은 것을 추구해야 한다. 사

17 Honorius Augustudunensis, *Elucidarium*, II, 18: PL 172, col. 1148-1149.

실, 가톨릭 신앙 안에 모든 '신분'과 직업이 있으며 또 사도들의 가르침에는 고유한 성격의 신분과 직업에 관한 적합한 규범이 있다. 이러한 규범 아래 적합하게 싸우면서 상급에 도달할 수 있다.[18]

게르호흐의 관점에 따르면, 우주 만물이 하느님의 집을 짓는 데 참여하며, 모든 피조물이 각자의 방식으로 이바지한다. 이제 건설되는 세상은 불멸의 가치를 지닌다. 하느님의 도시는 지금 세워지고 있고, 종말에는 결점 없이 완성될 것이다.[19]

이러한 사회적 · 경제적 변화에 자연에 관한 새로운 감수성이 덧붙여진다. 마리 도미니크 슈뉘[20]는 이러한 감수성을 다음과 같이 설명한다. 이전의 인간은 우주의 조화에 집중하면서 세상의 한 부분이라 느끼지만, 새로운 감수성의 인간은 자신이 세상의 한 부분이라 느끼는 동시에 세상의 주인이 되어 전능하신 분의 '대리자'가 되려고 한다.

밀려오는 이 새로움의 구체적인 표지는 교황 인노첸시오 3세가 1199년 1월 12일에 반포한 「신심으로」*Quia pietas*를 통해 크레모나의 직물 상인 **호모보노 투첸기**를 성인품에 올린 것이다.[21] 그는 혼인해 한 가정의 아버지이자 시민으로서 직업에 충실했고, 가난한 이를 도우면서 그리스도교 가르침을 전했다. 호모보노는 중산층 평신도를 대표하는 이들 중 한 명이었다. 그는 세상에 가치를 두지 않으면서도 더 이상 수도자의 전유물이 아닌 사도들의 생활을 했다. 그러나 호모보노의 거룩

18 Gerhoh di Reichersberg, *Liber de aedificio Dei*, c. 43: PL 194, col. 1302.

19 같은 책 c. 1: PL 194, col. 1189.

20 M.-D. Chenu, *La teologia del medioevo* (Jaca Book, Milano 1972) 263.

21 L. Cherubini, *Magnum Bullarium romanum*, vol. I, 82-84.

한 삶의 특징을 기록한 성인품 청원서에 그의 기도와 사회 활동 그리고 애덕 활동은 기록되었지만, 남편이나 가장으로서 그의 역할은 기록되지 않았다. 아무튼 한 개인이 귀족 계급에 속하지 않아도 성인품에 오르는 것이 가능하다는 사실이 알려졌다.

이러한 변화에서 몇 세기 전부터 시작된 신분 변화의 과정이 성숙해 가고, 평신도를 그리스도교 생활로 교육하려는 목적을 지닌 활동이 점차 나타난다. 이제 이 과정에 집중해 보자.

2. 평신도의 '영성'

사회-교회가 다양한 신분으로 구분되지만, 수도 생활이 그리스도인의 이상에 일치한다는 것은 그리스도교 생활이 특정 부류에만 해당한다는 것을 의미한다. 이에 따르면, 평신도는 이 이상에 포함되지 않는다는 인상을 남길 수 있다.

이러한 인상에 **새로운 인식**이 대두되었다. 교부 시대에는 모두가 주님의 계명을 실행해야 한다고 인식했고, 이 자각은 중세 그리스도교를 관통했다. 교회는 주님의 계명이라는 유일한 가르침을 지니므로, 이 중 몇 가지만 지킨다면 무모할 것이다. 7세기의 아일랜드에서 무명의 저자(키프리아누스 또는 아우구스티누스의 작품으로 여겨지지도 한다)가 쓴 『세속의 열두 가지 남용』은 죄로 인한 세상의 몰락을 규탄하는 고발로 모든 사람이 범하는 세상의 열두 가지 남용을 열거했다. 여기에 제시된 열두 가지 남용이란 실천이 없는 지혜로운 이, 종교심 없는 늙은이, 순종하지 않는 젊은이, 자선 없는 부자, 수치심 없는 여자, 덕 없는 주인, 다투는 그리스도인, 교만하고도 가난한 이, 부정한 왕, 태만한 주교, 교육받지 않은 대중 그리고 법 없는 백성이다.[22] 이들로 인해 정의는 질식된다. 따라서 모든 이는 교회의 가르침을 지켜야 한다. 이 가르침은 솔기 없이 한 벌로 짜인 그리스도의 겉옷에 비유되었다.

그리스도교 사회의 조직에서 신분을 이루는 모든 부류는 각자의 조건에 따라 전형적인 의무를 실행해야 한다. 독일에 복음을 전한 수도자 성 보니파시오의 설교에서 그 내용을 다음과 같이 읽을 수 있다.

> 그래서 [예수 그리스도는] 각자가 자신의 위치와 조건에 따라 근면하게 일하라고 명령합니다. 그분은 우리에게 올바르고 신심 있게 살고 영원한 것을 찾으며 자신의 자리에서 아무것도 안 하거나 비효율적으로 살지 말라고 권고합니다. 우리의 몸은 생명을 품은 한 영혼을 지니지만, 구분된 많은 지체는 각자의 역할을 수행합니다. 이와 마찬가지로 교회에는 애덕을 통해 어디에서나 행동하는 하나의 믿음이 있지만, 각자가 맡은 역할이 있기에 품위는 다릅니다. 다시 말해서, 왕과 신하의 신분, 늙은이와 젊은이의 신분이 있습니다. 몸의 지체가 몸에서 고유한 역할을 하는 것처럼, 각자는 자신만이 지켜야 할 것이 있습니다.[23]

암브로시우스 아우트페르투스(✝784)는 자신의 작품인 『탐욕에 관한 설교』에서 좁은 문에 관한 복음 이야기(마태 7,13 참조)는 오직 수도자에게 해당한다고 다음과 같이 이의를 제기한다. "여러분이 말하는 것은 옳습니다. 그러나 여러분의 신분이 지닌 가능성과 여러분이 지닌 능력에

22 PL 4, col. 869-882 참조.

23 Bonifacio, *Sermo* IX: PL 89, col. 860 B-C.

따라 여러분에게 제시된 좁은 길과 좁은 문을 드나드십시오. 주님께서는 오로지 두 문과 두 길을 제시하셨습니다. 많은 이가 넓은 문을 드나들고 또 넓은 길을 지나가지만 멸망으로 향할 것이라고 주님께서 말씀하셨습니다. 그분은 제3의 길을 제시하지 않으셨습니다."[24] 이 설교는 특히 권력자와 부자에게 적용되며 또 수도 생활이 특별한 방식으로 '그리스도를 따름'을 실현한다는 것을 강조하면서, 각자는 멸망에 이르는 넓은 길이 아니라 자신의 신분에 맞는 길을 걸어야 함을 역설한다. 그는 구원에 이르는 다른 문도, 다른 길도 없다고 단언한다.

모두가 복음의 계명을 따라야 한다는 사실을 알고 있는데도, 평신도를 대상으로 하는 영적 작품은 먼저 **군주의 교육**에 집중되었다.

중세 초기의 군주들은 평신도로서 사회에서 중요한 자리를 차지했고, 사회에 선한 영향력을 퍼트리는 이들이었다. 주교와 수도원장은 황제들 그리고 왕과 왕자들을 가르치는 선생이었다. 그래서 중세 초기의 황제들과 왕들은 주교와 수도원장의 수호자와 보호자가 되었다. 카롤루스 대제의 고문인 알쿠이누스는 주교의 의무에 관해 그리고 주교의 요구에 대한 순종을 다음과 같이 명확하게 알려 준다.

> 주교의 임무는 수도원들을 지도하고 종들의 노임을 정하며, 하느님의 말씀을 백성에게 전하면서 백성을 각자의 자리에 충실하도록 배정한다. 평신도의 임무는 그들이 들은 설교에 순종하며 올바르고 자비로운 사람이 되는 것이다. 하느님 오른편에 있는 인자하심을 통해 우리 선

---

24 Ambrosio Autperto, *Sermo de cupiditate*, 14: PL 89, col. 1289-1270.

조로부터 확장되어 번창한 이 나라는 무한한 자비를 통한 하느님의 축복으로 우리에게나 우리의 후손들에게 영속됨이 합당하다.[25]

중세 초기의 수도자는 기도에 영감을 불러일으키는 모범이었다. 자크르클레르크는 다음과 같이 평가한다. "대부분 수도자인 저자들은 '기도하는 삶'이라는 주제로 평신도에게 수도자의 언어로 가르쳤다."[26]

수도자 알쿠이누스가 성무일도를 바친 후, 신성로마제국의 황제를 비판하면서 선언한 내용은 의미심장하다. "황제는 평신도가 일상생활에서 활동하며 기도를 바치는 것처럼, 수도자도 간결하게 성무일도를 바치라고 요구했습니다. 그러나 우리는 정해진 시간에 하느님께 향하는 기도를 드릴 수밖에 없습니다. 그리스도인 신분으로 살고 또 그리스도인다운 활동을 하려는 열망을 지닌 여러분은 주님께서 어떻게 기도하셨는지 알아야 합니다. 그런데도 여러분이 바란다면, 우리는 기도를 짧게 바치겠습니다."[27] 이 선언은 신성로마제국의 황제는 거룩해야 함을 말한다. 곧, 세상의 일에 의무를 지니는 황제일지라도, 수도자의 기도처럼 일과 속에 기도 시간을 두어야 한다는 것이다.

하지만 왕도 포함된 그리스도인의 다양한 상황에서 어떻게 복음을 실천하며 사느냐에 관한 답이 수도 생활이 될 수는 없다. 게다가 세상에서 살아가는 그리스도인의 생활이 수도원에서 드리는 기도를 모방한 수도원의 모델로 이해될 수도 있었다. '개인 기도'(peculiaris oratio)를

25 Alcuino, *Ep 11*, a Etelredo re di Northumbria, del 793: PL 100, col. 160 C-D.

26 J. Leclercq, *La spiritualità del medioevo. Da S. Gregorio a S. Bernardo, secc. VI-XII* (EDB, Bologna 1969) 129.

27 Alcuino, *Officia per ferias*: PL, 101, col. 509.

바치는 평신도도 있었지만, 이는 의무 사항은 아니었다.

성 베드로 다미아니(1007~1072)는 각자의 책임을 지고 살아가라는 훌륭한 예를 남겼다. 그는 로마 사령관인 친치오에게 다음과 같이 써 보냈다. "열성으로 개인 기도를 바치면서 돌보십시오. 아마도 그 기도에서 여러분이 헌신하는 것을 찾을 수도 있습니다. 여러분에게 맡겨진 백성들의 질서 유지를 소홀히 하지 마십시오."[28]

게다가 그리스도교 윤리의 보편화가 황제에게 더 많이 요구되었다. 곧, 황제는 공적인 인격이라서 자신의 직무를 잘 수행하기 위해 흔히 말하는 금욕 생활을 해야 했다. 따라서 황제의 임무에 부합하는 필수 조건으로 바른 지향에 관한 집중, 마음의 정화, 자아 성찰을 위한 능력, 재물을 멀리함, 간음 거부를 들 수 있다. 이러한 금욕 생활을 통해 황제는 왕이신 그리스도를 대리하는 이가 된다.

이에 관해 오를레앙의 주교 요나스(†843)는 『왕권 교육』이라는 의미심장한 작품을 남겼다. 이 작품은 사제의 권위와 황제의 권위 사이의 관계를 다루었다. 곧, 그리스도께서 사도들에게 주신 풀고 묶는 권한으로 황제에 대한 사제의 우위를 설명하고, 이어서 황제의 의무를 나열한다. 이것은 829년 6월 6일에 파리 시노드 결의문 3권에서 되풀이되었고 또 여러 곳에서 반복될 것이다. 예를 들어, 황제의 직무가 정의된 한 단락을 인용하는 것으로 충분하다. "황제의 특별한 직무는 하느님의 백성을 평등과 정의로 다스리고 통치하며, 모든 이의 평화와 화합을 증진한다. 황제는 먼저 교회와 하느님 종들의 보호자이며 또 과부와 고아 그리고 모든 가난한 이와 곤경에 처한 이의 보호자다."[29]▶ 이 진술에서

28 Pier Damiani, *Ep*, VIII, 2: PL 144, col. 463.

특별히 강조된 핵심은 정의에 관한 요구와 다른 이들에 대한 의무다. 곧, 그리스도교가 평화 속에서 유지되기 위한 유일한 조건으로 황제는 확립된 질서를 보호해야 한다. 그리고 법정에서 가난한 이들에게 주의를 기울이라는 호소가 제시된 이유는 황제가 하느님의 정의에 부합해야 하기 때문이다. 오를레앙의 요나스는 다음과 같이 진술한다.

> 그(황제)에게 맡겨진 '직무'에 따라 판단하는 근거는 사람이 아닌 하느님임을 알아야 한다. 두려운 심판의 날에 하느님께 그가 받은 직무를 셈해야 하기 때문이다. 따라서 정의로운 심판관인 황제는 가난한 이들이 왜 그랬는지를 이해해야 한다. 경우에 따라 황제는 선발된 자나 백성 중에서 대신이 된 자가 가난한 이들을 압박해 고통을 주는 불의와 소홀함을 행하는지 부지런히 살펴보아야 한다.[30]

오를레앙의 요나스의 작품과 결이 비슷한 작품에는 생 미히엘의 스마라그두스(†830)의 『왕의 길』, 코르비의 아달라르두스(†826)의 『왕궁의 질서』, 리옹의 아고바르두스(†840)의 『교회 통치와 세속 통치의 비교』, 힝크마루스(†882)의 『왕의 인격과 통치 직무』 등이 있다.

카롤루스 대제 시기에 주교와 수도자들은 왕과 군주들을 교육하는 데 그치지 않았다. 이들은 대중에게도 **그리스도인 생활에 대해 훈시**하는 작품들을 남겼다. 이 작품들이 어디에 수록되어 있는지 찾기 어려운 이

◂29 Jonas d'Orléans, *Le metier de roi: De institutione regia.* Introduction, texte critique, traduction, notes et index par A. Dubreucq (SC 407) (Cerf, Paris 1995) IV, 198.

30 같은 책 198-200.

유는 교부 문헌이나 윤리적 성격을 띤 선집으로 흩어졌기 때문이다. 이러한 작품들은 모두에게 해당하는 그리스도인 생활이 전투이지만, 미래에 보상을 받을 것임을 확신했다.

이 작품들에서 의미 있는 몇 가지 특별한 관점을 요약하면, 먼저 리옹의 아고바르두스가 진술한 그리스도의 유일한 사제직에 믿는 이 모두가 참여한다는 관점을 떠올릴 수 있다. "올바르게 믿는 이 모두는 대사제의 지체, 곧 하느님과 우리 주 예수 그리스도의 지체다. 이들은 선택된 사람들이고, 참된 사제들이다."[31] 그리고 아퀼레이아의 성 바울리노(✝802)는 사회적 차별을 넘어 모든 이의 근본적인 평등을 다음과 같이 강조한다. "평신도의 의복을 입은 사람을 차별할 생각이 없는 이유는 하느님은 사람에 대한 선호가 없기 때문이다. 하느님의 계명을 지키는 성직자나 수도복을 입은 수도자에게 천상 궁전이 열려 있는 것과 마찬가지로, 평신도에게도 그러하다. '유다인도 그리스인도 없으며, 노예도 없고 자유인도 없으며 … 모두 그리스도 예수 안에 하나'(갈라 3,28)이기 때문이다."[32]

더 나아가 오를레앙의 요나스는 '혼인 생활을 어떻게 해야 하는가'라고 묻는 오를레앙의 마트프리두스 백작에게 답하려고 『평신도를 위한 규정』을 썼다. 그는 이 작품에서 성사와 그리스도인의 생활을 연결했다. 그러나 모순적이게도 이 작품을 수도원들이 거의 다 보유하면서, 수도자들은 자신이 관심 있는 부분만 읽었다.[33] 통상적으로 교회의 신

---

31 Agobardo di Lione, *Ad Bernardum episcopum: De Privilegio et jure sacerdotii*: PL 104, col. 127.

32 Paolino di Aquileia, *Liber exortationis*: PL 99, col. 241.

33 Jonas d'Orléans, *Instruction des laïcs (De Institutione laicali)*. Introduction, texte critique, traduction et notes par O. Dubreucq (SC 549-550), (Cerf, Paris 2012-2013) 참조.

분을 '박사, 금욕자, 기혼자'의 삼중 분할로 제시한 오를레앙의 요나스가 쓴 작품은 그리스도교 초창기 사도들의 공동체가 수도자나 성직자뿐 아니라 평신도를 위한 패러다임을 명확하게 형성했음을 확신했다. 요나스의 두 번째 작품이며 **기혼자**를 대상으로 쓴 『평신도를 위한 규정』은 이 확신을 증명했다. 기혼자는 동정자에 비해 낮은 신분일지라도, "자신의 집에서 사목적 직무"[34]를 수행하기 때문이다. 이러한 생각이 처음인 것은 아니다. 요나스는 이미 이를 진술한 존자 베다(✝735)를 인용했다. "가장으로서 자신의 작은 집을 보호하는 믿는 이 모두가 각자의 집을 열렬히 깨어 지킨다면, 그 집의 목자라고 불립니다."[35] 자신의 집을 돌보는 이에게 목자의 이미지를 적용했다고 하더라도, 이와 연관해 주교를 부족의 족장으로 적용하지 않은 것은 확실하다. 다만 완전하지 않은 생활 신분이라고 하더라도, 펼쳐야 할 고귀한 임무가 있고 또 그 임무로부터 자신의 구원이 결정됨을 요나스는 알려 준다.

그 결과, 기혼 상태가 '신분'(ordo)이 된다. 곧, 혼인은 거룩하다. 중세 사회는 혼인으로 합법적인 신분이 부여된다고 이해했다. 이러한 이해를 바탕으로 작은 형제회의 수사인 레겐스부르크의 베르톨두스(13세기)는 혼인이 성사라고 다음과 같이 주장한다. "하느님은 세상의 모든 신분보다 혼인을 더 성화하셨다. 곧, 탁발 수도자나 순회 설교승이나 공주 수도자를 거룩한 혼인에 비할 수 없다. 따라서 이 신분을 잊어서는 안 된다. 하느님은 혼인을 명령하셨지만, 혼인하지 않는 이들에게는 또 다른 삶의 양식을 권고하셨다."[36]

---

34 Jonas d'Orléans, *De institutione laicali*, II, 16, ed. cit. 450.

35 Beda il Venerabile, *Homilia VII; In nativitate Domini*: PL 94, col. 37. 오를레앙의 요나스가 베다를 인용한 부분은 *De instituione laicali*의 452를 참조.

결론적으로 완전함의 상태는 수도 생활에 속하지만, 하늘 나라는 수도자만의 것은 아니다.

두오다는 잘 알려지지 않은 귀족 여성이지만, 『훈화 혹은 지침서』의 저자다. 이 작품은 "평신도가 쓴 종교적 · 사회적으로 평신도를 양성하는 유일한 책"[37]이다. 841년 말에서 843년 초 사이에 집필된 이 수사본은 그녀의 열여섯 살 아들인 굴리엘모를 위해 쓰였다. 그의 아들은 카롤루스 2세의 궁전에 거주했다. 어머니가 아들에게 심어 주려는 핵심적인 덕은 신의였다. 이는 봉건 질서의 전형적인 감정 노선이자, 사회의 올바른 기능을 위해 필수적인 요소다. 그녀는 자기의 아들이 그 시대의 통합적인 인간이 되길 바랐다. 이를 통해 그가 하느님의 자녀가 되고 또 모든 덕으로 살면서 완전함에 이를 수 있기를 바랐다.

> 주어지는 [성령의] 일곱 선물로 나아가고, 여덟 가지 참된 행복으로 덕을 닦아라. 네게 충고한 것처럼, 너는 천천히 묵상하면서 이 열다섯 단계를 쉽게 통과할 때까지 한 걸음씩 나아가거라. 왼손에서 오른손으로 넘어가듯이, 더 나아가 백 배, 곧 완전함의 정점에 이르기까지 네 자신과 싸워라. [씨 뿌리는 사람의 비유에 관한 해석으로, 수도 생활을 한 알의 씨앗이 백 배의 열매를 맺는 결실로 보았다.][38]

---

36 M.-D. Chenu, 같은 책 259에서 재인용.

37 Ilarino da Milano, *La spiritualità dei laici nei secoli VIII-X*, in AA. VV., *Problemi di storia della Chiesa, L'alto medioevo* (Vita e Pensiero, Milano 1973) 242.

38 Dhuoda, *Manuel pour mon fils*. Introduction, texte critique, notes par P. Riché: Traduction par B. Vregille et C. Mondésert (SC 225) (Cerf, Paris 1975) VI, 4, 294-295. 인용한 단락에서 성령칠은과 진복팔단이 더해져 열다섯 단계가 된 것이 삽입되었다. 분리될 수도 합쳐질 수도 있는 열다섯 단계는 백 배, 곧 완전을 뜻하는 수에 다다를 수 있다. 같은 책 291-297 참조.

여기서 그리스도교의 완전함에 도달하는 다양한 신분이 나타난다. 이를 입증하는 예로 두오다가 유일하다고 말할 수 없다. 바로 다음 세기에 베로나의 주교 라테리우스도 같은 생각을 표현했기 때문이다. 이탈리아의 왕인 프로벤자의 후고의 명령으로 파비아에 감금된 시기인 935년에서 937년 사이에 라테리우스 주교는 『서언』[39]을 썼다. 이 작품은 모든 이, 특히 평신도를 위한 금욕적인 교육서로 쓰였다. 이 작품은 군인, 수공인, 의사, 상인, 재판관, 원로, 종, 왕 등 사회의 모든 계급은 각자의 조건으로 그리스도인의 완전함을 살아야 한다고 강조했다.

평신도를 대상으로 하는 그리스도교 생활을 위한 지침의 바탕에는 '**종말**'(*éschaton*)이 자리했다. 모든 것은 종말론과 연관되어 의미를 지녔다. 곧, 중세 전성기 사회는 지상의 교회와 하느님의 도시가 동일시되어 천상이라는 목적을 잃지 않았다. 이미 본 것처럼, 현실의 삶은 그 목적에 이르는 전투가 된다. 이러한 지평은 수도자의 영성에 살아 있었다.

제2천년기의 시작에 이 지평은 모든 이에게 적용되는 집단적 '순례'라는 주제로 제안되고 또 '참회'라는 주제와 밀접하게 연결되었다. 카롤루스 대제 시대와 그 이후 시대의 수도 생활은 '세상으로부터 도피'와 이와 관련된 모든 것에 영향을 주었다. 그러나 수도원의 부유함과 세상일에 연루된 많은 수도자의 타협은 이상적인 삶과 대치되어, 결국 수도 생활이 무너지게 되었다.

클뤼니 개혁은 여러 주제 중에서 완고하게 엄격함을 강조했다. 이 현상은 많은 사람에게 퍼졌다. 곧, 세상으로부터 도피는 과한 참회로 수

---

39 Ratherius veronensis, *Praeloquiorum libri sex*: PL 136, col. 145-344.

도원이 아닌 은수처나 유배지를 찾게 했다.

'세상으로부터 도피'라는 이상은 고향에서 멀리 떨어진 곳으로 가서 하느님을 찾으려 했고, 복음을 선포하기 위해 피를 흘린 그 도성으로 향하게 했다. 이 땅에 사는 것이 '유배'라고 여겨졌지만, 궁극적인 본향으로 향하게 했다. 이 궁극적 본향은 상징적으로 종종 예루살렘과 동일시되었다. 그렇기에 사회의 모든 계층은 이 본향을 향해 떠났다. 예수께서 죽은 장소에 이르는 순례의 힘겨움은 구원자를 모방한 십자가의 길이나 순교와 같았고, 이러한 고통은 너무 빨리 목표를 잊어버리는 사회에서 세상과의 타협을 거부하는 삶의 모범이 되었다.

이러한 배경으로 최초의 십자군이 순례인 이유를 발견할 수 있다. 사실, 십자군의 시작은 정치적이기보다는 종교적인 이유였다. 제1차 십자군은 1095년 클레르몽에서 교황 우르바노 2세가 소집했다. 그리고 제2차 십자군은 1146년 베즐레에서 교황 에우제니오 3세의 이름으로 성 베르나르도가 선언했다. 제1차 십자군에서부터 종교적 열성이 터져나왔다. 따라서 전쟁의 얼굴은 순례의 얼굴로 드러났다.

전쟁의 관점으로 보면, 교회의 권위가 서방 그리스도인들을 외부의 적에 대항하도록 십자군을 이끈 것은 놀랍지 않다. 앞서 보았듯이, 이미 9세기 이후의 교회는 전투나 기사의 부류에 종교적 의미를 덧입힐 이유를 찾고 있었다. 이는 폭발 직전의 봉건 사회에 다른 형태로 물꼬를 터 주는 방식이었다. 이제 전쟁은 그리스도교에 외부의 적을 설정하면서, 그 적에 대항하고 성묘를 탈환하려 했다. 하지만 이 전쟁의 끝에는 동족 살해와 같은 동·서방 그리스도교의 해체가 기다리고 있었다. 전쟁은 거룩하게 되고(聖戰), 전투는 참회 행위로 전개되며 승리에 이은 감사의 행렬이 이어졌다. 전쟁은 인내를 얻기 위한 새로운 참회로 설정되었다. 결론적으로 십자군은 그리스도를 위한 전쟁이었고 교회를 위한 봉사였다. 이 때문에 십자군 전쟁이 순례를 위한 떠남과 내적 참회 행위 없이 이뤄졌다고 말할 수 없다. 파병에 동반된 설교자들은 강도, 강탈, 탐욕 등 쉽게 이해되는 악습 하나하나를 계속 떠올리게 하면서, 정화할 방법을 찾았다. 그러나 이는 십자군의 목적과는 동떨어진 것이었다.

순례의 관점으로 보면, 십자군은 순례에 새로운 성격을 부여했다. 전투 중에 성지에 사는 그리스도인들을 위한 주일의 '휴전', 로마교회와 동방교회의 가까워짐, 십자군에 참전한 이들과 하느님의 화해 등 평화를 지향하는 다양한 측면이 드러났다. 게다가 사회의 모든 계층이 참여한 순례단은 고통의 길, 죽음의 길, 승리의 길로 그리스도를 따르는 동일한 목표를 지녔다.

순례는 참회하는 이들의 주변도 포함하는 집단적 성격을 띠었다. 집에 있는 이들도 자신의 봉헌과 기도 그리고 참회 행위로 이 순례에 참여했다. "십자군의 신심은 교회 역사에서 영성이 일치한 최초의 형태로 드러난다."[40] 이 집단성은 하느님의 뜻이 실현된 것으로, 십자군의 참회로, 새로운 성령강림으로 경험되었다. 십자군의 목적은 예루살렘이었지만, 종말론적 가치가 있었다. 곧, 주님께서 고정된 장소에서 새로운 장소로 이끌고 가시기에, 내적인 회심은 백성의 넓은 계층에서 드러났다. 이러한 개념이 계속되었는지는 확실하지 않다.

성 베르나르도는 제2차 십자군을 선언하면서 이러한 종교적 열성을 부흥하려고 했지만, 원래의 감흥을 누그러뜨리는 원인이 되었다. 결론

---

40 H. Wolter, *La terza crociata: gli stati crociati in Siria e Palestina*, in H. Jedin(ed.), *Storia della Chiesa*, vol. V/I: *Civitas medievale* (Jaca Book, Milano 1976) 114.

적으로 십자군의 영성은 세상으로부터 거리를 둔 '수도승생활'로 규정할 수 있다.

이와는 달리 12세기의 영성은 **세상 현실에 가치**를 둔다. 이러한 새로운 방향에 앞서 이미 설명한 사회의 변화가 겹친다. 이제 형성되는 사회의 새로운 부류들은 그리스도교 생활의 새로운 형태를 드러내는 표지가 될 것이다. 이와 더불어 복음적 삶을 살아가려는 평신도 백성의 운동에 분명하게 주의를 기울여야 한다. 이는 처음에는 희미하게 종교개혁으로 드러날 것이지만, 나중에는 명확하게 교회 권위에 대한 반대로 드러날 것이다. 이러한 개혁은 종교개혁으로 또 시민 권력에 대한 교회의 간섭에서 탈피하는 운동으로 시작될 것이다.

3. 평신도와 교회 권위의 대립

중세 시대는 교부 시대를 이어받았다. 이 장의 첫 주제에서 살펴본 것처럼, 중세는 '사제직과 왕직'(sacerdotium et regnum)을 구분할 뿐만 아니라 완전함에 이르는 생활 신분들을 위계적인 관점으로 세밀하게 설정했다. 이 두 가지는 그리스도교의 완전함이라는 목표가 평신도에게도 열리는 것처럼 보이는 자료를 마주할 때 항상 염두에 두어야 한다.

완전함의 기준은 종말론적 구원임을 다시금 떠올려야 한다. 따라서 구원을 예견하는 관상이 이상적이고, 세상으로부터 도피가 이를 실현한다고 통용되었다. 예를 들어, 성 베르나르도는 그때의 상식처럼 통용되던 신분을 설명하면서, 평신도에게도 해당하는 중요한 자료를 제시했다. 곧, 세상은 구원에 도달하기 위해 건너야 하는 거대한 바다와 같다. 이 바다를 건널 때 수도자는 바다 위에 놓인 다리를 건너고, 성직자는 배를 타고 건너지만, 기혼자는 노를 저어 건너가야 한다. 모든 이는 구원에 부르심을 받았지만, 구원에 이르는 길은 완전함에 다다르기 어려운 만큼 멀기만 하다.

'**참된 사도들의 생활**이 수도자 생활이냐 혹은 사제 생활이냐'라는 논쟁은 12세기에 일어났다. 이 논쟁은 우리의 주제가 아니다. 이 논쟁은 전통적인 수도승생활의 몰락을 의미하고 또 참된 사도들의 생활은 설교하는 이들의 생활이라는 확신을 드러낸다. 사도는 설교하면서 사도직을 수행했기 때문이다.

평신도 중 어떤 이들은 이러한 논쟁에 휘말려 들어, 자신들이 수도자가 아닌 성직자와 동등한 품위를 지닌다고 주장했다. 곧, 자신들은 성직자보다 더 엄격한 생활을 하기에 사도들의 생활에 합당하다는 것이다. 평신도 중에서 특히 평신도 권력자가 사도들의 생활에 집중했다는 점에 주의를 기울여야 한다.

교회의 역사에서 이론과 실천 사이의 균형을 이루는 것은 쉽지 않다. 그리스도인의 공통된 근본적 품위와 책임의 다양성 사이에서도 그러하다. 곧, 품위와 역할을 동일시하려는 경향, 역할과 존재론적 지위를 동일시하려는 경향, 구원을 베푸는 선에 참여와 임무의 평등을 동일시하려는 경향은 사회에 동화되기도 하고 또 그로부터 구분되려는 그리스도교의 모든 추이를 관통한다.

앞서 본 것처럼, 교계의 역할 규정은 이미 설정되었다. 중세는 현실을 위계적 관점으로 보았기에, 지도자와 백성의 구분을 강조할 수밖에 없었다. 이미 살펴봤듯이, '평신도'라는 용어의 의미 중 하나는 '문맹'이고, 반대로 '성직자'는 '교육받은 이'라는 뜻을 지닌다. 따라서 통상적으로 백성은 무지하다고 생각되었다. 그런데도 평신도가 교회 권위와 충돌했다면, 평신도 권력자들이 그리스도의 이름으로 사회-교회를 현세의 질서로 다스렸기 때문이다.

충돌은 현실에서 일어났다. 사실, 사회가 하나의 몸처럼 여겨졌다면, 현세 질서에서 영적 질서로 가거나 혹은 그 반대로 가는 것은 어렵지 않을 것이다. 그래서 왕이나 황제의 모습을 강조하려고 다윗과 솔로몬 그리고 여호수아라는 성경의 모델들을 떠올렸다. 한때 교황에게 주어졌던 최상의 임무를 평신도 주권자에게 부여하는 것은 그리 어렵지 않았을 것이다.

황제를 변호하는 이들은 교황이나 주교의 모습 그 이상으로 주권자의 위상을 높이려고 했다. 예를 들어, 11세기 요크의 익명의 저자를 들 수 있다. "황제의 권력은 얼마나 거대하고 거룩한가! 하느님의 은총으로 황제는 당신의 양들을 먹이며, 진리의 씨앗을 뿌린다! 하느님은 황제에게 모든 이를 다스릴 권한을 주셨다. 황제는 성사, 가톨릭 신앙, 하늘의 모든 일을 관장하고 또 그에게 내린 도움을 주는 은총으로 교황에게 명령해야 하며, 황제에게 명령받은 것을 교황은 실행해야 한다."[41]

이제 주권자의 모습은 더 이상 평신도의 모습으로 드러나지 않는다. 곧, 주권자는 그리스도의 기름부음을 통해 평신도의 범위를 넘어선다!

다른 한편, 주권자의 과도함도 지적해야 한다. 이러한 경향은 이론만이 아니라 현실에서도 나타났다. 그때의 고위 성직자들이 이 과도함을 예견하지 않았다면, 주권자들은 종교개혁에 이르기까지 점점 더 교회

---

41 G. De Lagarde, *Alle origini dello spirito laico*, vol. 1: *Bilancio del XIII sec.* (Morcelliana, Brescia 1961) 48에서 재인용.

의 일을 결정하는 역할을 장악했을 것이다.

이러한 관행과 그에 따른 이론적 정당성의 기원은 황제 권력에 관한 동방의 관점에서 찾을 수 있다. 이에 따르면, 주권자는 거룩한 영역까지 관장하는 권리를 지닌다. 이러한 의미에서 '신성로마제국'이라는 이름으로 카롤루스 왕조는 고대 동방의 전통을 취했다. 사실, 카롤루스 황제는 비잔틴 황제의 모습으로 나타났다. 그는 시노드를 소집했고 법령과 전례 지침을 반포했다. 황제의 행정관들은 교회 문서를 관장했다. 몇몇 군주는 자신에게 설정된 한계를 알고 있었지만, 다른 군주들은 한계가 없다고 생각했다.

교회 권위는 이에 반발했다. 황제를 포함한 주권자들도 교회의 자녀이기에 사제직의 호칭을 지닐 수 없다고 주장했다.

역사에 기록된 황제에 대한 교회 권위의 최초의 반박은 11세기의 '성직 서임'을 거스른 투쟁으로 드러난다. 교황 그레고리오 7세는 교회의 독립과 황제에 대한 교황 권위의 우위 그리고 영적 질서에 해당하는 보편적 · 법적 지위를 보호하려 했다. 그러나 황제의 권한은 쉽게 제한되지 않아서, 교황은 그리스도교에 합당하지 않은 주권을 행사하는 황제를 파문하는 방법도 염두에 두었다. 이는 몇 세기 전에 교황 젤라시오 1세가 가르친 두 권력의 구분을 반복하는 것이었다.

두 권력을 구분한 12세기의 신학자들이나 교회법학자들도 황제에 대한 교황의 우위를 떠올리며, 황제를 우려했다. 두 권력의 구분을 잊지 않은 13세기의 교황 인노첸시오 3세는 이전의 가르침을 확대해서 적용했다. 예를 들어, 제4차 라테란공의회(1215)가 반포한 법령 42항은 정의에 관해 다룬다. 이 선언은 황제의 것과 하느님의 것이라는 복음의 원칙에 기초한 중요한 대목을 전한다.[42] 곧, 평신도가 성직자의 권리를 강탈할 수 없고, 성직자도 평신도의 권리를 자신에게 적용할 수 없으며, 세속에서 이미 실행되고 있는 평신도의 법을 세속의 정의에 따라 보장해야 한다고 선언했다. 드 라가르드는 앞에서 인용한 42항에 대해 이렇게 설명한다. 곧, 두 권력을 구분한 기원으로 돌아가 영적 측면을 지닌 교황권의 자유가 확장되지만, 현세 권력은 '평신도적' 개념을 형성했다.

13세기의 신학자들과 교회법학자들은 두 권력의 구분에 관해 주의 깊고 공정한 태도를 지니지 않았기에, 사회의 패권에 관한 논쟁의 시기가 이어졌다.

한 시대를 종결한 교황 보니파시오 8세와 프랑스의 왕 필리프 4세 사이의 충돌은 세기를 이어 온 긴장이 폭발한 것일 뿐이다. 한편으로, 교계의 관점은 교황이 황제에 대한 우위를 지닌다는 진술을 확장한다. 곧, 성경을 바탕으로(예를 들어, 신명 17,12; 예레 1,10; 1코린 2,14; 6,3; 마태 16,19; 요한 21,15-17; 묵시 19,16) 우주 현상(태양과 달), 형이상학적 구조(불완전한 것들 사이에서 완전함), 신학적 원리(자연에 대한 초자연), 교회론적 필요성(유일한 몸인 교회는 두 머리가 있을 수 없다), 역사의 해석(단순한 빚 갚음으로 해석된 콘스탄티누스 황제의 증여)으로 황제에 대한 교황의 우위를 단호하게 정당화한다. 다른 한편으로, 주권자의 관점에서는 교회의 주장을 비판한다. 비

---

42 주세페 알베리고 외 엮음 『보편 공의회 문헌집 제2권 전편』 김영국 외 역 (가톨릭출판사 2009) 253: "42. 세속 정의: 내가 세속인들이 성직자들의 권리를 침범하지 않기를 바란다면, 마찬가지로 성직자들이 세속인들의 권리를 침범하지 않는 것도 바라야 한다. 따라서 성직자들이 교회의 자유를 구실로 자신들의 사법권을 세속적 정의의 문제에까지 확산하는 것을 금하는 바이다. 그들은 오히려 지금까지 인정된 성문 법규들과 관습들에 만족함으로써 황제의 것은 황제에게 돌아가게 되고 하느님의 것은 하느님께 올바른 분배를 통해 돌아가게 되도록 해야 한다" - 역자 주.

판의 두 가지 근거는 제4차 라테란공의회에서 승인된 성직자에 관한 법적 특전(42항)과 교계 제도에 대한 세금 면제(46항)[43]에 있다. 성직자를 세속법에서 제외한 42항과, 그들에게 합법적인 세금 납부를 면제한 46항 때문에 교회의 기관들이 부를 축적해 즐긴다는 것이었다. 더 나아가 교회 법정이 자신의 관할권을 확장해 시민 권위에 부여된 힘을 제거하려 한다고 비판했다. 이에 편승해 교회에 맞선 영주나 남작의 저항은 종종 부정적인 감정의 선언이나 비난으로 이어졌다. 그들이 저항의 명분으로 내세운 복음적 가난은 참된 것이지만, 저항의 구실에 불과했다.

특히 교계에 대한 이탈리아 도시국가들의 저항은 독특했다. 도시국가들은 성직자를 사회생활에서 배제했고 교회 재정에 개입했다. 그리고 시민 권위는 파문과 윤리에 관한 교회의 영적 영역마저 점유해야 한다고 주장하면서 저항의 정점을 찍었다. 그리고 독일에서는 내연의 관계에 있는 성직자에게 조치를 취하고, 장례와 관련해 헌금을 받는 것을 금지했다.

이러한 사태의 절정은 교황 보니파시오 8세와 필리프 4세의 충돌이었다. 이는 놀라운 일이 아니다. 이 충돌의 원인은 왕이 교황의 추천 없이 성직자를 선발한 일과 프랑스 성직자들에게 세금을 부과한 일이었

43 같은 책 255: "46. 성직자에게서 세금을 징수하지 못함: 세속의 집정관들과 집권자들 그리고 여타의 관료들이 성당들과 교회의 사람들에게 토지 사용료 부과나 세금 징수 그리고 여타의 강제징수를 통해서 부담을 주는 일을 자행하는 것에 대항해 라테란공의회는 교회의 면책권을 보호하고자 그러한 행위를 파문 형벌을 동원해 금지시킨 바 있다. 그리고 위반자들과 그들의 동조자들은 응당한 보속을 이행할 때까지 파문 상태에 있어야 한다고 규정지었다. 하지만 간혹 주교가 성직자들과 더불어 필요성과 유익성을 감지해, 세속인들의 재력이 충분치 않은 곳에서 공공의 유익과 필요에 부응하기 위해 성당들이 보조하는 것이 도움이 된다고 아무런 강박 없이 판단하는 경우에, 앞서 언급한 세속인들은 겸허하고 경건하게 그리고 감사하는 자세로 그것을 받아들여야 한다" - 역자 주.

다. 이는 너무나 사소한 일이지만, 서로의 권위에 대해 반대하거나 고발하는 분쟁으로 번지면서, 세기에 걸쳐 축적된 긴장이 고조되었다. 한편으로, 에지디우스 로마누스와 비테르보의 자코모는 시민 권력의 원천이 합법적으로 교황에게 있다고 주장했다. 이와는 반대로 평신도를 교회의 한 부분으로 제한한다면, 모든 이를 위해 죽은 그리스도의 삶을 어떻게 규정하느냐는 반박이 있었다. 사실, 거룩한 어머니인 교회는 성직자의 교회가 아닌 평신도의 교회이기도 하다. 이를 바탕으로 교계에 반하는 왕과 그 지지자들의 주장을 정당화하는 논조의 많은 부분이 바뀌면서, 주권의 자유를 제한하는 로마의 성좌에 맞선 대항으로 향했다.

교황의 관점은 교황 보니파시오 8세의 두 교서, 「성직자에게 평신도를」*Clericis laicos*(1296)과 「하나이고 거룩한」*Unam sanctam*(1302)으로 요약된다. 에지디우스 로마누스의 논지를 따르는 첫째 교서는 평신도의 개입에서 교회 권위를 방어했다. 그리고 둘째 교서는 구원의 조건으로 모든 사람이 로마 교황에 복종해야 한다고 강조했다. 결론적으로 이전 세기의 가르침을 반복하면서, 교황 보니파시오 8세는 시민 권위에서 교회 권위의 자유와 독립을 지키려 했다. 그 결과, 교회는 시민 권위를 판단하지만 시민 권위는 교회를 판단하지 못한다고 그는 주장했다. 교계의 권력은 루카 22,38과 마태 26,52이 전하는 "칼 두 자루"를 지니기에, 교회가 영적 칼을 사용하기도 하고 교회를 위해 현세적 칼을 사용하기도 하기 때문이다.[44]

이 논쟁에서 교회를 이해하는 서로 다른 방식이 나타난다. 신학자들과 교회법학자들은 교황에게 이론적인 지지를 제공했다. 이들은 교회

---

44 DS 873. 역자 주: 하인리히 덴칭거 『신경, 신앙과 도덕에 관한 규정 · 선언 편람』 327-328 참조.

가 그리스도의 유일한 몸이고 그리스도와 결합한 몸이기에, 위-디오니시우스의 관점에 따라 교계의 모든 신분은 위에서부터 위계질서에 따른다고 주장했다. 따라서 이러한 논점으로 교황 보니파시오 8세의 교서 「하나이고 거룩한」은 권력이 교황에서 주변부인 권력자로 흘러내림을 강조했다. 이에 반해 필리프 4세와 그의 지지자들은 교회가 사회학적으로 '믿는 이들의 결합'(congregatio fidelium)이라고 주장하면서, 평신도는 자신에게 속한 부분을 실행할 권리, 곧 재산권, 정의에 관한 독점적인 실행, 법 제정의 자율성, 전반적 삶을 통제할 국가의 권리를 지님을 강조했다.

이처럼 영권과 세속권의 구분, 교회 권위와 시민 권위의 구분이 얼마나 어려운가를 깨닫는 과정이 무르익게 되지만 하나의 사회를 두고 일치된 관점을 기대할 수 없었다.

교회 권위와 시민 권위 사이의 논쟁에서 프란치스코회 신학자 오컴의 윌리엄(1290~1349/1350)의 교회론적 사상이 형성된다. 그는 통상적으로 성직자의 전유물로 인정되는 영역에 **평신도의 권리**를 주장하기에 우리의 목적에 도움이 된다. 오컴은 '믿는 이들의 결합'이라는 교회의 사회학적 개념에서 출발해, 명확한 신앙을 지닌 믿는 이 모두는 이단적인 교황에게 판결을 내릴 심판관으로 세워질 수 있다고 주장했다. 프란치스코회 신학자 오컴이 가난과 종말론에 관한 이단적 관점을 취하는 교황 요한 22세를 반대하는 진술은 합리적이다. 유스티니아누스 황제의 법에서 오컴이 취하는 원리는 이러하다. "모두에게 영향을 미치는 일은 모두가 다루어야 한다"(Quod omnes tangit ab omnibus tractari debet).[45] 이 원리는 신앙의 문제에 믿는 이 모두가 개입할 가능성을 제시했다. 그는 신앙의 문제가 다루어지는 곳은 공의회이기에, 자기가 원한다면 직접 또는 대리해서 누구든지 공의회에 참여할 수 있다고 주장했다. 오컴의 『이단 교황에 관한 대화』에는 그의 생각이 뚜렷이 드러난다. 그의 제자는 하느님에 관한 질문을 평신도가 제기해서는 안 된다고 주장하지만, 스승은 제자에게 다음과 같이 대답한다.

> 하느님과 연관된 질문들은 성직자만이 아니라 평신도도 할 수 있다. 하느님은 성직자의 하느님일 뿐 아니라 평신도의 하느님이기 때문이다. 그런데도 하느님과 연관된 질문들을 평신도보다는 성직자가 먼저 제기할 수 있는 이유는 성직자가 하느님의 대리자이기 때문이다. [···] 그러나 성직자가 하느님과 관련된 문제에서 오류를 범하거나, 가톨릭 신앙에 위배된다면, 믿음에 오류가 있는 성직자가 아닌 평신도가 하느님과 연관된 질문들을 제기할 수 있다.[46]

오컴의 진술 이면에는 신앙의 문제에 개입하려는 황제의 권리가 숨어 있지만, 이는 중요치 않다. 중요한 것은 황제 또한 믿는 이라는 것이다. 이처럼 교회에 관한 새로운 비전이 제시된다. 제2천년기의 첫 세기에 벌어진 논쟁은 교계에 반하는 저항의 움직임을 드러냈고, 이는 이후의

---

45 원리의 역사에 대해서는 참조: Y. Congar, *Quod omnes tangit, ab omnibus tractari et approbari debet*, in Id., *Droit ancien et structures ecclésiales* (Variorum Reprints, London 1982) III, 210-259; O. Condorelli, *Quod omnes tangit, debet ab omnibus approbari, Note sull'origine e sull'utilizzazione del principio tra medioevo e prima età moderna,* in *Ius Canonicum* 53 (2013) 101-127.

46 *Dialogus*, pars I, Liber VI, cap. 85: Gugliemo di Ockham, *Dialogo sul Papa eretico*, a cura di A. Salerno (Bompiani, Milano 2015) 1150-1153.

종교개혁에서 다시 불거질 것이다.

이러한 관점과 중세의 주요한 강조점을 비교하면, 평신도는 단순히 권력자라고 이해되지 않는다. 그렇다 하더라도, 앞서 제시한 논쟁은 평신도가 서품받지 않은 이나 수도자가 아닌 이라고 여전히 강조하고 있다. 시간이 흘러 이 평신도가 놀라운 방식으로 종교개혁 운동의 근원이 될 것이다.

그레고리오 개혁은 시민 권위의 간섭에서 '교회의 자유'(libertas Ecclesiae)를 방어하려는 의도를 지닌 동시에, 성직자의 삶을 복음적 순수함으로 되돌리려는 것처럼 보인다. 교황 그레고리오 7세는 '성직매매'(simonia)를 한 성직자와 내연의 관계에 있는 성직자를 거부하라고 평신도에게 호소했다. 이 호소는 백성의 호평을 받을 수밖에 없었다. 백성은 고위 성직자가 부를 축적하고 방탕한 삶을 유지하는 현실에 염증을 느끼고 있었기 때문이다. 그리고 이제 막 설립된 새로운 수도회에 속한 몇몇 설교가는 백성의 지지를 받았다. 영적 삶이라는 집약적인 갈망은 모든 신분의 백성에게서 표출되었는데, 처음에는 온건한 단체로 드러났던 이들이 교회 권위와의 관계에서 항상 뒤틀렸다. 이 운동들의 핵심 강령은 가난으로, 이론보다는 생활을 중요시해 사도들의 생활 방식이나 초기 그리스도교 공동체의 모습을 다시 제시했다.

여기서 제2천년기의 시작에 일어난 대중 종교 운동의 역사나 대중적 이단의 가르침에 관한 교도권의 개입을 다루지는 않겠다. 하지만 이러한 **대중 운동**은 사도들의 생활이라는 이름으로 설교할 권리를 요구했다. 이에 대한 교도권의 판단과 그 판단에 반한 저항에 주의를 기울이며 되짚어 보면 흥미로울 것이다.

카타리파는 평신도의 설교를 요구했다. 카타리파의 기원은 규정하기 쉽지 않다. 11세기 초중반 프랑스와 이탈리아 북부에서 등장한 이들은 세상을 이원론적인 시각으로 바라보았다. 역사학자 밀라노의 란돌포는 이들을 다음과 같이 설명한다. "선한 사제처럼 행동하지만, 이들은 은밀하게 성경의 내용을 그릇되게 뽑아내어 매일 농부들에게 거짓 가르침을 전해 주었다."[47] 카타리파의 주장에 대한 교계의 판단은 평신도의 설교를 허용하지 않았으며 이들이 퍼트리는 하느님, 그리스도, 세상의 개념을 승인하지 않았다. 사실, 설교가 사제에게 유보되어 있다는 강조는 설교의 관점보다는 성찬의 관점에 바탕을 둔 것이었다.[48]

평신도 설교의 문제는 12세기와 13세기의 사도 운동의 부흥에서 정확한 형태로 제기되었다. 먼저 가난으로 그리스도교 생활을 재건하려고 결심한 리옹의 상인 페트루스 발데즈는 가난한 이들에게 자신의 재산을 나누어 주는 복음적 권고를 실행했다. '발도파'라고 불리는 이 운동은 특히 '카타리파'를 반대하는 설교에 매진했다. 제3차 라테란공의회(1179)에서 '발도파'는 그들의 자발적 가난과 떠돌이 설교를 허가해 달라고 청했다. 이들은 가난에 관해서는 교황 알렉산데르 3세의 극찬을 받았으나, 그들이 거주하는 지역의 사제에게 허가를 받지 못하면 설교는 금지되었다.

'낮은 자들'은 고행에 전념하는 참회 운동으로 가난한 이들을 돌보았다. 하지만 이들에 대한 교계의 판단은 발도파와 똑같이 적용되었다.

---

47 E. Cattaneo, *La predicazione dei laici nel medioevo*, in AA. VV., *La predicazione dei laici* (Queriniana, Brescia 1978) 113에서 재인용.

48 Concilio Lateranense IV: DS 800-802. 역자 주: 하인리히 덴칭거 『신경, 신앙과 도덕에 관한 규정 · 편람』 302-304 참조.

교황 루치오 3세의 주재 아래 개최된 1184년의 베로나시노드는 '발도파'와 '낮은 자들'을 '카타리파'와 함께 파문했다. 이들이 설교 금지 명령을 받아들이지 않았기 때문이다. 이후에 '발도파'는 어떠한 허가 없이도 설교할 수 있는 권리를 여성들을 포함한 모든 평신도의 권리라고 주장했다. 그러나 '낮은 자들'은 1201년 6월 7일에 교황 인노첸시오 3세와 조약을 맺었다. 이 조약에서 교황 인노첸시오 3세는 평신도로 이루어진 이 형제단의 설립을 승인했고 매 주일 하느님의 말씀을 듣기 위해 모이는 것을 허락했다. 그리고 이 집회에서 형제 중 누군가가 관할 주교의 허가를 받은 후, 다른 이들에게 건전한 관습과 신심 행위를 권면하는 설교를 할 수 있었다. 그러나 신앙고백과 교회의 성사에 관한 설교는 제한되었다. 그리고 "영을 끄지 말고"(1테살 5,19)라는 말씀을 떠올리며, 어느 주교도 단체 내 형제들에게 권고하는 이러한 설교를 방해해서는 안 된다고 덧붙였다.

그러나 이후 제4차 라테란공의회(법령 3장)는 '파견' 없이 설교의 직무를 임의로 수행하는 자를 파문한다.[49] 이러한 금지의 이유를 두 요인에서 찾아야 할 것으로 보인다. 첫째, 이전 전승에서 설교의 직무는 서품된 이들에게만 유보되었다.[50] 둘째, 제어되지 않은 설교를 통해 이단의 가르침이 널리 퍼질 위험이 있었다. 이러한 배경에서 탁발 수도회가 등장했다. 사실, 신앙의 일체성을 유지하려는 경향은 믿음을 널리 전하는

49 제4차 라테란공의회는 설교의 권위를 임의로 실행한 발도파를 언급했다. 공의회는 로마 10,15의 말씀에 근거해, 사도좌나 지역 주교에게 설교의 권위를 받지 못하거나 또 공적으로나 개인적으로 이 직무를 임의로 찬탈하는 모든 이는 파문의 굴레에 묶일 것이라고 경고했다. 참조: DS 809. 역자 주: 하인리히 덴칭거 『신경, 신앙과 도덕에 관한 규정 · 편람』 306-307.

50 참조: Leone Magno, *Epistola* 119 (a Massimo di Antiochia) 6: PL 54, col. 1045-1046; *Epist*. 120, (a Teodoreto di Ciro) 6: PL 54, col. 1054. 후자의 편지는 전자의 내용을 반복한다.

이들도 통제했다.

게다가 교황 인노첸시오 3세의 규정에서 평신도가 설교할 수 있는 가능성을 부정하지 않지만, 설교할 권한을 받지 않고 설교하는 것을 금지한다는 것을 염두에 두어야 한다. 이러한 사례들은 평신도도 이단과의 투쟁에 의무가 있음을 반증한다.

일련의 사건은 평신도의 권리에 관한 오해라기보다는 당시 교회의 주된 관점을 실현하는 것이었다. 이에 반해 종교개혁 운동들은 교회라는 몸 전체의 유기성에 동의하지 않는 것처럼 보인다. 이에 대해 교황 인노첸시오 3세가 1199년 메스의 교회에 편지를 보냈는데, 이는 우리의 주제와 관련된다. "몸의 지체가 많고 또 각각의 지체는 자신의 역할이 있는 것처럼, 교회에는 다양한 신분이 있습니다. 따라서 모든 이가 같은 직무를 수행하지 않습니다. 그러므로 교회가 더욱 주목하는 직무로서 박사의 신분이 있는 것은 누구라도 거침없이 설교의 직무를 찬탈하지 못하도록 하기 위함입니다."[51]

지금까지 말한 평신도의 권리와 설교라는 두 형태는 교회와 사회의 새로운 인식을 보여 준다. 중세 전성기의 사회-교회에 관한 이해에서 도시국가의 발전과 상업 발전으로 향하는 연장선상에 이 새로운 인식이 등장했다. 도시국가의 발전과 상업 발전은 종종 통합적인 사회의 새로운 범주가 되었다.

이러한 인식은 이어지는 세기에 크게 발전해, 중세 사회와 종교의 구조를 뒤흔든다. 수도자와 성인이 동일하지 않듯이, 이제 평신도는 더

51 Innocenzo III, *Ep*. 141: PL 214, col. 695.

이상 문맹이 아니다. 이에 관해서는 한 가지 예시로 충분하다. 인본주의자 로렌초 발라는 1441년 1월 4일에 한 수사와 논쟁을 벌였고, 이 논쟁은 몇 달 동안 확장되었다. 발라는 논쟁의 결론을 맺고자 『수도자의 서원에 관해』[52]를 썼다. 그는 수도자의 삶은 모범이 되어야 한다는 이상을 바탕으로, 논쟁적인 어조로 또 때로는 설익고 분노하는 어조로 수도자의 부패와 위선을 비난했다. 수도 생활의 기원에 더 부합하는 삶을 요구하는 복잡한 논쟁 속에서 그리스도인의 새로운 모습이 등장한다. 바로 **세상에서 진실하게 살아가며 문화와 덕에 전념하는 평신도**다. 발라에게 종교적 존재는 그리스도인과 겹친다. 수도 생활은 삶의 다른 선택일 뿐, 평신도 생활보다 우위의 생활이 아니다. 그 결과, 개인적인 덕은 사회적 신분이 아닌 각자의 삶이 드러내는 결실로 판단된다. 여기서 덕을 추구하는 생활 원리는 모든 이에게 공통되는 세례에 있다. 이처럼 새로운 이상이 펼쳐진다. 이는 중세가 저물고 있다는 표지다.

결론

중세를 지나며 빠르게 변화하는 과정에서 평신도는 어디에서든지 끝자리에 배정된다. 평신도는 완전함에 이르는 단계들에 오르도록 하는 인간학적인 분류에서든 사회 안에 있는 부류로 특화하는 사회학적인 분류에서든 단순하게 '서품되지 않은 이'라고 정의되었다.

이러한 이유로 사회-교회에서 평신도는 어떠한 역할도 맡지 않는다고 단순화된다. 그러나 '평신도 권력자'는 교회를 수호하는 임무를 부

52 *Laurentii Valle De professione religiosorum*, edidit M. Cortesi (Editrice Antenore, Padova 1986).

여받았다. 이와는 달리 '평신도 대중'은 자신의 노동으로 교회를 부양하는 임무를 부여받았다.

이러한 신분의 분할은 걸림돌과 같은데, 탈역사적 관점으로만 가능하다. 중세에서 교회의 개념은 결합한 몸이나 위계적으로 계층화된 몸으로 이해되었다. 이는 앞서 설명한 역할들과 논리적으로 연관되어 확장된다. 따라서 개인은 역할을 통해 자신을 실현하기에, 대부분 신분의 관계, 부류의 관계, 소속의 관계에서 이해되었다. 그러므로 중세에 개인은 존재하지 않았고, 개인의 관계보다는 집단의 관계가 우세했다. 앞서 설명한 14세기까지 주류였던 중세 종말론의 집단적 차원은 이를 입증할 수 있다. 곧, 개인의 완성은 집단의 완성 안에서 이루어질 수 있었다. 그리고 집단은 사회-교회에서, 특히 교회 전반에 자신의 지위를 배치하려 했다. 하지만 중세 교회에서 지위는 실행하는 역할이 아닌 각자의 신앙과 삶에 따라 결정되었다. 따라서 교회는 신학적인 의미에서 교계 제도와 겹치지 않고, '믿는 이들의 결합'으로 이루어진다. 당연히 교회에는 그리스도께서 세우신 존중해야 할 질서가 있지만, 교회법학자들은 점차 엄격한 틀에 그 질서를 고정하기를 원했다. 그 결과, 교회법학자들은 교회에서 책임을 맡지 않는 이를 배제하도록 결정할 것이다.

중세에 확립된 제도적 틀과 교의적 도식은 교회 내부에 항의하는 함성을 견디지 못할 것이다. 교회의 평민화와 사회의 평민화를 추진하는 것은 '현 상태'의 입증일 뿐만 아니라 새로운 신분을 창조한다. 이러한 의미에서 종교개혁은 이제껏 통제된 경향을 거스르며 나타난 저항의 결과일 뿐이다.

제5장

모두가 사제?

종교개혁 시기의 평신도

교리는 구체적인 상황에서 실질적인 영향을 받아 형성되고, 교리의 강조점은 저자가 설명하고 제시하는 의도에 따라 크게 좌우된다. 평신도에 관한 종교개혁가들의 가르침을 보면 이러한 연관성을 인정하지 않을 수 없다. 일반적으로 종교개혁가들의 주장은 모든 그리스도인의 공통성을 강조한다고 알려져 있다. 이러한 강조는 목자들의 생활 방식에 대한 저항의 결과일 뿐만 아니라 항상 정확하지는 않을지라도, 신약성경의 사상을 복원하려는 것에서 비롯된다.

종교개혁은 먼저 '실천적' 개혁인데, 이전 교리의 전복으로 개혁을 정당화한다. 사실, 종교개혁가 중 누구도 새로운 교회의 창시자가 되기를 바라지 않았고, 다만 참된 교회의 기원으로 돌아가려 했다. 로마 교회가 자의적으로 참된 교회를 배신했기 때문이다. 종교개혁의 실현은 '오직 성경'(sola scriptura)으로 '되돌아감'으로써만 가능했다. 성경만이 그리스도인의 조건을 이해할 수 있는 유일한 규범이기 때문이다. 따라서 종교개혁가들은 교황주의자들이 도입했던 믿는 이들 사이의 부당한 차별을 극복하면서, 성경을 통해 그리스도께서 세례 때 믿는 이들에게 주신 품위를 되돌리려고 했다. 이러한 의미에서 종교개혁은 그리스도교의 첫 세기에 이미 뿌리를 내린 경향들(그중 하나가 몬타누스주의다)과 종교개혁에 앞선 존 위클리프(1330~1384)나 동유럽의 얀 후스(1370/71~1415) 운동의 사상적 경향을 유산으로 삼아 펼쳐졌다.

개혁적 경향은 외적 교회, 눈에 보이는 교회, 사람들로 이루어진 교회 그리고 특정한 이들이 부당하게 권력을 행사하는 교회와 반대되거나 최소한 구분된다. 이 경향은 내적인 교회, 보이지 않는 교회, 하느님만이 아시는 교회 그리고 예정된 이들만 속하도록 세워진 교회를 지향한다. '**예정**'(praedestinatio)이 교회의 주요한 구성 원리가 된다면, 이는 권위의 궁극적인 가치를 결정하는 기준으로 제시된다. 이러한 확신은 특히 위클리프에게 나타난다. 그에 따르면 모든 권력은 은총의 상태에 따라 제한되어야 한다.

왕의 정치적 중요성은 쉽게 이해된다. 이 중요성으로 인해 왕은 교황의 간섭에서 자유로우며 하느님에게 직접적 권한을 받는다고 주장하기에 이른다. 하지만 반대로 왕이 대죄를 저지르면, 자기가 지닌 주권을 실행할 수 없다. 따라서 이러한 중요성을 지닌 주권자에게 반역할 수 없으며 주권자가 소유한 것에 관한 지배를 주장할 수 없다.

옥스퍼드 대학의 교수인 오캄은 이러한 무게를 짊어진 왕의 부담을 덜어 주기 위해 고심했다. 그는 누가 죄 중에 있는지 혹은 은총 속에 있는지 하느님만이 아신다고 진술했다. 사실, 모든 권위에는 죄의 상태인

불순종을 정당화하려는 위험이 도사리고 있다.

한편, 왕은 교회의 권위가 지닌 가치와 필요성도 부인할 수 없다. 그러나 왕은 교회의 권위가 유효한 기준인 복음의 적합성에 따라 설정되는지를 살펴봐야 한다. 복음을 선포하는 근본적인 사목 임무에서 사제에게 중대한 결여가 있다면, 그 직무를 파면할 권력을 믿는 이들에게 부여해야 한다.

위클리프와 그의 후계자 보헤미아인 얀 후스가 주장하는 **복음의 원칙**은 다음과 같다. "여러분은 그들의 열매로 그들을 알아보시오"(마태 7,16). 이 말씀은 권위의 합법성을 규정하는 원칙이 된다. 따라서 이들은 단순히 하느님만이 아니라 평신도도 권위에 관한 검증을 할 수 있다고 주장했다. 평신도는 성직자의 악행을 비난했지만, 성직자는 자신의 악습을 숨기고 이 악습을 하느님께 드리는 찬양으로 무마했다. "아이들처럼 죄에서 깨끗해야 할 사제가 이제는 주님을 찬양하기를 바라지 않습니다. 그래서 평신도가 주님께 탄원하거나 찬양을 드립니다."[1] 이러한 이유로 평신도는 성경을 읽고 묵상해야 했다. 성경이라는 확실성을 통해 그리스도인은 법을 찾고 또 이를 실천할 힘을 얻을 것이기 때문이다.

위클리프나 후스가 성직자의 권위에 반기를 든 최초의 인물은 아니었고, 그들은 평신도가 교계를 대체하기를 바라지 않았다. 이들의 목적은 교계나 평신도의 관습을 근본적으로 변화시키는 것이었고, 이는 복

---

1 J. Hus, *Sermones in Bethlehem* 129. 이 글은 1411년 4월 5일 주님 수난 성지 주일에 마태 21,1-9의 예루살렘으로 입성하시는 예수님을 해설하면서 한 강론이다. *Sermones in capella Bethlehem*, a cura di, V. Flajšhans, Nákladem Královské České Společnosti Nauk (Praha 1940) 208-209 참조.

음을 절대적 규범으로 삼는 것에서 출발한다. 이들의 최종 목적은 부패한 성직자의 부유한 교회를 순수한 기원으로 되돌리는 것이었다. 이러한 계획을 일으키는 열정은 쉽게 이해되지만, 교회 권위의 반격이 뒤따랐다. 이러한 반격은 성직자의 악습과 부정 너머에 있는 교계의 진정한 의미를 수호하기 위해서였다.

결과적으로 위클리프와 후스는 단죄받았지만, 모두가 평등한 교회, 모두가 거룩한 교회, 군주들의 권력에 야합하지 않는 교회를 요구하는 주장을 잠재우지 못했다. 이러한 요구는 약 한 세기 후에 다시 나타나 이전에 없던 성공을 거둘 것이다.

여기서 종교개혁가들 각자의 사상을 심층적으로 전개하고 그들의 작품에서 드러난 교리의 영향을 분석하는 것은 불가능하다. 따라서 루터와 칼뱅의 교회론적 개념이 지닌 근본적 구조를 이해하고 이를 통해 평신도에 관한 그들의 사상을 분석하는 것으로 제한한다.

이 장의 목표는 종교개혁 이후 가톨릭 신학이 새롭게 수용하면서 동시에 반박한 종교개혁가들의 요점만 간략하게 제시하는 것이다. **보편 사제직**이라는 핵심 교리에 집중할 것이다. 이 주제는 논쟁의 중심에 있다. 전통은 사목자만이 유일하게 사제직을 지닌다고 강조했지만, 보편 사제직에 대해서는 침묵했다. 반대로 종교개혁가들은 전통이 침묵하고 묵살한 보편 사제직을 신약성경에서 재발견했다.

재발견된 '보편 사제직'이라는 개념은 논쟁과 일방적인 반대를 불러일으켰다. 반대자들은 보편 사제직을 인정하지 않거나, 반대로 직무들의 사제적 차원을 무시했다. 그 결과, 트리엔트공의회에서부터 사제적 차원이 더욱 강조되는 반동이 나타났다.

1. 마르틴 루터의 사상에서 보편 사제직[2]

마르틴 루터의 작품은 체계적이지 않다. 루터는 논쟁적인 형태나 성경 단편을 주해하는 형태로 집필했다. 따라서 우리의 주제에 관한 그의 사상을 정확하게 풀어내기 쉽지 않다. 루터의 주해들은 개념을 강조하지만, 이 개념들이 신학적 결론을 도출하거나 종합할 가능성은 적다. 게다가 루터의 작품들은 그때의 역사적 사건에 매우 밀접했다. 당시 루터의 가르침을 받아들인 이들은 루터의 사상을 매우 급진적으로 받아들였지만(농민전쟁 참조), 루터는 이에 반대되는 어조로 논쟁의 수위를 누그러뜨리려고 했다.

이처럼 체계적이지 않은 루터의 사상에서 몇 가지 특성이 두드러지고, 이러한 특성은 루터의 교회론 총론에 핵심으로 자리한다. 루터는 신학 활동의 초창기인 비텐베르크의 교수 시절부터 교회의 핵심 특성을 '**성인들의 통공**'(comunio sanctorum)이라고 설정했다. 그가 상징적으로 제시한 '성인들의 통공'은 생각보다 훨씬 더 오랜 전통을 지닌다. 이 개념은 아우구스티누스와 중세의 모든 시기에 적용되었다. 이에 관해 루터는 자신의 의화론이나 신학적 방법론을 바탕으로 독창적으로 풀어내며 전개했다.

인간과 하느님이라는 두 원천은 매우 밀접하게 결합한다. 루터에 따르면, 인간은 근본적으로 죄인이므로, 인간 자신은 하느님에 관해 어떤 것도 알 수 없다. 하느님께서 인간에게 계시하실 때만 인간은 하느님을

---

2 A. Maffeis, *Il sacerdozio universale dei fedeli secondo Lutero, Valenza critica e implicazioni ecclesiologiche di una dottrina*, in G. Canobbio - F. Dalla Vecchia - G. Montini (eds.), *Gli stati di vita del cristiano* (Morcelliana, Brescia 1995) 123-152 참조.

알 수 있다. 하지만 하나님께서는 '**반대로**'(sub contrario) 계시하시면서 감추신다.[3] 그리스도의 십자가는 이를 드러낸다. 따라서 십자가는 심판의 판결인 동시에 인간에 대한 하나님의 구원이다. 십자가 앞에 죄인인 인간은 무능하고 또 입을 다물 수밖에 없다. 루터가 제시하는 하나님의 근본적인 본성은 '**숨어 계심**'(absconditas)이다. 이 용어는 '신비-감추임'으로 번역할 수 있다.

이러한 하나님의 '숨어 계심'에 교회도 해당한다. 하나님의 모든 행위는 교회를 통해 인간을 의롭게 하기에, 교회는 신앙의 대상이다. 그의 진술에 따르면, 교회는 보이지 않는다. 오로지 하나님만이 교회가 행하는 전부를 아신다. 하나님께서 당신의 말씀을 통해 계시하신 것을 신뢰하며 받아들이는 신앙만이 인간에게 남겨진다. 하나님만이 궁극적으로 교회 현존의 표지나 특성을 부여하신다.

루터는 교회에 다양한 표징이 있다고 제시했다. 이 표징 중에서 가장 돋보이는 것은 말씀에 관한 순수한 설교와 올바른 성사다. 곧, 말씀과 성사가 베풀어지는 곳에 교회가 있다. 말씀과 성사로 실현되는 교회는 다른 것이 필요치 않다.

이미 이러한 진술에서 루터가 사제직이라는 역할을 배제한다는 점이 드러난다. 다시 말해, 그는 중세 후기의 스콜라 신학이 교회의 실현을 위해 특별한 요소라고 가르쳤던 **직무 사제직을 거부**한 것이다. 루터는 스콜라 신학의 가르침이 성경으로부터 멀어졌기에 교회는 그 기원의 순수함을 회복하기 위해 성경으로 돌아가야 한다고 주장했다. 성경

3 하이델베르크 논쟁(1519)의 주제 19와 20에서는 이를 설명했다. 그러면서 참된 신학자는 모순적으로 드러나는 하나님의 계시, 곧 십자가를 생각하는 자라고 선언했다.

으로 되돌아가면, 신약성경이 복음을 전한 사도들이나 복음화에 협력한 이들도 사제라고 부르지 않았음을 알 수 있다. 이들에게 사제라는 용어를 적용하는 것은 이교나 유다교에서 비롯되었다. 루터는 1523년에 1베드 2,9을 다음과 같이 주해한다.

> "여러분은 선택된 겨레고 임금의 사제단이며 거룩한 민족이고 그분의 소유가 된 백성입니다"(1베드 2,9). 여기서 [성 바오로는] 그리스도인에게 올바른 이름을 붙여 준다. 이 말은 모세가 유다인들에게 한 말인데, 신명기 7장에서 다음과 같이 말한다. "너희가 주 너희 하느님의 거룩한 백성이며, 주 너희 하느님께서 너희를 선택하시어 땅 위에 있는 모든 민족 가운데에서 너희를 당신 소유의 백성으로 삼으셨기 때문이다"(신명 7,6). 게다가 탈출 19장에서는 다음과 같이 말한다. "너희는 모든 민족들 가운데에서 나의 소유가 될 것이다. 온 세상이 나의 것이다. 그리고 너희는 나에게 사제들의 나라가 되고 거룩한 민족이 될 것이다"(탈출 19,5-6). 이 구절들에서 베드로가 무엇을 말하려고 하는지 깨닫게 될 것이다. 그는 이미 말한 것을 반복한다. 성경이 말하듯이, 우리는 사제라고 말하는 것에 익숙해져야 한다. 사람들이 우리를 두고 사제들이라고 부르는 것을 우려해서는 안 된다. 각자는 원하는 대로 사제라고 불려야 한다. 하느님의 순수한 말씀에 충실하기 바란다면, 사제를 지칭하는 것은 당신에 대해 말하는 것임을 알아야 한다. 주교나 교황에게서 서품을 받은 이들을 사제라고 부르는 것을 무시해야 한다. 그들이 하느님의 사제라 불리지 않도록 주의해야 한다. 그들에 대해 성경의 어느 곳에서도 그렇게 부르지 않기 때문이다.[4]▶

이러한 논리로 루터는 로마가 세운 장벽을 무너트려야 한다고 주장했다. 이 장벽은 성직자가 평신도를 지배할 권력으로 이들 사이를 분리했기 때문이다. 루터는 성직자가 평신도를 지배하는 것을 부정했다.

이러한 주장은 세례의 힘을 통해 **그리스도인 모두가 사제**임을 역설한다. 곧, 세례는 그리스도인이 되게 하고 또 사제이신 그리스도에게 속하게 한다. 루터는 1535년 6월 9일의 『시편 110편 강해』에서 다음과 같이 설명한다. "(모두는) 말씀을 가르칠 권리와 권한을 그분에게서 받았고 또 각자의 직무와 신분에 따라 말씀을 고백할 수 있다."[5]

이러한 진술은 개별적인 그리스도인 모두는 사제이기에, 모두가 사제의 전형적인 역할을 수행할 수 있음을 엿보게 한다. 그러나 루터는 그리스도인이 교회에 속해 있기에, 교회가 사제의 권한을 수여하는 참된 주체라고 강조한다. 따라서 그는 다음과 같이 진술한다. "(누구도) 공동체의 동의 없이 자기의 결정으로 사제직을 공적으로 수행할 수 없다."[6] 이 말은 필요한 경우에는 누구라도 사제직을 자유롭게 실행할 수 있지만, 성찬의 거행은 예외가 된다는 뜻이다. 성찬을 거행하려면 필요한 경우라도 공동체에게 직무를 위임받아야 한다.

루터는 성찬 거행을 위한 직무를 공동체에 위임하면서, 그리스도인

◀4 *Epist S. Petri gepredigt und augelegt. Erste Bearbeitung 1523: D. Martin Luthers, Werke. Kritische Gesammtausgabe*, Band 12 (Hermann Böhlau, Weimar 1891) 316 (WA=Weimarer Ausgabe).

5 WA 41, 211. 이 강론에서 루터는 사제는 직무와 겹치지 않는다고 말한다. 세례를 통해 그리스도로부터 모든 이에게 전해진 사제의 조건에 이 중요성이 있다.

6 R. Arnau-Garcia, *El ministro legado de Cristo según Lutero*, Fac. De Teol. S. Vicente Ferrer (Valencia 1983) 28; 34.

백성 사이에 어떠한 차이도 두지 않았다. 『개인 미사 폐지에 관하여』(1521)에서 예리한 종교개혁가는 다음과 같이 주장한다. "그리스도교 백성은 그저 백성일 뿐이다. 이 안에 폐쇄적인 어떤 부류(secta)나 사람들의 차이가 있어서는 안 된다. 평신도도 없고, 성직자도 없으며, 성직 입문자도 없고, 주교도 없으며, 수도자도 없다."[7] 교회는 그리스도 외에 다른 중개자가 필요치 않은 평등한 이들로 세워졌다.

루터가 중세 스콜라 신학이 심혈을 기울인 그리스도와 공동체를 중개하는 사제직의 개념을 반박하고 또 이를 강조한다는 것은 쉽게 이해할 수 있다. 그리스도와 공동체의 관계는 직접적이기 때문이다. 따라서 루터는 로마교회가 사제이신 그리스도를 대리한다는 것을 바탕으로, 이 권위로 구원을 중개하고 믿는 이들을 다스린다는 주장을 반박했다.

교회가 말씀의 선포와 성사를 올바르게 거행하는 힘으로 실현된다면, **직무자들의 가치**에 관해 물을 수 있다. 사실, 그들은 공동체 없이는 있을 수 없는 위임받은 이들이다. 이 점에 대해 루터는 진화적인 노선[8]을 취했다. 초기에 그는 직무들이 '교회의 선'(bene-esse)을 위해 필요하고, 후기에는 '교회의 존재'(esse)를 위해 필요하다고 생각했다. 그는 그리스도인이 모두 사제라고 주장했지만, 모두가 직무들을 맡게 되는 것은 아니라고 생각했다. 그러므로 루터에 따르면 직무들을 맡기 위해서 서품과 부르심이 필요하다. 예를 들어, 앞서 인용한 『시편 110편 강해』에서 루터는 다음과 같이 설명한다.

---

7 WA 8, 429.

8 사제직과 직무의 관계에 관한 루터의 관점은 다른 해석이 충돌하는 주제가 된다. A. Maffeis, *Il sacerdozio universale dei fedeli secondo Lutero*, cit. 137-143 참조.

> 우리는 모두 사제일지라도, 모두 설교를 할 수 있는 것은 아니다. 그래서 '사제직'(priesterampt)과 '다른 직무'(dienstlich ampt)를 구분하기 바란다. […] 우리는 모두 사제직에서 동등하다. 저 아이보다 더 나은 세례를 나는 받지 않았다. 그러므로 한 남자가 혼인 이전에도 남자인 것처럼, 설교자나 주교가 되기 이전에도 이들은 사제여야 한다. 신부가 되는 것이나 주교가 되는 것이 사제로 만들지 않는다. 사제는 직무 이전에 되는 것이고, 서품받을 때만 직무가 주어지므로 '차이'가 발생한다.[9]

이 글에서 드러난 "차이"라는 용어로 인해 루터는 종교개혁 활동의 시작부터 '새로운 교황주의자'로 의심받았다. "차이"라는 용어로 사제가 되는 것과 직무를 받는 것이 다르다고 이해되었기 때문이다. 루터에 따르면, 그리스도인이 사제라는 것은 본질적이지만, 직무를 받는 것은 부가적이다. 그렇기에 직무는 면직될 수도 있다.

따라서 논리적 결론으로 '그리스도인'과 '사제'가 동일하다는 진술은 세례를 통한 그리스도와의 일치를 가리킨다. 이러한 의미에서 평신도가 세례받은 이라면, '평신도' 또한 직무를 맡을 수 있다고 할 수 있다.

이러한 진술을 바탕으로 루터의 핵심 개념인 **평신도와 직무자의 관계**가 드러난다. 그리스도와 그리스도인 사이에 어떠한 중개도 필요치 않다는 선언은 세례로 인한 모든 그리스도인의 평준화를 뚜렷하게 드러낸다. 구원의 질서 안으로 모든 이가 결집하는 관계에서 '직무자'는 어떠한 중요성도 지니지 않는다.

---

9 WA 41, 209.

루터는 로마 전통이 용인하여 많은 평신도가 받아들인 성직자를 둘러싼 미신을 반박하였고, 성경이 진술하는 보편 사제직 말고는 다른 길을 찾을 수 없었다. 그러나 그는 그리스도와의 관계에서 직무적 역할의 의미가 무엇인지 설명하지 못했다. 루터는 그의 활동 후반기에 이르러서야 직무의 그리스도론적 기반을 회복하며, 몇 가지 직무만이 설정되었다고 해명하는 데 성공한다.

앞서 강조한 것처럼, 루터는 이미 그리스도교 공동체가 서품을 올바르게 수호해야 할 필요성을 알고 있었다. 그러나 이 필요성은 루터의 가르침이 이전의 전통적 가르침과 동일하다는 의미가 아니다. 루터는 스콜라적 개념인 '인호'印號의 교리를 인정하지 않았다. 스콜라적 가르침은 (인호를 통해) 하느님의 활동이 인간을 존재론적으로 변화시킨다고 설명했지만, 그는 이 변화를 부정했다. 따라서 루터는 하느님-인간 관계에서 인호의 역할을 생각조차 할 수 없었다.

그리스도교 교리의 역사에서 반복해 드러난 한 경향이 루터를 통해 무르익는다. 이 경향은 그리스도와 관계 맺음을 통해 그리스도인의 공통된 품위의 회복과 차이가 있는 그리스도인의 현실이 극복된 장소인 교회를 추구하려 했다. 따라서 하느님을 만나기 위해 믿는 이 모두가 같은 수단을 지니는 것이 논리적이다.

이러한 노선에서 루터는 **성경과 전례서를 자국어인 독일어로 번역**하기 시작했다. 예식의 거행과 성경의 이해에서 언어의 장벽이 극복되지 않으면, 믿는 이 모두가 동등하다는 진술은 무효가 될 것이다. 이미 말했듯이, 하느님과 인간의 관계에서 인간적 중개는 더 이상 필요치 않다. 모든 이는 하느님 말씀에 직접 접근하여 하느님과 관계를 맺는다.

진리를 추구하는 데 있어서, 루터는 번역된 성경으로 하느님 말씀을 직접 이해함으로써 하느님과 인간 사이에 다른 이의 중개가 필요치 않다고 강조했다. 따라서 그는 교회의 '교도권'이 적합하지 않다고 선언했다. 그는 믿는 이 모두가 투명하게 성경을 해석할 수 있고 또 해석해야 한다고 주장했다. 그 결과, 후대의 개신교 교리는 개인이 성경을 해석할 수 있다고 주장하며 이를 강력하게 옹호한다. 이는 자의성을 옹호하는 것이 아니다. 개인의 성경 해석은 가톨릭에서도 성령의 인도를 받은 믿는 이와 성령의 영감으로 쓰인 성경의 조화라고 종종 이해된다. 따라서 성령은 성경을 통해 믿는 이에게 말씀하시고, 믿는 이는 이를 가르쳐야 한다. 루터는 대표성을 지니고 진리를 말하는 권리 혹은 이보다 더 나쁘게 성령을 대체하며 찬탈하는 모든 권위는 하느님과 같아지려는 인간의 죄스러운 주장을 드러낸 것에 불과하다고 주장했다. 모든 이는 성령으로부터 이끌려야 하고 또 '영적'이어야 한다.

그러므로 거룩함의 신분은 더 이상 수도자나 성직자의 특권이 아니다. 하느님께 헌신하며 살아가는 믿는 이 모두는 수도자이며 사제다. 따라서 루터는 믿는 이들의 사제직에 관한 진술에서 성화가 다른 곳이 아닌 공통된 '생활 조건'에서 일어난다고 선언했다. 이러한 의미에서 루이 부이에는 루터를 다음과 같이 평가한다. "(루터는) 직업과 가정의 책임을 지고 세상에서 삶을 성화하는 **평신도 영성**을 구체적으로 올바르게 제안한 첫 인물이다."[10]

이러한 영성이 하느님과의 개인적인 관계로 이끈다면, 믿는 이는 어

10 L. Bouyer, *Spiritualità protestante e anglicana* (EDB, Bologna 1972) 36.

떠한 중개를 통하지 않고 하느님에게 개인적으로 양육된다. 중개는 거룩함의 신분을 강조하는 일방적인 진술이나 직무가 성화하는 역할을 강조하면서 생겼다. 마치 성화를 위해 공로가 필요하지 않듯이, 거룩함이 유보된 상태와 다른 이를 성화하는 역할에 의지할 필요도 없다. 그리스도인이 된다는 것은 특별한 생활 조건이 필요치 않다. 신앙으로 하느님께 자신의 삶을 전적으로 바치는 것으로 충분하다.

루터의 전망이 '평민화'를 지향했다면, 이 지향점은 다양한 생활 신분을 구분하는 개념을 반박하면서 시작되었을 것이다. 이러한 구분에 대항해 종교개혁가는 논쟁을 일으키고자 했다. 곧, 믿는 이 모두가 사제인 한, 성직자도 없고 또 평신도도 없다. 루터 시대의 또 다른 위대한 종교개혁가인 장 칼뱅이 이 개념을 다시 제안한다.

2. 장 칼뱅의 믿는 이들의 법적 사제직

제네바의 종교개혁가인 장 칼뱅 역시 로마 성직자들의 주장을 거부했다. 먼저 칼뱅은 널리 퍼져 일상적 용어가 된 '성직자'를 문제 삼으며, 이를 통해 소수가 다수의 믿는 이들을 부당하게 지배하는 것을 정당화한다고 항변했다.

칼뱅은 1536년 출간된 자신의 주저 『그리스도교 요강』에서 성경이 말하는 '**성직자**'(clerus, clerici)**라는 용어**는 일반적으로 받아들여지는 것과 다른 의미를 지닌다고 분석한다.

> 성직자는 제비뽑기로 결정된다. 이들은 하느님의 몫으로 선택되거나 혹은 하느님이 그들의 몫이 될 것이다. 그러나 그들의 이름은 신성모

독처럼 되어 버렸다. 그들이 온 교회에 속하는 이 이름을 찬탈했기 때문이다. 사실, 성직자라는 말은 유산을 의미하기에, 아버지께서 그리스도에게 선사한 교회는 그리스도의 유산이다. 그리고 성 베드로는 (성직자들이 거짓말을 방언처럼 지껄이듯이) 성직자나 머리를 민 자(Rasez, 수도자)라 불리지도 않았기에, 이 호칭은 하느님 백성 전체에게 해당한다(1 베드 5,3 참조).

칼뱅은 교회의 모든 구성원이 하느님께서 예정하신 힘으로 선택되고 성별된다고 주장했다. 그 결과, 특전을 받은 부류를 성직자라고 지칭하는 것은 하느님을 공격하는 것이다. 칼뱅에 따르면, '톤수라'를 법적 왕관이라 여기는 성직자는 법적 권력으로 다른 이들을 지배한다. 칼뱅의 다음 진술에는 모순과 열정이 동시에 숨어 있다. "왕관이 최상의 권력을 의미하기에, 성직자는 정수리 부위를 매끈하게 민다. 성 베드로가 '여러분은 선택된 겨레고 임금의 사제단이며 거룩한 민족이고 그분의 소유가 된 백성'이라고 말하듯이, 왕이 되어야 하는 성직자는 자신과 다른 이들을 다스려야 한다."[11] 여기서 성직자가 권력을 찬탈하는 것은

11 1559년 판에는 앞서 인용한 두 단락이 다르게 해석된다. 이탈리아어 번역판 G. Calvino, *Istituzione della religione Cristiana*, a cura di Giorgio Tourn (UTET, Torino 2009) vol. II 1699에 따라 한 해석만을 제시한다. Vol. IV, 25는 성직자를 교회의 수품자들, 가톨릭교회의 '집전자들'이라 생각하며 다음과 같이 적었다. "그들의 회당에서 받아들여진 이 모두는 성직자로 서품된 이들이다. 이 서품의 표식은 정수리의 톤수라인데, '여러분은 선택된 겨레고 임금의 사제단이며 거룩한 민족이고 그분의 소유가 된 백성'(1 베드 2,9)이라는 성 베드로의 말을 따라, 그들이 주장하듯이 이 왕관은 자신과 다른 이를 다스리도록 부르심을 받은 성직자의 참된 품위를 드러낸다. 하지만 이는 온 교회에 속하는 이름을 성직자가 찬탈한 신성모독이다. 성 베드로는 믿는 이 모두를 향해 이 말을 했다. 그러나 성직자는 배타적으로 자신에게만 성 베드로의 이 말을 적용했다. 따라서 거룩한 민족은 톤수라를 지닌 이들에게만 적용되었고, 오로지 그들만이 그리스도의 피로 그분의 소유가 된 백성이라 여겨졌다."

하느님의 뜻을 거스르는 것이다. 칼뱅은 베드로의 이 말이 몇 명의 '위선자'가 아닌 온 교회에 전한 말이라고 주장했다. 곧, 믿는 이는 찬양과 감사의 행동으로 자기 자신을 하느님께 바치기에, 그리스도 안에서 우리는 모두 사제이고 또 사제에 관한 모든 것은 믿는 이에게 속한다.

칼뱅을 연구한 저명한 가톨릭 연구자 중의 한 명인 알렉상드르 가노치는 제네바의 종교개혁가가 『그리스도교 요강』의 마지막 쇄에 이르기까지 온 교회 공동체에서 사용하는 '성직자'라는 용어에 관해 자신의 생각을 유지했다고 설명한다. 하지만 1543년부터 칼뱅의 주저에는 성직자의 필요성이 삭제되는 유일한 변화가 나타났다. 가노치는 그 이유가 그때부터 칼뱅이 루터와 부처의 사상에서 멀어졌기 때문이라고 설명한다. 특히, 칼뱅이 스트라스부르에서 알게 된 종교개혁가 부처는 '재세례파'의 민주주의적 경향을 피하려고 직무 사제직의 필요성을 더욱 강조했다.[12] 결국, 칼뱅은 그의 영향에서 벗어났다.

칼뱅이 해설한 앞의 인용문은 확립된 성직자의 필요성을 삭제하려는 시도였다. 이에 대해 트리엔트공의회 7회기의 「제1교령 [성사]」 10항은 종교개혁가의 주장을 충분히 심의했고, 그 결과 보편 사제직이라는 이름으로 믿는 이들에게 어떠한 구분도 없이 성사를 집전하는 것을 허락하는 이들을 단죄했다. "만일 누가 모든 그리스도인이 말씀을 선포하고 모든 성사를 집전할 권한을 갖고 있다고 주장한다면, 그는 파문받아야 한다."[13]

앞선 인용문에서는 또한 칼뱅이 사제직과 직무를 동일시하지 않음

---

12 A. Ganoczy, *Calvin théologien de l'Église et du ministère* (Cerf, Paris 1964) 245 참조.

13 주세페 알베리고 외 엮음 『보편 공의회 문헌집 제3권: 트렌토 공의회, 제1차 바티칸 공의회』 김영국 외 옮김 (가톨릭출판사 2006) 685 - 역자 주.

을 알 수 있다. '교황주의자' 전통은 사제직과 직무를 동일하게 보았지만, 칼뱅은 이를 비난했다. 직무자에게 사제의 이름을 줄 수 있다면, 같은 이유로 그리스도의 몸의 지체들도 사제라고 부를 수 있다. 곧, 새로운 계약에는 그리스도라는 사제직만이 있을 뿐 '도살하는 사제직'은 없다. 따라서 칼뱅의 조준점은 제물을 바치려고 도살하는 사제로 향한다. 사실, 칼뱅은 직무자를 지시하기 위해 사제라는 용어를 종종 사용했다. 그러나 그는 이 역할에서 도살하는 임무는 배제되었음을 다음과 같이 명확하게 설명한다. "사제는 하느님의 계명과 성경의 규범에 따라 도살(ad immolandum)하기 위해서가 아니라, 주님의 양들을 양육하도록 말씀과 성사를 수여함으로써 교회를 다스리기 위해 선발된다."[14]

직무자에게 사제라는 용어를 적용한 것은 이제 은유적인 가치만 남게 된다. 칼뱅은 1540년에 로마 15,16을 다음과 같이 주해한다. "이 과정에서 바오로는 교회의 목자들을 사제라고 불렀다. 이는 직무의 효능과 품위를 강조하기 위한 '영구적인 칭호'(tamquam perpetuo titulo)가 아니라 상황적인 은유다. 따라서 복음의 선포자들은 '믿음으로 정화된 영혼'을 하느님께 봉헌하기 위해 그들의 직무를 수행해야 한다."[15]

칼뱅의 독특한 사상은 아버지 곁에서 사제의 역할을 완수한 영광스러운 그리스도의 사제적 중개에 있다. 이를 바탕으로 그는 성찬의 희생제사를 거부하면서, 직무 사제직도 부정했다. 이는 적어도 이전 전통이 지닌 직무 사제직의 의미를 부정한 것이다. 이미 설명한 것처럼, 칼뱅

---

14 G. Calvino, *Antidotum* contro gli Articoli della Facoltà di Parigi, 1544: A. Ganoczy, *op. cit.*, 254, nota 42에서 재인용.

15 A. Ganoczy, 같은 책 252, 주 38에서 재인용.

은 모든 그리스도인은 직무자가 아니라고 주장했다. 그 결과, 그는 왕다운 사제인 백성을 위해 그리스도께서 제정하신 말씀과 성사를 베풀 직무자들이 필요하다고 주장했다.

루터와 함께 공유한 '오직 성경'(sola scriptura)이라는 원칙으로, 칼뱅은 그리스도께서 직무자들을 제정하셨다고 했지만, 교황주의자들이 남용한 사제직의 가치를 반박하며 재설정했다.

사실, 로마 전통에 대항하는 논쟁을 넘어서면, 칼뱅의 핵심 관점에는 체계적 원칙이 있다. 곧, 사제직은 성사적 측면보다 위로부터의 관점으로 이해되며, 아버지의 영광 안으로 드높여지신 그리스도께서 이를 완성했다.

칼뱅의 사상을 성찰하면서 이처럼 질문할 수 있다. '칼뱅은 사제직을 그리스도의 말씀에 연관된 중요한 직무로 재설정하지만, 사제라는 직무 그 자체를 깊이 이해하지 않은 것은 아닐까?' 여기서 이 난제를 더 파고들지는 않겠다. 사실, 칼뱅은 모든 믿는 이의 전형인 사제직을 생활 차원으로 전환하려고 노력했지만, 기대와 달리 법적 사제직에 연관된 제도로 발전시키지는 못했다. 아마도 재세례파의 민주주의적 과도함을 피하려고 한 것으로 보인다.

하인리히 불링거는 종교개혁가 츠빙글리의 후계자로서 칼뱅의 영향을 받았다. 그가 1561년에 저술한 『제2차 헬베티카 신앙고백』은 1566년에 스위스 전체의 공통 신앙고백이 되었다.

> 그리스도의 사도들은 그리스도를 믿는 이 모두를 사제라고 불렀다. 믿는 이 모두는 직무가 아닌 왕과 사제로서 하느님께 영적 재물을 바칠

수 있기 때문이다(참조: 탈출 19,6; 1베드 2,5; 묵시 1,6). 따라서 사제직과 직무는 매우 다른 것이고 또 차이가 있다. 이미 말한 것처럼, 사제직은 모든 그리스도인에게 공통된 것이지만, 직무는 그렇지 않다. 이로 인해, 우리는 그리스도의 교회에서 멀어진 교황주의자의 사제직을 폐기하지만, 교회의 직무를 삭제하지 않는다.[16]

이러한 고백으로 불링거는 그리스도께서 우리 구세주의 몸과 피를 매일 바치는 권위를 지닌 사제를 교회에 남겨 두지 않았음을 확신했다. 주님은 가르치고 또 성사들을 분배하는 직무만을 남기셨다. 그가 교황주의자들의 사제직을 반대하는 이유는 성찬이 희생 제사라는 이해와 성찬에 참여할 때 직무 사제직만 강조하는 결과를 거부하기 때문이다. 믿는 이들이 하느님께 바치고 드려야 할 유일한 희생 제사는 그리스도께서 봉헌하신 것처럼 자신의 삶을 봉헌하는 희생 제사다.

강조점은 서로 다르지만, 종교개혁가들을 묶는 **핵심 원리**는 신약성경이 모든 그리스도인에게 부여한 사제직을 누군가에게만 유보하는 일을 거부한다는 것이다. 더 나아가 종교개혁가들이 논쟁을 일으키며 부각한 신약성경의 가르침 외에도 그들이 노력한 주목할 만한 특징들을 알 수 있고 또 알아야 한다. 곧, 믿는 이들의 공통된 품위를 되돌리는 것인데, 이 품위는 스콜라 전통의 전형인 성찬에서 희생 제물을 바치는 사제 역할의 강조로 잊혔다. 종교개혁가들은 믿는 이들의 공통된 품위를 통해 예배와 생활 사이의 간극을 극복하려고 했다. 그리스도인의 사

16 *Seconda confessione elvetica 1566*, in *Confessioni di fede delle chiese cristiane*, a cura di R. Fabbri (EDB, Bologna 1966) n.1591.

제직이 생활 속에서 드러난다는 의미를 다시 제안하는 이유는 일상 활동에 가치를 부여하려는 것인데, 그 결과 거룩함이 특별한 생활 신분으로만 가능하다는 제약을 넘어선다.

교회 개혁의 요구는 성화가 자신의 생활 태도와 상관없이 특정한 신분에 속함으로 이루어진다는 주장에 대한 항변이다. 따라서 거룩함은 어떠한 신분에 속하는 것으로 보장되지 않는다. 거룩함은 먼저 복음에 적합한 삶으로 드러나야 하고, 신분이 이를 보장한다는 그릇된 확신을 포기해야 한다. 하느님만이 누가 공정하게 선택되는지 결정하시므로 어떠한 외적인 보증도 있을 수 없다.

여기 하느님의 예정을 엿보게 하는 궁극적인 표징들이 있다. 종교개혁의 이러한 교회론에 인간학이 더해진다. 곧, 교회가 하느님의 활동이듯, 구원도 하느님만의 활동이라서 어떤 권위도 특정한 집단이 합법적으로 거룩함의 상태에 있다고 인정하거나 자신을 성화자라고 합리화할 수 없다. 전통은 상승의 방향이든 하강의 방향이든 믿는 이들이 직접 하느님과 관계를 맺는다고 설명했다. 이 때문에 정결한 이로 간주되거나 중개의 역할로 다른 이들보다 우위에 있는 사제들은 필요치 않다.

교회에 '공직들'이 필요하다면, 이는 공동체의 선을 위해 역할을 맡는다고 이해해야 한다. 사실, '공직'은 어원적으로 '직무'를 의미한다. 하지만 서품의 힘으로 직무들을 수행하고 심지어는 존재론적 방법으로 인호가 새겨지는 이들이라 할지라도, 직무자들의 내면에 직무가 새겨지는 것은 아니다. 직무를 구체적으로 수행하는 생활 방식의 주도권은 성사를 통해 그리스도와 존재론적으로 결합하는 주도권보다 더 중요하다. 이러한 논지를 받아들인다면, 세례성사의 힘으로 믿는 이 모두에게 사제직이 주어진다.

루터파의 관점이 제기한 사제직의 교리를 다른 종교개혁가들도 받아들였지만, 극단으로 치닫기도 했다. 루터 이후에 독일어권의 다른 종교개혁가들은 사제직에 관한 루터의 중도적 관점을 받아들이지 않았으며, **극단적 교회 개혁**을 시도한다. 루터가 '열광주의자들'이라고 부른 이들은 극단적 교회 개혁과 관련된다.

이들 중 엄격한 토마스주의자인 신학 박사 안드레아스 루돌프 보덴슈타인 폰 카를슈타트가 있다. 그는 1510년부터 비텐베르크에 있는 모든 성인의 성당의 대부제였다. 교황 레오 10세의 칙서 「주님, 일어나소서」(1520)[17]의 동의서에 요한 에크는 폰 카를슈타트의 이름도 넣었다. 이에 대해 폰 카를슈타트는 그의 저서 『교황의 거룩함에 대하여』(1520)에서 다음과 같이 논박한다.

> 내가 그리스도의 자유가 평신도에게도 있다고 강론한다면, 당신들의 파문과 저주가 서리처럼 나에게 내릴 것이다. […] 사실, 모든 그리스도인은 사제인데, 이들은 사제로 만드는 반석 위에 세워졌기 때문이다. 그리스도는 선택된 반석이다. […] 그리스도를 믿는다는 것은 믿는 이 모두가 성직자 혹은 사제가 된다는 것이다. 성직자가 서품으로 새로운 다른 무엇을 받는 것이 아니라 단순하게 직무자나 봉사자로 선택된다는 뜻이다.[18]

---

17 하인리히 덴칭거 『신경, 신앙과 도덕에 관한 규정 · 선언 편람』 417-422 참조. 이 칙서는 41개 조항으로 루터의 주장을 반박해, 그로 하여금 자신의 주장을 철회시키려고 했다 - 역자 주.

18 E. Iserloh, *La lotta per la concezione della libertà del cristiano*, in H. Jedin (ed.), *Storia della Chiesa*, vol. VI: *Riforma e controriforma* (Jaca Book, Milano 2001) 144에서 재인용.

폰 카를슈타트는 사제직에 관해 중도적 관점을 취해 '새로운 교황주의자'로 낙인찍힌 루터와 논쟁했고, 1523년에 비텐베르크를 떠나는 극단적인 결정을 내렸다. 그는 자신의 학자 신분과 성직자복을 포기하면서 '새로운 평신도'가 되어, 여러 평신도 사이에서 농부처럼 살았다. 루터와의 논쟁으로 박해를 받게 된 폰 카를슈타트는 믿는 이들에 관해 어떠한 외적인 권위도 거부한다고 주장했다. 그는 1524년에 출판된 『대화 혹은 소책자』에서 다음과 같이 전한다. "나 자신에게 다른 외적 증언은 필요하지 않다. 내면에서 성령으로 감도된 나의 증언을 내가 간직하길 바란다."[19]

토마스 뮌처는 또 다른 '열광주의자'로서, 천부적 영의 예언자로 알려졌다. 그는 '성직자와 유인원'으로 구성된 교회에 맞서 싸우라고 하느님께 초대받았다고 주장했다. 곧, '하느님께 선택된 친구들'의 교회, 불순한 이들과 분리되어 선택된 이들의 교회를 세우려고 했다. 이를 위해 선택된 이들은 자신의 신앙을 세상에 고백해야 한다. 교회와 세상이라는 '두 나라' 사이에는 어떠한 구분도 없기 때문이다. 따라서 그는 그리스도인이 세상에 대해 또 이웃에 대해 책임이 있고, 하느님의 뜻을 실현하기 위해 모든 곳에서 활동해야 한다고 주장했다. 또한 복음은 법이기에, 복음의 법에 따라 사회를 건설하는 것은 이미 이 세상에 있는 하느님의 나라를 복원하는 것임을 주장했다.

뮌처는 이 임무를 위해 제후들이 특별한 부르심을 받았다고 주장했다. 따라서 제후들은 이 시대에 하느님 나라를 복원하기 위해 선택된 신심 있는 이들에 대항하는 모든 이를 거슬러 칼을 사용할 수 있고, 사

19 같은 책 150.

용해야 한다고 주장했다. 그는 이러한 주장을 따르지 않는 제후들에게 다음과 같이 예언한다. "칼은 제후들을 향할 것이며, 무례한 자들을 없애기 위해 성난 백성에게 칼이 주어질 것이다."[20]

앞의 요약된 설명에서 뮌처의 교리에 드러난 정치적 함의가 쉽게 엿보인다. 그의 초반기의 의도는 심오한 사목적 요구로 가득 차 독일어로 첫 전례를 거행하려 했다. 시간이 흘러 뮌처는 '영이 없는 육체만 지닌 인간인 비텐베르크의 물컹한 사람'으로 낙인찍힌 루터와 뚜렷하게 대비되었고, 뮐하우젠의 '농민 반란'(1524)에 연루되어 독일 제후들과도 대립했다. 그의 개혁은 실패했다. 그는 1525년의 '농민전쟁' 중에 참수당해 종교개혁의 제물이 되었다. 루터의 개혁과 뮌처의 개혁의 공통점은 '개혁'이라는 단어와 교황직에 대한 반대뿐이었다.

결론

폰 카를슈타트와 뮌처는 루터가 제시한 종교개혁 원리들을 받아들였지만 어떠한 한계도 없이 자유를 추구한 이들의 운명을 상징적으로 보여 주는 사례가 된다. 이들은 선동가로 여겨져 박해를 받았다.

한편으로, 축성된 사제직을 거부하는 종교개혁가들의 경향에 대한 트리엔트공의회의 반동을 이해할 수 있다. 다른 한편으로, 이어지는 세기에서 개혁 전통은 보편 사제직의 교리를 다시 제안하는 동시에 이전의 종교개혁가들이 알지 못했던 강조점도 때때로 제시할 것이다.

예를 들어, '청교도 전통'을 떠올릴 수 있다. 보편 사제직의 교리에 기

---

20 *Lettera a Federico il Saggio* del 4 ottobre 1523: 같은 책 158.

반한 청교도는 직무를 민주주의적으로 설정할 것인데, 파견을 받은 믿는 이가 봉사를 완수한다는 경향을 드러낸다. 특히 영국 청교도 공동체는 세례성사의 힘으로 모든 구성원에게 주어지는 사목적 책임을 강조한다. 이 확신 위에 '평신도 설교가'가 확립된다.

영국의 재세례파 공동체도 이와 유사한데, 집단적이고 공동체적인 보편 사제직을 고백한다. 영국 침례교의 첫 공동체를 세운 존 스미스의 작품에는 눈에 띄는 다음의 표현이 발견된다. "형제들은 그리스도로부터 직접적인 권한을 받았기에(참조: 1베드 2,5; 마태 18,20), 왕직이든 사제직이든 모든 권력을 함께 지닌다. 이것이 바로 하느님께서 우리와 맺으신 계약의 이유다."[21] 시간이 흘러 개신교 전통에서 지속적으로 직무들이 더욱 다양해졌지만, 그리스도론적이고 교회론적인 토대와 관련된 사제 직무에 관한 이전의 가르침이 완전히 폐기되지 않았다.

최근의 교회 일치적 대화는 서로 다른 관점을 저마다 강조하고 있다. 이러한 논쟁은 서로 다른 교리를 단순화하고 풍자하는 경향처럼 보인다. 이 논쟁은 상대의 진술을 최소한이라도 이해하고 또 논의할 명제를 설정해야 하지만, 자신의 잊힌 측면만을 부각하려 한다. 이러한 논쟁으로는 트리엔트공의회를 이해할 수 없다.

21 J. M. Tillard, *Sacerdoce*, in *Dictionnaire de Spiritualité*, fasc. XCI (Beauchesne, Paris 1988) 28 s에서 재인용.

제6장

참된 사제직과 비유적 사제직

종교개혁에 대한 가톨릭의 반동

로마교회는 종교개혁의 요구를 거부하는 동시에 수용하기도 했다. 제5차 라테란공의회(1512~1517)는 이미 제2천년기의 초기부터 제기된 종교개혁의 요구들을 논의했지만, 많은 경우에 묵살했다. 사실, 종교개혁의 요구들은 로마가 아닌 변방의 나라에서 제기되었다. 이 나라들은 정치적 · 교회적 관점에서는 로마의 간섭을 잘 견디지 못했고, 영적인 관점에서는 14~15세기의 '신비주의'라는 광풍을 경험했다. 종교개혁은 로마교회를 근본적으로 비판했다. 그 결과, 교회 전반이 분열되는 '이교'가 구체적인 위험으로 나타났다. 교회는 오랫동안 외면했던 성직자의 직무 유기를 무거운 당혹감으로 받아들이기 시작했다. 종교개혁의 요구들은 교회 지도력에 관한 논쟁을 넘어, 이전 전통의 교회와는 다른 생각과 활동으로 나타났다. 따라서 교회에 새로운 위험을 발생시켰다.

종교개혁가들의 의도는 로마교회의 배신을 극복하면서, 교회의 원초적 순수함으로 되돌아가는 것이었다. 반면, 로마교회는 종교개혁에 대항하는 공의회를 절실하게 요청하면서, 종교개혁의 오류가 파고들지 못하게 교회를 쇄신하려 했다. 이러한 목표로 개최된 트리엔트공의회의 임무는 분명히 어려운 것이었다. 이 공의회는 받아들일 수 있는 종교개혁의 요구들을 검토했지만, 그들의 굴절된 교리에 동의하지는 않았다.

1. 트리엔트공의회

종교개혁가들의 오류 중 하나는 사제직과 이에 연관된 성찬을 이해하는 방식에 있다. 종교개혁가들은 모든 그리스도인이 사제라고 주장하기에, 먼저 무엇이 사제직의 의미인지 더 근본적으로 정확하게 제시해야 했다.

루터가 주장한 것처럼, 서품의 성사성을 부정하는 인식은 널리 퍼졌고, 이를 통해 교계 제도와 미사의 희생 제사라는 성격이 약화했다. 루터 또한 사제직과 희생 제사가 결속되는 스콜라적 전통을 근거로 삼았지만, 미사의 희생 제사라는 성격을 논박하는 것이 교황주의자의 모든 근원을 제거하는 것임을 간파했다. 이에 반해 공의회의 교부들과 신학자들은 **직무 사제직을 방어**하는 것을 지향했다. 곧, 믿는 이들의 보편 사제직을 부정하지는 않았지만, 보편 사제직의 비중을 감소시켰다.

트리엔트공의회에 속하지만 볼로냐에서 개최된 **제9차 회기**는 1547년 4월 29일부터 5월 7일까지 이어졌다. 여기서 보편 사제직 문제가 처음으로 드러났다. 신학자들은 종교개혁가들의 신약성경 해석에 이의를 제기했다. 이들은 로마 12,1과 1베드 2,5에 따라 넓은 의미에서 그리스도인은 궁극적으로 사제지만, 여성을 포함한 모든 이가 미사의 희생 제사를 바칠 수 있다는 보편 사제직의 주장은 거부해야 한다고 확신했다. 신학자들은 구분되는 두 신분이 필요하다고 강조했다. 교회에는 참된 사제의 신분과 평신도의 신분이 있지만, 교회는 오로지 사제 위에 설립된다는 것이다.

이 문제에 관해 논의하는 과정에서 신분의 구분을 부정하지는 않았지만, 믿는 이들의 사제직이라는 가치를 옹호하는 이들도 없지 않았다. 코르시카섬 아치아 교구의 노빌리 주교는 「성품성사에 관한 규정」 3항에 관해 의견을 제시했다. 모든 그리스도인이 내적이고 영적인 의미에서 사제라는 보편 사제직에 관한 규정은 너무 과도하고 또 부정적으로 표현되었다고 그는 주장했다.[1] 그러나 이 주장은 주류로 받아들여지지 않았다.

이어서 트리엔트에서 열린 공의회 **제14차 회기**는 1551년 12월에 개최되어, 마침내 보편 사제직이라는 주제가 점화되었다. 타라고나 주교의 대리인인 프란시스코 데 에레디아의 발언은 이 주제를 이해하는 데 도움이 된다. "그리스도인은 모두 같은 의미의 사제는 아니지만, 만물의 머리이신 그리스도의 사제직에 참여하는 한 우리는 모두 사제다."[2]

사실, 보편 사제직이라는 주제는 교회의 목자들을 선출하는 데에 평신도의 관여와 연결되어 있다. 루터로부터 제기된 이 주제는 적어도 루터의 초반기에는 직무를 이해하는 전형적인 교회론의 주제였다. 직무

---

1 H. Jedin, *Storia del concilio di Trento*, III (Morcelliana, Brescia 1973) 101 참조.

2 같은 책 496 참조.

가 공동체의 표현이라고 이해하면, 공동체가 자신의 이름으로 직무를 수행할 구성원을 선발한다. 그러나 공의회의 주교들과 신학자들은 공동체가 선발하는 직무가 천상의 위계를 본뜬 계단식의 질서에 따른 거룩한 위계와 그리스도를 대변하는 교계의 역할을 부정한다고 이해했다. 따라서 이 논의는 몇 번이나 중단되고 연기되었다.

마침내 **제23차 회기**는 「신품성사에 관한 법규」를 반포했다(1563). 종교개혁가들의 교리에 반해 공의회는 성찬이 희생 제사이고, 죄의 용서라는 관점에서 그리스도께서 설정한 가시적인 '외적 사제직'을 확정했다(1장).[3] 이러한 진술로써 '일반적 그리스도인'과 성품성사의 힘으로 거룩한 교계에 속한 '특별한 그리스도인' 사이의 차이를 강조하고자 했다(3-4장, 3항, 6항).[4] 이러한 신분의 차이는 극복할 수 없는 것이므로, 하느님 말씀의 직무를 실행하지 않을지라도, 한번 교계로 들어온 이는 평신도의 상태로 되돌아갈 수 없다(4장).[5] 그리스도교 신자는 모두가 신약의 사제들이기에 같은 영적 권력을 향유한다 할지라도 교계적 차이가

3 주세페 알베리고 외 엮음 『보편 공의회 문헌집 제3권: 트렌토 공의회 · 제1차 바티칸 공의회』 742: "따라서 우리는 그 안으로 옛 (사제직)이 넘어와 있는, 가시적이고 외적인 새로운 사제직이 존재한다고 고백해야 한다" - 역자 주.

4 같은 책 743-744: "만일 누가 품계 혹은 거룩한 서품은 실제적이고 본래적인 의미에서 주님이신 그리스도에 의해 설립된 성사가 아니라고 주장하거나, 혹은 품계란 교회의 일들을 잘 알지 못하는 자들이 생각해 낸 하나의 인간적인 작품이라고 주장하거나, 또는 품계는 하느님의 말씀과 성사들을 위해 봉사할 사람들을 선별하기 위한 예식에 불과하다고 주장한다면, 그는 파문받아야 한다."; 6. "만일 누가 가톨릭교회 안에 주교들과 사제들 그리고 하급 품계자들로 구성되어 있는, 하느님의 명에 따라 설정된 교계 제도가 존재하지 않는다고 주장한다면, 그는 파문받아야 한다"(「신품성사에 관한 법규 3」) - 역자 주.

5 같은 책 743: 제4장. "거룩한 공의회는 신약의 사제들이 단순히 한시적인 권한만을 보유한다거나 또는 합법적으로 서품된 사람들이 하느님 말씀에 대한 봉사를 수행하지 않을 경우 다시 평신도가 된다고 주장하는 이들의 견해를 단죄하는 것은 당연한 일이다" - 역자 주.

없으면 거룩한 위계는 전복되며, 이 차이는 모두가 사도나 예언자나 복음사가나 목자나 박사들이 될 수 없다고 한 바오로의 말에 반대된다고 공의회는 진술했다(4장).[6]

이러한 교령의 전망이 다소 제한적이었음을 쉽게 알 수 있다. 곧, 성품성사를 완결된 교리로 제시하지 못했고 그리스도인의 조건에 관한 성찰도 종결되지 않았다. 믿는 이 모두의 사제직은 내적이고 보이지 않는 함축적 의미를 지니고 있기에, 교령은 이를 부정하지 않았다. 그런데도 논의의 중심은 특별한 사제직의 실존으로 향했다.

그 결과, 공의회가 펼친 전망은 이어지는 세기에서 사제직의 완결된 교리에 관한 몇 가지 진술이 혼동을 불러일으키는 순간까지 영향을 미칠 것이다.

우리 주제에 속하는 공의회의 다른 문제에 주의를 기울여 보자. 이미 얀 후스의 운동으로 논쟁이 촉발된 평신도에게 성혈을 배령하는 '**양형 영성체**' 문제다. 이 문제는 이전의 신학적 진술들을 전복한다. 종교개혁가들의 주장처럼 평신도에게 성혈을 배령한다면, 모든 그리스도인은 성찬에서 동등하게 된다. 그렇다면 이전의 교회가 평신도에게 성혈을 배령하지 않은 것은 예수와 사도들의 실천에 충실하지 못한 것이었음을 인정해야 한다. 이 점에 관해 공의회는 종교개혁가들을 인정해야 하고, 그들의 가르침을 전파해야 할 것이다.

이러한 이유로 트리엔트공의회에서 양형 영성체에 관한 논의는 오랫동안 무산되었지만, 제20차 회기에서 다시 점화되었다. 이 난제는

---

6 참조: DS 1763-1778. 역자 주: 하인리히 덴칭거 『신경, 신앙과 도덕에 관한 규정 · 편람』 484-488.

1562년 6월 6일에 신학자들에게 전달되어 그들을 잠 못 들게 했다.[7] 1) 하느님이 구원에 필요한 영성체의 두 가지 방식을 규정했다면, 이 두 가지 방식이 모든 그리스도인에게 허용되는가? 2) 가톨릭교회가 평신도와 미사를 주례하지 않는 사제에게 성체만을 모시게 하고, 어떤 상황에서도 평신도에게 성혈배령을 허락하지 않는 이유가 여전히 합당한가? 3) 특정한 나라나 왕국에 성혈배령이 허락될 때, 그 명분이 타당하고 그리스도의 사랑에 합당하다면, 이 명분의 조건은 무엇인가? 4) 한 가지 방식으로만 성체를 모시는 이는 두 가지 방식으로 영성체를 모시는 이보다 주님과의 일치가 부족한가?[8]

이 논의에서 중요한 주제 중 하나는 이 문제를 희생 제사인 성찬과 연결하는 문제, 곧 사제직과 연결하는 문제였다. 사실, 성혈배령은 성체성사를 받는 평신도를 위한 것이 아니라 희생 제사를 위해, 또 사도들을 따라 희생 제사를 바치는 사제를 위한 것이었다.[9] 그런데도 오래전부터 평신도에게도 성혈을 배령한 전승의 힘으로 많은 공의회는 교회가 평신도에게도 성혈배령을 할 수 있다고 진술했다. 카를 5세 황제는 이를 논의하는 공의회의 회기 도중에 목소리를 냈다. 그는 올바른 가르침으로 회귀하려고 개신교 신자들에게 성혈을 배령하는 것을 호의적인 응답의 표지로 이해했다. 이미 바젤공의회는 몇 가지 조건을 걸고 보헤미아의 평신도(후스파)들에게 성혈배령을 허락하는 조약(1433년

7 사실 이 문제들은 과거 공의회의 규범 양식으로 공리화되지 않았고 또 대립되는 교리에 완고하게 제한적이지도 않았다. H. Jedin (ed.), *Storia del concilio di Trento*, IV/1. cit. 251 참조.

8 주세페 알베리고 외 엮음『보편 공의회 문헌집 제3권: 트렌토 공의회 · 제1차 바티칸 공의회』727-728 참조 (제21차 회기「양형영성체와 어린이 영성체에 관한 법규」) - 역자 주.

9 H. Jedin (ed.), *Storia del concilio di Trento*, IV/1. cit. 254 참조.

11월 30일, compactata)을 맺었지만, 교황 비오 2세는 조건 불이행을 이유로 이 조약의 비준을 철회했다(1462).

이처럼 교의적인 문제는 실천적이고 정치적인 문제가 되었다. 1562년 6월 24일에 반포된 서문을 포함한 조항은 평신도에게 성혈을 배령하는 것은 신법이라는 주장을 거부했다. 따라서 이전 세기에 성혈을 배령한 것이 교회의 실수였다는 확신도 거부하며(1-2조), 대신에 성체만을 영해도 성체와 성혈 두 가지 모두를 영한 것이라고 확정했다(3조).

이어지는 논의에서 평신도의 성혈배령에 연관된 두 조항(1-2조)은 더 이상 논의되지 않았다. 이에 관해 교황의 의견을 듣고 난 이후 결정하자면서, 이 논의는 더 적합한 때로 연기되었다. 이후 제21차 회기(1562년 7월 16일)에서 승인된 교령은 앞서 언급한 조항들의 내용을 재확인했고, 몇몇 장에 교리적 내용들을 덧붙이면서 이를 정당화했다. 하지만 제22차 회기(1562년 9월 17일)는 이 문제를 교황의 결정에 따르도록 유보했다.[10] 그 결과, 모든 것이 흐지부지되었다. 하지만 이 논의의 핵심은 종교개혁가들의 주장에 동의하지 않는 것이었다.

그러므로 종교개혁가들이 요구한 평신도에 관한 이해는 트리엔트공의회에서 논의되지 않았다. 보편 사제직의 진술을 통해 강조된 그리스도인의 동등한 품위는 인정되지 않았고, 공동 집전 사제처럼 양형 영성체를 받을 권한도 없게 되었다. 평신도는 교계에 속한 이들과는 다르다고만 이해되었는데, 이는 하느님의 섭리에 따른 것이다.

---

10 주세페 알베리고 외 엮음 『보편 공의회 문헌집 제3권: 트렌토 공의회 · 제1차 바티칸 공의회』 741: "본 공의회는 이러한 청원을 하게 된 이들의 구원을 위해 가장 훌륭한 결정을 내리기를 원하면서 이 교령으로 전체 사안을 교황 성하께 맡겨 드려야 한다고 결정하는 바이다"(「성혈배령 승인 청원에 대한 교령」) - 역자 주.

황제는 그의 대리자들을 통해 공의회에서 자신의 의사를 알릴 권한이 있었기 때문에, 평신도에 관한 규정들은 통상적으로 황제에게 적용되지 않았다. 신성로마제국 전반에서 일어난 종교개혁은 처음부터 명확하게 **정치적인 목적**이 있었다. 로마교회에서 떨어져 나가는 것은 황제의 권력에서 독립하는 것을 의미했다. 카를 5세 황제는 그리스도교와 보편 제국의 수호자를 자처했지만, 독일 제후들은 독자적 노선을 취하면서 종교적으로나 정치적으로 독립하려 했다. 그는 그리스도교가 이교를 극복하고 전반적 화평에 도달하는 유일한 길은 보편 공의회를 소집하는 것이라 여겼다. 그는 다른 황제들보다 능동적으로 공의회를 옹호했고, 공의회가 열릴 도시를 선택해 개최했다. 이미 알려진 것처럼, 트리엔트공의회는 카를 5세 시대에 개최되었다. 하지만 공의회 개최 이후 곧바로 그가 동생 페르디난트 1세에게 황제권을 이양하며 정치적 환경이 변했다. 그 결과, 1555년 9월 25일에 '아우크스부르크 화의'에서 다음의 유명한 원칙이 선언되었다. "제후의 영토에 제후의 종교를 따른다"(cuius regio, eius religio).

연방의회가 개인이 원하는 종교를 선택하는 것이 모든 이의 권리라고 오랫동안 주장했을지라도, 화의는 제후가 속하는 종교에 신하의 종교도 결정된다는 제후의 우월성을 결의했다.

종교개혁가들은 정치적 · 종교적으로 교회 권위에 저항했지만, 이제는 시민 권위가 교회 권위에 저항한다. 시민 권위라는 용어는 도시국가의 백성에 해당되기에, 평신도의 힘은 이전보다 더욱 강해졌다. 평신도의 힘이 강해졌을지라도, 종교개혁은 평신도를 속박하는 통치에서 그들을 해방시키지 못했다. 한편, 제후들은 주교의 특권을 흡수했다. 따라서 교리적으로 극복된 불평등은 평신도 간의 불평등으로 지속된다.

2. 트리엔트공의회의 영향

공의회는 믿는 이들의 조건에서 서품된 사제직의 차이를 재확정하고 사제직을 성찬과 결속했다. 이는 희생 제사의 강조로 인해 **교회 생활의 성직자화**를 초래했다. 공의회 이후 몇 세기 동안 가톨릭교회에서 성직자화가 지속된다.

(트리엔트공의회의) 개혁 교령 중에서 사제에 관한 교령은 더욱 의미심장하다. 공의회는 종교개혁이 수정을 요구하며 강조한 교회 생활의 본질적인 측면 몇 가지를 받아들였다. 그 결과, 트리엔트공의회가 제시한 개혁의 핵심 목적은 잘 준비된 성직자 양성이었다. 신학교를 설립하여 윤리적으로 흠이 없고, '상주' 의무를 다하는 성직자를 양성하여 평신도를 돌보고 그들에게 '올바른' 신앙을 불러일으키고자 했다.

그러나 성직자 양성에 대한 집중과 사제직에 관한 재평가는 궁극적으로 '신자'(fedeli semplice)와 성직자 사이에 거리감이 생기는 결과를 낳았다. 사실, 개혁의 교령들은 신학적인 성찰보다는 교의적인 성찰이었다. 게다가 사제직에 관한 교리는 종교개혁가들의 이의 제기에 반해, 사제직이 수행하는 역할의 측면을 방어했다. 따라서 직무 사제직이 신학적으로 드높아지면서 교회 내부의 관계로 이해되었고, 종교개혁가들이 요구한 믿는 이 모두의 보편 사제직이라는 진리는 잊혔다. 그 결과, 일종의 악순환이 생겼다. 성직자를 양성하기 위해서는 신학적 이유를 들며 그들의 모습을 드높여야 했고, 그러한 신학적 이유는 부분적으로 맞기는 하지만 결국 유일한 진리가 되었다.

이와는 달리 평신도가 살아가는 시민사회 생활은 점점 더 교회 생활과는 분리되어 형성되어 갔고, 이 세상에 발붙여 살아가는 평신도는 잠재적인 무신론자로 여겨졌다. 이러한 배경에서 평신도가 잠재적인 무신론자로 여겨지는 경우가 아니라면, 교회로부터 벗어난 자율성은 세상의 주류가 되었다. 철학적 사상만이 아니라 정치적 사상도 교회와 그리스도교에서 분리되며 형성되어 갔다. 이처럼 두 세상, 곧 신앙의 거룩한 세상과 속되고 평신도적인 세상이 형성되어 갔다. 그리고 시간이 흘러가면서 속되고 평신도적인 세상은 신앙의 세상과는 항상 다르거나 심지어는 반대된다고 이해될 것이다.

성직자는 세상과 구별되어 양성되고 상대적으로 세속 사람보다 유식하므로, 교회 생활을 지탱하는 유일한 대상이 된다. 그러나 평신도는 성직자의 사목 활동의 수혜자가 되어, 계속 순종하는 일만 남게 된다.

공의회의 가르침은 『**로마 교리서**』(1566)에서 강조되고 확장되었다. 본당 신부들은 이 교리서를 신자 교육을 위한 교과서처럼 사용했다. 이 교리서는 믿는 이들의 보편 사제직을 부정하지는 않지만, 이를 '내적 사제직'일 뿐이라고 설명했다.

이 교리서가 세례성사나 견진성사보다 성품성사의 내용을 더 많이 설명한다는 사실은 중요하다. 사제직에 관한 '전통적 이해'[11]는 성사에 의존한다고 교리서는 다음과 같이 설명한다. "하느님께 당신의 직무자를 거룩하게 하는 성사는 이 직무자에게 성사와 교회의 신적 실재에 관한 권한을 수여한다"(『로마 교리서』 284항). 이는 '외적 사제직'으로, 이미 선택되고 집중된 소수에 해당한다. 이에 반해, 교리서는 '내적 사제직'을 다음과 같이 설명한다. "세례의 힘을 통해 (사제직이) 믿는 이 모두

11 princeps analogatum: 신학을 이해하는 전통적인 기본적 원리나 이해 - 역자 주.

에게 주어진다. 따라서 이들은 하느님의 영을 간직한 의로운 이나 은총의 힘으로 대사제이신 예수님의 살아 있는 지체가 된다. 믿는 이들이 지닌 보편 사제직의 힘을 통해 애덕을 펼치는 믿음으로, 그들 영혼의 제단에서 주님의 영광에 이르는 모든 선한 행동을 할 영적 제물을 하느님께 바친다"(『로마 교리서』 284항). 이 설명을 뒷받침하기 위해 신약성경의 사제직에 관한 고전적 단락인 묵시 1,5-6과 1베드 2,5을 인용하는 동시에 로마 12,1과 시편 51,19을 덧붙였다.

교리서의 설명과 인용된 단락은 사제의 모습을 희생 제사와 연결했다. 이는 트리엔트공의회의 관점과 완벽하게 일치한다. 그 결과, 세례성사에 기반한 사제직과 성품성사에 기반한 사제직의 차이는 거룩한 직무자들과 신자들 사이의 거리감을 형성했다.

다른 한편, 『로마 교리서』가 믿는 이들의 사제직을 대사제이신 예수의 살아 있는 지체로 제시하고 보편 사제직이 거룩하다고 설명한 사실은 중요하다. 교회의 거룩함을 설명할 때, 이 관점은 강화된다. "교회는 거룩하다고 말한다. 그 이유는 교회가 하느님에게 성별되었고 또 하느님께 봉헌되었기 때문이다. 물질적인 것을 포함해 이 모든 것을 거룩하다고 부르는 것은 관습이 되었다. 모든 것은 신적 예배의 질서와 방향으로 이끌리기 때문이다"(『로마 교리서』 113항). 앞에서 세례받은 모든 이가 차이가 없음을 강조했다. 하지만 세례받은 이들이 거룩함의 상태에 있다고 여겨진다고 하더라도, 완전함은 직무자에게만 속한다.

『로마 교리서』는 '평신도'(laici)라는 용어 대신 '믿는 이'(fedeli) 혹은 '신자'(semplice fedeli)를 사용했다. '평신도'라는 용어가 시민사회에서 권위의 역할을 보유한 이들을 지시하는 것처럼 보였기 때문이다. 이러한 이유를 로베르토 벨라르미노의 작품에서 추정할 수 있다.

3. 로베르토 벨라르미노의 기여

로베르토 벨라르미노는 '논쟁의 왕자'다. 그의 작품 중에 삼부작인 『전투하는 교회의 지체에 관하여』의 서문은 교회를 군대로 설명한다. 여기에 전투하는 세 부류가 있다. 성직자, 평신도 그리고 첫 부류와 둘째 부류에서 나온 의전 사제단 혹은 수도자로 나뉜다.[12] 그는 이 작품에서 평신도를 둘째 부류로 제시했지만, 주제 논증에 있어서는 평신도를 삼부작의 마지막 3권에 배치했다. 그는 대략 평신도는 믿는 백성이라고 설명한다. 이때, 백성이라는 용어에 우리가 이 책 첫 장에서 보았던 고전적 의미가 부여된다. "평신도는 '군중'이나 '수많은 백성'이라고 불린다. 교회의 어떠한 역할도 이들에게 수여되지 않는다."[13]

평신도 중에서 **군주와 평민은 구분**되어야 한다.[14] 평민이라는 용어는 공적 직무를 맡지 않은 모든 이를 지시한다. 벨라르미노는 종교개혁가들의 주장에 대항해 성직자와 평신도의 구분을 방어했다. 구분을 설정한 그는 오로지 공적 임무를 맡은 자, 곧 군주와 '공직자'에 주의를 기울였다. 3권의 1장은 다음과 같이 시작한다. "교회의 두 지체, 곧 성직자와 수도자에 관해 다루었다. 이제 세 번째 부류, 곧 평신도 혹은 '세속의 사람들' 그리고 교회에서 떨어져 나간 지체인 이단자를 다룬다. 이들은 모두 정치적 공직을 맡은 이로 분류해 다룰 수 있다."[15]

---

12 *Disputationum Roberti Bellarmini Politiani S.J. De controversiis christianae fidei adversus huius temporis haereticos*, Tomus II (Giuliani, Neapoli 1834) 146 참조.

13 *De Membris Ecclesiae Militantis*, I, 1, *De Clericis*, c. 1, ed. cit. 149.

14 같은 책 151.

앞서 살펴본 '구분'을 다시 제시하는 이 작품은 평신도에게 관심이 없다. 그러나 여기서 정치적 윤리가 주제로 부각된다. 교회의 구성원으로서 평신도인 왕과 군주들은 주교, 사제와 부제 그리고 교회의 다른 직무자들 이후에 배치된다는 것을 분명하게 주장했다(17장 참조).[16] 여기서 평신도인 이들이 수행하는 공적인 역할은 교회에 봉사할 뿐인데, 교회가 이단자라고 심판한 이들을 처벌하면서 종교를 지켜야 한다고 주장했다(22장 참조).[17]

이러한 진술은 평신도도 교회의 한 지체임을 의미한다. 하지만 벨라르미노는 신약성경의 단락을 인용하면서, 성직자와 평신도의 차이를 방어하기 위해 명백하게 다음과 같이 진술했다. 한 몸 안에서 유일한 주님, 유일한 믿음, 유일한 세례, 유일한 아버지 하느님, 유일한 어머니 교회를 지니는 모두는 하나의 영 안에서 유일한 빵으로 양육되지만, 구성원과 지체의 다양성이 있다.[18] 따라서 평신도는 성직자와 수도자 곁에 있는 교회의 한 지체로 이해할 수 있다. 그러나 평신도는 교회 안에서는 성직자의 활동에 대한 수혜자이지만, 교회 밖에서는 교회에 봉사하는 이들이다.

이러한 설명은 두 세상의 분리를 엿보게 한다. 이는 교회라는 사회와 시민사회 사이의 분리가 아닌 권력의 분리로 이해된다. 평민인 평신도는 어떠한 권력도 지니지 않기에, 교회에서나 시민사회에서나 중요하지 않았다. 평신도는 (성직자처럼) 그리스도론적 직무를 지니지도 않

---

15 같은 책 Liber III, *De Laicis*, 313.

16 같은 책 333-334.

17 같은 책 339-342.

18 *De clericis*, cit., 151.

았고, (군주처럼) 이단의 공격에서 그리스도교를 지킬 의무도 없었다.

이러한 의도를 볼 때 『로마 교리서』가 보편 사제직을 언급했을지라도, 벨라르미노의 작품이 이를 언급하지 않은 것은 놀랍지 않다. 벨라르미노의 작품이 지닌 어조는 논쟁적인데, 믿는 이 모두의 사제직을 다룬다면 종교개혁가들의 주장에 편승한다는 느낌을 주기 때문이다. '로마학파'의 논쟁가였던 그는 **종교개혁가들의 주장을 논박**하길 원했다.

벨라르미노는 온 교회의 사제적 차원 혹은 믿는 이 개인의 사제적 차원을 증언하는 신약성경의 여러 단락 중 하나만을 단 한 번 인용했다. 이는 합리적인 개연성이 있는 것처럼 보인다. 그는 『전투하는 교회의 지체에 관하여』의 15장에서 비가시적인 교회에 대해 논박하면서, 1베드 2에 나오는 '영적'이라는 용어의 참된 의미를 다음과 같이 설명한다. "교회는 영적 집이라고 베드로가 말할 때, 교회는 돌과 나무로 지어진 집이 아니라 하느님께 성별된 사람으로 지어진 집을 의미한다."[19] 그는 영적 제물(선행)은 받아들여지지만, 영적 제물이라는 말로 믿는 이들이 '사제'라고 말하는 것은 적합하지 않다고 주장했다.[20] 그에 따르면, 교회에서 영적 제물을 바치는 사제라는 용어는 지도자에게만 유보된다.

결과적으로, 이어지는 세기에서 트리엔트공의회와 벨라르미노는 교회론적 성찰의 스승으로 받들어진다. 중세 전통을 따르고 확장하는 이들은 평신도를 종속적인 백성으로 배치하며, 이들이 어떠한 권력도 지니지 않기에 어떠한 교회적 가치도 없다고 주장했다. 이러한 관점은 현

---

19 *De controversiis christianae fidei: Liber III, De Ecclesia militante*, 100.

20 같은 책 참조.

실적이라고 볼 수 있다. 교회 생활에서 권력이 없어서 어떠한 기여도 할 수 없는 평신도 신자들을 의도적으로 교회 조직의 질료로만 이해했다. 그러나 그리스도교의 비전은 가난과 무지에 빠진 이들을 해방하려는 자극을 믿는 이들에게 종종 일으킨다.

4. 평신도 형제회들

근대 초기의 교회론적 현상이나 널리 퍼진 사상으로 말미암아 평신도의 무력함은 교회에서 폭넓게 형성되었다. 이때, 형제회들은 유럽 전역에서 촘촘하고도 새롭게 돋아났다. 이러한 **평신도 연합회**는 지정학적으로 로마가 아닌 변방 지역이나 평신도의 특수성에 기반해 생겨났다. '학교들'(scholae), '조합들'(societates), '형제회'(fraternitas)가 나타났다. 사제나 성직자라는 완전함의 신분이 될 수 없는 평신도의 신분은 변두리로 밀려났기에, 그들에게 제공된 유일한 가능성은 조합으로 결합하는 것이었다. 이 조합은 그리스도 신비체가 한 몸을 이루는 것처럼 보이지만, 분리된 지체의 결합일 뿐이다.

평신도는 자신이 속한 형제회의 '회원들'(sodales)뿐만 아니라 외부인들을 향한 신심의 실천이나 봉사 활동을 통해 자신의 신분으로 완전함에 조금씩 다가갈 수 있었다. 중세 초기에 신심의 학파들과 직업 조합은 명확히 구분되지 않았다. 일종의 삼투압 현상처럼, 종종 하나에서 다른 하나가 파생되는 현상이 두서없이 퍼졌다. 학교에서 '길드'가 생겨났고, 그 역도 성립한다. 트리엔트공의회 이전 시기에 사회에서 성직자가 부재한 곳에 종종 형제회가 생겨났다. 그리고 사제들이 부재하는 사목 현장에서 형제회의 회원들은 재속 성직자의 활동을 대체했다. 또한 사제들의 부족으로 인해 도시와 시골에서의 본당 사목은 탁발 수도회가 맡기도 했다.

중세 말기에 사회단체나 계급의 고착화는 중앙 집권화된 정부의 형태가 된다. 이때 신앙 단체들은 쇠퇴하지만 제도적 측면의 변화로 직업군이 엘리트화되는 과정 일부가 반영된다. 더 이상 비천한 평신도(수공업자나 상인)가 아닌 귀족 계급의 장인으로 자리매김한다. 따라서 귀족의 권력은 점차 쇠퇴하지만, 이 평신도들이 두각을 드러낸다.[21]

트리엔트공의회는 특정한 규범을 설정하는 '규범화'를 강행했는데, **형제회**도 그 대상이었다. 이제 성직자와 본당은 신앙생활의 특권을 지니게 되었고, 이전에 본당 밖에 있었던 평신도 연합체들을 본당 안으로 끌어들였다. 이에 따라 형제회들은 그리스도교 신앙을 수련하는 최고의 단체가 되어야 했고, 회원들은 이 새로운 사명의 뚜렷한 모범이 되어야 했다. 형제회와 회원들은 더 이상 교계의 '보호망' 속이나 그리스도교 신심을 실행하는 영역에만 머물지 않았다. 이들은 믿는 이들의 행동 방식을 '평신도의 통치'라고 제시하면서, (성 가롤로) 보로메오의 전반적인 계획에 따라 임무를 정확하게 실행했다. 따라서 세상에서 살아가는 '신심 있는' 평신도를 위한 성화의 과정은 열심한 형제회를 통해 지속되었다.[22] 트리엔트공의회 이후 이 형제회가 교계의 특별한 관심을 받은 것은 우연이 아니다. 예를 들어, 가롤로 보로메오 주교가 주도한 1569년의 밀라노 지역 공의회에서 형제회의 성상, 회칙, 기도서는

---

21 G. G. Meersemann - G. P. Pacini, *Le confraternite laicali in Italia dal Quattrocento al Seicento*, in AA. VV., *Problemi di storia della Chiesa nei secoli XV-XVII* (Ed. Dehoniane, Napoli 1979) 109-136 참조.

22 D. Zardin, «*Governo dei laici*», *confraternite e* «*inimici della riforma*», in Id., *Carlo Borromeo, Cultura, santitá, governo* (Vita e Pensiero, Milano 2010) 143-170 참조.

교구장 주교에게 인준을 받아야 했고, 그의 교구에서 고유한 회칙을 지니는 모든 형제회에게 적용되는 총칙이 발간되었다.[23]

형제회는 분명 시민사회적 맥락이나 종교적 맥락을 "결집하는 데 소홀히 할 수 없는 요소"[24]다. 이들은 ['영혼 구원'(salus animarum)을 최종 목표로] 서로에게 영적 도움을 주고, 다양한 봉사 활동으로 구체적이고 활발한 임무를 펼쳤다. 형제회를 통해 불안정한 사회가 근대의 사회로 건너갈 수 있었다. "평신도는 '발'이고, 그 발 위에 사회가 유지된다"라는 말은 평신도를 폄하하는 표현이지만, 그 당시에도 통용되었다.

하지만 트리엔트공의회가 제시해 오랫동안 지속된 사목 개혁은 형제회의 필요성을 점차 감소시켰다. 그 결과, 통상적인 교회의 이미지가 교계 중심으로 고정되었고, 변화할 기회가 사라지게 되었다. 따라서 종교개혁에 대한 반동 교회론은 더욱 심화된다.

5. 반동 교회론

앞서 설명한 배경에서 '교회론'이 태어났다. 이브 콩가르는 이러한 교회론을 '손에 쥔 칼'이라는 탁월한 비유로 설명한다. 사실, 이 교회론은 군주들의 권력과 영적인 이들의 권력을 주장하는 두 이의 제기에 반해, 종교개혁에 대한 반동으로 교회 자신의 권력을 보호하고자 태어났다.

이때 제기된 새로운 우려는 종교개혁가들의 이의 제기에 대항해 **교회의 권위를 방어**하는 일이었다. 종교개혁가들은 '오직 성경'이라는 원

---

23 G. Angelozzi, *Le confraternite laicali. Un'esperienza Cristiana tra medioevo e etá moderna* (Queriniana, Brescia 1978) 41 참조.

24 같은 책 66.

칙을 통해 전통적으로 교회 권위에 허용된 것을 뿌리부터 제거하려 했다. 그리스도와 믿는 이 사이의 필수적 중개를 부정했고, 그 결과 성품성사를 부정했다. 그러므로 트리엔트공의회에서 파생된 교회론이 권위의 표상으로 제시되는 것은 놀랍지 않다.

교회는 진리를 위한 기준이 권위의 원리라고 지속적으로 이해했지만, 당시 문화는 권위의 원리가 지닌 '천부적'(적어도 이처럼 생각되는) 지위를 흔들었고, 권위를 이성으로 대체하려고 했다. 이러한 이의 제기에 대한 반동으로 권위를 강조하는 신학적 합리화가 강화되었다. 권위를 수호하는 것은 진리를 수호하기 위해 필수적이었다.

교회의 개혁 과정에서 끊임없이 발생하는 여러 긴장은 좋은 표징이 되지 않았다. 권위에 대한 논쟁이 시작되면 가톨릭 호교론자들에게 이러한 긴장은 더 이상 일치를 보장할 수 없음을 의미했다. 그들은 권위와 진리 그리고 일치는 같은 중요성을 지니기에, 이 중 어느 하나도 다른 하나 없이 존재할 수 없다고 생각했다.

제1차 바티칸공의회가 열릴 때까지 프로테스탄티즘과 이성주의가 연결되어 있다는 이해는 우연이 아니다. 예를 들어, 제1차 바티칸공의회를 준비하면서 주세페 페치가 작성한 '의견서'(votum)는 상징적이다. 『오류 목록』[25] 1장에 나열된 오류들에 관한 그의 의견은 다음과 같다.

> 성경의 의미에 관한 논쟁과 성경 주석의 난해함으로 발생하는 논쟁에서 개신교는 이를 판단하는 최후의 근거는 다음과 같다고 주장한다.
> 신앙의 유산 그리고 성경의 통합성과 그 의미를 보존하는 교회의 권위

25 DS 2901-2980. 역자 주: 하인리히 덴칭거 『신경, 신앙과 도덕에 관한 규정 · 편람』 681-690 참조.

를 거부하고, 종교개혁가들이 실질적으로 또 법적으로 정의한 개인이 각자 성경을 이해할 수 있다고 본다. 그러므로 이 새로운 교리에는 이성주의가 구축한 모든 것의 근거와 기초가 이미 숨어 있다. 이는 짧은 시간에 극단적인 결론에 충분히 이르게 될 것이다. 첫 단계는 종교개혁가들의 방법론을 철학에 받아들인 데카르트의 사상에 의해 시작된다. 그다음으로 질서 지어진 모든 인간 권위에 관해 의심해 거부하며, 마침내 개개인의 확신이 진리의 보편적 기준이 될 것이다.[26]

진리에 관한 권위와 이성의 대비는 명확하게 드러난다. 그 결과, 권위가 교회에 속한다는 강조는 믿는 이들의 자율성을 거부하고 순종만을 제시했다.

'교계 제도론'(gerarcologia)은 종교개혁에 대한 '반동 교회론'으로, 교회의 한 측면만을 강조했다. 이 이론의 기원은 진리를 구축하기 위해 권위라는 기준을 확립했지만, 진리의 다른 기준을 특성화할 능력은 없었다. 중세를 이어받은 교회는 진리를 역사적 관점으로 이해하는 수준은 아닌 것처럼 보인다. 게다가 형이상학적 인식론을 바탕으로 설정된 진리의 기준을 포기하라는 이의 제기에 대해 교회는 오만한 이성, 심지어 파괴적인 이성의 공격에서 진리를 구하는 반석이 권위에 있다고 반박했다. 교회는 이러한 이의 제기가 진리의 기준인 권위를 혼란에 빠뜨렸다고 주장했다.

그때의 신학은 멜키오르 카노의 규범을 따라 권위를 강조하는 방식으로 전개되었다. 카노의 유명한 작품인 『신학의 장소들』[27]▶은 그의 사

---

26 H. J. Pottmeyer, *Der Glaube vor dem Anspruch der Wissenschaf* (Herder, Freiburg-Basel-Wien 1968) Dokumentenanhang, 13.

후에 출판되었다. 스페인 신학자인 카노는 이 작품에서 신학의 열 가지 '장소'를 제시하면서, 이를 통해 권위를 강조했다. 신학의 첫 일곱 장소 전부는 모두 '권위'(auctoritas)로 시작한다. '신학의 장소에 내포된 권위'가 제도적 권위로 나아가는 것은 어렵지 않았다. 권위는 신학이 기댈 최후의 근거가 되었다.

카노 이후에 곧바로 심화된 교황 수위권의 역할이 널리 알려지기에, 교회의 유일한 원칙이자 교회 일치의 가시적인 기초인 교황과 권위가 어떻게 동일하게 되는지 이해된다. 아울러 신앙으로 일치를 이루는 교회는 교도권의 가르침에 순종을 요구했다. 교황의 공식적인 표명을 드러내는 교도권의 가르침은 적어도 어떤 상황에서는 언제나 무류적으로 받아들여졌고, 믿는 이들의 동의가 필수적이지 않은 독자적인 것으로 이해되었다.

교회 권위만큼 시민 권위도 동일하게 강조되었다. 프랑스혁명에서 절정에 이르는 시민 권위는 혁명적 경향을 품고 있었다. 19세기 초반의 가톨릭 저자들은 종교개혁과 혁명이 연결되어 있다고 결론을 내렸다. 이를 발견하는 것은 어렵지 않다. 예를 들어, 프랑스의 저명한 가톨릭 저자 중 한 명인 조제프 드 메스트르의 기록에서 발견된다.

> 혁명주의자들은 16세기에 주권을 교회에, 곧 백성에게 주었다. 18세기에는 주권을 정치적 영역으로 옮겨 놓았다. 체계, 이론, 궁극적인 결론까지 같다. […] 명령하는 권위에 취할 수 있는 태도는 세 가지뿐이

◀27 신성원 「멜키올 카노Melchior Cano의 사상의 배경과 그의 사상인 "신학의 장소들"(loci theologici)의 신학적인 의미에 대한 연구」『가톨릭사상』 제62호 (2021.06) 73-97 참조 - 역자 주.

다. 순종과 불복 그리고 전복이다. 전복은 영적 질서에서는 이단이지만, 현세적 질서에서는 혁명이라고 불린다.[28]

권위는 모든 것에서 위협당하는 것처럼 보였다. 그때 사회를 이해하는 방식은 무너지고 있었는데, 교회도 마찬가지였다. 사회는 교회를 하나의 사회처럼 이해하고 있었지만, 교회는 이를 배격했다. 교회는 일치를 위해 필수적인 권위의 원리를 지니고, 사회의 통상적 원칙이 이 권위를 통해 세워진다고 주장했다. 이러한 주장은 스콜라적 정치 윤리의 기초로 또 베드로(그리고 그 후계자들)라는 반석 위에 교회를 세운 예수 그리스도의 말씀으로 강조되었다.

권위를 방어하려는 핵심적인 이유는 교회가 수많은 국가교회로 해체되는 상황을 막으려는 것이었다. 사실, 프랑스에서는 갈리아주의, 제국주의 나라들에서는 국가교회주의 그리고 합스부르크 왕가에서는 국가주의에 강한 영향을 받은 종교개혁적인 요제프주의가 제기되었다. 또한 개신교 신학자들이 교회가 순전히 비가시적 일치나 모임이라는 다양한 논증과 이론을 제기했다. 하지만 교회는 새로운 법적 질서에 전적으로 대항했다.

이러한 배경에서 평신도는 어떠한 권력도 지니지 못한 채, 교회의 말을 들어야 하는 이로 이해되었다. 따라서 교회에서 발언권조차 없었다. 이미 살펴보았듯이, 오래전부터 신학적 성찰의 주제가 된 '가르치는 교회'(Ecclesia docens)와 '배우는 교회'(Ecclesia discens)의 구분은 앞에서 강조했

28 J. De Maistre, *Du Pape* (Charpentier-Librairie-Éditeur, Paris 1941) Libro 1, c. I, 3 e c. XI, 74.

던 궁극적인 품위와 평등성을 저해했고, 평신도의 임무는 권위를 따르는 것이라 이해되었다.

평신도와 교회 권위 사이의 관계는 16세기부터 20세기에 이르기까지 오랫동안 비문으로 새겨진 것처럼 고정되었다. 교황 비오 10세는 1906년에 회칙 「우리는 강력하게」*Vehementer Nos*에서 프랑스의 반종교적 입법에 대항했고, 가톨릭 신자들이 법적 수단으로 이 법에 저항하라고 촉구했다. 이 회칙은 지배적인 교회 개념의 한 예가 될 수 있다.

> 성경은 교회가 예수 그리스도의 신비체이며 목자들과 박사들이 다스리는 몸이라고 가르치고, 교부들의 전통이 이를 확정합니다. 교회는 사람들의 사회이지만, 그 사회의 중심에는 지도자들이 있습니다. 이들은 다스리고 가르치고 판단하기 위해서 충만하고 완전한 권력을 지닙니다. 교회는 본성상 '차별이 있는 사회'(societas inaequalis)이기에, 사람들이 두 범주로 나뉘어 형성된 사회입니다. 곧, 목자와 양 떼, 교계 제도에 속한 신분이 있는 이들과 믿는 이들의 집단으로 나뉩니다. 이러한 범주들은 서로 분명하게 구분됩니다. 사회학적 목적으로 모이는 사목적 단체는 구성원 모두를 증진하고 이끌기 위해 필요한 권력과 권위를 지니게 되고, 아울러 믿는 이들의 집단에게는 목자를 따르는 온순한 양처럼 따르는 의무만이 남게 됩니다.[29]

교황 비오 10세의 선포는 예배에 개입하려는 정부의 간섭을 명확하게 거부하려 했다. 그러나 이 회칙은 평신도와 교계의 관계에 관한 사고방

29 *Enchiridion delle encicliche*, vol 4 (EDB, Bologna 1998) n. 142.

식을 분명하게 보여 준다. 곧, 권력과 복종의 관계다. 이러한 관점에 관한 신학적 정당성은 교리서에 집중적으로 제시되었다. 이처럼 고착된 교회의 정의에 변화를 주려는 몇 가지 시도가 있었다. 특히 독일에서 믿는 이들의 일치의 원리로서 성령의 활동을 토대로 교회론을 쇄신하려는 움직임이 있었다. 그렇지만 변화는 쉽게 일어나지 않았다.

교회론을 쇄신하고자 하는 시도는 **요한 아담 묄러**에게서 시작되었다. 튀빙겐의 이 젊은 신학자는 1825년에 『교회 안에서 일치』[30]를 출간했다. 이 책에서 그는 일치가 권위와 순종을 통해 나온다는 당시의 지배적인 이해와는 달리, 성령의 현존을 믿는 이들을 일치시키는 원리로 제시했다. 성령의 현존은 믿는 이들의 '공동 본성'이고 또 일치의 강력한 구심점이다. 따라서 묄러는 외적 일치가 아닌 내적 일치를 추구해야 한다고 주장했다. 이제 막 태동한 '낭만주의' 정신은 독일 신학자의 사상에도 영향을 주었다. 그는 교계를 절대화하는 교회론적 경향에 반대했다. 따라서 그는 교부들로 회귀하면서 가톨릭의 다른 원리를 제시했다. 이를 통해 그는 (형이상학적인) 교회가 권위를 바탕으로 하나의 사회로 축소되는 경향을 극복하기를 바랐다.

묄러는 교회의 사회적 차원을 부정하지 않았지만, 믿는 이들의 내적 생활의 원리이기보다는 내적 신비의 원리에서 비롯된 결과로 보았다.

묄러는 1832년에는 『신경』[31]을 출간했다. 그는 『신경』을 바탕으로 가톨리시즘과 프로테스탄티즘을 비교하면서, 더욱 '균형 잡힌' 관점에

---

30 J. A. Möhler, *Unità nella Chiesa. Il principio del cattolicesimo nello spirito dei Padri della Chiesa dei primi tre secoli*, tr. it (Città Nuova, Roma 1969).

31 J. A. Möhler, *La Simbolica*, tr. it (Jaca Book, Milano 1984).

도달했다. 하느님 구원 행위의 도구인 사회로서의 교회를 설명하는 이 작품은 그의 첫 작품인 『교회 안에서 일치』에 이어서 교회의 근원에 집중했다. 이로써 믿는 이 모두가 교회에서 자신의 자리를 발견할 가능성을 제시했다.

몇십 년 후에 또 다른 가톨릭 저자는 '불협화음'을 낸다. 그는 교부들에 관한 연구를 바탕으로 믿는 이 모두에게 신앙을 보존하는 역할이 있다고 주장할 것이다.

6. 신앙의 수호자인 믿는 이들: 존 헨리 뉴먼의 공헌

뉴먼은 그리스도교 초세기와 그리스도교 교의 발전에 관한 연구를 한 이후, 가톨릭으로 개종해 훗날에 추기경이 되었다. 그는 잡지 『램블러』의 1859년 7월호에 기고한 논문 「교의 문제에 관해 신자들의 자문을 구하는 것에 관해」[32]로 몇 가지 논쟁을 불러일으켰다. 이 논문을 쓴 동기는 같은 잡지에 그해 5월에 기고한 논문 「원죄 없는 잉태 교의를 정의하는 준비 단계에서 신자들에게 의견을 구한다면 …」[33]을 방어하려는 것이었다. 사실, 그가 논문들에 제시한 표현은 언젠가부터 영국 가톨릭 교계를 언짢게 했다.[34]

울라손 주교와 와이즈먼 추기경은 뉴먼에게 이 불편한 잡지의 편집

---

32 역자 주: J. H. Newman, *On Consulting the Faithful in Matters of Doctrine*; tr. it., *Sulla consultazione dei fedeli in materia di dottrina* (Morcelliana, Brescia 1991); 에이버리 덜리스 『존 헨리 뉴먼』 윤성희 역 (성바오로출판사 2010); 최영균 「시노달리타스의 원리로써 존 헨리 뉴먼의 '자문의 신학'」 『신학전망』 제225호 (2024년 여름) 82-117 .

33 최영균, 『신학전망』 제225호, 88 참조 - 역자 주.

34 S. Cerastico, *John Henry Newman, L'università, I laici* (Cittadella, Assisi 2012) 212-232 참조.

장이 되라고 권했다. 오랫동안 숙고한 끝에 뉴먼은 1859년 3월 21일에 '쓰디쓴 참회'로 편집장이 되는 것을 받아들였다. 새로운 편집장의 목표는 잡지가 과격하다는 비난에서 벗어나는 것이었다.

앞서 언급한 **1859년 5월호에 기고한 논문**은 익명으로 발표되었으나, 편집장인 뉴먼의 논문으로 여겨졌다. 이 글은 큰 파장을 몰고 왔다.

'초등교육을 위한 왕실 위원회의 안건'[35]에 관한 영국 주교들의 의견을 참고한 뉴먼은 그 의견과는 결이 다른 내용을 이 논문에서 다음과 같이 제시한다. "우리는 주교들이 평신도를 다루는 특별한 주제에서 평신도의 자문을 솔직하게 수용하기를 원한다고 진실히 믿고 있다. [⋯] 최근 '원죄 없이 잉태되신 마리아'의 문제를 둘러싸고 '교의를 정의하기 위한 준비 과정에서 신자의 자문'을 구하고 있다. 더 큰 실질적인 문제에서도 신자들의 자문을 구한다면, 이와 비슷한 최소한의 동의와 동감이 당연히 기대된다."[36] 이러한 내용은 뉴먼의 작품에서 전반적

---

35 후안 마리아 라보아 『간추린 평신도의 역사』 김영식 옮김 (가톨릭출판사 2014) 130 각주 81: "1859년에 영국에서는 초등교육 의무화에 관한 논쟁이 있었다. 정부는 다수의 초등학교를 설립하기 위해 기금을 마련하고 학교 교육을 담당하는 책임자들이 교육비를 필요한 곳에 잘 쓰고 학교 운영이 잘 되는지 감독할 위원회를 세웠다. 학교를 운영하는 주체 중 다수는 종교 단체였다. 이들은 정부에 종속되지 않으면서 고유의 교육 이념을 유지하길 원했다. 예를 들어 가톨릭 학교의 경우 개신교 학생들과 섞이지 않길 원했다. 가톨릭 지성인 평신도들은 정부와 교회 간의 협력이 가능할 뿐 아니라 이런 협력으로 가톨릭 학교의 교육이 질적으로 향상된다고 보았다. 위원회에서는 종교 교육의 '내용'이 아니라 '교육 방법'을 감독하기 때문이었다. 하지만 영국 가톨릭 주교들은 이런 정부와 교회 간의 협력 제안에 반대했다. 주교단의 공식 입장이 발표되기 전에 뉴먼이 정부 입장을 옹호하는 내용을 『렘블러』지에 기고했다" - 역자 주.

36 J. Coulson, *Introduzione* a J. H. Newman, *Sulla consultazione*, cit. 21 s에서 재인용. 역자 주: 최영균, 『신학전망』 제225: "뉴먼은 교황 비오 9세가 1854년 원죄 없는 잉태 교리를 선포하기에 앞서 신자들에게 자문한 사례를 언급하며 교회 안에서 신자들의 역할과 정체성에 대한 새로운 문제의식을 제시했다."

으로 발견된다. 주교들을 무시하는 듯한 뉴먼의 주장과 어조는 그들의 심기를 건드렸다. 편집장인 뉴먼은 이에 대해 주교들에게 용서를 구했다. 동시에 이러한 불편함의 원인은 전혀 신학적인 것이 아니기에, 뉴먼은 신학적 질서의 의미와 필요성을 드러내고자 했다. 하지만『램블러』의 적들은 곧장 반격했고 앞서 인용한 문장을 표적처럼 겨누었다.

이어지는 논쟁은 '옥스퍼드 운동'[37]을 둘러싸고 '영국국교회주의'에서 개종한 이들과 전통 가톨릭주의자들 사이에 서로 다른 교회의 개념이 뚜렷하게 드러났다. 옥스퍼드 운동은 교회가 시대의 필요성에 개방하고 평신도가 사회에서 살아가기 위한 적합한 준비를 마련해야 한다고 주장했다.[38] (이러한 의도로 뉴먼은 더블린에 가톨릭 대학을 설립하고자 했지만 결국 실패했다.) 반면, 전통적 가톨릭주의자들은 교회가 자유로운 사회에서 해체되어 사라질 것이라는 두려움에 빠져, 굴러온 돌과 같은 개종한 이들의 개방하자는 주장을 의심할 수밖에 없었다. 잡지는 의견을 수렴하는 광장이 되었다. 이 수렴의 과정에서 지성적으로 성숙하고 책임감 있는 평신도를 위해 더 많은 자율성이 필요하다는 요구가 표출되었다.

'초등교육을 위한 왕실 위원회의 안건'을 둘러싼 문제는 하나의 예일 뿐이다. 다른 예도 있다.『램블러』의 책임감 있는 전 편집장 리처드 심

---

37 에이버리 덜리스『존 헨리 뉴먼』20: "이 운동은 1833년 7월 14일, 뉴먼이 옥스퍼드로 돌아온 지 얼마 되지 않아서 들었던 케블의 설교 '국가적 배교'(National Apostasy)와 함께 시작되었다. 그는 신학적 자유주의와 성공회 국교 설립에서 나타난 '에라스투스설'(Erastianism, 종교는 국가에 종속되어야 한다는 설), 곧 교회가 정부에 천박하게 의존하는 것에 대한 키블의 경멸에 공감했다. 그러나 옥스퍼드 운동은 점차 더 큰 문제를 다루게 되었다. 성공회가 지닌 개신교적 요소를 벗어 버리고 본질적으로 가톨릭적 정체성을 되살리자는 움직임으로 발전해 나간 것이다" - 역자 주.

38 참조: S. Cerastico, *op. cit.* 45-102; J. H. Newman, *L'idea di università* (Studium, Roma 2005).

프슨이나 존 액턴 경 또한 전통 가톨릭주의자들의 표적이 되었다. 울라손 주교는 1859년 3월 8일에 쓴 편지에서 이들을 고발했다. 심프슨은 이에 대항해 몽탈랑베르의 잡지 『코레스펀던스』에 기고한 글에서 평신도에 대한 존중과 그들의 권위를 주장했다. 심프슨은 이 글에서 매우 영향력 있는 한 평신도의 편지를 인용하면서 자신의 분노를 드러낸다.

> 이 이야기는 저술이나 어떤 형태로든지 공공 생활을 통해 종교를 가지고자 하는 모든 이, 곧, 독자적인 평신도에게, 주교의 신분과는 다른 신분을 지닌 모든 이에게 해당되는 경고다. 평신도에게 다른 어떠한 역할도 인정하길 바라지 않는다면, 이는 명확하게 알려져야 한다. 만일 가톨릭의 모든 저술이 주교의 사목적 설교로 축소되고 평신도의 정치적 활동이 그 설교에 대한 단순한 메아리가 된다면, 이에 관심 있는 모든 이가 이 사실을 알아야 한다. "평신도의 유일한 역할이 헌금을 내는 것"이라고 한 추기경의 발언이 이 도시의 법이라면, 더 그리스도교적인 국가로 떠날 수 있다는 사실을 성직자들에게 경고한다.[39]

심프슨은 또 다음과 같이 덧붙인다.

> 평신도에 대한 질투는 성직자의 힘으로 구성된 경직된 행정 조직의 당연한 결과다. [⋯] 성직자의 단결은 하나의 계급을 형성한다. 성직자는 그들만의 전문 교육을 받고 그들만의 정신세계를 형성한다. [⋯] 성직자는 평신도가 교리 교육의 내용을 제외한 모든 종교적 문제에 무지하

---

39 J. Coulson, *Introduzione*, cit. 26.

다고 여기고, 전문적으로 준비된 장상들이 그들을 위해 종교를 운영하도록 순종하는 것이 낫다고 여긴다. 그래서 종교는 행정으로, 성직자는 신학적 경찰로 변질된다. 이를 우려하는 평신도들은 혁명을 도모하려는 미심쩍은 이나 의심받는 집단으로 여겨진다. 성직자 조직이 내뿜는 두려움과 외부 압력으로 인해 평신도는 배타적으로 취급된다.[40]

심프슨의 진단은 더할 나위 없이 가혹했다. 잡지의 기사는 책으로 출판되지 않은 것처럼 보인다. 이러한 배경에서 뉴먼은 한편으로 평신도의 권리를 주장하고, 다른 한편으로 주교의 역할을 다시 강조하려 했다. 『램블러』 1859년 5월호에 실린 논문은 평신도의 권리를 주장하기 위해 쓰였다. 그러나 앞서 말한 것처럼, 뉴먼은 이 목적을 설명하기 위해 상당한 어려움을 겪어야 했다.

1859년 7월호에 기고한 논문 「교의 문제에 관해 신자들의 자문을 구하는 것에 관해」는 '자문'(consulting)이라는 용어에 관한 이해가 충돌해 대격론이 일어났다. 이 용어는 교의적 결정을 내리기 전에 주교들이 평신도의 자문을 들어야 한다는 것을 의미한다. 뉴먼은 '자문'이 "일어난 일에 관한 근거를 받아들이는 것"[41]이라고 설명했다. 곧, 자문은 교회의

---

40 같은 책 26 s.

41 J. H. Newman, *Sulla consultazione*, cit. 64: 영어로 'to consult'는 대중적이고 일상적인 용법으로 정확히 규정하는 의미를 지니지 않는다(라틴어에서는 '의도를 묻는 것'이다). 그런데도 이 용법은 먼저 신뢰나 존중을 의미하지만, 복종을 의미하지 않으며 또 일어난 일에 대한 근거를 입증하는 생각이나 의견을 받아들이는 것이다. 역자 주: 뉴먼은 영어에서 '자문'이 권위 있는 누군가에게 묻는다거나 가르침을 청한다는 용례로만 쓰이지 않고, 일반적인 의미에서 우리가 누군가에게 보이는 '신뢰의 태도'를 함의한다고 설명한다. 뉴먼은 대중적이고 일상적 용례에서 '자문'이 신뢰와 존중을 나타내며 복종을 의미하지 않는다고 밝힌다(최영균, 『신학전망』 제225호 89-90).

관례이고 또 가톨릭 가르침에 근거한다. 그는 이 가르침을 다음과 같이 설명한다. "고유한 내적 힘을 지닌 '신앙 감각'(fidelium sensus)과 '동의'(consensus)는 교회가 교의를 정의하기 이전에 당연히 설명해야 하는 과정이다."[42] 이 과정을 거쳐야 하는 이유는 다음과 같다. "전통이 계시된 신앙을 보존한다는 증언 중 하나는 믿는 이들의 동의이고, 또 […] 믿는 이들의 동의는 교회의 역사에서 오류가 없는 교회의 목소리다."[43] 이러한 설명은 분명하게 '가르치는 교회'를 축소하거나 부정하지 않는다. 사실, '가르치는 교회'는 "식별의 선물, 정의하는 선물, 구별하는 선물, 규정하는 선물 그리고 전통으로 공표하는 선물"[44]을 받았다.

뉴먼은 로마학파의 유명한 예수회원인 조반니 페로네가 제시하는 '동의'라는 주제를 적극 지지했다. 페로네는 1847년 로마에서 출간된 그의 저서 『원죄 없이 잉태되신 복된 동정녀는 교의적으로 정의될 수 있는가』에서 '동의'에 관해 설명했다. 그는 마리아의 원죄 없이 잉태되심에 관한 믿는 이들의 동의는 계시에 속하는 기준이라고 설명했다. 따라서 동의는 교의를 정의하는 기초가 된다. 뉴먼은 페로네의 작품이 출판되기 직전에 로마로 여행을 갔다. 거기서 그는 페로네와 카를로 파살리아와 이 주제에 관해 의견을 나누었다. 그 결과, 의심할 여지가 없는 신학자들의 설명으로 뉴먼은 이 주제를 확신할 수 있었다.

더 나아가 뉴먼은 그가 연구한 아리우스 논쟁에 주의를 기울이며, 다음과 같이 주장한다. "오류가 없는 교회에 맡겨진 신적 전통은 주교직

42 J. H. Newman, *Sulla consultazion,* 65.

43 같은 책 75.

44 같은 곳.

이 아닌 하느님 백성으로부터 선언되고 보호되었다."[45] 그에 따르면, 하느님 백성은 혼란과 상실의 시기에도 "세례의 순간에서부터 올바른 가르침으로 교리 교육을 받은" 전통의 목소리가 된다. 사실, 뉴먼의 역사 연구의 전문성은 의심의 여지가 없었으며, 그의 연구는 '믿는 이들의 자문'이라는 신학적 가치를 정당화했다. 또한 뉴먼은 아리우스 시대와 현재를 비교할 수 없다고 하면서, '동의'에 대해 다음과 같이 설명한다.

> 교회의 목자들에게 신앙의 보호를 맡긴 것이 믿는 이들의 증언보다 더 중요하다고 여긴 시기가 없었다면, 우리는 여전히 그 시기에 살고 있을 것이다. 그리스도교에서 주교직은 성좌의 존중을 받았고 또 참으로 신앙적이었기에, 자신의 의무를 완수하는 데 주의를 기울였고 또 변화 속에서도 굳건했으며, 마침내 신학적 궤변들의 모든 유혹을 물리쳤다. 하지만 이러한 것들을 통해 많은 이의 정신에서 '믿는 이의 동의'(consensus fidelium)라는 대단히 중요한 부분이 어떻게 사라졌는가를 설명한다.[46]

'믿는 이들의 동의'가 지닌 가치는 다음과 같다.

1) 역사적 자료로써 사도들이 형성한 교의에 관한 증언.
2) 그리스도의 신비체에 뿌리 내린 일종의 본성 혹은 '본능적 감각'(*phronema*)의 형태.

45 같은 책 89.

46 같은 책 119.

3) 성령으로부터 각인된 충동.

4) 기도에 대한 응답.

5) 하느님의 백성이 추문을 일으킬 만한 오류를 거부하는 것.[47]

뉴먼은 묄러의 『신경』에서 입증된 성령의 역할로 '본능적 감각'이라는 주제를 이끌어 냈다. 앞선 인용문에서 표현된 주교직에 대한 찬사는 '호의를 얻기 위한 수사적 표현'(captatio benevolentiae)이 아니다. 하지만 이 글에서 예민한 지점도 발견된다. 곧, 올바른 주교직이 반드시 필요하지만, 바로 이 때문에 전통의 목소리를 추적하기 위한 믿는 이들의 동의가 묻힐 수 있다. 올바른 주교직은 믿는 이들의 동의라는 가치의 교의적 측면을 흐릴 위험을 안고 있다. 아무튼 뉴먼의 이 논지에 주의를 기울여야 하는 이유는 다음과 같다. "교회의 모든 본질적인 요소는 저마다 특별한 역할이 있고, 일반적으로 목자들과 믿는 이가 조화롭게 결합해야 하므로, 누구도 소홀히 배제할 수 없다."[48] 따라서 믿는 이들은 목자들과 함께 신앙을 증언한다. "신앙의 문제에서 평신도가 성직자의 성찰과 메아리를 따를지라도, '목자들과 믿는 이들의 협력'(pastorum et fidelium conspiratio)[49]에서 목자에게 없는 특별한 것이 평신도에게 있다."[50] 이미 언급한 것처럼, 이 논문은 『램블러』와 교계 제도 사이의 문제를 해결하기보다는 긴장을 고조시켰고 뉴먼에게도 상당한 고통을 안겨 주었다.

47 같은 책 86.

48 같은 책 119.

49 최영균, 『신학전망』 제225호 93 참조 - 역자 주.

50 J. H. Newman, *Sulla consultazione*, cit. 119 s.

이 문제는 국제적으로 확대되었다. 그때 영국은 포교성성에 의존했고, 이때부터 오라토리오 회원[51]에 대한 공격이 더욱 거세졌다. 공격의 대변인은 탤벗 주교였다. 저명한 평신도 200여 명이 뉴먼을 지지하며 서명한 탄원서에 관해 그는 매닝 추기경에게 보낸 서한에 이렇게 썼다. "영국의 평신도가 교계의 통제를 받지 않는다면, 그들이 성좌와 주교좌를 대신하여 영국 가톨릭교회를 통치할 것입니다. […] 하지만 이 평신도들은 그들의 박사인 뉴먼과 『램블러』에 실린 기사에서 배운 교리를 실천합니다."[52] 탤벗 주교는 평신도를 신뢰하지 않은 것이 확실하다. "무엇이 평신도의 적성입니까? 사냥, 총쏘기 오락입니다. 그들이 하는 일은 이것뿐입니다. 그들에게는 교회 문제에 관여할 어떤 권리도 없습니다. 뉴먼이 제기한 '동의'의 문제는 순전히 교회의 문제입니다."[53]

뉴먼은 이러한 상황에서는 인간을 향한 교회의 사명을 실행할 수 없다고 확신했다. 이러한 반대 속에서는 자유롭게 성찰할 수 없고, 좁은 관점으로 인해 교회는 게토처럼 고립될 것이다. 뉴먼에게 중요한 것은 자신의 주장을 관철하는 것이 아니었다. 대립하는 관점과 타협하면서 자신의 생각을 바꿀 수도 있었다.

다만 미래의 추기경의 관심사는 성직자만으로는 온전히 실행될 수 없는 교회의 사명이었다. 사실 평신도는 그리스도께서 자신의 교회에 맡기신 사도직에 참여할 온전한 자격이 있기 때문이다.

---

51 로마에서 공부하는 동안 뉴먼은 16세기에 오라토리오회를 창설했던 성 필립보 네리의 정신을 따라 영국 오라토리오회를 설립하려는 계획을 세운다. […] 하지만 자신의 신앙 안에 평온히 머물렀으며 1890년 8월 11일, 자신이 아끼던 오라토리오회에서 세상을 떠난다(에이버리 덜리스 『존 헨리 뉴먼』 25; 37) - 역자 주.

52 J. Coulson, *Introduzione*, cit. 53에서 재인용.

53 같은 곳.

이 생각은 뉴먼의 모든 작품에서 나타난다. 믿는 이는 개인적으로 혹은 단체로 자신에게 전해진 신앙을 증언해야 하고, 신앙 안에서 자신에게 허락된 영적 본능의 특성으로 이단을 식별하면서 활발히 증언해야 한다. 따라서 교회 생활의 다른 시기들과 마찬가지로 뉴먼의 시대에도 평신도는 교회 생활의 힘이라고 이해되었다. 뉴먼의 열정은 평신도 교육으로 향했다. 그의 목표는 평신도가 자신을 교회 조직의 책임자로 이해하고 활동하도록 교육하는 것이었다.

뉴먼의 논문 『**4세기의 아리우스주의자들**』을 둘러싸고 일어난 논쟁은 교회론적 관점의 차이를 넘어, 뉴먼과 신학자들 그리고 로마교회 사람들 사이의 방법론의 차이를 드러낸다.

뉴먼은 페로네를 빈번히 인용했다. 하지만 그의 논문은 로마학파의 다른 신학자인 요한 밥티스트 프란첼린의 강렬한 비판을 받았다. 뉴먼은 프란첼린의 논문을 이미 검토했다. 그는 라틴어로 쓰인 프란첼린의 논문이 영어가 표현하고자 한 본래의 의미를 드러내지 못한다고 불평했다. 사실, 뉴먼은 『4세기의 아리우스주의자들』 제3판(1871) 부록의 내용을 다시 검토하면서, 몸(corpus)이 '커다란 부분', '많음', '다수'를 뜻하기에, 원래의 몸(body)과는 다르다고 분석했다.

한편 프란첼린이 뉴먼을 용납하지 않은 이유는 '주교단'이 믿음을 보존하는 직무를 덜 수행했다는 것이다. 프란첼린은 가톨릭교회에서 '가르치는 교회'가 '가상적'인 적이 있었다거나 '실질적'이었다는 뉴먼의 구분은 있을 수 없다고 반박했다. 그는 '가르치는 교회'의 역할이 간과될 수 없기에, 믿음의 순종은 계속 요구되어야 한다고 주장했다.[54]▸

이에 반해 뉴먼은 가르치는 교회의 역할이 특정한 시기에 많은 주교에게서 사실상 중단되었다고 주장했다. 이 주장은 가르치는 교회가 전통의 활발한 도구라는 역할을 중단했다는 의미가 아니다. 다만 '가르치는 교회'는 일부의, 때로는 다수의 목자에게 실질적이기보다는 언제나 가상적이라는 것이다.

이처럼 상반된 두 주장에서 프란첼린은 원리적 측면을 강조했다면, 뉴먼은 역사적 측면을 강조했다. 프란첼린이 페로네에게 동의하고 또 페로네가 뉴먼과 합의했다면 좋았겠지만, 이들의 관점은 공유될 수 없었다. 뉴먼은 프란첼린과 달리 역사적 연구를 바탕으로 '가르치는 교회'와 믿는 이 사이의 관계를 입증했기 때문이다.

이 논쟁은 신학자들뿐만 아니라 로마교황청에 퍼져 있던 두려움을 드러냈다. 교황청이 전복되고 교계적 원리가 붕괴할 수 있다는 두려움이었다. 하지만 뉴먼은 분명히 이 두려움을 바라지 않았다.

이러한 두려움은 제1차 바티칸공의회에서 교황의 무류성을 정립하려고 준비하는 로마의 분위기로 나타났다. 교황의 무류성을 확립하려는 흐름은 진리의 기준을 전복하려는 경향에 반대했다. 그 경향이란 교회를 나누려는 경향, 성좌로부터 독립해 국가교회가 되려는 경향(갈리아주의와 국가교회주의) 그리고 주교들의 동의와 이보다 더 굴욕적이라 여겨지는 신자들의 동의를 청해 무류성을 정의하려는 움직임이었다.

이러한 배경에서 로마나 영국 가톨릭 전통주의자들이 뉴먼의 논문

◂54 뉴먼은 『4세기의 아리우스주의자들』의 부록에서 출판된 자료를 수정한다. 프란첼린은 교회가 언제나 '가르치는 활발한 도구'(activum instrumentum docendi)라는 것을 뉴먼이 부정한다고 지적했다. 이에 대해 뉴먼은 프란첼린에게 명확히 제시했다. 곧, 아리우스주의 시대에 가르치는 권위는 실제가 아닌 가상의 활발한 도구였다. 아리우스주의 주교들이 권력의 자리를 점유했지만, 믿는 이들이 전통을 지켰다고 알려 준다. 뉴먼은 자신의 입장을 강화하기 위해 페로네를 언급한다. *Sulla consultazione*, cit. Appendice, 131 참조.

을 비난한 것은 당연하다. 하지만 개종한 옥스퍼드의 박학한 박사는 교회가 믿는 이 모두의 기여로 살아간다고 생각했다. 오직 그래야만 어려운 시기에 교회 자신의 사명을 완수할 수 있다고 생각했다. 반대로 논쟁적인 교회론이 '교회가 진리를 보존한다'라고 공리화한 것처럼, '로마주의자'의 관심사는 교회의 헌법인 '진리'를 수호하는 것이었다.

더블린에 가톨릭 대학을 설립하려는 뉴먼의 계획은 실패했다. 이 실패로부터 20년이 지나서, 그는 다음과 같은 우려를 표현한다.

> 나에게 일어난 일들을 통해 이해한 것은 다음과 같다. 유럽 전역에 평신도와 거리를 두며 통치하는 성직자들이 있다. 적지 않은 평신도가 이에 반대하고 교회에 환멸을 느끼며, 교회를 떠난다는 결정을 내린다. 오늘날에도 반대되는 극단적인 두 부류만이 있다는 것은 더욱 심각하다. 시간이 흘러 나는 가톨릭 국가에서 교계와 지식인 사이에 충돌이 일어날 것이라는 고통스러운 공포를 안고 아일랜드를 떠났다. 성직자와 평신도의 만남의 자리로서 대학을 세웠다면, 여러분은 가톨릭이라는 이유로 세상 어디에서나 가치 있는 일을 행할 것이다. 하나의 동일한 기초 위에 서로 이해하고 통합하면서, 성직자와 평신도가 종교적 배교로 추락하는 이 시대에 서로의 유익을 위해 행동했을 것이다. 교회에서 평신도에 관한 마땅한 대우가 '합리적'이라고 우리 신부들에게 가르친다면, 수많은 악이 사람들 안에서 또 교회를 거슬러 몇십 년 동안 활개를 쳤을지라도, 결국에는 신의 섭리로 모든 것이 선의 도구가 되었을 것이다.[55]

---

55 S. D. Femiano, *L'infallibilità dei laici. L'eredità di Newman* (IPL, Milano 1970) 96 s에서 재인용.

이 글의 마지막 문장을 읽으면, 첫 이탈리아 여행에서 돌아오는 길에 뉴먼이 지은 기도 시의 셋째 연 마지막 구를 이해할 수 있다. "밤이 끝나고 아침이 오면 / 내가 오랫동안 사랑했지만, 순간적으로 잃어버린 / 천사의 얼굴에 새겨진 미소가 / (돌아오네)". 교회는 인간의 모든 한계를 넘어서 하느님께 이끌려, 신앙으로 샘솟는 신뢰를 지닌다. 무너지지 않을 이 신뢰는 믿는 이 모두의 기여로 열린다.

7. 믿는 이들의 권리: 안토니오 로스미니

로스미니는 생전에 박한 평가를 받았지만 최근에 재평가된 로베레토의 사상가다. 그는 우리 주제에 관해 주목할 만한 공헌을 했다. 곧, 교회의 법을 실정법보다는 인격을 바탕으로 한 권리장전에 기반함으로써 모든 이가 권력에 참여할 수 있다고 주장했다.[56]

로스미니는 그의 작품 『법철학』의 한 부분에서 '**신정 사회**'(Societas teocratica)를 이렇게 설명했다.[57] 신정 사회는 인간의 사회성과 종교성을 밀접하게 연결한다. 따라서 사회의 기원은 하느님에게 받은 공통된 관념, 타고난 관념에 있다. 그는 이러한 관점에서 교회는 인간 사회에 외적으로 부과되는 것이 아니라 그 사회의 완성으로 설정된다고 설명했다. 교회는 초자연적 신정 사회이고, 교회의 사회적 고리는 하느님의 은총, 곧 신적 본성에 참여한다. 자연적 신정 사회와 초자연적 신정 사

56 이 주제에 대해 C. Fantappiè, *Chiesa e diritti dei fedeli nel pensiero di Antonio Rosmini*, in id., *Ecclesiologia e canonistica* (Marcianum Press, Venezia 2015) 213-252 참조.

57 A. Rosmini, *Filosofia del diritto* (Morcelliana, Brescia 1963). 이 작품은 1841년에서 1843년 사이에 발표되었지만, 초고는 1820년대로 거슬러 올라간다.

회의 관계는 계획과 실현의 관계다.[58] 이를 집약하면 다음과 같다. "1) 인간 사회 그 자체인 그리스도의 교회는 완전한 신정 사회로 고양된다. 2) 교회는 목적을 완성한 사회, 인류의 목표를 달성한 사회다. 곧, 교회에 하느님이 계시는 것은 교회의 목적이 된다. 그분 안에 진리와 덕과 행복이 있다. 하느님의 진리, 덕, 행복은 하느님이라는 원천, 그분의 본질, 그분의 실재와 절대성에 있다."[59]

따라서 신정 사회는 '**공동 본성적 권리**'를 지니며, 그 형태는 다를지라도 모든 구성원이 이 법에 참여할 수 있다. 이 점이 로베레토의 사상가의 저서에 우리가 관심을 주는 지점이다. 그는 '교회에 결합'에서 교회의 권력에 참여하는 근본적 원리가 공동 본성적이라고 보았다.

> 사람이 (세례를 통해) 교회에 결합되면, 두 가지의 일이 일어난다. 먼저 신적 예배에 참여하는 인간의 성화인데, 인간이 장애물에 걸려 넘어지지 않는다면, 그 자신 뒤로 성화가 따라온다. 이어서 하느님과 교회의 계약이자 하느님과 결합되는 인간의 계약이 뒤따른다. 세례를 통해 신적 예배에 참여하는 인간의 성화는 하느님이 인간의 영 안에서 영과 함께하시는 전반적인 활동을 통해 인간에게 인호와 사제적 품위를 입히시는 과정이다. 그리고 이어지는 견진성사와 성품성사를 통해 인호와 품위는 확장된다.[60]

---

58 같은 책 128.

59 같은 책 165.

60 같은 책 234 s.

로스미니는 세례로 새겨진 '사제적 인호'의 힘으로 일어나는 일을 다음과 같이 설명한다. "믿는 이 모두는 보편 교회의 일곱 가지 권력에 각각 참여한다. 믿는 이들에게는 공동 본성적 권리를 통해 일곱 가지 권력에 참여하는 특별한 권리가 있다. 그러나 '외적 사제직'을 부여받은 특별한 사람들보다 훨씬 적은 방식으로 참여한다. 외적 사제직은 성품성사로만 수여되며 이 성사를 통해 더욱 장엄한 사제직의 인호와 품위를 입는다. 그래서 외적 사제직과 '내적 사제직' 혹은 신자들에게 주어진 공통된 첫 단계의 사제직을 혼동해서는 안 된다."[61]

이 인용문은 두 가지 면에서 흥미롭다. 첫째는 믿는 이들이 권력에 참여한다는 것이고, 둘째는 서품받은 이와 신자의 차이가 있다는 것이다. 하지만 서품받은 이는 신자와 '다른 이'가 아니다. 이 인용문은 사제에게 있어 세례성사의 인호는 성품성사에서 완성된다는 점을 명확하게 설명한다. 따라서 공통된 기초 위에 차이가 형성되고 또 이 차이는 공통된 기초 이후에 드러나며, 공통된 기초는 입문성사를 뜻한다. 로스미니는 일곱 가지 권력을 입문, 전례, 성찬, 고해와 병자, (혼인 당사자가 혼인성사를 형성하고 집전하는 활발한 역할을 하는) 혼인, 가르침,[62] 통치[63]라고 불렀다.

---

61 같은 책 236 s.

62 믿는 이는 교도권의 권력에 활발하고도 비판적으로 참여한다. 믿는 이는 목자들이 가르친 신학적 가르침이 보편 교회의 결정으로부터 멀어졌을 때, 이를 시험하고 비교하면서 수용하거나 혹은 거부한다. 그 외에도 의견을 낼 수 있는 영역에서 더욱 공통되고 권위 있는 의견에 관한 식별을 통해 참여한다.

63 *La società teocratica*, cit. 248-266 참조. 교회에서는 모든 것이 다 확정된 것이 아니다. 권위에 따라 규범을 세우는 것이 시대의 요구에 따라 알려진다 할지라도, 믿는 이들은 교회의 인재 선출, 입법, 재산 통치에 개입할 수 있다. 평신도는 교회의 질서에서 우선적으로 심의하는 권리를 지니지 않을지라도, 입법의 실행에서 상대적으로 평신도의 영향력에 주의를 기울여야 한다.

어떻게 하면 교계가 가치를 지니면서도, 신자들이 활발하게 **교회 생활에 참여**할 것인지 고뇌한 사상가는 논란을 일으켰다. 이러한 고뇌는 로스미니의 작품에서 자주 표현되었다. 여기서는 『교회의 다섯 상처』[64]에서만 살펴보겠다. 로스미니는 이 작품을 통해 전례에서 백성에게서 멀어진 성직자에 대해 탄식했다. 이는 왼손의 상처이다. 탄식의 이유는 다음과 같이 신학적이다. "교회에서 성직자와 백성으로 이루어진 믿는 이 모두는 지극히 아름다운 일치를 드러내고 또 형성한다. 그리스도께서는 이를 다음과 같이 말씀하셨다. '여러분 가운데서 둘이 땅에서 합심하여 청하는 것은 무슨 일이든 하늘에 계신 내 아버지께서 그들에게 이루어 주실 것입니다. 사실 둘이나 셋이 내 이름으로 모여 있는 거기 그들 가운데 나도 있습니다'(마태 18,19-20)."[65] 더 나아가 로스미니는 주교 선출에 대해서도 비판했다. 마치 고대처럼, 그는 권력이 평신도에게 나뉘어 백성이 주교 선출에 참여해야 한다고 주장했다(오른발의 상처). 이처럼 주장한 이유는 교회법 학자 주세페 가티에게 보낸 편지(1848년 6월 8일)의 한 단락에서 볼 수 있다. 백성이 주교 선출에 관여할 필요성을 정당화하며, 그는 다음과 같이 적었다.

이 백성은 그리스도 신비체의 한 부분입니다. 이들은 목자들과 한 몸

"고위 성직자는 믿는 이들의 자문을 받을 의무가 있다. 이에 대해 고위 성직자들은 두려움을 느낀다. 현세 재물을 다루는 데 적합한 참사와 판관들의 도움을 받아 쌓아 온 재산이 침해당할지도 모른다고 느끼기 때문이다. 평신도는 이를 평가하면서, 선한 믿음으로 가치를 둘 수 있는 것을 위해 많은 부분에서 불복할 수 있다. 고위 성직자는 때때로 평신도의 의견을 수용하면서, 규범의 배치를 수정하고 또 교회의 더욱 큰 선을 위해서 서로 양립해야 한다"(같은 책 259). 뉴먼이 제시한 '자문'은 로스미니에게 더 큰 중요성으로 나타난다.

64 A. Rosmini, *Delle cinque piaghe della Chiesa* (Morcelliana, Brescia 1979).

65 같은 책 62.

으로 결합되고 그 몸의 머리이자 목자들의 머리에 함께 결합합니다. 세례와 견진으로 이 백성에게 지워지지 않는 인호와 사제적 성격이 새겨집니다. 이단이 말하는 것과는 달리, 믿는 이는 공적 사제직에 참여하거나 어떠한 교회적 권한을 지니지 않습니다. 이러한 권한은 그리스도께서 직접적으로 베드로의 일치 아래 서품된 주교에게 부여합니다. 그런데도 그리스도인 신자는 신비적이고 개인적인 사제직을 향유하기에, 그에게 특별한 품위와 권력이 주어지고 또 영적인 감각을 지닙니다. 따라서 교계의 성직자뿐 아니라 그리스도인 백성도 자신의 권리를 지닙니다. 그 권리는 성직자에 종속되지 않으며 또 거룩한 전통이나 교회의 법 테두리 안에서 자유를 보장합니다. 모든 이는 그리스도 안에서 자유롭습니다.[66]

이 글에서 최소 한 세기 이상 앞선 교의가 발견된다. 로스미니의 사상을 깊이 연구한 클레멘테 리바는 다음과 같이 평가한다. "로스미니를 통해 '신자들'에게 권력이 주어지고 배제될 수 없는 권리가 알려진다. '평신도 신학'을 다루는 어떠한 신학자도 이처럼 기여하지 못했다."[67]

로베레토의 철학자가 믿는 이들을 지칭할 때 '평신도'라는 용어를 즐겨 사용하지 않은 것은 중요하다. 그는 '백성', '믿는 이', '제자' 혹은 '군중'이라는 용어를 선호했다. '평신도'라는 용어는 이전 전통에서 지속되었고 또 벨라르미노 이후에 상징적으로 제시된 것처럼, 일반적으로 군주들이나 시민 권위를 나타내기 위해 활용되었다. 이에 대해 로스미

66 같은 책 367-368.

67 C. Riva, *Attualità di Rosmini* (Studium, Roma 1970) 49.

니는 교회의 현실이 평신도를 '이방인'으로 치부한다고 생각했다. 그 결과, 시민 권위는 전형적인 교회 문제에 개입할 수 없었다고 이해했다. (적어도 자신의 지적 발전의 후반기에서, 로스미니는 모든 형태의 협정에 관해서는 적대적이었지만, 교회와 정부를 조화롭게 구분하는 구조에 관해서는 호의적이었다.) 그러나 그는 신학적 의미가 함의된 용어를 선호하면서, 공통된 기반 위에 세워진 것의 분리를 반대했다. 곧, 신정 사회인 교회는 하느님께서 공통적으로 우리에게 주신 것들의 종합이 실현되는 곳이다.

뉴먼의 사상처럼 로스미니의 사상도 운이 없었다. 그가 활동하던 시대의 배경은 그 자신도 권위가 신적 설정으로 세워졌음을 이해했듯이, 권위를 수호하는 문제를 매우 중요하게 여겼다. 그리스도인의 근본적인 평등성을 복원하고자 하는 자극을 받아들일 단계가 아니었고, 교회의 건설에 믿는 이 모두의 활발한 참여를 받아들이지 못했다.

이러한 시대 배경을 드러내는 예는 **제1차 바티칸공의회**의 초안에서 볼 수 있다. 앞서 설명했듯이, 공의회에서 논의할 자료를 제공하는 '초안'의 기초 자료는 『오류 목록』이었다. 이 공의회는 당대의 오류, 특히 권위의 역할에 관한 오류를 단죄하며 우려를 표현했다.

제1차 바티칸공의회의 '준비 단계'에서 로마의 영향을 받은 소수의 '교황지상권론'의 정신은 교회와 당시 문화 간의 거리감을 강조하는 방향으로 나아갔다. 이는 교계가 '신자'에게서 멀어지는 방향으로 나아갔음을 드러낸다. 이에 대해 액튼 경은 1867년 7월 3일에 『램블러』에 다음과 같이 기고했다. "확실함이 흔들릴 수 있다는 우려로, 권위는 신앙의 전파보다 더욱 중요하게 되었다."

교황의 무류성을 정립하라고 압박한 것은 항소할 수 없는 권위를 고정하면서, 진리를 확실하게 수호하려는 의도였다. 공의회는 교황의 무류성을 정립하려고 강력하게 밀어붙였다. 로스미니의 작품은 고유한 교회론적 색채를 짙게 드러냈지만, 교계의 강력한 제재를 받은 이후에 수위권과 연결된 주요 주제에 국한되었다.

그 결과, 이후 몇십 년 동안 **'교회론'의 주제들**은 교황의 권위를 다루는 것으로 변질되었고, 교회론을 쇄신하려는 독일 신학의 노력과 공의회 직전에 로마학파의 신학자들이 독일 신학을 수용한 사실은 잊혔다.

이러한 변질과 망각의 결과는 『교회 사전』에서 상징적으로 보인다. 이 사전에서 '평신도'를 찾으면 "성직자를 보라"고 지시하고, '성직자' 항의 마지막인 여섯째 단락에는 역사적으로 부정확한 교회론의 영향을 받아 성직자와 평신도의 차이를 없앤 종교개혁가들이 열거되었다. 사실, 루터에 대해 예민하게 주의를 기울여야 하지만, 사전은 다음과 같이 설명한다. "그는 보편 사제직을 가르쳤으며, 직무 사제직 그리고 수여된 열쇠의 권력과 희생 제물을 바치는 것을 부정했다." 이 항의 저자인 루돌프 폰 셰러는 다음과 같이 덧붙인다. "평신도의 사제직은 누구에게도 온전하게 지지를 받지 못한다. 1베드 2,5과 9의 주해는 사제직에 관한 악의적인 해석이고 오류다. […] 이 단락은 참되고 실질적인 사제직의 실존에 관해 말한다. 믿는 이들의 사제직은 부적절하고 부차적인 의미임이 명확하다."[68]

반동 신학이 제시하는 확신에 새로움은 없다. 사제직을 해설하는 '전통적 이해'는 서품받은 직무를 지시했다. 직무 사제직이 풀고 맺는 열

68 *Kirchenlexicon*, vol. III (Herder, Freiburg 1884) col. 546.

쇠의 역할과 희생 제사의 임무와 동일한 것이었다면, 보편 사제직은 이 직무에 관한 단순한 비유로 이해되었다. 따라서 참된 희생 제사는 생활이 아니라 성찬이어야 하고, 위임받은 이(권력을 가진 이)만이 사제라 불릴 수 있다.

직무 사제직은 '외적 사제직'이라고 관습적으로 진술되었다. '외적'이라는 부사를 사용한 것은 우연이 아니다. 이는 교회가 지키려는 교회의 외적인 형태와 연관된다. 교회 생활은 성령에 따른 생활과 겹치지 않았고, 그 결과 사제직은 교회가 지닌 뜻보다는 상징적으로 교회 안의 역할로 이해되었다. 그러므로 '신자'들은 교회 건설에 활발한 역할을 한다고 여겨지지 않았고 교계를 통해 이들에게 전해질 하느님의 활동에 대한 단순한 수취인일 뿐이었다. 이 개념은 1917년에 공포된 『교회법전』에 집약되었고, 교회를 설명할 때 다시 제시된다. 하지만 이러한 관점은 교회의 사명이라는 필요성과 고전 작품의 다시 읽기를 통해 변화된다.

결론

이 장이 제시한 역사에서는 저항만 불러일으키는 성찰의 한계가 뚜렷이 나타난다. 프로테스탄티즘이 오래전 잊힌 교리적 측면을 회복하기 위해 이전 전통과 논쟁했다면, 교회와 가톨릭 신학은 이전에 물려받은 것을 옹호하려는 유혹에 힘입어 종교개혁가들의 저항에 반박했다. 그 결과, 교회의 권위를 강조하고 평신도를 수동적으로 규정한 인식이 고정되었다.

교회는 권위 수호가 진리 수호라고 주장하지만, 사회는 이러한 주장에 대한 반작용으로 혁명을 일으킨다. 이처럼 교회 전반에 결정적인 균열이 생겨났다. 평신도는 사회에서 자신의 권리를 깨치기 시작했다. 시민 생활의 조직에 참여하기 시작한 평신도는 교회와 사회를 비교하면서, 교회에 참여하는 것은 합리적이지 않다고 생각했다. 결국 그들은 교계라고 인식되는 교회와 멀어졌다. 평신도는 그 이전이나 이후로도 수동적으로 이해되었다. 평신도는 점차 교계를 불신했고, 교계는 이러한 불신을 핑계로 삼아 평신도가 대체로 교회의 일에 무능하다고 여겼다.

교회론적 영역에서 소수의 신학자와 가톨릭 사상가들은 고정된 관점을 변화시키려고 시도했다. 특히 교회론에 관심을 둔 가톨릭 사상가들은 그때의 주류 사상을 감싼 방어막을 벗겨 내지는 못했지만, 믿는 이들의 영적 생활에 넓게 영향을 미쳤다. 이 관점들은 몇십 년 이후에 영감의 원천이 되고, 그들의 사상은 공통의 유산으로 받아들여진다. 이는 사상이 역사에 흐르는 법칙이다. 하나의 사상이 드러나야만 할 진리를 품고 있다면, 포괄적 동의를 얻으면서 주제로 부각된다.

제7장

평신도의 가치를 향해

제1차 바티칸공의회부터 제2차 바티칸공의회 전까지 평신도에 관한 변화

교회는 19세기 말까지 자신의 특권과 교계 구조를 방어하는 요새를 쌓기 위해 강경한 태도를 취했다. 반대로 시민사회는 세상에서 교회의 존재 이유를 찾는 데 어려움을 겪었고, 교회를 불신하면서 세속적인 기준에 따라 현세 권력의 완전한 자율성을 주장했다.

그때의 문화는 점차 초월적 기준을 잃어 갔다. 이를 비난하는 교회의 태도는 세상에 대해 귀를 닫은 것으로 보였다. 교회는 문화를 고발하며 진리를 드러내려 했지만, 모순적으로 교회의 진리는 세상과의 거리감으로 인해 잘 드러나지 않게 되었다. 교회는 세상과 거리를 유지하기를 바랐지만, 사회는 거리를 유지하는 교회에 대해 경고했다.

교회는 이 거리를 어떻게 극복할 수 있을까? 불신으로 인해 잃어버린 교회의 자리를 어떻게 회복할까? 교도권의 문헌들은 교회가 이해한 모든 것을 제시하지는 않지만, 권위 있는 해석임은 분명하다. 이 문헌들을 읽어 보면, 사회는 오랫동안 스며들어 구축된 그리스도교의 가치를 점점 배제하는 듯하고, 교회는 이러한 사회에서 자신의 권위를 잃어버린 것처럼 보인다. 교회가 사회를 계속해서 고발하는 것만으로는 이 거리를 좁히기에 역부족이었다. 따라서 교회와 시민사회 사이의 거리를 잇기 위한 징검다리로 세상의 활동에 빠져 있는 평신도에게 공간을 마련할 필요성이 제기되었다. 평신도는 성직자와 수도자에 비해 부차적인 그리스도인으로 여겨졌고, 생활 조건 때문에 여태까지 잠재적 무신론자로까지 여겨졌지만, 교회는 그들을 다시 평가해야 했다.

1. 새로운 현존을 위한 전략

시민사회는 교도권의 문헌이 지적한 것보다는 덜 무신론적이었다. 교도권의 문헌은 실질적으로 종교와 교회가 동일하다고 제시하고 나서, 이성주의와 자율성 그리고 종교개혁이 동일하다고 해석했다. 18세기와 19세기에 형성된 호교론은 그리스도교가 참된 종교이고, 따라서 참된 종교는 가톨릭교회라고 주장했다.

이성주의와 자율성 그리고 종교개혁의 동일화를 이해하기는 쉽지 않다. 이에 관한 설명은 제1차 바티칸공의회의 '준비 문헌'에 다소간 표현되어 있다. 이 관계의 동일화는 규범적 권위를 부정한다고 설정되었다. 앞 장에서 본 것처럼, 이성주의나 프로테스탄티즘은 공통적으로 규범적 권위를 부정했다.

최근에 이러한 해석은 받아들여지지 않는다. 그런데도 이 해석이 적어도 한 가지는 정확했음을 인정해야 한다. 곧, 시민사회가 지닌 자율성과 민주화의 경향이 밀접하게 연결된다는 사실이다. 자율성과 민주화의 경향은 교회 제도의 '반교계화'를 이끌었고, 그 결과 이전에 확립되고 유지된 진리를 보존하는 교계의 역할은 위험에 처했다. 이에 반해 교회가 권위를 수호하는 이유는 권위를 배제하고는 진리가 보존될 수 없기 때문이다. 그러므로 교회는 자율성을 주장하는 것은 양심의 결여, 그리스도교 일치의 파괴, 수많은 오류의 확산이라고 결론지었다. 교황 비오 9세의 회칙들은 자율성과 관련된 사회적 · 문화적 퇴폐 현상을 실질적으로 떠올리게 한다.

교회는 세상에 신앙의 빛을 재건해야 한다는 절박한 임무를 느꼈고, 표류한 것처럼 보이는 이성을 구원해야 했다. 바로 여기에 **평신도의 임무**를 결집시켰다. 이를 통해 평신도들은 '반죽 속 누룩'으로서, 보조적이고 교육적인 활동을 넘어 새로운 신앙 연합체를 결성했다. 이 연합체는, 초기에는 평신도 사회운동 단체인 '의회 활동'(Opera dei Congressi)으로, 그다음에는 '가톨릭 운동'(Azione Cattolica)으로 발전한다. 교황 레오 13세는 이러한 평신도 활동을 유럽과 이탈리아 사회를 재그리스도교화하기 위한 거대하고 촘촘한 "가장 기능적인 조직적 도구"[1]라고 설명했다.

교황 레오 13세는 교황직을 시작할 때부터 지성적인 관점에서 또 사회의 역동적인 관점에서 사회 치유를 구상했다. 그는 교회를 이성과 사회조직을 구원하는 유일한 힘으로 제시하려 했다. 이성과 사회조직을 구원하려는 이 두 관점을 그는 교황직의 처음부터 끝까지 견지했다.

---

1 V. Peri, *La Pira, Lazzati, Dossetti. Nel silenzio la Speranza* (Studium, Roma 1998) 16.

교황 레오 13세는 1879년에 회칙 『영원하신 아버지』[2]를 반포하면서, 그가 구상한 계획을 문헌에 투사했다. 건강한 철학인 성 토마스의 철학으로 회귀하면서 이성을 구원하려 했다. 사회조직은 사회 본성이 요구하는 것을 존중하면서, 교회가 보호하고 가르치는 몇 가지 규정으로 사회의 결속을 유지하려 했다. 이러한 목적으로 1891년에 유명한 회칙인 『새로운 사태』[3]가 반포되었다.

이성을 구원하려는 첫째 계획이 성직자에게 거의 유일한 특권으로 맡겨졌다면, 사회조직에 대한 둘째 계획은 고용주와 노동자인 평신도에게 맡겨질 수밖에 없었다.

철학의 관점이나 노동관계의 관점에서 교회는 자신을 하부 구조인 사회적 세력 위의 상부 구조라고 제시했다. 당시의 사회에서 발생한 사회주의와 공산주의는 권위나 초자연적 진리를 무너뜨리는 위협을 가하지 않았지만, 영혼과 하느님 존재의 불멸성이라는 진리를 거부했다. 그 결과, 이 이데올로기는 윤리의 모든 기초를 제거하면서, 이전의 사상들이 시도하지 못한 것을 제기했다. 따라서 교회는 더 위험한 새로운 적의 출현으로 한때 적이었던 자유주의와 동맹을 맺기 시작했다.

시민사회에 있는 평신도는 내적으로 확산한 절망에서 인류를 구원하기 위해 (교계와 동일시된) 교회가 내린 닻이어야 했다. 그때 노동자는 사회문제로 대두되었다. 이 문제는 사회에서 평신도의 존재 이유를 입증하는 자리가 되었다. 동시에 평신도는 정부의 패권주의적 주장과 사회주의에서 영감을 받은 혁명운동과 거리를 두어야 했다.

---

2 참조: DH 3135-3140. 역자 주: 하인리히 덴칭거 『신경, 신앙과 도덕에 관한 규정 · 편람』 720-722.

3 DH 3265-3271 참조.

교황 레오 13세는 『새로운 사태』에서 정확한 지침을 제시했다. 그는 노동조합을 결성할 '본성적' 권리를 옹호하는 동시에 정부가 노동에 개입하는 한계를 선언했다. 또한 노동조합의 특별한 목적이 무엇인지 다음과 같이 제시한다. "(노동조합은) 종교적이고 도덕적인 관심이 그 주요 목적이 되어야 하며 또 사회단체의 모든 규율이 그 목적을 지향해야 한다는 것은 분명합니다"(『새로운 사태』 39항). "그러므로 이 단체들이 먼저 하느님을 찾게 해야 하고, 조합원 각자가 하느님께 대한 자신의 의무를 깨닫도록 그들을 위한 종교 교육에 큰 비중을 두어야 합니다. 각기 조합원이 믿어야 할 바, 바라야 할 바 그리고 자기 구원을 위하여 행해야 할 바를 잘 인식하게 해 주어야 하며 널리 유포되어 있는 오류들과 타락의 유혹에 물들지 않도록 용의주도한 방비책이 마련되어야 합니다"(같은 항).

이러한 목적에 따르면 주교들이 임명한 사제들이 조합에서 주도적인 역할을 하는 것이 논리적이다. 레오 13세는 "참되고 근본적인 치유책은 오로지 종교로부터 나올 수 있으므로 모든 사람이 반드시 그리스도교 생활을 다시금 영위해야 한다"(41항)라는 확신에 기초해, 교회가 사회를 위한 구원의 유일한 길이라고 제시했다. 따라서 권위라는 으뜸 역할이 강조되었다. 권위는 모든 것(자연법)을 위해 진리를 보호하고 사람들에 대한 영적 책임을 지기 때문이다.

이러한 관점에서 드러난 교회와 정부의 관계를 여기서는 세세하게 분석할 수 없다. 다만 평신도 그리스도인은 교도권이 연구하고 반포한 규범을 실행하는 이들이 되어야 한다는 교황의 생각이 드러난다.

1874년에 결성된 '**의회 활동**'은 자유주의 정신에 대항하기 위한 상징적인 단체다.[4] 이 단체는 1864년에 발표된 교황 비오 9세의 회칙 『얼마나 큰 돌봄으로』*Quanta cura*[5]와 이 회칙의 부록인 「오류 목록」에 영향을 받았다.

변호사 조반니 바티스타 파가누치는 1889년부터 1902년까지 '의회 활동'의 회장을 역임했다. 그는 1898년 볼로냐에서 개최된 '의회 활동' 상임 위원회의 보고서에서 이 단체의 목표를 다음과 같이 제시한다. "그리스도교적 완성과 개인의 철저한 그리스도교적 변화 없이는 더 나은 사회와 사회 그 자체의 복원은 헛되다."[6] 파가누치에 따르면, '의회 활동'의 정신은 "종교적, 교계적, 교황적"이어야 했다. 마지막의 '교황적'이라는 부사는 이탈리아의 특별한 상황을 드러낸다. '의회 활동'의 목적 중 하나는 교황청의 권리를 옹호하는 것이었다.

이 정신은 1867년에 조반니 아콰데르니와 마리오 파니가 세운 '가톨릭 청년회'에 대한 적극적 지지로 이어졌다. 『조반니 아콰데르니가 친구들에게 남긴 회고』(1879)에서 제시된 '가톨릭 청년회'의 근본적인 네 가지 의무는 다음과 같다. 1) 교황청에 헌신 2) 종교 연구 3) 그리스도교적 생활 4) 애덕의 실천. 젊은이들은 '기도-활동-희생'을 목표로 양

4 국가와 교회가 점점 멀어지고 있던 상황에서, 통일이탈리아왕국이 교황청과 맺은 약속을 파기하는 '포르타 피아의 위약'이 1870년에 발생했다. 이 사건으로 교황령은 바티칸 시국으로 제한되었다. 이에 반발한 교황 비오 10세는 가톨릭 신자들에게 의회 투표를 거부하라는 지침인 'Non expedit'(적절하지 않습니다)을 제시했다. 이 지침에 따라 가톨릭 신자들이 투표하지 않자, 의회에 무신론자를 비롯한 자유주의자들이 입성해 반교회적 법안들을 만들었다. 1882년, 참정권이 확대되자 의회에 더 많은 자유주의자들이 입성할 것을 우려해, 의회에서 활동하는 가톨릭 신자들의 모임이 필요했다. 이러한 배경에서 '의회 활동'이 결성되었다 – 역자 주.

5 참조: DS 2890-2896. 역자 주: 하인리히 덴칭거 『신경, 신앙과 도덕에 관한 규정 · 편람』 679-681.

6 S. Tramontin, *Un secolo di storia della Chiesa. Da Leone XIII al Concilio Vaticano II*, vol. 2 (Studium, Roma 1980) 13.

성되었고, 시대의 정신을 거슬러 교회와 동일시되는 교황청에 기꺼이 봉사하려 했다.

'의회 활동'에서 펼쳐진 것처럼, 평신도가 활동하는 특별한 영역은 본당으로 확장되었다. 여기서 본당 사제는 백성의 신앙을 재건하기 위한 효과적인 도구가 되었다. 본당 사제가 이끄는 백성에는 두 부류가 있었다. 첫째 부류는 땅을 소유한 이들이나 전문 직업을 가진 엘리트들인데, 이들은 교계의 규범에 순종하며 전통을 따랐다. 둘째 부류는 이탈리아 정부가 추진한 새로운 법에 어떤 이익도 받지 못하는 시골의 농민들인데, 이들은 자유주의 정부에 반대하는 교회의 항의에 결합했다.

'의회 활동' 내부에서는 '강경파'와 '온건파' 사이의 긴장이 높아지고 있었다. 강경파는 정부와 어떤 방법으로든 협력하지 않으며 교황의 규범에만 충실했고, 반대로 온건파는 교회가 사회의 번영에서 소외되는 것이 적절하지 않다고 여겼다. 이 긴장은 신앙과 윤리에 순종하더라도, 평신도 그리스도인과 일부 깨어 있는 성직자들이 어느 정도 자율성을 필요로 하기 시작했음을 보여 준다.

바티칸은 처음에는 '의회 활동'과 '가톨릭 청년회'의 긴밀한 결속을 호소했지만, 훗날 '가톨릭 청년회'가 교황청의 지침을 넘어 더 큰 자율성으로 행동하겠다고 하자 '의회 활동'은 해산된다(1904).

이 모든 추이에서 드러나는 주제는 정치 생활, 특히 가톨릭 신자들의 정치 생활이었다. 이탈리아의 가톨릭 신자들은 이탈리아 정치 역사의 모든 순간을 관통한다. 하지만 '포르타 피아의 위약'(1870)의 굴욕을 안고 정부에 반하는 교황청의 지침들이 이 시점까지 그들에게 절대적으로 받아들여졌는지 의문은 남는다. 그리스도인은 대부분 평신도이지만, 모든 이의 사회적 책임을 수행하는 정부의 국민이기도 했다.

교황 레오 13세는 교회가 시민사회와 최소한이라도 겹치기를 꿈꾸었다. 이 꿈은 얼마간 실현될 것이다. 하지만 이 꿈은 모순적이기도 하다. 시민사회는 평신도 그리스도인이 오랫동안 요구한 자율성에 집중했지만, 교회는 자율성을 인정하지 않는 것처럼 보였기 때문이다. 사회에서 분리된 교회는 순수하게 종교의 가르침을 실천하는 것 외에 실존의 모든 영역에서 의미 없는 것으로 전락하여, 정부와 자유주의적 문화가 의도하는 것들을 용인할 위험이 있었다. 그 결과, 종교는 시민 생활과는 별개인 순전한 개인적 문제로 축소되었다. 이러한 관점에 머물면, 평신도 그리스도인이 교회에서 언제나 배제되는 것 외에 다른 결과를 기대할 수 없다. 따라서 교황청의 지침을 넘어서는 용기는 예언자적인 것이었다. 시간이 지나면서 이러한 용기는 교회의 유익이 될 것이다.

실제로 20세기 초에 교회의 신심 있는 평신도를 중심으로 의미 있는 모습들이 나타났다. 이들은 **정치적 개혁과 종교적 개혁**을 요구했다. 개혁을 주장하는 이들 중에 저명한 이름도 있었다. 이들은 각자의 연구에 집중했다. 여기서는 당시 교회가 처한 우연한 상황들을 넘어 예언자적 충실함으로 증언한 인물 몇 명만 언급하겠다. 안토니오 포가차로가 쓴 신학적 소설 『성인』(1906)의 주인공은 교황의 지도로 교회의 세계 개혁을 구상하는 평신도인데, 그는 교회와 교계 제도의 동일화를 극복하면서 교회의 개혁을 완성한다. 근대 영미권의 유명한 가톨릭 작가이자 평신도 신학자인 프리드리히 폰 휘겔도 있다. 그는 알프레드 루아지[7]와

---

7 바티스타 몬딘 『신학사 4』 이재룡 외 역 (가톨릭출판사 2021) 461-466 참조. 알프레드 루아지(1857~1940)는 구약성경을 가르친 가톨릭 성직자이자 신학자이지만, 역사 비평을 통해 "복음서를 교회의 산물"로 제시하면서 "부활은 역사적 사실이라기보다 그리스도교 신앙 유산의 일부"라고 주장한다. 합리주의적인 그의 신학 방식은 근대주의자로 지목되어 파문당했다 - 역자 주.

조지 티럴[8]과 우정을 맺고 성경의 문헌학적 연구에 관심을 드러냈기 때문에 근대주의자로 지목되었다. 마지막으로 안토니에타 자코멜리는 "힘 있는 활동으로 교회 생활에서 평신도를 위한 수호자"[9]였다.

권위의 태도를 벗어나 독자적인 평신도에 대한 교계의 지지를 주장하는 목소리는 여전히 잘 들리지 않았다. 이 목소리 중에 크레모나의 주교 예레미아 보노멜리는 중요하다. 그는 교황 레오 13세의 특무성성 장관(현 국무원장) 람폴라 추기경에게 보낸 편지에서 교회의 집중화를 벗어나야 할 필요성을 역설하며 다음과 같이 적었다. "교회는 사제들이 모인 '백성'(plebs)입니다. 일반적으로 백성은 지도하거나 통치하지 않는 것이 확실하지만, 이 백성에게는 교회에 도움이 될 수 있고 또 되어야 하는 활기찬 어떤 것이 있습니다. 백성은 온전히 수동적어서는 안 됩니다. 그리스도교 백성은 미사를 드리고 죄를 용서받는 이들만 있는 것이 아니라 많은 사제와 주교보다 종교에 더 박학한 이들도 있습니다. 왜 이들을 높이 평가하지 않습니까? 왜 이들의 소리를 듣지 않습니까? 왜 이들에게 '침묵하고 복종하라'고만 합니까?"[10] 이 편지는 당시 상황을 설명하는 동시에 (평신도의) 필요성을 알리는 표지가 된다. 당시 상황에 관해서 이미 여러 번 설명했다. 교계 제도의 관점에서 평신도 그리스도인은 권위의 지도를 따르는 이들일 뿐이다. 이에 대해 앞 장에서

---

8 같은 책 469-470 참조. 영국의 가톨릭 성직자이자 신학자인 조지 티럴(1861~1909)은 근대주의를 받아들이고 해석했으나, 역시 파문당했다 - 역자 주.

9 A. M. Erba, *Laico (storia del)*, in E. Ancilli (ed.), *Dizionario di spiritualità dei laici* (Edizioni O. R., Milano 1981) 386.

10 C. Marcora, *Carteggio tra il Card. Rampolla e Mons. Bonomelli (1907-1913)*, in *Studi storici in memoria di Mons. Angelo Mercati*, raccolti a cura della Biblioteca Ambrosiana (Giuffrè, Milano 1956) 231-232, cit. 232. 이 편지는 1909년 6월 28일에 쓰였다.

제시한 교황 비오 10세의 회칙 「우리는 강력하게」를 떠올리는 것으로 충분하다. 목자가 이끄는 대로 단순하게 이끌리는 것이 양 떼의 임무다. 그러나 평신도로서 더 많은 활동을 해야 한다는 필요성이 제기되었다. 이 필요성은 단순히 신심으로만 측정되지 않는다. 가톨릭 신자들의 정치 참여가 더 중요해짐에 따라 이 필요성이 더 절실해질 것이다.

이러한 참여의 필요성은 괴로운 진통 없이 일어나지 않았다. '의회 활동'의 해산 이후 발생한 세 노조(대중, 사회 경제, 선출)의 구조에 이 진통은 이미 내재해 있었다. 이 진통을 통해 교회와 종교의 관심을 지속적으로 방어하는 임무를 지닌 '가톨릭 운동'이 이제 막 태어났다. 대중 노조가 특별한 영적인 본성으로 그리스도인의 사회 신분을 선전하고 완성하려 했다면, 경제 노조는 산업 노동자와 농업 노동자 계급의 이익을 위한 제도를 요구했으며, 이에 반해 선출 노조는 공적인 일에 가톨릭의 힘을 진지하고도 신중하게 표명했다. 대중 노조는 다른 두 노조가 지니지 못한 (교회의) 공식 입장에 단단하게 결속되었다. 이러한 노선에는 언젠가 갈등이 생길 수밖에 없었다.

루이지 스투르초 신부는 평신도가 더 많은 활동을 해야 할 필요성을 역설했다. 그는 정치 영역의 임무에 속하는 것은 교회의 질서에 해당하는 것이 아닌 "국가의 시민 생활과 경제생활에 해당"[11]하는 것임을 강조했다. 그 결과, 정치적이고 시민사회적 성격을 지닌 첫 조직인 '이탈리아 인민당'과 '이탈리아 노동 연합'이 탄생했다. 사실, 이 조직들은 대중 노조의 노선과 다른데, 역설적으로 대중 노조가 자신의 목적을 정확히 규정하도록 이끌 것이다. 그때 대중 노조 의장인 바르톨로메오 피에

---

11 S. Tramontin, *Un secolo di storia della Chiesa*, cit. 20 참조.

트로마르키는 노조 내부의 이의 제기에 직면했고, 이 문제를 풀기 위해 교황 베네딕도 15세의 의견을 구했다. 1921년 5월 19일에 가스파리 추기경이 피에트로마르키에게 보낸 편지에 이 조직의 목적이 다음과 같이 집약되어 있다.

> 이처럼 선택된 가톨릭인의 무리는 예수 그리스도에 대한 신앙과 윤리를 공적으로 고백하는 것을 영광으로 여기며, 모든 본당에서 본당 신부의 배치에 따라 예배와 애덕과 교육으로 본당 신부를 돕습니다. 이들은 신앙을 후견하고, 가정을 지키고, 학교를 보호하고 또한 사회적 성격의 행사나 문화적 성격의 운동에서 거룩함을 우선에 두고 살아갑니다. […] 이들은 본당 신부의 정신과 마음에 도움을 주는 하느님의 선물이자 교회의 선물이며 또 종교적 행동과 가톨릭 백성의 사회적 행동이 겉으로 드러나는 모든 진보의 참된 실행자입니다.[12]

이 생생한 묘사를 바탕으로 '가톨릭 운동'의 사명을 이해할 수 있다. 교황 비오 11세는 '가톨릭 운동'이 사회 전반에서 복음적 메시지를 실천하는 "활동적이고 직접적이며 협력적"인 단체이며 또 "영적이고 활동적인 잠재력"[13]을 지니면서 교도권을 따른다고 진술했다. 따라서 교황은 이들과 협력하기를 분명히 기대했다. 롬바르도 출신 교황 비오 11세는 1925년 12월 11일에 '그리스도교 문명의 복권'을 위해 '온 누리의 임금이신 우리 주 예수 그리스도왕 대축일'을 제정했을 때, 평신도 중

---

12 편지 전문은 «La settimana sociale» (23 maggio 1921) 1-2; cit. a 2 참조.

13 V. Peri, *La Pira, Lazzati, Dossetti*, cit. 144.

에서 '가톨릭 운동'에 그리스도의 왕권을 맡겼다. 그는 이 단체에 가정에서부터 직장까지 이 왕권을 증진하는 임무를 부여했다.

이러한 역사적 맥락에서 평신도 활동에 관한 두 형태의 윤곽이 드러난다. 하나는 교계에 직접 의존하는 것이고, 다른 하나는 교계에 의존하지 않고 더욱 자율적으로 활동하는 것이다. 후자의 경우, 교계가 새로운 정부를 불신해 사회에서 특별한 역할을 하지 않았을 때, 몇몇 평신도들은 이 영역에서 자율적으로 활동했다. 평신도의 활동에 대한 두 형태를 뒷받침하는 이론은 오랜 기간에 걸쳐 전개된다. 이를 통해 교회 생활과 사회생활에서 평신도 그리스도인의 활발하고도 책임감 있는 참여가 제시된다.

2. 평신도 신학의 여명

교리가 관행이나 믿는 이들의 어떤 집단이 직관적으로 실행한 것을 신학적으로 정당하다고 해설하는 일이 교회 생활에서 종종 일어난다. 곧, 신학은 그리스도교 공동체가 활동하는 근거들을 서술한다. 따라서 신학은 그리스도교 공동체 생활에 관한 성찰이라는 것에 놀라지 말아야 한다. 이러한 관점은 평신도에 관한 신학적 성찰에서도 입증된다.

근대 이래로 시민사회는 교회에서 벗어나고자 하면서 때로는 논쟁적인 어조로 자율성을 주장했다. 권위를 내세운 교회의 태도가 처음에는 시민사회를 고발했고 또 이후에는 정복하려 했다면, 신학적 성찰은 이를 넘어서야 했다. 신학적 성찰은 사회에서 일어나는 신비로운 사건들, 심지어는 그리스도교에 대한 반감의 표지로 보이는 사건들의 의미를 찾아야 했다. 따라서 하느님의 섭리가 깃든 계획 속에서 역사적 변천은 순전히 부정적 의미인 것만은 아니다.

프랑스 신학은 1930년대부터 이러한 성찰에 몰두했다. 이 신학은 스콜라적 전통, 특히 토마스주의를 통해 창조된 실재의 가치를 해석했다. 하느님의 눈에 존재하는 모든 것은 의미가 있고 또 그 의미를 입증한다는 것이다. 최근의 스콜라적 전통은 창조된 실재에 새겨진 긍정적인 가치에 관한 일반적인 틀, 곧 자연과 초자연의 관계를 설명한다. 이 틀은 '교회에 속하는 구성원'의 역할을 제한하지 않고 재분할하였기에, 평신도 그리스도인의 활동이 자리를 잡는 의미를 부여했다.

'평신도 신학'에서 기억해야 하는 첫째 인물은 프랑스 철학가인 **자크 마리탱**이다. 그는 이후 수십 년 동안 교회 생활과 정치 활동에서 그리스도인의 임무를 지닌 모든 세대에게 영감을 준다. 마리탱의 『가론의 농부』[14]는 유명한 만큼 논쟁적이다. 그는 이 작품에서 에티엔 질송이 제안한 구분을 다시 가져와서 논증했다. 마리탱은 그리스도인이 활동하는 단계를 세 단계, 곧 영적 단계, 현세적 단계, 통합적 단계로 나누었다. 더 나아가 그의 다른 작품인 『통합적 인본주의』는 1934년에 성 안드레아 대학에서 가르친 여섯 번의 강의를 엮은 작품인데, 이 작품의 부록에서 그리스도인 활동의 세 단계를 구분해 다음과 같이 설명한다. "활동의 첫 단계는 전형적인 영적 단계다. 여기서 영적이라는 말의 의미는 그리스도 신비체의 지체로 활동함을 의미한다. 이 단계는 전례 생활이나 성사 생활의 질서에 있는데, 덕의 활동, 관상, 사도직, 자비의 업적에 관한 활동이다. 우리의 활동은 유일한 주체 안에서, 영원한 생명

14 J. Maritain, *Il contadino della Garonna* (Morcelliana, Brescia 1971).

안에서, 하느님 안에서, 그리스도의 구원 업적 안에서, 다른 이 안에서 활동하는 것을 지향한다. 이것이 교회의 단계다."

이어서 활동의 둘째 단계는 현세적 단계다. "우리는 지상 도시의 구성원으로서 지상 생활의 인간사에 매진한다. 우리의 활동이 지성적 · 윤리적 · 과학적 · 학술적 · 사회적 · 정치적 질서에서 올바르다면, 최후의 목적인 하느님과 연결되어 있다. 하느님은 그 스스로 영원한 생명이 아닌 것에 질서를 정해 제한하는 분이다. 우리는 일반적으로 현세의 것들에 관련되어 시민사회에서 활동하거나 문화 활동을 한다. 이것이 세상의 단계다."[15]

마지막으로 활동의 셋째 단계는 '시간의 충만에 도달한 영적 단계'다. 곧, 현세 생활을 규정하는 함축된 영적 가치들이 포함된 단계다.

마리탱은 첫 두 단계에서 '구원의 질서'와 '창조의 질서'의 구분을 강조했다. 따라서 그는 그리스도인이 구원의 질서와 창조의 질서라는 두 단계에서 다른 방식으로 활동한다는 것을 다음과 같이 설명한다.

> (그리스도인이) 사람들에게 말하고 사람들 가운데에서 행동하려면 사람들을 향해 있어야 한다. 그래서 활동의 첫 단계인 '전형적인 영적 단계'에서는 사람들 앞에서 그리스도인으로 드러나고 또 그리스도의 교회에 대한 임무가 있다. 그러나 활동의 둘째 단계인 현세적 단계에서 그리스도인은 의무로만 활동하지 않고, 그리스도인이기에 활동한다. 곧, 교회가 아닌 나 자신의 임무를 지고, 분열이나 무절제함 없이 모든 것에 임무를 지닌 그리스도인으로 살아간다. 그리스도인이기에 자신

15 J. Maritain, *Umanesimo integrale* (Studium, Roma 1946) 227.

에게 임무가 주어지고, 세상에 속하지 않지만 세상에서 세상의 일로 살아가며, 자신의 신앙과 세례와 견진을 통해 무엇을 하든 세상에서 살아가라는 부르심을 받는다. 이 부르심은 세상 안에서 그리스도교의 림프절과 같다.[16]

이 글에서 제시한 그리스도인이 활동하는 형태나 목적은 구분될지라도, 그 원리는 일치한다. 그리스도인은 교회의 표현이라는 영역에서 활동하기에 교회 전반의 가르침의 구조, 전례의 구조, 교계의 구조에서 임무가 주어지고, 동시에 '교회에 속함'과 마찬가지로 '사회에 속한' 그리스도인은 사회에서도 활동한다. 그리스도인은 사회 활동에서 자신의 개인적인 선택이 교회(교계 제도)와 같다거나 교회의 보증을 받는다거나 혹은 무오류한 계시로부터 보장을 받는다고 주장하지 않아야 한다. 지상의 영역인 사회에 교회의 활동을 위한 객관적인 기준이 없으므로, 그리스도인은 확실한 자율성을 지니고 활동한다.

이러한 구분은 신앙의 객관적 내용이 역사와 동떨어지지 않는다는 교회의 비전을 전제한다. 그리스도인은 다채로운 역사에서 영원의 림프절을 확장하기 위해서 활동한다. 하지만 영원한 진리가 고정된 곳에서는 이러한 활동을 시도할 수 없다. 그리스도인은 사회에서 활동하면서, 근대에 형성된 그릇된 인본주의의 사회를 치유하는 데 이바지한다. 따라서 초자연적 운명에 따른 통합된 인본주의, 신 중심적 인본주의는 인간을 배제하지 않으며, 근대의 사상에서 생산된 인본주의를 구원할 것이다.

16 같은 책 229.

그러므로 마리탱은 그리스도인의 목적이 '새로운 그리스도교의 의미'를 드러내는 것이라고 다음과 같이 설명한다. "그리스도인의 새로운 현세 통치가 필요하다. 이 통치는 중세 '그리스도교 특성'이 지닌 원리들을 바탕으로 유비적으로 형성되지만, 그리스도교에 반하는 이교적 개념이나 그리스도교가 현세를 거룩하게 하려는 의도와는 다른 것들도 수반할 수 있다."[17]

이 경향에서 현세에 대한 영적 우위성은 현세 질서에서 시민 권위에 대한 영적 권위의 우위로 이해된다. 하지만 이는 중세 그리스도교의 특성을 회상하며 그 시절의 향수로 되돌아가려는 경향과는 거리가 멀다. 영원한 가치들이 육화를 통해 다양한 형태로 표현되기 때문에, 현세적 그리스도교의 특성은 그리스도교의 본성에 따라 다원적이다. 이러한 그리스도교의 특성에는 중세에 실현된 '최대한의 일치'가 아닌 '최소한의 일치'가 요구된다. 곧, '신앙과 종교의 일치'가 요구되지 않는다. 그러므로 마리탱은 다원화된 도시를 다음과 같이 설명한다. "그리스도교적 도시는 그 품에 비그리스도인들을 모으는 장소가 될 수 있다."[18]

역사에 관한 마리탱의 통찰은 현실에서 그리스도인 활동을 두 단계로 구분한다. 두 신분을 설정하는 교회의 이해를 바탕으로, 현실에 대한 이해와 그리스도인의 활동 영역을 구분하며 전개한다. 이 통찰에서 평신도의 자율적 임무를 수행하는 확장된 공간이 쉽게 이해된다. 현세는 평신도에게 해당하고, 영적인 것은 교계와 교계에 협력하는 평신도 사도직을 수행하는 이들('가톨릭 운동')에게 해당한다. 이로써 초자연적

17 같은 책 131.

18 같은 책 138.

목적의 원리와 일치가 유지된다. 따라서 평신도는 현세 건설이라는 중간 목적을 통해 사회를 최종 목적으로 이끈다. 마치 초자연에 대해 자연이 자율성을 지니는 것처럼, 현세는 자신의 특별한 자율성을 지닌다.

결론적으로 마리탱의 이러한 진술은 그가 아직 '평신도 신학'을 확립하지 못했음을 드러낸다. 하지만 마리탱은 철학적 성찰을 통해 평신도가 할 수 있는 실천적인 프로그램을 제안하면서, 평신도 신학의 전제들을 확립했다.

마리탱 이후로 '평신도 신학'을 향해 '**지상 현실에 대한 신학**'이 궁극적으로 전개된다. 1930년대와 1940년대 프랑스에서 신학을 현실에 적용하려는 이 '새로운 신학'은 폭넓은 영역에서 연구되었다. 하지만 신스콜라주의 신학은 이 신학에 대해 비판적이었다. 사실, 신스콜라주의 신학은 20세기의 인간을 말하기에 부적합한데, 문화에 이질적인 언어를 사용하거나 구체적인 생활과 동떨어진 문제를 다루었기 때문이다. 반면 '새로운 신학'은 교부들의 언어로 회귀했고 역사와 교회의 현실에 주의를 기울이며 형성되었다. 교부학, 역사학 그리고 교회의 현실은 하느님의 계획을 분별할 수 있는 올바른 신학의 장소로 이해되었다.[19]

20세기 초의 문화는 교회의 어떠한 개입도 거부했다. 그때의 신학자들이 풀어야 하는 문제는 교회의 개입을 거부하는 현세가 지닌 의미였다. 예를 들어, 귀스타브 틸스는 『지상 현실에 대한 신학』[20]의 서문에서

---

19 이러한 의미에서 계획적으로 장 다니엘루의 논문 "Les orientations présentes de la pensée religieuse"이 프랑스 예수회 잡지 *Étude* 249호에 실린다. [tr. it. G. Pasquale, *Jean Daniélou* (Morcelliana, Brescia 2011) 97-124]

20 Gustav Thils, *Teologia delle realtà terrene* (Paoline, Alba 1951) (ed. originale francese 1946).

다음과 같이 진술한다. “현세 생활에 관심을 둔 사상들과 그리스도교는 격렬하게 충돌한다. 곧, 정부의 쇄신, 가정생활의 재활, 직업군의 조직, 문화 집중의 방향, 직업과 기술의 가치, 아름다운 예술의 고귀함에 관심이 있는 사상들이 그리스도교와 격렬하게 충돌한다. 세상의 영역에서 제기되는 현세의 문제에 대해 드높으신 분의 이름을 느낄 수 있도록 응답해야 한다.”[21] 또한 그리스도인이 제기하는 세속적인 현세의 의미가 무엇이냐는 물음에 대한 응답도 필요했다. 그리스도교는 새로운 종합을 통해 세속의 가치들을 통합해야 한다. 세속적 가치들은 “자신의 주체성을 간직할지라도, 결국 하느님께로 방향을 정할 것”[22]이다.

많은 평신도는 현세에 두 발을 딛고 또 현세적인 필요에 얽매일지라도, 다음의 의견을 제기했다. ‘수도자에게만 유보된 성화의 시대는 지나갔다.’ 이 의견에 대해 틸스는 “거룩함은 세상 안에서 모든 인간을 위해 가능하게 되었다”[23]라고 응답하면서 다음과 같이 설명한다. “지상 현실에 대한 신학은 평신도에게 일상에서 만나는 가치들의 실질적이고 깊은 의미를 제시하면서, 하느님처럼 신앙의 눈으로 세상을 바라보는 법을 가르친다. 이 신학은 ‘신분으로 주어진 의무를 완성하는 덕을 통해’ 평신도를 신적 생명으로 드높이려 한다. 이 신학은 평신도의 활동 방향을 정하는 데 도움을 줄 것이다.”[24]

이처럼 신학은 그리스도교 생활에 봉사한다. 신학은 그리스도교 생활에서 그 어떤 것도 배제하지 않으며, 그리스도교 생활에 관한 용어의

---

21 같은 책 5.

22 같은 책 22.

23 같은 책 40.

24 같은 책 41.

설명보다는 더욱 종합적인 의미를 설명하려 한다. 그리스도는 모든 것의 주님이기 때문이다.

더 나아가 틸스는 평신도는 언제나 교회의 자녀이지만, 일상에서 평신도가 '활동하는 형태'를 교회로부터 부여받지 않는다고 설명했다.[25] 따라서 그는 평신도가 부여받은 '활동하는 형태'는 다음과 같다고 제시한다. "하느님을 위해 또 계시를 위해 세상, 사회, 가정, 직업, 문화, 기술과 예술에 관한 정확하고 명확한 비전을 이해해야 한다."[26]

따라서 틸스는 『지상 현실에 대한 신학』의 4부에서 평신도가 지녀야 할 비전을 다섯 장(인간 사회, 문화와 문명, 기술, 예술, 노동)으로 제시하면서, 지상 현실에 대한 집중은 세상에서 인간 활동, 더 정확하게는 그리스도인의 활동임을 명확하게 제시했다. 그는 '세상으로부터 도피'를 통해 원천으로 되돌아가려는 향수나 세상에 대한 적의를 품지 않고, 더 이상 존재론적으로 고유한 본성을 제거하지 않는다. 이는 세상 안에 새겨져 있는 하느님 혹은 세상에서 하느님으로 향하는 자연스러운 방향을 제시하는 것이다.

지상 현실에서 그리스도인 활동을 다루는 이 신학에 대해 비판할 수 있다. "인간의 경험은 객관적 결정으로 이해되지 않고 그리스도교적으로도 판단되지 않기 때문이다." 따라서 이 신학은 "주관적 의식이 인간의 경험에 부여하는 무해한 종교적 색채"[27]처럼 활용될 수 있다. 그 결과, 혹자는 지상 현실이 거룩함의 경계 밖에 있어서 지상에서 일어나는

25 같은 책 43.

26 같은 곳.

27 G. Angelini, *Nascita e declino della «Teologia del laicato»*, in G. Angellini - G. Ambrosio, *Laico e Cristiano* (Marietti, Genova 1987) 64.

그리스도인 활동이 아무런 의미가 없다고 비판한다. 그런데도 틸스는 이 신학이 지상 현실에서 일어나는 그리스도인 활동의 이유와 의미를 밝히며, 따라서 그리스도인은 지상 현실에서 자신의 활동에 매진해야 한다고 신학적으로 주장했다.

틸스의 성찰은 고립되지 않았다. 프랑스의 많은 신학자와 그리스도교 사상가의 기여로 수많은 평신도가 그리스도교에서 멀어진 대중, 특히 노동자 계층으로 들어가려고 했고, 교회의 사목자들은 그리스도교에서 점점 더 멀어지는 사회에 새로운 '교회의 이식'(plantatio ecclesiae)을 시도했다. 그 결과, 1920년대 말부터 '교회의 이식'이라는 새로운 표현으로 **선교가 널리 활성화**되었다. 루뱅 대학에서 가르친 피에르 샤를과 그의 추종자들의 성찰은 이를 심화했기에, 이들은 선교학의 역사에서 '루뱅학파'라 불렸다. 그때 널리 퍼진 확신은 프랑스 노동자 집단의 비그리스도교화를 두고 바다를 건너 선교지에 가서는 안 된다는 것이었다. 교회는 교회 밖으로 향해야만 했다.

이러한 의미에서 '가톨릭 노동 청년회'를 지도하는 두 사제 앙리 고댕과 이브 다니엘이 『프랑스는 선교지?』[28]라는 소책자를 출판한 것은 상징적이다. 이 책의 제목은 선교 지역은 이제 지형이 아닌 문화적으로 교회에서 먼 곳이라는 논쟁을 일으켰다. 따라서 선교 임무는 교회에서 멀어진 그리스도인들과 거리를 좁히는 것이 더 절실한 과제가 되었다.

다른 한편, 교황 비오 11세는 「사십주년」(1931)에서 가톨릭 노동자, 산업화의 노동자들과 상인들에게 다음과 같이 선교 사명을 맡긴다.

---

28 Henri Godin & Yves Daniel, *France pays de mission?* (Ed. de L'Abeille, Paris 1943).

> 그리스도를 부인한 이 모든 계급의 사람들을 그리스도께로 데려오기 위해서, 우리는 바로 그 계급 안에서 교회의 보조 군사를 모으고 훈련해야 한다. 그들은 그 계급 사람들의 심성과 열망을 알고 형제적 사랑으로 그들의 마음을 설득할 수 있을 것이다. 틀림없이 노동자들의 일차적이고 직접적인 사도는 노동자 자신이어야 하며, 동시에 상공업자의 사도는 상공업자 자신이어야 한다.[29]

교황이 제시한 것에 관해 '가톨릭 노동 청년회' 창립자인 요제프 카르데인 몬시뇰은 다음과 같은 슬로건을 주창한다. "노동자 안으로, 노동자에 의해, 노동자를 위해." 사실, 교황 비오 11세의 첫 회칙인 「하느님의 신비가 있는 곳에」*Ubi arcano Dei*(1922)[30]의 어조는 교황의 생각을 정확하게 표현했다. 여기서 평신도는 그리스도의 왕국과 일치하는 올바른 사회 질서의 재건을 위해 교계라 이해되는 교회의 '협력자'(collaboratore)들이다. 이것이 바로 교황 비오 11세가 '가톨릭 운동'에 제시했던 내용이었다.

19세기 말의 사회적 변화로 인해 성직자와 평신도 간 '협조'(cooperazione)의 필요성이 증가했다. 제1차 세계대전은 '윤리적 · 법적 · 사회적 근대주의'라는 특징을 지닌다. 이러한 상황에서 '그리스도교 군대'라는 의무가 도출되었다. 그리스도교 군대는 그리스도의 왕국의 복원과 확장을 위해 교황과 밀접하게 연결된다.

---

29 *Enchiridion delle encicliche* 5 (EDB, Bologna 1995) n. 723. 역자 주: 교황 비오 11세의 회칙 「사십주년」 60항.

30 *Enchiridion delle encicliche* nn. 44-46.

> 평신도인 여러분은 여러분의 평신도 형제들에게 말하십시오. 사제와 주교에 결합해 평신도 여러분이 예수 그리스도를 알리고 사랑하게 하려고 개인적으로나 집단적으로 사도직 활동에 참여할 때, 여러분은 성 베드로가 경탄한 선택된 민족, 임금의 사제단, 거룩한 민족, 하느님의 백성(1 베드 2,9 참조)이 됩니다. 이제 여러분은 우리와 함께 또 그리스도와 함께 있으며, 세상의 평화를 유지하는 그리스도 왕국의 복원과 확장에 공훈이 있습니다.[31]

이 글에 대해 실비오 트라몬틴은 올바르게 다음과 같이 분석한다. "이 진술은 '가톨릭 운동'을 '교계 사도직에 대한 평신도의 참여'라고 정의한다. 이처럼 평신도 사도직의 신학적 이유는 세례와 견진 그리고 믿는 이들의 사제직에 이미 함축되어 있다."[32] 결론적으로 선교의 상황과 필요성은 평신도의 가치를 알리는 근원이 된다. 교회(교계)는 평신도를 통해서 세상에 그리스도 왕국을 알리는 임무를 펼칠 수 있다.

초대교회에서 유다 세계와 이민족 세계는 평신도 활동을 통해 그리스도교와 만났다. 초대교회의 실천에 비추어 보면 평신도의 사도직 참여는 정당성을 얻는다. 교황 비오 11세가 1932년 12월 10일에 로마의 가톨릭 대학생들에게 한 연설에서 이 방향은 널리 알려졌다. "'가톨릭 운동'의 도움으로 사도들의 교계 사도직은 시작되었고, 효과적이고 거대하며 빠르고 효율적으로 실현되었습니다. '가톨릭 운동'이 초대교회에서 일어난 일들을 대부분 설명하며, 오래되고 영광스러운 모든 그리

31 같은 책 n. 49.

32 S. Tramontin, *Un secolo di storia della Chiesa*, cit. 22 s.

스도교 문헌도 이를 증언합니다."[33] 그러므로 그리스도인 평신도에 관한 신학적 성찰의 시작에는 수행해야 할 시급한 임무가 있다. 이 임무는 교계의 영역뿐만 아니라 목자들의 호소에 민감한 평신도에게, 더 나아가 그리스도교가 본성적으로 육화한 구조에 더욱 강하게 인지되어야 한다.

이처럼 평신도의 시급한 임무를 강조하는 이들에게 동반되는 좌우명은 **육화**다. 그들은 이 좌우명으로 하느님이 그리스도의 육화를 통해 그리스도 안에서 세상과의 거리를 없앤 방법을 제시하려 했다. 이는 교회가 현대 사회에 접근하는 방법론이 될 것이다. 따라서 육화는 평신도가 수행해야 할 임무의 긴급함을 지시하고, 평신도 사도직의 둘째 강령인 사회에서 그리스도인의 현존을 드러낸다. 평신도는 구원의 효과적인 도구인 교회의 건설에 참여하며 사물의 올바른 질서를 회복하는 데 매진한다.

육화를 주제화하는 것은 그리스도교의 병든 영성에 대한 반격의 시도였다. 에마뉘엘 무니에는 제2차 세계대전 중에 병든 영성의 괴팍함을 다음과 같이 비난한다. "눈을 낮게 뜨고 지루하게 살아가는 이 굽은 자들, 이 난잡한 영혼들, 덕을 계산하는 이들, 주일 전례에 참여하지 않는 이들, 이 소심한 신심들, 설부른 영웅심들, 아기와도 같은 이들, 하얗게 질린 처녀들, 무료함의 그릇들, 논리를 가방 속에서 꺼내는 이들, 그늘의 그늘들, 이것들이 짐승에 맞서는 다니엘의 경호원이 될 수 있는가?"[34] 이러한 무니에의 주장은 1940년대 프랑스 가톨릭인들의 실질적

---

33 Pio XI, *Discorsi* (SEI, Torino 1960) 778.

34 E. Mounier, *L'avventura cristiana* (LEF, Firenze 1951) 9.

인 생각과 행동을 비난하면서 논쟁을 일으켰다.

이처럼 논쟁이 일어난 이유는 물려받은 유산에 대한 이해가 다르기 때문이다. 곧, 교회와 그 사명에 관한 이해가 다르고, 이전 역사에서 생긴 변화와 행동 양식에 관한 이해가 달랐다. 이러한 차이는 '육화론자'와 '종말론자' 사이의 논쟁에서 뚜렷하게 드러난다. 종말론자들은 그리스도교의 종말론적 차원을 방어하기를 바라면서, 사회적 변화로 인해 교회가 축소되는 위험을 피하고자 했다. 더 나아가 육화론자들이 교회를 구할 수 있다고 제시하는 방법으로는 교회가 해체될 수 있다고 우려했다.[35] 이러한 배경에서 '평신도 신학'이 나타나고 발전한다.

3. 평신도 신학

"평신도 신학이라는 계획은 평신도의 특별한 임무를 인식하고 평신도에 품위를 부여한다는 목표를 추구한다."[36] 이 계획은 결과적으로 수십 년 동안 교회와 사회에서 임무를 맡은 많은 성숙한 평신도에게 그리스도교의 고유한 품위가 있다는 필수적인 인식을 드러낸다.

이미 살펴본 것처럼, 마리탱의 성찰은 신학적인 것이 아니었다. 정확한 의미에서 평신도 신학을 적용한 첫 시도는 **이브 드 몽쇠유**라 할 수 있다. 그는 세계대전 전후 시대 프랑스 가톨릭의 교부 중 한 명으로, 무르익지 않은 그의 사상은 1944년 여름 나치의 소총 아래 사라져 버렸다. 비록 단편적이지만 사후에 그의 공헌이 곧 드러나는데, 평신도의

35 이 두 상반되는 관점에 대해서 B. Besret, *Incarnation ou eschatologie. Contribution à l'histoire du vocabulaire religieux contemporain (1935-1955)* (Cerf, Paris 1964) 참조.

36 G. Angelini, *Nascita e declino della «Teologia del laicato»* cit. 88.

생활 조건에 부르심의 품위가 있다는 것이다. 평신도가 현세에서 수행하는 임무의 의미는 정의의 승리나 불의한 환경에서 애덕을 펼치는 것이 아니라, 하느님의 뜻을 실현하는 것이다. 하느님의 뜻은 표징을 통해서 드러나기에, "태도, 환경, 다른 이들의 필요"로 구성되는 표징을 충실하게 해석해야 한다. 따라서 몽쇠유는 "(평신도는) 부르심을 받았기에, 자신의 삶을 성찰해야 하며 또 부르심에 따라 행동해야 한다"[37]라고 평신도의 의미를 설명한다. 그는 종교 생활과 사회생활에서 수행하는 임무를 분리할 수 없다고 말한다. "그리스도인은 일상생활과 신앙생활을 일치시켜야 하며, 신앙생활이 명령하는 현세 활동을 영원에 이르도록 인도해야 한다."[38] 그리고 그는 사회에서 활동하는 그리스도인은 그리스도교를 실현한다고 설명했다. 그는 수도자나 사제에 비해 평신도의 부르심은 기적처럼 드러난다고 생각했다. "스스로 만족하는 세상에서 평범하게 펼치는 평신도 활동에는 이미 하느님의 활동하심이 숨어 있다."[39]

그의 진술에 따르면, 평신도에게 부르심의 품위가 있기에, 평신도는 더 이상 교계에 의존하거나 혹은 대변인으로 드러나지 않는다. 따라서 교계는 교회와 동일하지 않고, 교회는 그리스도인에게 이질적이지도 않다. 교회는 내적 현실로써 어디든지 그리스도인을 동반한다. 그러므로 몽쇠유는 평신도가 사회 활동에서 자율성을 지닌다고 주장한다.

교계가 묶고 푸는 권한으로 평신도를 대하면서 적절하게 판단하고 개

---

37 Y. de Montcheuil, *Problemi di vita spirituale* (Vita e Pensiero, Milano 1956) 61.

38 같은 책 154.

39 같은 책 61.

입할 권리가 있지만, 무차별적인 교계의 개입으로 평신도에게 관심을 드러내는 것은 효과적이지 않을 것이다. 평신도가 사제에게 교회의 가르침을 청할 수 있으나, 교회에서 주도권을 지니는 교계의 결정에 복종하라는 요구는 피해야 한다. 믿는 이들이 자신의 책임을 지는 데 용기가 없고 문제를 덮으려고만 하는 데에 익숙하다면, 성직자가 현세 제도에서 선택에 불필요하게 개입하는 유해한 습관을 지속할 위험이 있다. 이에 반해 성직주의를 탄식하는 것은 무용하게 되고, 평신도는 사실상 비겁함으로 인해 성직주의를 요청한다. 하지만 평신도는 성직주의에 대해 합법적으로 회의를 표명하고, 평신도에게 유보된 지상 사물에의 간섭을 받아들이지 않아야 한다. 이러한 평신도를 인정하지 않을 수 없다. 더 좋게 말해서, 평신도는 자신에게 맡겨진 임무를 자신이 해결하기를 바란다. 평신도는 교육과 양성을 받으며 통제되고 판단받지만, 이들에게 수갑과 차꼬를 채울 수는 없다.[40]

몽쇠유는 그리스도인이 모든 것에서 그리스도교적인 것을 선택하고, 신앙의 결속이 풀린 적이 없으므로, 현세 활동에 적합하지 않은 교계의 지시에 예속되지 않는다고 주장한다. "(그러므로) 그리스도교적 현세 활동과 교회의 지도 아래 수행하는 활동 사이의 구분이 필요하다. 이것을 잊어버리면, 그리스도교적 현세 활동이 위험해지거나 부정될 수 있으며, '성직주의'로 되돌아갈 수 있다."[41]

평신도는 현세 제도에서 구체적으로 선택할 수 있기에, 책임감이 부

---

40 같은 책 168.

41 같은 책 170.

여된다. 이 책임감은 개인의 판단에 따라 결과가 달라질 수 있다는 점 그리고 선택은 하느님과 고유한 관계를 맺는 그리스도인에게 부여된 진지한 임무라는 점을 깨닫게 한다. 따라서 교계의 대리자들은 하느님을 향해 고유하게 결단하는 개인적 자각에 대해 가치판단을 해서는 안 된다. 시민사회가 집단적 이해를 통해 가치를 판단하는 것과는 달리, 그리스도교는 개인적 자각의 중개를 통해 가치를 판단하기 때문이다.

바로 여기에 몽쇠유가 제시하는 새로움이 있다. 곧, 그리스도인은 자신의 신앙에서 시민사회의 임무로 나아가지만, 자신이 구체적으로 선택한 것이 신앙 혹은 교계의 보증이나 지시로 보장된다고 주장할 수 없다. 그러나 이 새로움은 평신도가 자족적이며 완전히 독자적이라는 의미가 아니다. 오히려 평신도는 언제까지나 교회의 자녀로 남아 있다. 몽쇠유는 이를 다음과 같이 설명한다. "가톨릭인들에게 교회는 외적으로 신앙생활을 하는 곳이 아니다. 이들에게 교회는 내적이다. 교회는 평신도를 보호하는 외피가 아니다. 자신의 구조를 조정하기 위해 교회 주위에서 파생된 힘을 모으는 조직도 아니다. 오히려 교회는 신앙인의 힘의 원천이다. 믿는 이 각자는 교회에서 그 힘을 얻는다. 각자는 교회를 통해 신앙의 원천에 결합한다."[42] 결론적으로 교회의 내면화는 현세의 선택에 있어서 평신도의 자율성에 관한 진정한 의미를 형성한다.

이브 콩가르는 평신도 신학의 걸작인 『평신도 신학을 위해』에서 평신도에 관해 더욱 성숙하게 설명했다.[43] 유명한 이 도미니코회 신학자는

---

42 같은 책 7.

43 프랑스어 제2판을 원저로 삼은 이탈리아어 번역본 Yves Congar, *Per una teologia del laicato* (Morcelliana, Brescia 1966). [원서: *Jalons pour une Theologies du laicat* (Cerf, Paris 1953)]

수많은 평신도의 새로운 자각에 응답하면서, 평신도를 다음과 같이 설명한다. "엘리트들은 전례에서 원천으로 회귀하는 노선을 이렇게 인식했다. 곧, 평신도는 참으로 거룩한 백성(plebs sancta)이고, 미사 지침(canon)이 말하는 것처럼 성별된 백성이며, 교회 생활의 중심인 전례에 능동적으로 참여한다."[44] 게다가 "믿는 이들은 그리스도인이 지닌 임무의 위대함과 그 요구를 동시에 발견한다".[45]

평신도를 다루는 수많은 작품이 있다고 하더라도, 이 작품들로 채워지지 않는 공백이 있었다. 따라서 수많은 그리스도인의 삶은 이 공백을 메우기 위해 평신도에 관한 심화된 성찰을 요구했다. 이러한 요구에 콩가르는 700쪽이나 되는 『평신도 신학을 위해』를 다음과 같이 소개한다. "평신도에 관한 첫 저술이기에, 기초가 될 참고 사항을 제시했다. 하지만 이 책에서 완전하거나 확정적인 것을 주장하는 것은 아니다."[46] 이처럼 그가 최대한 겸손하게 표현한 이유는 "통합적인 하나의 교회론만이 평신도 신학에 가치를 줄 수 있다"[47]는 확신 때문이었다. 그가 이 작품이 교회론이 될 수 없다고 주장한 이유는 교회론이 되려면 그리스도론과 연관된 인간학과 창조 신학으로 보완되어야 하기 때문이다.[48]

콩가르는 이 작품에서 평신도의 어원을 분석하면서 논지를 전개했다. 그는 어원이 평신도가 지닌 교회성의 가치를 담지 못한다고 비판했다. 따라서 평신도가 먼저 '하느님 백성에 속하는 이'라고 알려져야 한

---

44 같은 책 8.

45 같은 곳.

46 같은 책 13.

47 같은 책 12-13.

48 같은 책 4 참조.

다고 주장했다. '평신도'(laico)는 그리스어 구약성경의 '백성'(λαός)에서 파생되며, '이방인'(εθνη)과 반대되는 용어다. 곧, 하느님 백성은 이민족과 구분된다. 그는 이 작품의 1964년 개정판에서 평신도의 어원을 세밀하게 알려 주었다.[49] 이는 얼마 지나지 않아 그리스도인 본래의 평등성 복원을 바라는 이들에게 호의적으로 받아들여진다.

콩가르는 평신도의 어원이 그 풍요로운 특성을 충분히 정의하지 못하므로, 이중 접근을 통해 이 풍요에 도달할 수 있다고 설명했다. 1) "하느님 백성의 구성원인 평신도는 성직자나 수도자처럼 신분을 지니고, 직접적인 방법으로 천상 실재에 연관된다."[50] 그러나 이들은 세상에서 자기 일을 통해 천상 실재의 목적에 도달한다. 2) "따라서 평신도는 하느님께서 그에게 부여한 일을 스스로 행하며, 자신을 통해 사물의 가치가 매겨지도록 그 가치에 관심을 두는 사람이다."[51] 결론은 이러하다. "평신도는 자신을 통해 사물이 존재하도록 하는 사람이다."[52]

콩가르가 평신도를 '종말'과 '세상'이라는 두 좌표로 설명한다는 것은 어렵지 않게 알 수 있다. 종말은 교회의 모든 구성원에게 동등하게 일어나지만 언제 일어날지 알 수 없고, 세상은 성직자와 수도자에 비해 평신도의 특별한 역할을 뚜렷하게 드러낸다. 따라서 콩가르는 평신도의 교회성이 세상에 봉사함으로써 전개되고, 이로써 세상을 교회에 봉헌한다고 다음과 같이 설명한다. "살아 있는 하느님의 계획에 따라 교

---

49 이탈리아어 번역본 649 참조.

50 같은 책 37.

51 같은 책 39.

52 같은 책 44.

회 활동의 충만함에 도달하기 위해, 평신도가 세상의 일을 완수하며 세상의 일에 매진함으로써 그 최후 목적에 이르게 한다는 것을 교회는 알고 있다. 이것은 평신도에게 본질적이다."[53] 여기서 핵심은 교회가 '믿는 이들의 공동체' 혹은 '구원의 실재'이기보다는 '구원의 성사'로서 "사람들을 당신의 친교로 이끌기 위해 주님께서 마련한 도구"[54]로 이해된다는 것이다.

이러한 설명에서 **임무의 분할**이 엿보인다. 곧, 교회가 설립될 때 질서 지어진 그리스도와 구원의 공동체 사이의 구원적 중개 역할은 성직자에게 속하지만, 교회와 세상 사이의 중개 역할은 평신도에게 속한다. 따라서 교회의 활동에는 두 체계가 있다. '교회 안'(Ecclesia ad intra)의 일은 성직자에게 유보되고, '교회 밖'(Ecclesia ad extra)의 일은 평신도에게 유보된다. 이 두 체계를 통해 그리스도는 자신의 메시아적 왕권을 역사와 세상에 실현한다. 그러나 그 방법은 다르다. 평신도는 자신의 삶을 통해 행동한다. "그리스도의 구원하는 에너지가 믿는 이들(성직자 포함)의 생활에서 또 그 생활을 통해 역사와 세상에 펼쳐져 창조된 모든 풍요로움은 하느님께로 되돌아간다. 그리스도는 창조의 맏배이며 왕이다."[55] 교계는 은총의 도구로 존재하지만, 평신도는 교회와 세상 사이의 연결고리로 설정된다. 이처럼 교회(더 정확히 말하자면 교계)가 평신도를 '존재'하게 하는 이유는 평신도들을 세상으로 '파견하기'(travasano) 위해서다.

콩가르는 평신도의 조건을 설명하기 위해 19세기부터 가톨릭교회론에 들어온 '그리스도 직무의 분할'을 적용했다. 직무의 분할은 서품

53 같은 책 38.

54 같은 책 47.

55 같은 책 152.

과 통치의 구분을 극복하기 위해 교계에 적용되었지만, 교도권의 역할이 지닌 특수성을 충분히 다루지 못했다. 이 설명에 따르면, 평신도도 그리스도의 사제직, 왕직, 예언직에 참여한다.

콩가르는 역사적으로 풍부하게 참고하여 폭넓게 설명하면서 교회 생활에서 평신도의 활발한 역할을 지속적으로 주장했다. 그는 생활 체계와 은총의 도구 또는 권력의 도구라는 두 체계를 제시했다. 그는 이러한 주장을 통해 다음의 사실을 되새기게 한다. 교회는 목자만이 아니라 모든 믿는 이와 더불어 세워졌다. 교회에서 성직자는 그리스도를 대리하는 줄기이며, 믿는 이의 생활은 뻗어 나간 잎들이다.

콩가르는 그리스도교 원천으로 회귀하는 내용을 설명하면서, 반동 교회론의 메마름을 탈피하고자 했다. 또한 그는 많은 그리스도인의 경험을 신학적으로 논하면서, 그리스도인의 생활이 교회를 건설하고 사회에 교회의 현존을 알리는 데 이바지한다고 설명했다.

여기서 '**가톨릭 운동**'은 매우 중요하다. 콩가르는 '가톨릭 운동'이 '위임'(mandatum)의 힘으로 평신도의 고유한 생활 영역에서 그리스도교의 영향력을 실행하는 단체적 사명을 수행한다고 설명한다.[56] "각자가 성령(ex spiritu)에게 받은 은사를 통해 자신의 고유한 환경에서 평신도는 일반적 사명을 받는 동시에 확실한 법적 명칭으로 새겨진 '거의 공적인'(quasi ex officio) 교계의 사명을 받기도 한다. 교계는 이들이 책임과 규범을 지닌다는 것을 알고 있으며, 이 사도직을 '제도'가 될 수 있도록 이끈다."[57]

56 같은 책 528 참조.

57 같은 책 526.

'가톨릭 운동'의 활동은 '위임'의 힘을 통해 교계의 활동 영역으로 뻗어 나간다. 콩가르는 '가톨릭 운동'이 세상에서 활동하는 그리스도인 개인의 활동이 아니라 엄밀히 말해서 '교회의 활동'이라고 설명한다. "'가톨릭 운동'의 내용은 그 자체로 세속적 임무가 아닌 교회의 활동이다. 이 임무는 그리스도교적인 양성과 목적 그리고 성장을 지향하고, 게다가 궁극적으로 외적이고 직접적인 사도직이라고 계속 언급해야 한다."[58]

평신도 활동과 '가톨릭 운동'을 구분하면서, 평신도 그리스도인의 세속적 임무가 무엇인지 정확한 규정이 가능해졌다. 콩가르는 자연과 초자연의 구분을 전제하면서, 자연-세속이 하느님의 창조인 한, 존재론적이고도 신학적인 존재 이유를 지닌다고 생각했다. 따라서 평신도는 "세상과 역사의 중심"을 건설하는 임무를 지니며 하느님을 위해 세상을 살아간다.[59]

세상은 멸망의 자리가 아니라 영적 예배의 자리이며, 하느님이 현실에 새겨 놓으신 법을 실현하는 자리다. 문화적으로 그리스도교의 호의적이고 건강한 영향을 보여 주는 평신도의 활동은 세상이 하느님을 향한 정향성을 잃어버리지 않도록 세상에 말을 건네는 일이다.

그러므로 평신도와 성직자는 상호 보완적이고 교회 사명을 함께 실현한다.

한편, 평신도의 활동이라는 그리스도인의 가치 회복은 세상에 전념하는 **평신도의 예외적인 영성**이라는 문제를 가져온다. '예외적인'이라

58 같은 책 552.

59 같은 책 554.

는 말은 이 작품이 출간된 당시에 일어난 논쟁을 암시한다. 콩가르는 영성이라는 용어를 강조했는데, 불필요한 논쟁에 휘말리지 않으려는 것이었다. 이 문제는 다음과 같은 질문을 제기했다. "평신도가 각자가 처한 특수한 상황에서 성화되어야 하는 특별한 조건들은 무엇인가? 평신도가 각자가 처한 특수한 상황에서 그리스도교적 생활로 실천하는 가치와 성격은 무엇인가?"[60] 이 문제에 대한 해답은 세상일을 완수하는 세상의 삶은 부르심이라는 사상으로 요약된다. 이 부르심은 "창조와 하느님 나라의 도래에 '협조'하는 것이다".[61] 그러므로 그는 다음과 같이 올바르게 진술했다. 그리스도교가 교회의 모든 구성원에게 공통되지만, 교회에는 "부르심이 다르고, 삶의 환경과 조건도 다르며 또 구체적인 임무가 다른 여러 신분이 있다".[62] 이러한 상황들은 평신도의 실존에 깊이 겹치며 또 그들의 존재가 그리스도 안에서 수도자와 성직자와는 아주 다르다는 사실을 드러낸다.

콩가르는 그리스도인의 영성을 세상 안에 임무로 설명하는 출발점은 다음과 같다고 설명한다. "그리스도인의 의무와 임무는 우리에게 주신 하느님의 뜻 혹은 우리에게 세상을 주신 하느님의 뜻이다."[63] 하느님의 뜻은 사슬의 고리처럼 이 부르심에 이어 봉사, 활발한 활동, 임무 그리고 책임으로 이어진다. 따라서 십자가의 표징 아래 모든 것이 파생된다. 이처럼 평신도의 사회적 상황은 신학적 상황으로 해석된다. 세상 안에 있는 모든 것은 성화의 도구가 된다. 세상의 일을 완수하며 세상

60 같은 책 561.

61 같은 책 595.

62 같은 책 561.

63 같은 책 596.

에 봉사하는 것은 하느님께 봉사하는 것이다. 이는 사물에 관한 성실함과 전문성 그리고 사물에 지배당하지 않을 능력을 요구한다. 모든 것은 하느님의 것이고, 영혼의 영적 태도는 하느님으로 향하기 때문이다. 이처럼 그리스도인의 활동은 세상 안에서 세상을 위해 고양된 가치와 치유하는 가치 그리고 그리스도인을 위해 성화하는 가치를 지닌다. 그는 구체적인 현실인 세상은 생명의 자리로서, 하느님께 봉사하는 자리라고 설명한다. "그리스도인은 왕다운 사제직의 법을 따라 살면서 세상에 매진하지만, 동시에 세상에서 자유롭고, 세상에 침잠하면서도 세상 위로 드높여진 이들이다. 그리스도인은 투쟁하고 부정하는 사람들의 기울어진 세상에서 평화를 운반하는 역할을 완수하는 데 적합하다. 이 평화는 복음이 하느님의 참된 자녀에게 주는 선물이다."[64]

콩가르의 성찰은 이후 거의 20년 동안 필수적인 참고 자료가 된다. 제2차 바티칸공의회 문헌은 콩가르가 제시한 평신도의 정체성과 임무를 기록할 것이다. 하지만 시간이 흐른 후 그는 **자신의 한계**를 다음과 같이 선언한다. "1953년의 나의 (신학적) 전개가 적절하지 않은 이유는 아마도 너무 명확하게 구분했기 때문이었다. (권력 수여와 동일한 성격인) 12세기와 13세기의 스콜라 신학이 지속한 노선으로 직무 사제직 그 자체를 보호하려는 시도는 위험한 것이었다."[65]

신분의 구분은 활동 영역을 분할했다. 이 분할로 인해 원천적으로 평신도 신자들은 교계에 부여된 사명의 부속물처럼 이해되었다. 콩가르는 이러한 관점이 교회론적 이유로 제시되었다고 설명했다. 곧, 교회를

64 같은 책 629.

65 Y. Congar, *Il mio itinerario nella teologia del laicato e dei ministeri*, in Id., *Ministeri e comunione ecclesiale* (EDB, Bologna 1973) 16.

건설하는 데에 그리스도의 '유효한 도구'인 교계가 결합했고, 따라서 공동체와 그리스도 사이에 사제 직무의 중개가 있어야만 했다.

콩가르를 포함한 당시의 신학은 자연적 질서와 초자연적 질서의 구분을 당연하게 받아들였다. 이를 바탕으로 그가 제시한 평신도의 개념은 집중적으로 근본적인 비판을 받았다. 그는 평신도를 다른 본질 곁의 '본질'이라고 정의했다. 이에 대해 다음과 같은 비판이 제기되었다. "실천적으로 평신도는 사제와 수도자와 비교되어 설명되었다. (그리스도인 신원이라는) 공통된 요소는 구체적인 변증법으로 구분되지 않은 채 교계로 한정되었다."[66]

비판은 적절하더라도, 프랑스 도미니코회 신학자의 공로는 논의의 대상이 될 수 없다. 콩가르는 이론적 틀을 강조하면서 "장벽을 허문" 경험을 말했는데, 이를 이어 한스 우르스 폰 발타사르는 『장벽들을 허물어』[67]라는 책을 출판했다.

앞서 살펴본 것과 같이, 평신도 신학은 많은 평신도의 요구에 따른 계획이었으며, 신학자들도 이를 비판적으로 정립하려고 시도했고 또 교도권도 이 신학을 지지하고 이끌려고 노력했다.

여기서 프랑스어권의 신학자 중 **게라르 필립**을 거론하지 않을 수 없다. 그는 제2차 바티칸공의회의 「교회에 관한 교의 헌장 – 인류의 빛」의 주요 편집자 중 한 명이다. 얀 그루터의 말에 따르면, 필립은

---

66 G. Angelini, *Nascita e declino della «Teologia del laicato»*, cit. 105.

67 H. U. von Balthasar, *Abbattere i bastioni* (Borla, Torino 1966) (Ed. Originale tedesca 1954). 콩가르의 작품과 동시대인 이 책에서 발타사르는 교회는 자신의 장벽들에서 나와 세상에 개방해야 한다고 용기 있게 주장했다.

"1950~1960년대에 평신도에 관한 개념에서 홀로 '긍정적인' 접근을 추구한 이"[68]다.

필립은 루뱅 대학에서 가르쳤다. 그의 작품 『교회 안에서 평신도의 역할』[69]은 콩가르의 작품이 출판된 다음 해인 1954년에 출판되었다. 저자는 이 작품에서 자신이 목표로 하는 바를 다음과 같이 제시한다. "계시된 진리의 빛을 따라 교회에서 평신도의 위치와 임무에 관한 원칙들을 할 수 있는 한 정확하게 규정하는 것이다."[70]

필립은 콩가르가 제안한 교계와 평신도의 구분을 참조했다. 그는 이 구분은 중요하지만, 교회의 종말론적 비전에서는 지나치게 엄격하다고 생각했다. 지금은 목자들과 믿는 이들이 상대적으로 구분될지라도, 완성의 때에는 머리도 없고 종도 없을 것이다. 그에 따르면, 교회에서 교계의 의미는 신비로 이해되어야 할지라도, 역할보다는 생활에 더 큰 주의를 기울여야 한다.[71] 따라서 그는 평신도 혹은 '일반적' 그리스도인이 하느님과의 관계에서 성직자나 수도자와 같은 품위를 지니고 또 구원에 도달하는 데에도 동일하다고 설명한다. "세상 안에 사는 평신도의 조건, 세속에 살아가는 그들의 실존과 활동은 하느님과 이웃을 사랑하고 섬기는 그들의 방식을 결정한다. 이에 따라 평신도의 영성 또한 달라진다. 곧, 평신도의 영성은 전적으로 또는 대체로 속적인 대상으로 규정되지 않는다. 오히려 대다수 사람들이 온전히 투신하는 세속적 상

68 *Le rôle de mgr G. Philips à Vatican II*, in AA. VV. *Ecclesia a Spiritu sancto edocta* (Duculot, Gembloux 1970) 347.

69 G. Philips, *I laici nella Chiesa* (Vita e Pensiero, Milano 1956). [원서: *Le rôle du laicät dans Eglise* (Castermann, Tournai-Paris 1954)].

70 이탈리아어 번역본 23.

71 같은 책 33 s 참조.

황에서 임무를 충만하게 수행하는 주체로 규정된다."[72]

그는 평신도의 영성이 애덕의 법이라고 강조한다. 애덕은 모든 사도직과 교회의 영혼의 궁극적 원칙이다. 필립은 애덕의 힘으로 평신도를 다음과 같이 설명한다. "(평신도는) 그리스도의 몸에 속한 모든 구성원이 그렇듯이, 모든 이에게 호의를 전달하는 은총의 운반자다."[73]

평신도는 애덕의 힘으로 사도들과 그 후계자들의 역할을 떠올리게 하는 사도직에 참여한다. 통상적으로 교계의 사도직이라는 용어에 비해, 평신도 사도직은 낮은 부류라고 이해된다. 하지만 교회에는 명령만 하는 부류와 순종만 하는 부류는 없다. "교회는 종들을 위한 직업 학교가 아니라, 자유롭고 교육된 기사들의 친교"[74]이기 때문이다. 사실, 교회에서 모든 이는 최상의 머리에게 복종하기에, 이 머리의 협조자들에게도 순종해야 한다.[75] 그렇기에 필립은 사제와 평신도는 (각자의) 부르심을 존중하며 살아가도록 서로서로 돕는다고 말한다. "[…] 사제는 그리스도인이라는 말의 의미를 실현하도록 평신도를 도울 것이고, 평신도는 사제가 참다운 사제로 살아가도록 도울 것이다. 곧, 은총의 직무인 사제가 주는 영향, 가르침, 성사, 복음 선포를 통해 봉헌하려는 평신도의 활발한 원의는 사제를 도울 것이다."[76] 그러므로 평신도가 목자의 지도와 통제를 받는다고 하더라도, 애덕의 실천을 통해 평신도도 증인이 된다. 증인이라는 말은 사도적 역할을 연상시킨다.

---

72 같은 책 226.

73 같은 책 257.

74 같은 책 85.

75 같은 책 86 참조.

76 같은 책 166.

평신도가 애덕을 증언한다면, 평신도 활동을 교회와 세상으로 분리하는 것은 더 이상 의미가 없다. 콩가르와 비교하면, 필립은 평신도가 증언하는 사명을 용어보다는 주체의 관점에서 보았다. 그가 현세를 평신도 활동의 특권적 장소라고 명확하게 진술하는 이유는 현세가 단순하게 평신도의 구체적인 삶의 자리이기 때문이다.

이 관점의 기원은 창조와 구원이 일치하는 하느님의 계획에 있다. 따라서 교회는 전적으로 이 계획에 봉사한다. 사실, 교계와 평신도 간 임무의 차이는 그리스도론적으로 형성된다. 그러나 그리스도론적인 관점에 결합하는 종말론적인 관점은 교회 사명의 일치를 위해 임무의 차이를 상대화한다.

에드바르트 스힐레벡스는 네덜란드의 저명한 도미니코회 신학자다. 그의 관점은 필립의 요지와 다르지 않다. 그는 1949년에 한 기고문에서 이와 같은 문제를 제기했다. "현세성과 세속성(세상 안에 있음)은 평신도 그리스도인의 신분을 신학적으로 정의할 수 있는가?"[77] 이 물음에 대한 대답이 긍정적이고 하나로 모이지 않았기에, 스힐레벡스는 1958년의 한 학술 대회에서 평신도 그리스도인의 신분이 교회적 가치를 포함한다는 주장을 다음과 같이 정교하게 펼친다. "교회 안의 평신도는 그리스도인이고 교회의 백성이며 동시에 지상의 하느님 나라의 구성원이다. 이를 통해 평신도는 개인적 책임을 지닌다." 하지만 그는 평신도의 책임이 교계의 책임과 다르다고 설명한다. "교회는 사도적 선교 공동체이지만, 교회의 사명은 사제적 형태와 평신도적 형태를 띤다. 하지만

---

77 E. Schillebeekx, *Il laico nella Chiesa*, in Id., *la missione della Chiesa* (Paoloine, Roma 1971) 125 참조. 이 기고문은 1958년의 한 학술 대회에서 다시 발표한다.

각자의 형태는 교회의 유일한 사도직을 드러낸다."[78]

지금까지 언급한 신학자들의 사상에 관한 짧은 개요에서 알 수 있듯이, 1950년대에 벌어진 논쟁의 문제는 평신도 사명이 지니는 교회적 지위에 관한 것이었다. 교계와 교회가 동일하다는 성향이 교회 개념의 핵심임을 이해하는 것은 어렵지 않다. 이러한 정의에 따르면, 평신도 사명의 교회적 지위는 '성직주의' 없이 독자적으로 활동할 수 없으며, 따라서 사회를 건설하려는 모든 활동과 인간적 행동은 그리스도교적 의미를 지니지 못했다. 그리하여 평신도의 사명은 교회 공동체를 건설하는 임무로 제한되었다.

하지만 독일 예수회 회원 **카를 라너**는 이에 반해 평신도 사도직이라는 문제에 초점을 맞췄다. 20세기 신학에서 가장 체계적인 사상가 중 한 명인 그는 1956년에 발표한 논문 「평신도 사도직」[79]에서 평신도를 설명하는데, 이는 상당한 논쟁을 불러일으킨다.

라너에 따르면, '생활 장소'는 신학적 조건을 형성하는 데 효과적이다. 그는 이 개념에서 출발해 평신도를 "세상에 '남겨진' 그리스도인"[80]이라고 정의했다. '남겨진'이라는 표현은 그의 독특한 개념을 강조한다. 그리스도교가 주류가 되었을 때, '남겨진'이라는 표현은 버림받은 상태가 아닌 하느님이 마련한 자리로 이해된다. 따라서 그리스도인이 되어서도 평신도는 성직자와 수도자와는 달리 여전히 세상에서 살아

---

78 같은 책 163 s.

79 K. Rahner, L'apostolat des laïcs, in *Nouvelle revue Theologique*, 78 (1956) 3-32. [이탈리아어 번역본: K, Rahner, *Saggi sulla Chiesa* (Paoline, Roma 1966) 213-265].

80 같은 책 221.

간다. 성직자와 수도자는 교회의 직무를 받아들였거나 복음 권고를 서원하면서, 자신이 살아가는 자리를 포기하며 세상을 '떠난' 이들이다.

라너는 '남겨진'이라는 표현을 다음과 같이 설명한다. "평신도가 세상에서 살아가는 것은 그리스도인이 되는 것보다 앞선다. 그리스도교가 평신도를 설정할지라도, (적어도 평신도 생활 신분은) 변하지 않는다는 의미다. 이는 평신도를 교회의 가시적 실현과 조직되는 형태에서 교회의 질료로 설정한다. 하지만 이러한 그리스도교는 한계를 지닌다."[81] 그는 이러한 한계를 바탕으로, 교계의 정규 직무 수여를 받아들인 이의 직무는 교계에 속하고, 평신도에서 제외된다고 주장했다.[82] 따라서 라너는 평신도의 타고난 사도직이 다음과 같이 실현된다고 설명한다. "평신도 사도직은 세례로부터 주어지는 이웃 사랑의 의무와 애덕의 힘으로 다른 이의 구원을 위해 염려하는 것이다. 평신도는 교계 직무나 혹은 교계의 고유한 사도직에 참여하지 않고도 자신이 살아가는 자리에서 이 사도직을 실행한다. 그러므로 평신도 사도직의 본질은 교계가 전문적으로 '위임'한 사도직이 아니라 자신의 세상 상황에서 펼치는 애덕이다."[83]

라너에 따르면, 평신도 사도직은 그리스도인으로 세상에서 살아가는 것이다. 이는 명백히 부가적이 아니라 본질적이다. 곧, 평신도가 그리스도인으로 살아가는 예는 선교사처럼 되는 것이다. 따라서 라너는 '가톨릭 운동'과 모든 교회 조직은 평신도 사도직의 형태를 지닐 수 없다고 주장했다. 이들은 교계로부터 위임받았으므로, 교계 사도직에 참

81 같은 책.

82 같은 책 234 s 참조.

83 같은 책 245 s 참조.

여하기 때문이다. 심지어 그는 재속회도 평신도 사도직에 해당하지 않는다고 주장했다. 그들이 수도자의 성격을 지닌 복음 권고의 서원을 하기 때문이다. 나아가 라너는 태생적으로 사도들인 평신도는 사도직을 수행하면서 선택한 것을 교계에 설명할 필요도 없다고 주장했다. 성령의 활동으로 새겨진 은사적 차원이 평신도 사도직에 있기 때문이다.

라너의 이러한 주장에 대해 '가톨릭 운동'이나 '재속회' 그리고 교계는 곧장 날카롭게 반격했다. 여기서 이 논쟁을 더 깊이 다루지는 않겠다. 다만 **폰 발타사르**가 콩가르와 라너를 묶어 신랄하게 비판한 내용을 제시하면 충분할 것이다. 두 신학자의 관점에서 평신도가 교계의 변두리로 밀려나는 것을 거슬러, 발타사르는 평신도의 부르심이라는 교회적 지위를 되찾으려 했다. 폰 발타사르에게 마땅한 주의를 기울이지 않는 이유는 이 주제에 대한 그의 관점이 학교나 제2차 바티칸공의회에서도 다뤄지지 않았기 때문이다. 하지만 이 스위스 신학자는 많은 재속회 가운데 하나를 세운 창설자이며, 실질적인 상황에서 복음을 근본적으로 살아가는 새로운 형태를 제시했다.[84]

이러한 신학적 주장들에 대한 교계의 반응에 주의를 기울여야 한다. 교황 **비오 12세**는 제2차 세계평신도대회(1957)의 훈화에서 라너의 의견에 상반되는 것처럼 다음과 같이 진술한다. "평신도가 특별한 사명인 교계의 위임을 받아들이는 것은, 한편으로 교회가 목자들의 지도 아래 실현하는 세상에 대한 영적 정복에 더욱 밀접하게 결합하는 것이며, 다

84 더욱 주요한 논문은 「평신도와 교회」(1954)와 「재속회에 관한 신학」(1956)인데, 다음의 책에 수록되어 있다. H. U. von Balthasar, *Sponsa Verbi, Saggi teologici* (Morcelliana, Brescia 1972) 311-326; 409-442.

른 한편으로 위임이 교계의 사명과 결합한다 해도, 신분과 법적 권력이 부여되는 교계의 구성원이 되는 것은 아닙니다. 신분과 법적 권력은 성품성사의 여러 단계를 거치며 밀접하게 결합합니다."[85]

이러한 교황 비오 12세의 담화는 몇십 년 전부터 교회의 사명에서 평신도의 임무를 정확히 규정하려는 일련의 교도권의 발언 중 하나다.

다른 한편, 재속회의 탄생과 발전은 교황 교도권의 규범을 요청했다. 이에 교도권은 1947년 사도 헌장 『섭리의 어머니인 교회』*Provida Mater Ecclesia*와 1948년 자의 교서 『처음으로 행복하게』*Primo feliciter*를 통해 재속회를 정의했다. 그러나 바로 이 문헌들에서 교황 비오 12세가 겪은 어려움이 뚜렷하게 나타났는데, 복음의 완전함이라는 생활 신분과 평신도라는 조건이 잘 결합되지 않았다. 그 결과, 재속회의 구성원은 반은 수도자이고 반은 평신도로 이해되었다.

4. 교황 비오 12세의 교도권

교황 비오 12세는 오랫동안 재위했다. 그의 수많은 교도권 문헌에 주의를 기울여야 하는 이유는 이 기간에 평신도 신학이 태어나고 발전했기 때문이다. 게다가 그의 전임자인 비오 11세는 '가톨릭 운동의 교황'이라 불렸기에, 그는 정치, 특히 이탈리아의 정치에 개입해 '가톨릭 운동'을 효과적인 도구로 활용했다. 교황 비오 11세 때 그랬던 것처럼, 교황 비오 12세의 교황직 초기에 평신도라는 주제를 둘러싸고 '가톨릭 운동'은 교도권의 핵심적인 숙고 사항으로 받아들여졌다.

85 *Acta Apostolicae Sedis*, 49(1957) 925.

사실, 평신도 사도직은 **교계 사도직에 대한 '협력'**(collaborazione)으로 이해되었다. 평신도 사도직은 교계 사도직에 밀접하게 종속되었다. 당시의 사회는 교회(따라서 그리스도)와 점점 멀어지거나 심지어 적대적이었는데, 교계는 평신도 사도직을 이 사회를 정복하기 위해 교계의 손안에 있는 도구처럼 여겼다.

'가톨릭 운동'과 교황 비오 12세 사이의 관계는 회로와 같았다. '가톨릭 운동'은 그리스도 왕국의 실현이라는 관점에서 그리스도교 군대의 중심이 되었고, 공공 생활 영역에서는 영성의 구심점이 되었다. 이러한 경향은 제2차 세계대전 직후, 특히 이탈리아 공화국의 설립 시기(1946)에 명백하게 드러났다.

하지만 '가톨릭 운동'의 내부에서 이러한 경향을 반대하는 이들도 있었다. 예를 들어, 주세페 라자티가 평신도의 고유한 사도직 활동 그리고 정치 활동과 시민 활동의 관계 문제를 이론적으로 강조한 것처럼, 정치적 행동과 '가톨릭 운동'의 구분을 바란 이들도 있었다.

이 문제는 이탈리아에만 국한되지 않았다. 로마에서 열려 60개국 이상의 대표자들이 참가한 '제1차 세계평신도대회'(1951)에서 이 문제가 정확하게 불거졌다. 교계와 평신도 사이의 관계라는 주제와 연결된 이 문제는 피할 수 없었다. 평신도 사도직의 주요 개념은 교계의 특별한 임무의 수행이라고 이해되었다.

교황 비오 12세는 '제1차 세계평신도대회'의 폐막 담화에서 이 문제에 대한 해결책을 다음과 같이 선언했다. 곧, '가톨릭 운동'은 정치로부터 멀리 떨어질 수 없고, 정치적 행동과 종교적 사도직은 서로 관통한다. 따라서 교계에 의존하는 정도는 다양할지라도, 평신도의 자율성을 주장할 수 없다. 그러나 이 선언이 평신도가 교계의 손안에 있는 도구임을 의미하지 않는 것은 확실하다. '가톨릭 운동'은 자신의 특별한 형태로 사제 부족을 대체하기에, 교계와 매우 밀접했다. 따라서 평신도 사도직은 '가톨릭 운동'과는 다른 형태로 나타나야 한다. 평신도 사도직이 '가톨릭 운동'에 배타적인 것이 아니라 더욱 자유로운 운동으로 드러나기 때문이다.

교황의 생각은 그가 몇 년 전부터 제시해 온 교회론적 비전과 사회를 향한 교회의 선교에 관한 그의 인식이 일치하는 것으로 나타난다.

교황 비오 12세의 교회론적 비전은 1943년에 반포한 유명한 회칙 **『그리스도의 신비체에 관하여』***Mystici Corporis*에서 드러났다. 여기서 제시된 교회론적 관점은 사회와 비교해 교회의 사명에 관한 개념을 제시했다. 이 문헌은 당시의 신학 안에 퍼진 교회의 관점을 취하기도 하고 수정하기도 했다. 이 문헌을 집약하면 다음과 같다. 교회가 그리스도의 신비체라면, 믿는 이 모두 예외 없이 그 몸의 지체다. 모두 저마다 교회의 사명에 참여하기에 그리스도께서 원한 교계적 질서를 존중해야 한다.

이 질서는 아래로 향하기에, 하위의 단계가 상위의 단계에 복종하는 법을 함축하지만, 수동적이라는 뜻은 아니다. 교황 비오 12세는 자신의 교황직의 마지막 시기인 '제2차 세계평신도대회'(1957)에서 이 측면을 강조한다.

> 교회의 모든 구성원은 […] 그리스도 신비체의 건설과 완성을 위해 협력하도록 부르심을 받았습니다. 모든 이는 자유로운 사람들이며, 자유롭게 활동합니다. 가르치는 교회와 배우는 교회 사이에 또 사제와 세속인 사이에 존재하는 관계의 참된 성격이 와해했을 때, '평신도의 독

립'이라는 말이 자주 남용되었습니다. 사제와 세속인의 관계에서 교회가 일하는 장소는 너무 거대하다고 단순하게 말하고 싶습니다. 이에 이의가 있을 수 없습니다. 모든 이의 행동반경을 보호하기 위해 모든 이는 자기 자신에 관한 관심 없이, 상호 존중과 신뢰를 통한 신앙의 깊은 영 안에서 관통되어야 합니다. 사제의 품위를 존중하는 것은 언제나 그리스도교 공동체의 전형적인 특성 중 하나입니다. 달리 말하면, 세속에 사는 이가 권리를 지니는 것처럼, 사제도 자신의 권리를 알아야 합니다.[86]

이어서 교황 비오 12세는 사회를 향한 교회의 선교 사명이 "하느님 나라의 복원, 증진 그리고 확장"이라고 굳건히 확신했다. 그는 이러한 목적으로 평신도가 특별하고도 특수한 자리를 차지한다고 진술한다. "그리스도의 정신은 가정생활, 사회생활, 경제생활과 정치 생활 모두를 관통해 작용합니다."[87] 이 일을 통해 교회는 사회의 주요한 원리가 된다.

교황 비오 12세가 육화를 예로 들면서 진술한 '세상의 성화'(consecratio mundi)는 세상의 것이나 인간적인 것이 신적 영역으로 나아가는 것을 의미한다. 따라서 '세상의 성화'라는 임무는 '가톨릭 운동'에만 유보되지 않는다. 개인이나 단체에 속하는 평신도 모두는 이 사도직을 책임감 있게 실행하라는 부르심을 받았다. 이처럼 교황은 '가톨릭 운동'이 독점적이지 않음을 강조하면서, '가톨릭 운동'은 어떤 하나의 단체가 아니라 조직되고 알려진 모든 평신도 사도직 운동이라고 정의했다.

---

86 같은 책 926.

87 같은 곳.

'세상의 성화'는 세상을 거룩하게 하는 현세의 자율성을 무시하지 않는다. 교황 비오 12세를 비판한 이들은 교황이 가톨릭 평신도의 임무에 큰 영향력을 미친 마리탱의 사상과 동떨어져 있다고 판단했다. 하지만 이들은 교황에게 영감을 준 신학적 토대를 이해하지 못한 것처럼 보인다. 교황의 핵심 생각은 창조 계획과 구원 계획의 밀접한 일치였다. 이 일치는 다음의 생각으로 이어진다. 곧, 하느님에게서 온 자연은 그 스스로 가치를 지니고 있을지라도, 자연의 완성은 초자연 안에 있다. 이러한 논리적 연관성으로 자연법의 해설가인 교회(이 경우 적어도 교계)는 사회생활과 정치 생활에 개입하면서 나아가야 할 방향을 지시했다. 이에 따르면, 평신도는 교계에서 완전하게 자율적일 수 없다.

교황 비오 12세의 신학적 관점의 토대는 '신비체 교회론'에 있다. 이는 교회의 구성원들이 위로 결속되는 결합을 지향한다. 이러한 관점은 사회의 구원을 위해 평신도를 교회와 사회 사이의 연결 고리로 생각하도록 이끌 수밖에 없었다. 바로 이 관점 때문에 교황 비오 12세는 평신도에 관한 새로운 길을 제안할 수 없었다.

결론

이 장에서 살펴본 과정을 요약하면, 지속적으로 겹치고 분리되는 몇 가지 노선을 특정할 수 있다.

교회는 사회에서 잃어버린 자신의 자리를 복원하기 위해 더욱 효과적인 전략을 고민하고 또 노력했다. 그 결과, 교회는 사회를 주도하는 힘으로 수십 년 동안 중세의 모델을 사회에 제시했다.

하지만 사회에서 이 전략을 실행하는 수많은 평신도의 활동은 중세 모델로의 역사적 회귀는 불가능하다고 증명했기에, 교회와 사회의 상호적인 자율성을 존중할 것을 요구했다. 곧, 교회는 교회의 사명에 참여하는 평신도가 자신의 타고난 방식을 따르는 것을 인정해야 한다. 이 방식은 하느님에 따라 질서 지어진 삶을 살아가는 주인공인 평신도의 적성 위에 세워진다.

여기서 이중적인 긴장이 발생한다. 이 긴장은 한편으로, 신학적인 근거를 통해 평신도는 구체적인 생활로 자신의 부르심을 실현하는 그리스도인이라는 온전한 이름을 지닌 의식으로 드러나고, 다른 한편으로 교회가 사회로 용해되어 사라질 것이거나 혹은 교계 구조로 무너질 것이라는 두려움에서 나타난다.

그때의 이 긴장에 관해 시간이 지난 지금은 설명할 수 있다. 이 긴장은 교회와 사회가 공통적으로 교회를 사회학적 개념으로 이해해 발생했다. 교회에 대한 사회학적 이해는 교회를 '그리스도 신비체'라고 설명할 때에도 지속되었다. 이러한 개념이 불러일으키는 긴장의 원인은 임무 분할이었다. 임무들을 현세적 또는 영적인 임무, 자연적 또는 초자연적인 임무, 창조 또는 구원을 위한 임무로 분할했다. 그 결과, 하느님의 구원 계획 안에서 구분된 질서를 참조하면서, 이 분할이 합리화되었다.

평신도는 교회의 이름을 지닌 완전한 교회의 구성원이다. 평신도가 받은 그리스도교의 부르심은 자신의 생활 조건과 겹치며, 평신도의 사명은 하느님에 따라 세상에 질서를 부여한다. 그런데도 평신도의 자율성에 관해서는 결론이 나지 않았다. 아무튼 자율성의 문제를 평신도에게만 한정한다면, '몸'이라는 교회의 개념으로는 자율성을 명확히 말할 수 있는 부분은 그리 많지 않다.

잃어버린 것을 복원하려는 몸부림에서 드러나는 감정은 피할 수 없다. 이 복원의 활동에는 고정된 이전의 관점에 새로운 요소가 더해졌지만, 이 새로운 요소는 이전의 관점과 통합되지 못했다.

평신도에 대해 앞으로도 입증하고 정리해야 할 것이 많지만, 제2차 바티칸공의회는 처음으로 평신도에 관해 종합했다. 사실, 공의회는 이전의 여러 경향의 노선을 종합해 완성했을 뿐이다.

제8장

동등한 품위와 하나의 사명에 참여

평신도 그리스도인에 관한 제2차 바티칸공의회의 가르침

약간 단순화하자면, 제2차 바티칸공의회는 '평신도에 관한 공의회'라고 정의할 수 있다. 이 공의회는 처음으로 평신도에 관해 세심한 주의를 기울였다. 실제로 이 공의회 문헌에서 평신도는 중요한 위치를 차지한다고 할 수 있다.

우리의 주제인 평신도를 직접적으로 다루는 두 문헌은 「**교회에 관한 교의 헌장 – 인류의 빛**」(이하 「인류의 빛」) 제4장과 「**평신도 사도직에 관한 교령 – 사도직 활동**」(이하 「사도직 활동」)이다. 「인류의 빛」은 교의적 어조를 띠기에 가장 권위 있다고 할 수 있으며, 「사도직 활동」은 실천적 적용이라 평가할 수 있다. 하지만 이 두 문헌으로 제한해서는 평신도에 관한 공의회의 생각을 충분히 알 수 없다. 공의회의 거의 모든 문헌은 교회의 사명을 위해 교회의 다른 영역에 있는 이에게 부여되는 임무를 강조하며 또 제시하기 때문이다. 「**현대 세계의 교회에 관한 사목 헌장 - 기쁨과 희망**」(이하 「기쁨과 희망」)은 공의회의 새로움을 상징적으로 드러내기에 중요하다. 이 문헌에는 교회가 현대 세계를 향해 개방하는 태도, 동정하는 태도, 연대하는 태도 그리고 더 정의로운 인간 질서를 건설하려는 의도가 담겨 있다. 공의회 문헌은 먼저 교회의 개념을 제시하고 나서 평신도에 대한 가르침을 규정한다. 교회의 개념은 평신도가 행할 임무의 지평을 열면서 세상에서 교회의 역할을 성찰하도록 이끈다.

그러므로 평신도에 관한 공의회의 개념을 올바르게 이해하기 위해서 우선 폭넓은 교회론적 윤곽을 설명해야 한다. 이 윤곽에서 가장 중요한 핵심 주제는 '교회의 선교'다. 이 점에서 제2차 바티칸공의회의 교회는 '교회 밖'을 향하는 교회라고 말할 수 있다.

1. 교회론의 핵심적 윤곽

평신도에 관한 공의회의 개별 진술을 이해하기 위해서는 교회론의 핵심적 윤곽을 이해해야 한다. 이는 교회의 개념 그 자체가 '신비'라는 것이다. 바로 여기에 공의회의 새로움이 드러난다. 사실, 평신도에 관한 공의회의 개별 진술은 공의회 이전의 신학에서도 찾을 수 있다. 하지만 공의회 문헌 중 특히 「인류의 빛」은 평신도에 관한 진술을 풍부하게 제시했다.

공의회의 계획은 종합적으로 '교회 안'(Ecclesia ad intra)과 '교회 밖'(Ecclesia ad extra)이라는 두 체계로 설정되었다.[1] 나란히 뻗어 있는 두 철로와 같이, 두 표현은 평신도를 이해하고 특별하게 설명하려는 공의회의 계획을 드러낸다. 공의회가 고심한 것은 평신도의 이중적 속함, 곧 '교회에 속함'과 '세상에 속함'이다. 인류에 속하는 평신도는 인류에게 구원을 가져다주는 임무를 지닌 교회에 속한다. 교회 전반에서 다른 어떤 '신분'도 평신도의 이중적 속함을 드러낼 수 없다.

공의회의 교회론적 비전은 공의회의 여러 문헌에서 제시되었지만, 다양한 경향들을 종합하지 못했고, 덜 체계적이며, 그리스도인을 완전하게 정의하지 못했다고 평가할 수 있다. 그런데도 공의회는 최선을 다해 더욱 성숙한 열매를 맺으려 했다. 사실, 공의회에 모인 주교들은 자신이 모르는 다른 경향들에 동의하려고 하지 않았다. 공의회 문헌이 단독 저자가 써 내려간 것처럼, 조화로운 종합을 이루리라 기대하는 것은 이상에 불과했다. 그러므로 공의회의 전반적 관점을 이해하지 않는 한, 어떤 공의회도 주교들의 '동의'의 장소가 될 수 없다.

주의를 기울여야 할 공의회의 첫 문헌은 「**인류의 빛**」이다. 이 문헌은 전통적이면서도 새롭다. 성경과 교부 자료를 풍부하게 제시하기에 전통적이고, 이전의 공의회 문헌들이 이러한 자료를 제시하지 않았기에 새롭다고 말할 수 있다. 이 문헌은 '교계 제도론'이라는 일방적 관점을 탈피했으며, '하느님 백성'이라는 신비적이며 역사적인 범주를 제시했다. 특히, 교회의 공동체적 차원과 순례하는 차원 그리고 종말론적 차원을 강조했다.

「인류의 빛」의 구조는 잘 알려져 있다. 이제 이 문헌의 핵심적인 윤곽을 제시하고, 여기서 중요한 항만을 언급하려 한다.

---

1 공의회를 기획한 두 단계(Ecclesia ad intra, Ecclesia ad extra)에 관해서는 다음의 논문을 참조하라. 이제민 「수에넨스 추기경과 제2차 바티칸공의회의 사목적 전체 윤곽」『신학전망』 88 (1990 봄) 66-72 - 역자 주.

'신비'는 하느님 구원 계획의 드러남을 의미한다. 이 신비가 역사 안에서 개별 종족이나 나라 그리고 언어에 속한 사람들을 모두 모아 한 백성을 일으킨다. 백성은 실존의 영역과 연관된 '역할-직무' 그리고 '세속-종교'라는 두 척도로 구분된다. 우선, '역할-직무'를 통해 성직자는 비성직자와 구분된다. 곧, 교계는 고유한 직무의 역할이 없는 비수품자와 구분된다. 이 문헌의 언어를 잘 분석해 보면, 교계에 속하는 것은 언제나 성품성사를 받음을 의미한다. 이어서 '세속-종교'를 통해 수도자는 비수도자와 구분된다. 구분은 본질적인 차이를 형성하지 않는다. 하느님 백성의 모든 구성원은 동등한 품위와 거룩함을 향한 부르심을 받았기 때문이다. 거룩함은 하느님과의 친교로 이루어지기에, 복음 권고를 서원한 이의 생활 신분은 이 친교를 증언하는 예가 될 뿐이다. 이처럼 하느님 백성의 모든 구성원은 하느님께서 모든 것의 모든 것이 되실 교회의 종말론적 차원을 향하고, 부활하신 분과의 충만한 일치를 향하는 '아직-이미'의 긴장을 특별한 형태로 드러낸다. 따라서 순례하는 교회는 마리아 안에서 자신의 완성된 모습을 찾기에, 마리아는 완성에 도달하기 위해 따라야 할 모범이 된다.

이처럼 설명된 교회는 하느님께서 구원하시기 위해 역사 안에 마련하신 "표징이며 도구"(「인류의 빛」 1항)다. 하느님 백성의 모든 구성원은 그리스도께서 이 땅에 오셔서 완성하신 일치, 곧 인간을 하느님과 화해시키는 일을 자신의 사명으로 삼는다. 그러므로 **교회의 사명**은 자신의 근원인 성부와 성자와 성령의 신적 사명 안에 뿌리를 두고 있다. 「교회의 선교 활동에 관한 교령 – 만민에게」(이하 「만민에게」)의 초반 진술은 놀라운 교회론적 종합을 다음과 같이 제시한다. "순례하는 교회는 그 본성상 선교하는 교회다. 교회는 성부의 계획에 따라 성자의 파견과 성령의 파견에 그 기원을 두고 있기 때문이다"(「만민에게」 2항). 이 진술은 중요하다. 신적 사명 안에 교회의 사명이 있다고 알려 주며, 이 사명에 평신도가 참여함을 신학적으로 해설하기 때문이다.

따라서 사명은 모두가 구원의 소식을 듣고 그리스도와 하나 됨을 믿을 수 있도록 모든 사람을 위한 선교 활동으로 확장된다.

교회는 역사 속에 놓여 있다. 교회는 지상에서 살아가는 인류와 같은 운명을 나누고 세상과 사람들의 "기쁨과 희망 그리고 슬픔과 고뇌"(「기쁨과 희망」 1항)를 동반하면서 걸어간다. 교회는 자신의 행동과 메시지로 인간의 마음에서 제기되는 심오한 질문들에 답을 주고자 한다. 이로써 봉사받으러 오시지 않고 봉사하러 오신 스승이신 주님과 연속성을 지닌다. 그러므로 교회의 사명은 종교 영역만이 아니라 인간의 모든 영역을 향하기에, 말씀이 취하시는 창조된 현실 전부를 완성하도록 이끈다. 피조물의 폭넓은 지평, 특히 인간의 지평은 교회가 돌보아야 할 대상이다. 바로 「**기쁨과 희망**」의 본질적 내용이 이러한데, 앞서 본 것처럼 이 문헌은 세상과 교회의 관계를 생각하는 방법을 전개하는 표지가 된다. 공의회의 준비 단계에 예기치 않게 나온 이 문헌[2]은 공의회의 가장 중요한 문헌 중 하나다. 교회가 세상을 신뢰하는 태도의 열매를 드러내는 이 문헌은 역사 안에 활동하시는 하느님과 인류가 충만함을 향해 나아가는 여정을 어떠한 주저도 없이 신뢰한다.

우리 주제와 관련해 「기쁨과 희망」이 가장 중요하다. 교회는 평신도

---

2 「기쁨과 희망」의 형성 과정에 관해서는 다음의 논문을 참조하라. 최현순 · 박종구 「교회와 세상의 관계 안에서 본 연대의 신학적 의미: 『사목 헌장』의 형성 과정을 중심으로」 『신학과 철학』 제 29호 (2016 겨울) 247-280 – 역자 주.

를 통해 사회생활의 다양하고도 폭넓은 영역에 기여하려 한다. 교회는 사회생활을 비판하거나 고발하여 윤리적 가르침을 제시하는 것이 아니라 사회와 공동으로 추구하는 협력으로 인류 여정에 공감하는 동반자가 되려고 한다. 교회는 계시의 힘으로 최상의 지혜를 지니지만, 세상을 정복하거나 세상에 방어적인 태도만 취할 수는 없다. 그보다 교회는 하느님께서 뿌려 놓으신 선의 씨앗들을 충만함으로 이끄는 누룩이어야 한다. 교황 바오로 6세는 공의회의 이러한 태도를 가장 잘 이해했다. 그는 1965년 12월 7일에 공의회에 대한 첫 결산을 다음과 같이 표명한다.

> 오늘날의 인간에 관해 성찰하는 이 공의회는 불행한 인간의 얼굴이 아닌 행복한 인간의 얼굴에 더 많이 집중했음을 이제는 알아야 한다. 공의회의 태도는 매우 그리고 기꺼이 낙관주의적이었다. 공의회는 현대 인간의 세계를 애정과 경탄으로 바라보았다. 그리고 현대의 오류들도 다시 검토했다. 그렇게 한 이유는 공의회가 진리가 아닌 애덕을 요구했기 때문이다. 사람들은 존중과 사랑을 기억했다. 용기 없는 우울한 진단을 넘어 치유를 요구했다. 날카로운 예견을 담은 신뢰의 메시지는 공의회의 시작에서부터 현대 세계로 이어졌다. 공의회의 가치는 존중과 존경을 받았으며, 현대 세계를 뒷받침하려는 힘은 정화된 공의회의 축복받은 열망이었다.[3]

교회는 인류라는 사명이 자신에게 주어졌으며, 인류와 교회가 결합되

3 *Enchiridion Vaticanum* 1, n. 457.

었음을 이해했다. 이러한 '이해'로 교회는 세상의 것은 아니지만, 세상 안에, 세상과 함께, 세상을 위해 있다고 제시했다. 따라서 교회와 세상 사이에 이미 있는 차이를 없애는 것이 아니라 교회는 세상과는 다르다고 하더라도, 그 차이 안에서 세상과 함께하려고 한다.

믿는 이 모두는 **자신의 생활 신분으로 교회의 유일한 사명에 참여**한다. 곧, 하느님께서 설정한 형태에 따라 혹은 성사적 행위를 통해 혹은 자유로운 은사로 혹은 다른 이를 보완하는 특별한 '생활 신분'(stato di vita)을 통해 교회의 사명에 참여한다.

공의회 문헌이 투영하는 확장된 교회는 수직적 차원과 수평적 차원에 '개방'된 형태로 드러난다. 한편으로, 교회는 자신의 존재와 형태를 위로부터 지속적으로 받는다. 다른 한편으로, 교회의 언어와 조직은 역사를 통해 변화되고 모든 사물이 역사 안에서 완전함으로 이끌려 그 안에 신적 생명이 스며든다.

우리는 교계 제도론이라 불리는 것에서 멀어져 있다. 교계 제도는 확실한 중요성을 지니기에 이론의 여지가 없다 하더라도, 하느님 백성인 교회가 지닌 형태 중 '하나'일 뿐이다. 사실, 교회는 그리스도의 몸인데, 이 몸의 모든 구성원은 모든 지체의 선을 위해 기여한다. 이러한 관점에서 평신도에 관해 설명하고 또 그 역할을 이해해야 한다.

심화해야 하는 방향은 두 가지라고 말할 수 있다. 먼저 평신도는 모든 면에서 하느님 백성의 구성원이다. 그러나 이들은 '세속성'과 '부르심'이라는 특별한 역할을 지닌다. 이 역할은 인간 삶의 일상적 상황에서 교회의 표지로 드러날 것이다.

2. 교회의 사명에 참여하는 평신도

평신도라는 주제가 「**인류의 빛」의 역사적 형성 과정**의 논의 중에 성숙해 갔음을 몇 가지 단서는 알려 준다. 공의회 '준비 위원회'가 마련한 '교회에 관한 교의 헌장 의안'에 평신도를 다루는 장이 있다. 이 장의 22항에 제시된 평신도에 관한 설명은 공의회 이전 십여 년 동안 제시했던 신학에서 나온 결론들을 다음과 같이 성찰한다.

> 거룩한 공의회는 '평신도'를 세례를 통해 하느님 백성에 결합된 신자들이라고 지칭한다. 이들은 그리스도인 생활의 일반적 규범으로부터 정의된다. 그러므로 공의회는 평신도가 하느님 백성에서 교계 제도의 품계나 교회가 공인한 수도자 신분으로 부르심을 받지 않았지만, 하느님의 영광인 그리스도인의 성덕을 따라야 하고 세속 활동을 통해 특별한 형태가 부여된 신자들이라고 정의한다. 이들은 세속의 일에 임무를 지니지만, 복음 정신으로 인도되고 효과적으로 악의 세계에 대항하며, 그들의 그리스도교적 부르심은 세상을 내부에서부터 변화시킨다.[4]

---

4 F. G. Hellin, *Concilii Vaticani II Synopsis. Constitutio dogmatica de Ecclesia* «Lumen Gentium» (Libreria Editrice Vaticana, Città del Vaticano 1995) 348. 역자 주: 이 작품에서 헬랑은 의안들을 대조한다. 첫째 의안은 '신학준비위원회'(Commissio Theologica Preparatoria)가 「라탄치 의안」을 편집해 '중앙준비위원회'에 회부한 끝에, 약간의 수정을 더해 공의회 XXXI 회의(1962)에 상정한 「교회에 관한 교의 헌장 의안」Schema constitutionis dogmaticae de Ecclesia이다. 둘째 의안은 공의회의 '신학윤리위원회'(Commissio de doctrina fidei et morum)가 「필립 의안」을 편집해 공의회 XXVII 회의(1963)에 상정한 「교회에 관한 교의 헌장 의안」이다. 셋째 의안은 공의회 교부들의 '수정 사항들'(Relatio Textus emendati)을 반영한 '의안 수정본'으로 공의회의 LXXXI 회의(1964)에 상정되었다. 마지막으로 넷째 의안은 공의회 문헌으로 반포(1964)한 것이다. 같은 책 13-14 참조; 「인류의 빛」 편집사에 대해서는 다음의 논문을 참조하라. 윤정현 「한국교회에서 『교회헌장』의 수용에 대한 신학적 전망」 『신학과 철학』 제27호 (2015 가을) 166-170.

이 설명은 앞서 언급한 두 성격(하느님 백성, 세속성)에 따라 평신도를 성찰했다. 이 의안 이후에 연속적으로 일어난 논의들은 강조점의 이동을 통해 평신도를 정확하게 설명하려 했다. 첫째 논의는 평신도가 교회의 사명에 참여하는 방식을 보여 주려고 했다. 따라서 '첫째 의안'이 평신도의 세속 활동을 통한 성화를 주요하게 기술했다면, '둘째 의안' 23항은 평신도의 종교 활동을 통한 사명 참여에 주의를 기울였다.[5] 첫 번째 경우에는 성화의 관점에서 평신도의 세속 활동에 부여되는 가치를 강조했다면, 두 번째 경우에는 평신도가 교회의 사명에 특별하게 기여한다는 사실을 떠올리면서, 그들의 참여를 강조했다. 그러나 평신도의 세속적 조건은 사회학적 조건으로만 이해되었기에, 교회의 사명에 평신도가 고유하게 참여하는 효과를 충분히 고려하지 않았다. 두 관점의 긴장은 '셋째 의안' 31항에서 다음과 같이 해결되는 것처럼 보인다. "평신도는 그리스도의 사제직, 예언직, 왕직에 자신의 방법으로 참여하며, 자신의 신분에 따라 교회와 세상에서 모든 그리스도인 백성의 사명을 실행한다."[6] 더 나아가 공의회의 최종 문헌은 거룩한 품계나 수도 신분에 속하는 이에 비해 평신도의 특별한 세속성의 의미를 정확하게 규정한다. 앞으로 「인류의 빛」 제4장의 내용을 파악할 때, 이 맥락으로 다시 돌아올 것이다.

「인류의 빛」의 '편집 과정'에서 더 중요한 것은 평신도에 관한 전형적인 설명이 다양해진 것이 아니라, 이 주제를 '하느님 백성, 특히 평신도'라고 이름 붙여진 장으로 분리하고 이동한 것이다. 공의회 제2회기

5 F. G. Hellin, *Concilii Vaticani II Synopsis*, 334 참조.

6 같은 책 325.

(1963)가 시작된 이후, 교부들에게 배부된 의안은 제1장에서 교회의 신비, 제2장에서 교계 제도를 정의하고 나서, 이어진 제3장에 평신도를 배열했다. 이러한 배열은 평신도들이 하느님의 백성과 겹친다는 것을 보여 주려는 의도였다. 그러나 의안의 편집자들은 교회를 설명하기 위해 '하느님 백성'의 개념을 회복하는 데 매진한 최근 몇십 년간의 독일 교회론을 설명하지 않았고, '평신도'를 고대 그리스도교에서 활용되었던 의미를 따라 왕과는 반대되는 '대중'(plebs)으로 설명했다. 이러한 이해는 이전 전통과 연속성을 강조하는 1950년대 교회론에서 영향을 받았다. 따라서 교계 제도는 하느님과 그리스도 그리고 백성 사이에 배열되었다.

평신도를 다루는 한 장을 두 장으로 나눈 문헌의 새로운 배열은 하느님의 구원 신비가 드러난 결과인 하느님 백성을 제2장에 새롭게 삽입하고, 평신도를 제4장으로 이동했다. 이러한 배열로 인해 공의회 회의장에서는 논쟁이 붙었다.

결과적으로 앞서 제시한 배열이 의안으로 배부되었다. 문헌의 새로운 배열은 교계 제도와 평신도를 공통된 기반 뒤에 두면서도(제2장), 그들의 역할은 구별한다(제3장과 제4장). 평신도는 더 이상 믿는 이들의 총합이나 경향으로 '교회에 속함'이라고 이해되지 않는다. 믿는 이 모두에게 도달하는 하느님 활동의 힘을 통해 평신도라는 완전한 이름은 교회에 속함을 엿볼 수 있다.

그러므로 평신도를 충분하게 설명하기 위해서 **그리스도 직무의 삼중 분할**을 설명해야 하며 또 약간 연관성이 부족할지라도, 「인류의 빛」에서 파생된 교회의 삼중 분할을 설명해야 한다.

앞서 살펴본 것처럼, 삼중 분할은 교계의 역할을 설명하기 위해 19세기에 가톨릭 신학으로 들어왔다. 「인류의 빛」은 일반적 설정에 논리적 개연성을 더해 일관적으로 전개한다. 곧, 이전에 사제 직무자에게만 부여되었던 것들을 하느님 백성 전체에게 부여한다. 이는 연관성이 약간 부족할 수 있지만, 하느님 백성이 서로 다를 수 없다는 의미다. 「인류의 빛」은 그리스도와 교회의 직접적인 관계로 하느님 백성을 이해했고, 더 나아가 교계 제도는 하느님 백성보다 앞서지 않고 하느님 백성을 위해 역할을 수행할 뿐이라고 이해했다. 그러므로 하느님 백성은 머리이신 그리스도의 특성에 참여하는 사제적 백성과 예언자적 백성 그리고 왕적 백성으로 드러난다.

1. **사제직**. 하느님 백성이 사제적 백성이라고 진술하면, 직무 사제직과 보편 사제직 간 관계의 문제를 피할 수 없다. 개신교와의 논쟁에서 하나의 주제가 될 뿐 아니라 교회론 총론의 근본적 구조에도 포함되는 이 문제는 오랫동안 제기되었다. 이 문제가 분명하게 드러난 곳은 널리 알려진 「인류의 빛」 제2장 10항이다. 이 본문은 직무 사제와 평신도를 비교하면서, 이 두 신분이 밀접하게 연결되지만 서로 구분된다고 설명했다. 10항의 첫 부분은 신약성경을 인용하면서, 믿는 이들의 보편 사제직을 예식 차원이 아닌 생활 차원으로 다음과 같이 설명한다. "세례받은 사람들은 새로 남과 성령의 도유를 통하여 신령한 집과 거룩한 사제직으로 축성되었기 때문에, 그리스도인들은 인간의 모든 활동을 통해 신령한 제사를 바치며 그들을 어두운 데에서 당신의 놀라운 빛 가운데로 불러 주신 분의 능력을 선포한다"(1베드 2,4-10 참조). 이어서 10항의 둘째 부분은 보편 사제직과 직무 사제직 혹은 교계 사제직의 차이를 설

명하면서, 이 차이는 "정도만이 아니라 본질에서"[7] 다르다고 진술했다. 이 진술의 바탕에는 권력이 있다. 직무 사제직은 사제적 백성을 형성하고 이끌기 위한 목적으로 성찬에서 '그리스도의 인격'(in persona Christi)으로 희생 제사를 바치며 모든 백성의 이름으로 희생 제사를 봉헌한다. 이러한 차이는 본질적으로 공통성 위에 형성된다. 세례받은 모든 이는 보편 사제직에 참여하기에, 직무 사제직도 보편 사제직에 포함된다. 따라서 보편 사제직은 평신도의 사제직이 아닌 하느님 백성의 사제직으로 드러난다. 직무 사제직은 하느님 백성을 위한 역할이며, 보편 사제직과 연관된 다른 종류의 사제직이다. 또한 보편 사제직과 직무 사제직의 차이는 전례에서 드러나지만, 전례는 그리스도인의 집합적 차원을 강조할 뿐이다. 곧, 교회 전체가 성사를 거행한다.

이로써 공의회는 훨씬 더 오래된 전통을 복원했다. 동시에 특정한 몇몇 그리스도인이 취할 수 있는 궁극적인 역할을 존중하면서, 사제 직무자의 특수함도 제시했다. 그 결과, 「인류의 빛」 제3장은 교계의 사제적 역할, 특히 주교의 역할을 제시했고, 이어서 제4장은 평신도, 특히 그리스도의 사제직에 참여하는 평신도에 관해 설명했다. 「인류의 빛」 34항은 평신도에 관해 간결하게 설명하지만, 핵심 내용들이 다음과 같이 명확하게 제시된다.

영원한 대사제이신 예수 그리스도께서는 평신도들을 통해서도 당신

7 "정도만이 아니라"에 대한 해석은 특히 광범위한 논쟁을 불러일으켰다. R. Tononi, *Differenza di grado o di essenza? Un testo problematico del Concilio Ecumenico Vaticano II*, in G. Canobbio - F. Dalla Vecchia - G. Montini (eds.), *Gli stati di vita del cristiano* (Morcelliana, Brescia 1995) 181-211 참조.

의 증거와 당신의 봉사를 계속하기를 바라시기에, 당신의 성령으로 그들에게 생명을 주시고 온갖 좋은 일과 완전한 일을 하도록 끊임없이 재촉하신다.

그리스도께서는 당신의 생명과 사명에 밀접히 결합시키신 평신도들에게 당신 사제직의 일부도 맡기시어, 하느님의 영광과 인류 구원을 위하여 영신적인 예배를 드리게 하셨다. 그러한 까닭에 평신도들은 그리스도께 봉헌되고 성령으로 도유된 사람들로서 놀랍게도 언제나 그들 안에서 성령의 더욱 풍부한 열매를 맺도록 부름을 받고 또 가르침을 받는다. 그들의 모든 일, 기도, 사도직 활동, 부부 생활, 가정생활, 일상 노동, 심신의 휴식은, 성령 안에서 그 모든 일을 하고 더욱이 삶의 괴로움을 꿋꿋이 견뎌 낸다면, 예수 그리스도를 통해 하느님께서 마음에 드는 영적 제물이 되고(1베드 2,5 참조), 성찬례 거행 때에 주님의 몸과 함께 정성되이 하느님 아버지께 봉헌된다. 또한 이와 같이 평신도들은 어디에서나 거룩하게 살아가는 경배자로서 바로 이 세상을 하느님께 봉헌한다.

이 인용문에서 사제직의 생활 차원이 뚜렷하게 드러난다. 사제직은 성덕을 실천하는 생활과 겹친다. 주어진 상황 속에서 성령에 따라 생활하는 것은 하느님께 향하는 봉헌의 태도를 의미한다. 이 설명은 이미 신약성경에서 알려진 성령의 역할을 뚜렷하게 드러낸다. 곧, 그리스도인은 성령 안에서 자녀다운 태도를 지니고 하느님께 나아간다. 이러한 의미에서 세상의 성화는 자신의 삶을 하느님께 방향 지어진 세상에서 살아가는 것이다. 이는 삶의 터전인 세상으로부터 도피하는 것이 아니라 자신의 조건에 따라 살아가는 것이다. 성화는 세상에서 살아가며 하느님께 향하는 것으로 충분하며, 모든 것 안에서 하느님이라는 충만한 의미를 발견해야 한다. 더 나아가 좁은 의미로 '사도직'을 실행하는 것도 필요하지 않다. 생활의 모든 상황에서 거룩하게 행동하는 것은 이미 세상을 완성으로 이끌기 때문이다.

2. **예언직**. 지난 세기에 주목했던 교회의 사제적 차원이 다양한 논쟁을 통해 강조되어 알려졌다면, 교회의 예언적 차원은 완전히 잊힌 것처럼 보인다. 여기에는 두 가지 원인이 있는 것 같다. 첫째, 먼저 예언이 (그리스도는 예언을 성취하면서 예언적 차원을 보여 준다는) 미래에 일어날 그리스도교 사건으로 호교론적으로 이해되었기 때문이다. 둘째, 마지막 사도의 죽음으로 계시가 종결되었음이 공통된 교리일지라도, 새로운 계시라고 주장하는 이들이 권위에 반해 펼친 운동들이 예언과 밀접하게 결합했기 때문이다.

공의회는 하느님 백성의 예언적 역할을 복원하려고 했다. 예언은 그리스도의 살아 있는 증언의 확산으로 이해된다. 곧, "믿음과 사랑의 생활로 그리스도에 대한 생생한 증거를 널리 전하며, 그분의 이름을 찬양하는 입술의 열매를 찬미의 제물로 하느님께 바친다(히브 13,15 참조)"(「인류의 빛」 12항). 그러므로 예언은 증언과 신앙고백이 겹치며 하느님께 영광을 드리는 차원으로 드러난다. 여기서 증언은 선포와 다른 면이 있지만, 애덕을 포함한다. 따라서 예언은 향주삼덕과 밀접한 관계를 지닌다. 「인류의 빛」 35항은 이러한 관계를 명확하게 제시하며, 예언은 복된 희망을 실현한다고 다음과 같이 선언한다. "굳건한 믿음과 바람으로 현재의 기회를 잘 살려 나가며(참조: 에페 5,16; 콜로 4,5) 미래의 영광을 인내로 기다린다면(로마 8,25 참조), 평신도들은 약속의 자녀로 드러날 것이다. 그리고 이러한 희망을 마음속 깊이 감추어 두지만 말고, 끊임없이 회개하며 '이 어두운 세계의 지배자들과 악령들'(에페 6,12)을 거슬러 싸움으로써 세속 생활의 구조를 통해서도 이 희망을 드러내어야 한다."

예언은 신앙에 기초하는 덕행과 겹친다. 믿는 이들은 덕행을 바탕으로 진리의 영의 힘으로 식별하는 천부적 능력을 지닌다(「인류의 빛」 12항 참조). 공의회는 이러한 능력을 "초자연적 신앙 감각"이라고 정의했다. 이는 머뭇거리지 않고 신앙에 결합되도록, 신앙을 더 깊이 관통하도록 그리고 더욱 큰 충만함으로 신앙생활을 하도록 이끈다.

앞서 제시한 세 가지 측면(증언, 덕행, 초자연적 신앙 감각)은 분리될 수 없으며, 신약성경의 개념을 바탕으로 하느님 백성의 예언적 차원을 설명할 때 하나로 결집된다. 하느님 백성의 예언직은 사도들이 선포한 복음 말씀의 살아 있는 가치를 받아들임을 의미한다. 이러한 의미가 다음과 같이 설명된다. "교도권에 충실히 따르는 백성은 그 가르침을 이미 사람의 말이 아니라 사실 그대로 하느님의 말씀으로 받아들인다"(「인류의 빛」 12항). 예언은 전달된 신앙보다 더 원천적이거나 자유롭지 않다. 따라서 예언은 교회의 구조 안에서 신앙을 이해하며 실행하는 것이다.

인용한 단락은 예언자 개개인을 세세하게 설명하지 않는다. 이에 주의를 기울여야 하는 이유는 예언직이 신적인 특별한 은사를 통해 재능을 지닌 개인이 아닌 하느님 백성의 집단을 의도하기 때문이다. 곧, 「인류의 빛」 12항은 "주교부터 마지막 평신도에 이르기까지" 전체 백성은 "신앙 감각"(sensus fidelium)을 지니고 있으며, 신앙과 윤리에 있어 보편적 동의를 드러낸다고 강조했다. '신앙 감각'과 '동의'(consensus)는 서로를 필요로 한다. 신앙 감각은 동의 안에서만 드러나고 또 동의는 신앙 감각의 패러다임이 되기 때문이다.

이러한 의미에서 목자와 평신도는 서로 반대되지 않는다. 목자나 평신도는 각자의 조건에 따라 모두가 같은 직무에 참여한다. 「인류의 빛」 35항은 이를 명확하게 다음과 같이 진술한다.

> 위대한 예언자이신 그리스도께서는 생활의 증거와 말씀의 힘으로 하느님 아버지의 나라를 선포하셨으며 영광이 완전히 드러날 때까지 당신의 예언자직을 수행하신다. 그리스도께서는 당신의 이름과 권력으로 가르치는 교계만이 아니라 평신도들을 통해서도 예언자직을 수행하시는 것이다. 바로 그 목적을 위하여 평신도들을 증인으로 세우시고 신앙 감각과 말씀의 은총을 주시어(참조: 사도 2,17-18; 묵시 19,10), 가정과 사회의 일상생활에서 복음의 힘이 빛나게 하셨다.

앞서 인용한 「인류의 빛」 다른 본문들에서 하느님 백성의 예언적 임무는 증인이 되는 것이라고 설명했다. 이 단락은 이 임무를 더 명확하게 드러낸다. 하느님 백성의 예언적 임무는 삶의 몇몇 순간만이 아니라 실존의 모든 순간에서 실천해야 한다. 그리스도의 구원이 주는 영향과 복된 희망에서 인간적인 그 어떤 것도 배제될 수 없기 때문이다.

증언은 생활과 말로써 실현된다. 이런 의미에서 평신도의 증언은 "세속의 일반 환경에서 이루어진다는 바로 이 점에서 어떤 특별한 징표와 독특한 효력"(「인류의 빛」 35항)을 지니므로, 평신도 또한 복음화의 임무를 지닌다.

평신도의 복음화를 다루는 의안들과 최종 문헌을 비교하면 의미 있는 변화를 발견할 수 있다. 첫 두 의안은 현세의 일을 돌보는 평신도의 임무를 강조했지만, 최종 문헌에서는 복음화의 활동이 현세의 일에 종사하는 것으로 설명된다.[8] 둘째 의안 30항 "그러므로 평신도들은 현세의 일에 국한되지 않고 세상의 복음화를 위해 가치 있는 활동을 실행한다". 「인류의 빛」 35항 "그러므로 평신도들은 현세의 일에 종사하면서도 세상의 복음화를 위하여 귀중한 활동을 할 수 있고 또 해야 한다".

이러한 변화는 사소하지 않다. 곧, 복음화의 임무는 특권적 자리나 단순한 직무가 아니다. 복음화는 우선 일상생활의 맥락 안에 새겨진다. 이에 대한 특별한 예는 혼인 생활과 가정생활이다. 공의회는 복음과 일상생활이 관통하는 예로 혼인 생활과 가정생활을 제시했고, 이 자리에서 평신도의 예언적 임무가 실행된다고 「인류의 빛」 35항에 다음과 같이 설명한다.

> 바로 여기에 평신도 사도직을 수련하는 훌륭한 도장이 있고, 거기에서 그리스도교 신앙이 모든 생활 조직에 스며들어 이를 날로 더욱 변모시킨다. 여기에서 부부는 서로서로 또 자녀들에게 그리스도에 대한 믿음과 사랑의 증인이 되어야 할 고유한 소명을 지닌다. 그리스도인 가정은 하느님 나라가 지닌 현재의 힘만이 아니라 복된 삶의 희망을 드높은 소리로 선포한다. 이렇게 자기의 모범과 증거로 세상에 죄악을 밝히고 진리를 찾는 사람들에게 빛을 비추어 준다.

향주삼덕은 다시 한번 그리스도인 실존의 방향으로 제시되고, 평신도가 이를 실천하는 것은 예언직의 실현이라고 설명되었다. 하느님 백성의 예언직은 이제 집합적 의미의 하느님 백성뿐만 아니라 믿는 이 개인

8 F. G. Hellin, *Concilii Vaticani II Synopsis. Constitutio dogmatica de Ecclesia*, Lumen Gentium, cit. 368.

에 의해 실천되어야 한다. 하느님 백성 전체에게 주어진 공통된 예언직은 믿는 이 각자의 생활과 신앙고백에서 드러난다고 이해된다. 곧, 믿는 이 모두의 협력을 통해 그리스도의 나라가 세상에 확장된다.

그러므로 믿는 이 모두는 각자의 자리에서 예언자다. 특별한 누군가만 예언자가 아니다. 이 임무를 실행하기 위해서는 진리를 더 깊이 탐구해야 하고, 지혜의 은사 또한 필요하다. 「인류의 빛」 35항은 교회의 복음화 사명에 참여하는 평신도가 그리스도교적 지혜를 지녀야 할 뿐만 아니라 교의에도 능숙하게 준비되어야 한다고 상기시킨다. 오랜 세월 동안 교회의 사명에 있어 평신도가 교의적으로 무지하고 적합하지 않았기에, 이들은 교회 사명의 변두리로 밀려났고, 상대적으로 유식하고 지식이 많은 성직자의 지배가 용인되었다. 그러나 이제는 평신도의 신학 연구를 통해 평신도의 참여가 확대되어야 한다.

3. **왕직**. 「인류의 빛」 제2장에서 사제직과 예언직에 관해 말했지만, 이와 연관되는 주제인 그리스도의 왕직은 다뤄지지 않았다. 하지만 「인류의 빛」 제2장 13항에서 평신도가 그리스도의 왕직에 참여하는 몇 가지 단서를 찾을 수 있다. 이 항은 교회의 임무가 인류를 그리스도의 나라로 이끄는 것이라고 설명했다.[9] 이 본문은 하느님 백성의 '보편성'을 드러낸다. 신학 위원회의 의도에서 주목해야 할 행간은 그리스도 직무의 삼중 분할을 신학에 엄격하게 적용하지 않은 것이다. 성경의 범주들을 활용한 삼중 분할은 그리스도의 복합적 활동을 떠올리게 할 뿐이다.

왕직이라는 주제는 「인류의 빛」 제4장 36항에서 다시 제시된다. 이

9 "이로써 가톨릭교회는 온 인류가 그 모든 부요와 함께 그리스도를 머리로 하여 그분 성령의 일치 안에서 하나가 되게 하려고 힘껏 끊임없이 노력하고 있다"(「인류의 빛」 13항) - 역자 주.

본문은 신학 위원회가 제시하는 주의점을 이해하며 읽어야 한다. 곧, 직무의 삼중 분할은 친교 안에서 예배, 증언, 봉사라는 '의미'를 지니기에, 이에 주의를 기울여야 한다. 왕직은 '봉사'(servitium)라는 용어로 번역되었다.[10] 왕직과 봉사의 근거와 예는 그리스도이시다. 그분은 순종을 통해 왕으로 드러나셨다. 이제 그리스도의 제자들도 그분의 권력에 참여함으로써 다스린다. 이러한 참여는 '왕적 자유'로 이끈다. 이 자유는 죄의 나라를 거스른 승리이며 그리스도께서 봉사하신 것처럼, 모든 이를 그분에게 이끌도록 다른 이를 위해 봉사한다.

봉사, 자유, 왕직이라는 개념은 그리스도의 나라에 속하는 이들의 조건을 설명하기 위해 사용되고, 이 조건이 펼치는 생활 조건을 드러낸다. 그리스도의 나라는 평신도 그리스도인의 활동에 힘입어 역사 안에서 점차 실현된다. 그리스도인의 활동은 그리스도의 나라를 완성하는 개인들과 하느님 자녀들의 영광스러운 자유에 참여하기를 기다리는 창조된 세계를 향한다.

이처럼 평신도의 활동을 설명하려는 시도에서 공의회는 공의회 이전 신학이 자주 강조했던 점을 받아들였다. 곧, 창조된 모든 실재의 가치와 하느님께 드리는 찬양으로 피조물의 질서를 이해했다. 그 이유는 신학 위원회의 의안에서 다음과 같이 설명되었다. "사도직을 강조하기 위해 사도직의 대상이 되는 '창조된 것들의 가치'를 소개한다. 평신도 사도직 활동이 사물의 본성에 외부에서 부가된 어떤 것으로 이해되지 않게 하려는 것이다."[11] 평신도의 사도직이 창조된 사물에 초자연적 요

10 F. G. Hellin, *Concilii Vaticani II Synopsis. Constitutio dogmatica de Ecclesia* Lumen Gentium, cit. 374 참조.

11 같은 책 376.

소를 보충하기 위해 가치를 부여한다는 이해를 멈추기를 바란 것이다. 창조된 사물은 이미 하느님의 영광에 대한 선언이다. 평신도 활동은 인간적으로 또 그리스도교적으로 자유롭게 사물의 가치를 분배한다. 평신도는 자신의 환경에서 노동을 통해서 사물의 가치를 변화시키며 인류의 진보에 이바지한다. 그러므로 「인류의 빛」 36항은 다음과 같이 말한다. "이렇게 그리스도께서는 교회의 지체들을 통하여 온 인류 사회를 당신 구원의 빛으로 갈수록 더욱더 밝게 비추어 주실 것이다." 그리스도의 구원 활동은 믿는 이들을 통해 사회 전반에서 실현된다. 여기서 "비추어 주실"이라는 표현은 구원 활동의 한 측면, 종말의 의미를 떠올리게 한다. 종말은 교의의 선포를 통해서 단순하게 이루어지지 않고, 세상을 변화시키는 활동으로 실현된다. 창조된 실재의 완성은 그 안에 고착된 의미를 해방하는 것이다.

이러한 숙고에 비추어, 평신도 사도직의 뿌리는 그리스도론에 있다는 설명이 곧바로 제시된 것에 놀라지 말아야 한다. 「인류의 빛」 33항은 다음과 같이 진술한다. "평신도 사도직은 바로 교회의 구원 사명에 대한 참여이며, 모든 이는 세례와 견진을 통하여 바로 주님께 그 사도직에 임명된다." 「사도직 활동」 2항도 이 진술과 일치한다. "사실 그리스도인의 소명은 본질적으로 사도직을 위한 소명이다." 따라서 그리스도에게 결합된 형태는 그분이 구원하시는 역할에 참여한다. 그리스도인의 존재론적 실재는 구원 사명에 참여함에서 떨어질 수 없다. 그러므로 그리스도인의 활동은 결국 교회의 사명을 실현한다.

그 결과, '교회 안' 활동과 마찬가지로 '교회 밖' 활동에서 사도적이고 교회적인 가치를 배제하거나 제거할 수 없다. 삶의 일상적인 환경에서 행하는 그리스도인의 모든 활동은 사도적 · 교회적 가치를 지닌다. 그리스도의 사명에 대한 지속성과 재생을 통해 교회의 사명은 모든 인간을 그 대상으로 삼는다.

결론적으로 제2차 바티칸공의회에서 나타난 복합적인 비전은 교회가 그리스도의 사명에 폭넓게 참여한다고 제시한다. 그리고 교회는 그리스도 안에 포함되기에, 그분께 순응하는 믿는 이 모두는 각자의 자리에서 교회의 사명을 실현한다. 성령께서 주시는 부르심과 은사로 생활 신분이 결정되기에, 이 생활 신분은 각자의 특별함이 된다. 그러나 특별함에 앞서 우선적으로 모두에게 공통적인 측면이 강조된다. 이러한 윤곽에서 평신도의 부르심과 그 사명의 특별함을 이해할 수 있다.

3. 평신도의 고유한 '세속적 성격'(indoles saecularis)

앞서 보았듯이, 공의회 이전의 평신도 신학은 성직자와 평신도의 차이를 명확하게 규정했다. 그래서 성직자는 교회의 활동에, 평신도는 세상의 활동에 배치했다. 이는 평신도의 성직자화를 막으려는 것이었다. 이러한 배치로 평신도 또한 사도직을 지닌다는 것을 확정했고 동시에 평신도 사도직은 초월에 대한 근거를 인정하지 않는 사회에 교회의 사명을 확장했다.

공의회는 공의회 이전의 평신도 신학에 매혹되었다. 무엇보다도 평신도의 특별한 정체성을 설명할 때 그러했다. 평신도는 그리스도인이기에 교회의 사명에 완전히 참여한다는 것을 인정하기에, 공의회는 평신도의 고유한 성격을 규정해야 했다. 평신도의 고유한 성격을 규정하는 데 필요한 좌표들은 그리스도론과 교회론이 아니다. 그리스도론과 교회론은 믿는 이 모두에게 적용되기 때문이다. **'관계성'이라는 좌표**가 필요한데, 평신도의 고유한 성격을 규정하기 위해 사제 직무자와 수도자와의 관계 그리고 창조된 실재와의 관계를 규정해야 한다.

「인류의 빛」 31항은 "여기에서는"이라는 문구로 **평신도와 사제 직무자 그리고 평신도와 수도자의 관계**를 설명했다. 또 평신도와 창조된 실재의 관계를 구체적인 방식으로 제시했다. 이 방식으로 교회는 사회 안에 현존하며 자신을 드러낸다. 공의회는 단정적인 정의를 제시하지 않았다는 것을 정확히 언급해야 한다. 누가 평신도인가를 정의하는 31항은 "여기에서는"(hic)이라는 표현으로 시작하는데, 이는 경험적인 관점을 드러낸다. 신학 위원회는 전형적으로 평신도를 정확하게 정의했지만, 수도자나 사도 생활단의 구성원이 평신도에 속한다는 스콜라적 논쟁은 배제했다.[12]

성직자나 수도자에 비해 평신도는 세상에서 살아가는 그리스도인이다(saeculum에서 '세속'이라는 말이 나온다). 이러한 설명은 동음이의로 드러날 것이다. 사제 직무자나 수도자도 세상에서 살아간다. 그런데도 특별한 평신도의 존재 방식에 대해 「인류의 빛」 31항은 다음과 같이 진술했다. "거기(세상)에서 하느님께 부르심을 받아, 자기의 고유한 임무를 수행하며 복음 정신을 실천하고 누룩처럼 내부로부터 세상의 성화에 이바지하며, 또 그렇게 하여 무엇보다도 자기 삶의 증거로써 믿음과 바람과 사랑으로 빛을 밝혀 다른 사람들에게 그리스도를 분명하게 보여 준다."

평신도가 누룩의 모습이나 복음의 기원으로 드러나는 모습(마태 13,33

12 같은 책 324 참조.

참조)은 어떠한 행동을 하기 이전에 그 스스로 사도직의 가치를 지니는 실존임을 암시한다. 평신도 그리스도인은 복음의 정신에 따라 인간 실존의 실질적 조건을 살아가는 동시에 인간 조건들을 고양하고 변화시키는 원리가 된다. 평신도가 하느님의 나라를 추구하는 것은 "현세의 일을 하고 하느님의 뜻대로 관리"(「인류의 빛」 31항)하는 것이다. 이것이 바로 평신도의 부르심이다. "하느님의 나라를 추구하는 것"(마태 6,33 참조)은 하느님의 것을 소유하는 것과 같다. 이는 평신도가 하느님을 찾기 위해 세상으로부터 도피해야 한다는 환상에서 멀어져, 현실에서 살아감을 의미한다. 일상은 바로 하느님께 헌신하는 장소가 된다. 일상과 신앙생활의 분리는 이전 시대의 가장 위험한 오류 중의 하나라고 「기쁨과 희망」 43항은 역설한다.

> 공의회는 그리스도인들이 천상 국가와 지상 국가의 시민으로서 복음의 정신에 따라 현세의 자기 의무를 충실히 이행하고자 노력하도록 권고한다. 여기에는 우리가 차지할 영원한 도성이 없고 앞으로 올 도성을 찾고 있다는 것을 알지만, 그 때문에 자기의 현세 의무를 소홀히 할 수 있다고 생각하는 사람은 진리에서 벗어나 있다. 그는 바로 신앙을 통해 각자 부름받은 그 소명에 따라 현세 의무를 더더욱 이행해야 한다는 것을 깨닫지 못하는 것이다. 또 이와는 반대로, 종교 생활이란 다만 혼자서 하는 예배 행위와 어떤 도덕적 의무를 이행하는 것뿐이라고 여겨, 현세 활동은 종교 생활과 전혀 다르다는 듯이 스스로 현세 활동에 몰두할 수 있다고 생각하는 사람도 똑같이 잘못을 저지르는 것이다. 많은 사람들의 일상생활과 그들이 고백하는 신앙 사이의 저 괴리는 현대의 중대한 오류로 여겨야 한다. 이러한 추문은 이미 구약에서

예언자들이 격렬히 비난하였고 더더욱이나 신약에서는 바로 예수 그리스도께서 중대한 벌로 경고하셨다. 따라서 한편으로 직업적 사회적 활동과 다른 한편으로 종교 생활을 서로 부당하게 대립시켜서는 안 된다. 자기의 현세 의무를 소홀히 하는 그리스도인은 이웃은 물론 바로 하느님에 대한 자기 의무를 소홀히 하고 또 자신의 영원한 구원을 위험에 빠트린다.

이처럼 평신도의 생활 조건은 부르심으로 제시되었다. 이 부르심에 따르는 임무들은 하느님이 원하시는 것이다. 그러나 평신도의 생활 조건은 교회의 사명을 실현하면서, 서품받은 직무나 수도자의 조건과는 다른 임무를 지닌다. 차이는 배제를 뜻하지 않는다. 이를 설명하는 「인류의 빛」 31항은 거룩한 품계에 속하는 이들이 "세속에 살며 세속 직업까지 가질 수 있다"라고 진술했다. 그러나 「인류의 빛」 36항에 대한 본문 편집의 과정에서 평신도의 자리를 지시하는 용어가 세상을 복음화하는 정신으로 바뀌었다고 제시되었다. 곧, 의안 2항에서는 "주요한 자리"(principem locum)라고 했지만, 본문에서는 "첫째가는 자리"(praecipuum locum)라고 변경했다. 신학 위원회는 이러한 용어 변경에 대해 '라틴어의 특성'과 '개념적인 이유' 때문이라고 설명했다. 따라서 수도자와 성직자는 평신도의 특별한 임무에서 완전히 제외되지만, '보충하는 방식'[13]으로 참여할 수 있다. 「기쁨과 희망」 43항은 평신도의 고유성을 더욱 직접적으로 다음과 같이 제시한다. "세속의 직무와 활동은, 비록 배타적인 것은 아니지만, 평신도들의 고유한 영역이다."

---

13 같은 책 376 참조.

「인류의 빛」 29항과 「사도직 활동」 16항은 **종신 부제직**을 제시했다. 종신 부제직은 원래 있었던 직무지만, 망각되고 시간이 한참 흐른 뒤에 제2차 바티칸공의회가 복원했다. 종신 부제는 일상을 살아가지만, 직무를 수행하기에 교계 제도에 속한다. 공의회 문헌은 종신 부제의 '평신도적' 생활을 숙고했다. 사실, 동방교회에서는 사제도 혼인 생활을 할 수 있다. 따라서 세속적 본성은 평신도에게만 배타적으로 부여될 수 없다. 하지만 믿는 이들의 서로 다른 정체성을 이론적으로 정확히 규정하려 한 공의회는 이 관계를 해결하지 못한 한계를 남겼다.

앞에서 말한 것을 요약해 보자. 비록 다른 강조점이 있다 할지라도, 교회에서 모든 이는 같은 특성을 지닌다. 평신도의 특화된 활동에서 성직자를 배제하는 것이나, 반대로 성품성사로부터 생겨난 역할이 평신도를 배제하는 것에 관해 게라르 필립은 다음과 같이 비평한다. "(성직자와 평신도의 상호 배제는) 악성 분리주의 혹은 그릇된 신비주의의 한 종류를 허용하는 것이다. (두 신분의) 특성은 전신 거울이 아니라 일반적 규범이나 평범한 상황에 관련된 제한적 특성을 드러낼 뿐이다."[14] 평신도에게 특별한 지위가 유보된 것은 그들의 조건이 공통된 삶에서 고유한 문제들을 해결할 수 있는 적성이 있기 때문이다. 어떤 문제들에 대해서는 평신도를 통해서만 교회는 현존할 수 있기에, 평신도는 실질적으로 땅의 소금처럼 드러난다. 공의회는 종신 부제에 관한 실천적 경험이 부족했기에, 더 나아갈 수 없었다. 저명한 신학자들은 교계의 이 단계를 복원하라고 주장했는데, 그중에 카를 라너도 있었다.

---

14 G. Philips, *La Chiesa e il suo mistero nel concilio Vaticano II*, vol. 2 (Jaca Book, Milano 1969) 24.

이처럼 **평신도의 방대한 활동 영역**이 펼쳐졌다. 「기쁨과 희망」의 제2부 "몇 가지 긴급 과제"는 평신도의 이 방대한 영역을 설명하는 일에 집중했다. 이 영역에 관해 완전하지는 않을지라도, 혼인과 가정, 인간 문화, 사회 · 경제 생활, 정치 생활, 국가 간의 연대 그리고 평화를 제시했다. 평신도는 이 영역에서 자신의 신앙으로 깨달아 책임자로 활동하며, 제기되는 문제들에 대해 목자들의 해결책을 기다리지 않는다. 그리고 목자들은 현세의 결정 구조를 그 자체로 존중한다. 현세의 결정 구조에 관한 것은 목자들의 임무가 아니다(「기쁨과 희망」 43항 참조). 이러한 강조와 더불어 공의회는 성령에 의해 인도되는 평신도가 지속적인 지도가 필요한 미성년자가 아님을 명백하게 진술했다.

평신도의 생활 신분에 관한 이해와 관련된 진술은 「인류의 빛」 제4장의 시작에 제시된다. "교계의 임무를 밝힌 거룩한 공의회는 평신도라고 불리는 저 그리스도인들의 신분에 기꺼이 관심을 기울이고자 한다"(「인류의 빛」 30항). 신학 위원회는 이 문장을 다음과 같이 설명한다. "교회에서 평신도도 하나의 '신분'을 지닌다는 영예를 알리려는 의도다."[15] 하지만 '신분'이라는 용어는 (때때로 '조건'으로 대체되며) 일관되게 유지되지 않을 것이다.[16] 따라서 공의회는 평신도가 2부 리그의 그리스도인이 아니며, 위탁인이 아니라 타고난 권리로 교회의 사명에 참여한다는 확신을 강조했다.

이제 교회의 사명에 참여하는 평신도의 자율성이라는 문제를 다룬

---

15 F. G. Hellin, *Concilii Vaticani ii Synopsis. Constitutio dogmatica de Ecclesia*, Lumen Gentium, cit. 318-319.

16 「인류의 빛」 43항 참조. 역자 주: 공의회 문헌의 한글 번역에서는 "성직자와 평신도 **신분**의 중간이 아니라 …"라고 번역하지만, 라틴어 원문은 "non est intermedius inter claericalem et laicalem **conditionem** …"이라고 해 '조건'이라는 말이 확인된다. (인용문 안 강조는 역자 주)

다. 이는 목자와 평신도의 관계로 드러난다.

4. 목자와 평신도의 관계 그리고 평신도의 자율성

공의회는 **목자와 평신도의 관계**를 설정하면서, 평신도를 정의하기 위해 활용된 신학적 토대인 '하느님의 자녀로서 동등한 품위와 다른 역할'이라는 관점을 취했다. 목자와 평신도 관계의 이러한 관점은 「인류의 빛」 37항에 드러나 있다. 여기서 평신도의 권리와 의무 그리고 평신도와 관계를 맺는 목자의 의무가 질서 있게 제시되었다. 교회의 영적 선익을 받을 권리(말씀과 성사)가 평신도에게 보장되고, 이어서 교회의 선익을 위해 자신의 견해를 밝힐 평신도의 권리와 의무가 드러나며, 끝으로 평신도의 순명의 의무가 명시되었다.

평신도의 일련의 의무에 관해서는 두 가지 분석이 필요하다. 먼저 평신도가 자신의 견해를 밝힐 권리와 의무를 첫자리에 두는 것은 평신도도 교회라는 뜻이며, 교회의 다른 구성원들과 함께 교회의 전체 선익을 위해 평신도도 책임이 있다는 인식에서 비롯된다. 그러나 이 '권리와 의무'는 무제한적이지 않다. "지식과 능력과 덕망"을 요구하며, "언제나 솔직하고 대담하고 지혜롭게"(「인류의 빛」 37항) 실행되어야 한다. 평신도의 조건이나 이들에게 요구되는 일련의 덕은 교회와 사회적 부류 사이에 본질적 차이가 있다는 것을 의미한다. 하지만 교회에서 조건이나 덕은 모든 이의 선을 위한 것이지, 그 자신을 위한 것이 아니다. 따라서 평신도가 자신의 견해를 밝히는 것은 자신의 거룩한 생활과 능률을 올리는 적성에 따른 것처럼 보인다. 그러나 순명을 말할 때는 다르다. 그리스도의 대리자로서 목자들이 부여받은 직무로 인해 순명은 필요하다.

평신도와 관계를 맺는 목자들의 의무에서는 먼저 평신도의 품위와 책임에 대한 이해와 그 덕목들을 증진시키려는 노력이 요구된다. 이는 목자들이 평신도의 조언을 듣는 것과 그들에게 임무를 맡기는 신뢰를 드러내며, 평신도가 창의적으로 활동하도록 놓아두는 것을 뜻한다.

지상 도시의 문제에 관한 평신도의 자유가 목자들에게 알려져야 한다. 앞에서 언급한 지상 사물의 자율성에 관한 진술과 상응하는 것으로, 「기쁨과 희망」은 다음과 같이 정확하게 규정한다.

> 현세 사물의 자율성을, 피조물과 사회 자체가 고유의 법칙과 가치를 지니고 있으며 인간이 점차 이를 분별하고 이용하고 안배한다는 것으로 이해한다면, 그와 같은 자율성을 요구하는 것은 전적으로 타당하다. 그것은 현대인이 요구하는 것일 뿐 아니라 창조주의 뜻에도 부합하는 것이다. 사실, 만물은 창조의 조건 자체에서 고유의 안전성과 진리와 선, 또 고유의 법칙과 질서를 갖추고 있으므로 인간은 이를 존중하여야 하고, 학문이나 기술의 각기 고유한 방법을 인정하여야 한다(36항).

그러므로 목자들은 지상 사물의 영역에서 평신도가 지상 도시의 시민으로 활동하도록 놓아두어야 한다. 이 진술의 의미는 교회와 시민사회의 법과 조직을 구분하려는 것이다. 교회는 종교적인 사명을 지닌다. 따라서 교회가 시민사회적 성격을 함축하고 있다고 하더라도(「기쁨과 희망」 42항 참조), 교회와는 다른 구조를 선택한 시민 생활을 규정하며 간섭하지 않아야 한다. 적어도 공식적으로는 그러하다. 시민사회의 결정이 가변적인 것에 반해, 목자들의 이러한 태도는 그리스도에게서 온 권위와 직권을 바탕으로 한 궁극적인 결정을 암시한다. 교회는 자신의 특별한 역할로 역사에 영원의 가치를 부여하는 수직성을 지닌다. 이에 대해 「기쁨과 희망」 42항은 다음과 같이 설명한다. "교회가 현대 인류 사회에 영향을 미칠 수 있는 힘도 생활에서 실천되는 저 믿음과 사랑 안에 있는 것이지 순전히 인간적인 방법으로 행사하는 어떤 외적 지배에 있는 것이 아니다." 그 결과, 교회는 시민이 공생하는 특정한 형태에 결합되지 않는다. 역사는 모든 문명이 무너지는 한계가 있다고 알려 준다. 그렇다 하더라도 교회는 역사를 존중하며, 모든 사람이 공생하는 영역을 존중한다. 또한 교회의 신앙으로 공통된 목적에 이를 수 있다는 사실을 배제하지 않는다. 이러한 이유로 평신도가 활동하고 조직하는 것에 있어서 교회와는 다른 가능성을 선택할 때, 교회는 자신의 의견을 교회가 지지하는 양 주장하지 말라고 다음과 같이 호소한다.

> 사물에 대한 그리스도교 가치관에 따라 어떤 환경에서 결정적인 해결책을 강구하여야 할 때가 자주 있을 것이다. 그러나 다른 신자들은 똑같이 진지한 태도로 똑같은 일에 대하여 달리 판단할 것이다. 이런 일은 매우 자주 또 당연하게 일어나는 것이다. 여기저기에서 제시되는 해결책들을 많은 이들이 당사자들의 의도와 달리 쉽게 복음의 메시지와 결부시킬 때에는, 어느 누구도 그러한 사건에서 자기 의견을 위하여 배타적으로 교회의 권위를 주장할 수 없다는 사실을 명심하여야 한다(「기쁨과 희망」 43항).

이 진술은 복음에 영향을 받은 믿는 이들이 선택할 수 있는 것이 많지만, 이 선택의 어떤 것도 복음의 궁극적 표현이 될 수 없음을 의미한다. 따라서 이는 목자들에게 정파 혹은 시민 단체에 직접적으로 관여하지 말라고 요구하는 이유가 된다. 자유롭게 논의하고 해결책을 도출하는 과정에서 목자들이 직접적인 임무를 지닌다면, 그리스도를 대표하는 제도적 직권의 역할을 실행한다는 오해를 남길 수 있다.

지상 활동과 그리스도교 공동체의 건설에서 평신도가 자율성을 지닌다면, 이들은 목자의 협력자이고 "**교계 사도직과 더 직접적인 협력**을 하도록"(「인류의 빛」 33항) 부르심을 받을 수 있다. 이는 '가톨릭 운동'을 가리키지만 「인류의 빛」 본문에 언급되지 않았다. '가톨릭 운동'이라는 사도직 형태로 다른 연합회들을 단정하고 싶지 않았기 때문이다.

「인류의 빛」 33항은 성 바오로의 협조자들에 관해 언급했는데, 이는 '가톨릭 운동'의 특별함과 연관된다. 곧, 믿는 이들이 교계에 협력하는 것은 교회만큼 오래되었다는 것을 보여 준다. 적어도 '가톨릭 운동'의 역사에서 '위임'(mandatum)이라는 핵심적인 개념은 의심의 여지 없이 '가톨릭 운동'의 특별한 가치를 드러낸다. 따라서 신학 위원회는 위임을 정확히 규정하려 했다. 위임이라는 용어를 제시하지 않았을지라도, "용어의 본질이 보존되었다면"(substantia eius servatur) 교계로부터 직접적인 책임을 받아 실행하는 특별한 사도직과 공통된 사도직의 형태는 결국 구분되어야 한다.

공의회가 '협조'(cooperazione)이라는 용어를 선택한 것은 교황 비오 11세와 교황 비오 12세가 사용했던 '참여'(partecipazione)나 '협력'(collaborazione)라는 용어가 지닌 문제를 다루지 않겠다는 의도였다. 여기서 '협력'이나 '협조(참여)'라는 용어가 지닌 의미와 가치를 논의할 수 있다. 협조(참여)는 성직주의가 선호했던 방식이라면, 협력은 평신도 사도직 수행의 자율성에 주의를 기울였다.[17] 그런데도 협력의 본질적인 의미는 지속된다. 곧, 부르심에 있어 어떤 평신도는 교계의 전형적인 사도직의 형태나 교회의 역할을 펼치는 임무를 부여받는 사도직의 형태를 취할 수 있다. 이러한 협력의 가능성은 활동의 영역이나 사도직의 영역을 분할하는 관계를 재설정하도록 이끌 것이다. 이러한 관계의 재설정은 실천적이고 구체적인 것이므로, 부르심이나 필요에 따라 변할 수 있다.

「사도직 활동」은 '가톨릭 운동' 문제를 수면 위로 다시 드러냈다. 이 문헌은 평신도 사도직에 구체적인 방식을 제시하기 위해 숙고하면서, **평신도 사도직과 고유한 교계의 사도직의 관계**를 설정하려 했다. 또한 「인류의 빛」의 가르침에 따른 평신도의 활동을 요약하고 확장했다. 이 교령은 교계와 평신도가 교회의 유일한 사명에 결합된다고 다음과 같이 제시한다. "교회의 사명도 그리스도의 복음과 은총을 사람들에게 가져다줄 뿐 아니라, 현세 질서에 복음 정신을 침투시켜 그 질서를 완성하는 것이다"(「사도직 활동」 5항).

교회의 유일한 사명을 실천하는 두 부류는 구분된다. 이 사명은 교회의 서로 다른 구성원의 특별한 형태로 실행된다. **교회의 유일한 사명을 실천하는 첫째 부류**는 "성직자"인데, "말씀과 성사의 교역을 통하여

17 G. Philips, *La Chiesa e il suo mistero*, cit. 40 참조. 역자 주: '협조'는 교회의 사명을 실현하기 위해 교계를 중심으로 평신도가 협조해 실행한다면, '협력'은 교회의 사명을 실현하기 위해 교계와 평신도가 동등하게 실행한다. 곧, '협력'과 '협조'의 차이점은 교회의 사명을 실행하는 주체의 강조라 할 수 있다.

[…] 특별한 방식으로"(「사도직 활동」 6항) 사명을 수행한다. 그러나 여기에 평신도도 배제되지 않으며, 평신도가 완수해야 할 매우 중요한 부분도 있다. 이러한 방법으로 "평신도 사도직과 사목 교역은 서로 보완"(「사도직 활동」 6항)되어야 한다. 따라서 특수한 환경에서 복음의 말씀과 성화의 은총을 사람들에게 전하는 평신도 활동이 발생한다. 실질적으로 목자들에게 고유하게 유보된 것은 교회에 속하기에, 필요한 상황에서 교회를 대표하는 누구나 교회의 사명을 실현해야 한다. 그럴 경우가 있을지라도, [비상 세례(대세)와 혼인성사의 주례를 제외한] 성사의 집전은 당연히 제외된다.

이러한 경우들을 전제하면, 공의회 교부들은 교회의 사명에 모든 그리스도인이 천부적으로 참여한다는 핵심 가르침을 생각한 것만이 아니라 수많은 평신도의 숨겨진 활동을 통해 유지되고 전파된 복음이 많은 나라에서 일어나고 있다는 삶의 체험도 염두에 두었다. 그 결과, 공의회는 평신도에 대한 높은 자각을 드러냈다. 「사도직 활동」 17항은 **개인 사도직**에 관해 다음과 같이 진술한다.

> 교회의 자유가 심각하게 제한을 받는 지역에서는 개인 사도직이 반드시 필요하고 매우 절실하다. 이 어려운 환경에서 평신도들은 사제들의 임무를 보완하여, 자신의 자유를 희생하며 때로는 생명의 위험을 무릅쓰고, 주위 사람들에게 그리스도교 교리를 가르치며, 신앙생활과 가톨릭 정신을 교육하고, 그들이 성사를 자주 받고 특히 성체 신심을 기르도록 지도하고 있다. 거룩한 공의회는 현대에서도 박해 속에서 영웅적인 용기를 지닌 평신도들을 끊임없이 일으켜 주시는 하느님께 충심으로 감사를 드리며, 어버이의 애정과 감사의 마음으로 그들을 그러안는다.

평신도의 개인 사도직을 제시하는 것은 평신도에 관한 신학적 성찰을 상대화한다. 평신도도 증언의 임무를 수행할 수 있다는 것이 아니라 그들을 부추기는 신앙과 애덕의 힘으로 이 임무를 수행한다는 것이다(2코린 5,14 참조;「사도직 활동」6항 재인용).

교회의 유일한 사명을 실천하는 둘째 부류는 현세 질서와 관련된 평신도다. "사람들이 현세 질서를 바로 세우고 그리스도를 통하여 하느님께 나아갈 수 있도록 힘껏 도와주는 것이 온 교회의 임무"(「사도직 활동」7항)이기 때문이다. 그러나 평신도의 임무는 다른 형태로 보완되며 다음과 같이 실행된다.

> 목자들은 창조 목적과 세계 이용에 관한 원칙을 분명하게 밝혀 주고 현세 질서가 그리스도 안에서 바로 세워지도록 도덕적 · 영성적 도움을 주어야 한다.
> 또한 평신도는 현세 질서의 개선을 고유 임무로 받아들이고, 그 질서 안에서 복음의 빛과 교회 정신의 인도를 받아 그리스도의 사랑을 실천하며 확고하게 바로 행동하여야 한다. 평신도는 시민으로서 전문 지식과 고유한 책임감을 지니고 다른 사람들과 함께 협력하며 어디서나 모든 일에서 하느님 나라의 정의를 찾아야 한다(「사도직 활동」7항).

목자들에게 가르침이나 영성적 도움의 임무가 유보된 반면, 평신도에게는 직접 행동하는 것이 유보된 것처럼 보인다. 이 글은 평신도가 목자들이 가르치는 바를 실행하는 이라고 하지만, 이에 대한 이의 제기가 나타날 수 있다. 그런데도 이 본문은 목자들의 가르침에 협력하는 평신도를 배제하려는 것보다는 목자들이 지닌 교도권의 유지를 의도한 것처럼 보인다.

따라서 교계와 평신도 사이에는 조화와 보충 그리고 보완이 있다. 교계가 믿는 이 개인을 걱정하는 것은 보호하거나 집중해야 하는 일종의 '보호 구역'으로 여기는 것이 아니라, 상황에 따라 교회의 사명을 실현하는 행위로 이해된다. 성품성사의 고유함을 제외하고 역할들의 존재론은 없기에, 역할들은 변화될 수 있다. 유일한 존재론은 믿는 이 모두가 그리스도의 사명에 참여하는 것인데, 온 교회는 이 사명에 함께하고, 교회 안의 모든 이가 이 사명을 수행한다.

목자와 평신도의 관계에서 평신도가 **단체 사도직**의 형태로 활동할 때, 특별한 규범을 정할 수 있다. 이에 관해 「인류의 빛」이 서술한 것을 「사도직 활동」이 확장했다. 「사도직 활동」은 평신도 사도직이 단체를 이룰 때, 이 단체가 '교회성'을 드러내는지, 또 어떤 단체들이 '가톨릭 운동'의 이름에 적합한지 그리고 교계 사도직에 협력하는 평신도 단체들은 어떠해야 하는지 정확히 규정했다.[18] 「사도직 활동」 20항은 이 주제에 해당하는 네 가지 필요한 기준을 다음과 같이 제시한다.

가) 이러한 조직의 직접 목적은 사람들에게 복음을 선포하고, 사람들을 거룩하게 하며, 그들의 양심을 그리스도교적으로 형성하고, 다양한 공동체와 환경에 복음의 정신을 불어넣는 교회의 사도직 목적이다.

나) 교계와 그 나름대로 협력하는 평신도들은 자기 경험을 살려 책임

---

18 이 주제에 관해 다음을 참고하라. G. Canobbio, *Nella Chiesa e per il mondo: l'Azione cattolica nei documenti del Concilio*, in P. Trionfini - I. Vellani (eds.), *Il futuro dalla forza del Concilio. Il Vaticano II e l'Azione cattolica* (AVE, Roma 2015) 101-118.

지고 이러한 조직을 운영하며, 교회의 사목 활동이 전개되어야 할 조건을 연구하고 활동 계획을 수립하여 이를 실천하여야 한다.

다) 평신도들은 하나의 유기체처럼 결합되어 행동함으로써 교회 공동체를 더 적절하게 드러내고 사도직을 더 효과적으로 수행한다.

라) 교계 사도직과 직접 협력하여 활동하도록 권유를 받았거나 자발적으로 헌신한 평신도들은 그 교계의 상급 지도 아래 행동한다. 주교는 이러한 협력 단체를 명시적 위임으로 승인할 수 있다.

평신도 사도직 활동의 교회성을 제시하는 첫째와 넷째 기준에서 특별한 중요성이 나타난다. 교회의 사명과 관련된 첫째 기준은 「사도직 활동」 20항에서 말하는 나머지 기준과 결이 다르다. 여기서 평신도 사도직의 목적은 현세 실재의 질서를 포함하지 않는 목자들의 사도직의 목적과 거의 겹치는 것처럼 보인다. 이어서 넷째 기준에서 「인류의 빛」이 제시하길 원하지 않았던 **'위임'**이라는 용어가 나타난다. 「사도직 활동」 24항은 이 용어를 다음과 같이 설명한다.

더 나아가서 교회의 공동선이 요구할 때에는 영적인 목적을 직접 지향하는 사도직 단체나 활동 가운데에서 어떤 것을 교회 권위가 선택하여, 특별한 방식으로 추진하고, 거기에 대한 특별한 책임을 질 수 있다. 이렇게 교계는 상황에 따라 여러 가지로 사도직을 지도하며, 어떤 형태의 사도직 활동을 자기 자신의 사도 임무와 밀접히 결합시킨다. 그러나 쌍방의 고유한 성격과 차이를 보존하여야 하며, 따라서 평신도들이 자발적으로 행동하는 데 필요한 여지를 남겨 두어야 한다. 교계의 이러한 행위를 교회의 여러 문서에서는 '위임'이라고 한다.

이 글은 앞서 말한 것을 확정한다. 위임의 형태에 따라 실행된 사도직은 교계적 성격을 띤다. 이러한 형태와 더불어 최근의 역사에서 일어난 위임의 의미, 곧 평신도 사도직에 제시된 교계 제도의 강조된 권위를 이해해야 한다. 따라서 위임을 평신도 사도직으로 설정하지 않았다는 점이 정확하게 규정되어야 한다. 앞서 살펴본 「인류의 빛」은 교계 사도직에 협력하는 목적을 지닌 부르심에 대해 설명했다. 여기서 위임은 평신도의 고유한 영역, 현세를 그리스도교적으로 다스리는 것에 해당하지 않는다.

이어서 분석해야 할 것은 **목자들과 세상의 관계**인데, 그 방식의 일관성을 숙고해야 한다. 목자들의 권위는 역사가 펼쳐지는 사회에서 받아들여지지 않기도 했다. 목자들이 의식을 형성하는 임무가 있는 단체가 아닌 정치적이고 사회적인 활동에 직접적인 임무가 있는 단체에 위임했다면, 우연한 역사적 사건들이 궁극적인 진리가 되기에 책임져야 한다. 그러나 이는 목자들이 제시할 의무가 있는 윤리적 판단에는 해당되지 않는다. 목자는 위임에 대해 복음의 가치를 따른 우연한 선택이 적합한지를 살펴보는 것이지, 복음이 이 선택을 보증한다고 이해할 수 없다.

평신도는 목자들에게 협력하는 동시에 주체적이다. 목자들의 협력자로서 평신도에게는 두 가지 측면이 있다. 첫째, 일반적으로 목자들과 평신도는 교회의 유일한 사명을 실행하고, 둘째, 특수하게 어떤 평신도는 목자들이 제안하는 규범적이고 전형적인 임무에 부르심을 받거나 그 임무를 수행할 수 있다. 이때, 평신도의 고유한 조건은 상대화된다. 이 경우에 평신도가 교회를 드러낸다고 하더라도, 현세가 아닌 영원에 대한 교회의 직권과 권위를 수행하는 임무를 지니지 않는다.

결론적으로 평신도와 목자들은 성령으로부터 형성된 그리스도의 유일한 몸의 구성원들이다. 교회가 세상을 완성으로 이끌기 위해 교회의 구성원들은 조화롭게 활동한다.

공의회 문헌들은 **평신도와 수도자의 관계**에 대해서는 침묵했다. 그 이유는 다양하다. 1. 공의회 문헌들은 수도자의 조건이라는 문제를 해결하지 못했기에, '수도자는 성품성사를 받지 않았기에 평신도인가?'라는 문제가 남는다. 2. 평신도나 목자에 비해, 공의회 문헌에서 수도자의 고유한 역할은 제시되지 않는 것처럼 보인다. 3. 믿는 이들과 평신도는 겹치고, 때때로 동일시된다.

또한 공의회는 '**재속회**'(Istituto secolare)에 관해 제대로 설명하지 못했다. 사실, 공통된 그리스도인 생활은 하느님께 바치는 세상의 성화라고 설명했지만, 세상에서 성화의 의미를 드러내는 것은 굉장히 어려운 일이었다. 「수도 생활의 쇄신에 관한 교령 – 완전한 사랑」(이하 「완전한 사랑」)의 한 부분에서 수도 생활의 재속 형태에 관한 공의회의 부주의와 설익은 성찰이 드러났다. "재속회는 수도 단체가 아니지만 교회의 인가를 받아 세속에서 복음적 권고의 진정하고 완전한 서원을 이행한다. 세속에서 살아가는 남녀 평신도와 성직자는 이 서원으로 성별되는 것이다" (「완전한 사랑」 11항). 이처럼 세속에서 실행하는 수도 생활의 의미는 공의회에서 끝내 밝혀지지 않았다.

이 모든 것은 제2차 바티칸공의회가 진술한 평신도에 관한 숙고의 한계를 드러낸다. 이 숙고는 수도자와의 관계에서 평신도를 설명했고(세속성), 수품자와 비수품자를 구분했다. 결과적으로 수품과 비수품의 구분이 우세하게 되는 이유는 유일한 사명 전반에서 정확하게 임무들이 정해졌기 때문이다.

결론

공의회는 공의회 이전에 신학적으로 성찰한 결과들을 모으고 발전시켜, 두 가지 길을 통해 평신도를 교회의 사명에 편입시킨다. 1) 그리스도와 모든 그리스도인이 결속하는 관계에서, '그리스도에 속함'의 토대는 입문 성사의 힘으로 드러난다. 2) 평신도의 특별한 임무는 그들의 세속적 성격에서 기인하고, 이 힘으로 교회는 모든 인간을 위한 구원의 사명을 실행한다. 따라서 평신도는 교회의 목자들만큼 중요하다.

공의회는 전형적인 설명을 바탕으로 평신도의 특성을 유지하려 했다. 하지만 공의회는 신학적으로 '평신도의 존재'가 아닌 '평신도의 역할'을 특성화했다. 이러한 특성화는 공의회의 큰 성과인데, 교회의 사명을 실행하는 역할들의 차이에 토대를 두었다. 공의회는 교회의 사명에 참여하는 이들을 구분하지 않았고, 모두가 '그리스도에 속함'을 강조했다. 이는 영역들의 엄격한 분할이 아니라 적성들의 우연한 구분일 뿐이며, 구분된 적성들은 하나가 되어 인간 현실을 하느님이라는 궁극적 목적으로 이끄는 복합적인 교회의 사명을 완성된 형태로 실현한다.

공의회는 해방의 사건으로 평신도에게 환영을 받았지만, 시간이 갈수록 그 한계는 드러난다. 공의회 이전의 평신도를 정의한 틀에 상당 부분 갇혀 있는 공의회의 진술들은 신학의 포로로 남게 된다. 이제 이러한 한계를 넘어서려 했던 공의회 이후의 신학을 살펴보자.

제9장

평신도에서 그리스도인으로

공의회에 대한 비판적 수용

공의회는 교리의 집대성이기 이전에 '해방의 사건'으로 환영을 받았다. 많은 이에게 공의회는 교회 생활의 전환으로 보였기에 '공의회 이전'과 '공의회 이후'라는 말이 쓰이기 시작했다. '현대화'는 공의회가 추구하는 쇄신의 요약처럼 보였다. 이러한 경향은 공의회 회의장 밖에서도 일어났는데, 몇몇 문헌이 로마 밖에서 자유롭게 편집되었을 뿐만 아니라 언론이 기대감을 불러일으키며 논쟁과 긴장을 촉발했기에 많은 그리스도인 단체가 들뜬 마음으로 공의회에 참여해 의견을 개진했기 때문이다.

공의회 문헌들은 공의회 폐막 직후 곧바로 강의실에서 소개되지는 않았지만, 개방을 의미하는 '공의회의 정신'은 엄격한 권위주의적 형태를 지양하는 동시에 교회 조직에 모든 이의 참여를 독려했다. 또한 이전 세기에서 교회가 세상을 폄하한 것을 극복해, 마침내 세상 안으로 들어가 세상의 가치를 인정하게 되었다.

하지만 공의회를 수용하기 시작한 문화적인 배경에는 사회 전복에까지 이르는 전면적인 개혁의 분위기가 있었다. 자유를 경험하는 희열과 정치에 참여하려는 열망은 삶의 모든 영역에서 나타났다. 유럽에서 개혁의 현상들이 일어났다면, 아프리카에서는 많은 국가가 해방 운동을 펼쳤고, 라틴아메리카에서는 독재 정권이 전복되었다. 특히 라틴아메리카의 자유를 위한 투쟁에서 그리스도인과 비그리스도인 연합 세력이 등장했다. 이 투쟁은 시민사회에서 그리스도인의 역할이 무엇인지 묻는 계기가 되었는데, 더 근본적인 물음은 이러했다. '교회가 자유를 위한 투쟁에서 지도자의 역할을 맡지 않는다면, 교회의 역할은 무엇인가?'

때때로 공의회는 그 문헌의 내용보다는 사회적 상황과 교회의 개방이라는 공의회에 대한 기대에 따라 이해되었다. 공의회 이후 시기에 제어되지 않는 어떤 이들은 공의회를 혁명으로 이해했기에, 그들의 주장은 교회의 결속을 풀어 버리고 그리스도교를 희석시켰다. 반면, 다른 이들은 공의회를 무용하다고 이해하면서, 교회를 괴롭히는 모든 악의 원인이 공의회라고 주장했다. 공의회를 혁명으로 이해한 이들은 '과거를 잊어버리자'라고 주장했지만, 공의회의 무용성을 제기한 이들은 '과거로 돌아가자'라고 주장했다.

그 결과, 하나의 주장에 반대되는 다른 하나의 주장이 뚜렷하게 드러났다. 이러한 긴장은 평신도에 관한 공의회의 입장을 수용하는 과정에서도 펼쳐졌다.

1. 명확한 이론 그러나 어려운 실천

공의회 문헌들은 평신도가 그리스도인이라는 것과 세속적 성격을 지닌다는 두 가지 방향을 제시했다. **공의회 이후의 신학**은 이 두 가지 방향 중 둘째 주제인 '세속적 성격'에 집중했고 또 이를 확장했다. 그 이유는 세상과 교회의 관계와 공의회 이후의 신학적 유산에서 교회의 새로운 태도를 발견했기 때문이다.

앞 장에서 이미 설명한 것처럼, 「기쁨과 희망」은 교회가 현대 세계와 맺는 관계에서 태도를 전환하는 경향을 제시했다. 곧, 교회는 방어적으로 세상을 고발하는 태도에서 세상에 대한 동정과 협력의 태도로 전환했다. 이러한 전환에서 교회의 태도는 세상에 단순하게 메시지를 전하는 것만이 아니라 대화와 상호 존중을 실천하는 것이 논리적이다. 교회의 많은 구성원은 사회생활을 하고 있으므로, 교회와 사회는 협력해 서로 풍요로워질 수 있다. 여기서 평신도 그리스도인은 교회를 통해 세상에서 자신의 존재를 드러내야 했다. 공의회에 따르면, 평신도에게 특별한 지위가 있는 이유는 서품 직무자와 수도자에게 해당되지 않는 적성이 있기 때문이다. 따라서 평신도는 자율적으로 교회 사명의 한 분야를 실행할 수 있게 되었다.

공의회 이후의 흐름을 설명하면, 교계의 후견을 벗어나 자율성을 지닌 평신도 스스로에게 세계를 구축하는 임무가 유보되는 경향은 논리적이다. 이러한 이해는 공의회 이전의 평신도 신학을 재평가함으로써 뚜렷하게 발견할 수 있다. 공의회 이전의 평신도 신학은 평신도를 교회 생활로 '편입'했다면, 공의회 이전 신학을 승인하지 않을 수 없었던 공의회는 평신도의 권리 주장이라는 토대를 마련했다. 공의회가 승인한 성직자 중심의 교회는 저물고 있었다. 따라서 평신도가 성인이 되었고 교계의 권력에 참여한다는 이해가 실질적으로 드러났다.

이러한 강조점과 더불어 공의회의 수용 과정에서 더욱 예민한 점이 드러날 것이다. 이제 제시하려는 것들은 직설적인데, 가능한 복잡한 과정들을 단순화할 것이다.

평신도에게는 특별한 적성, 곧 세속 영역이 있음을 이해해야 한다. 세속은 더 이상 교회 사명의 바깥에 있지 않다. 평신도는 공통된 세례의 힘으로 온전히 하느님 백성에 속하고, 이에 기반한 권력을 지닌다. 따라서 **평신도의 새로운 형태**는 세속적 특성과 교회 지위가 합쳐진 교회의 새로운 모습으로 강조된다. 교회의 새로운 모습이 집단을 의미하는 하느님 백성이라면, 지도자에 반대되는 이 백성은 권력에 참여한다.

지속적으로 이어져 온 관념의 틀은 평신도의 개념이 성직자에 반대되는 대중이라고 이해했다. 이와 같은 지속적인 관념에 반해, 공의회 이후에 '교회의 민주화'라는 논쟁이 제기되어 즉각적으로 퍼져 나갔다. '아래로부터의 교회'를 옹호하는 이들은 교회의 수직적 개념의 극복에 집중했다. 이는 교회에서 권위의 원리를 제거하는 것이 아니라 상대화하는 것을 함축하고 있다. 더 나아가 이들은 보편 사제직을 주제로 설정하면서, 다음의 요구를 신학적으로 정당화하려 했다. 곧, 교회가 사제적 백성이고 또 사제는 성찬을 주례한다면, 교회의 모든 이는 사제이기에 모두가 성찬을 주례할 수 있으며 또 성찬을 주례하는 일은 공동체의 위임으로도 가능하다고 주장했다.

앞서 여러 장에서 살펴본 것처럼, 이러한 주장은 교회의 역사 곳곳에서 오랫동안 제기되었다. 이 주장에는 바로잡아야 할 결점이 계속해서 나타난다. 곧, 사제직을 사제 직무나 성찬에서 축성하는 힘으로만 이해했다. 사제직은 오직 사제 직무라고 지속적으로 설명하는 이러한 이해는 사전의 사제 항목에서 그 근거를 찾을 수 있다.

하지만 공의회는 사제직을 새롭게 이해했다. 사제직은 유일하지만, 직무의 역할만이 아니라고 제시했다. 이처럼 사제직의 이해에 관한 논쟁은 교회의 다른 신분에 비해 평신도의 신분에 관해 심혈을 기울인 '학문적' 성찰이 아니라, 성직자에 대한 논쟁을 일으켜 혼란을 일으키는 굴절된 경향이 대중적 의견과 결합된 현상임이 확실하다.

공의회 이후 직무 사제직은 전반적으로 위기를 맞았다. 일방적 사제직의 경향을 지닌 교회의 '지도자'는 대부분 성직자여서 더욱 그러했다. 직무 사제직이 권력에 관한 것이라면, 성직자는 자신을 방어할 수 있는 모든 권리를 지니고 있다. 사실, 공의회는 직무 사제직에 비해 상대적으로 취약한 평신도의 권리를 다루는 공의회 이전의 평신도 신학을 논의했다. 이 신학은 평신도의 활동 영역은 세상이고, 성직자의 활동 영역은 교회라고 집약했다. 이러한 영역들의 구분을 통해 성직자는 권력에 참여하고, 성직자와 평신도의 차이를 유지할 수 있었다. 또한 유일한 교회의 사명에 참여하려는 평신도가 교계 사도직에 참여하는 방식도 반영했다. 하지만 여기서 '평신도의 성직자화'라는 위험은 반드시 주의해야 한다. 어떤 평신도라도 교회 직무를 맡게 된다면, 평신도의 특별한 본성인 세속성을 잃는 것은 불가피하다.

이러한 경향에 반해 평신도가 교회 생활 밖으로 나아가야 한다는 주장이 우아하게 제기되었다. 이미 공의회 중에 프랑스의 한 평신도는 평신도를 찬양하는 것에 반해, 교회 생활에서 평신도가 실천적으로 배제되는 모순을 비판했다. 이 날카로운 비판은 다음과 같다. "새로운 묘약처럼, 신학적으로 영광을 바쳐 평신도를 신화처럼 드높이는 만큼, 묵은 성직자적 본능은 새로운 평신도의 시작을 제지한다. 한편으로, 성직자는 […] '성숙한 평신도'일 뿐이다. […] 성직자는 평신도를 두려워한다. 세상 사람들과 대화하듯이, 평신도와 논의하는 것이 부담스럽기 때문이다."[1]

평신도를 둘러싼 긴장과 논쟁은 지성적 신학의 차원이 아닌 교회 생활의 차원에서 발생한다고 이미 강조했다. 이는 교회의 사명이 지닌 구조와 관련된 문제들을 궁극적으로 논의하기보다는 시대의 상황마다 **그리스도교를 새롭게 성찰하기**를 요구한다. 그러나 이러한 성찰에서 공의회 문헌들이 제시한 폭넓은 새로운 관점들을 강조하는 해설은 배제되고 있다. 사실, 신학은 더욱 넓고 근본적으로 고유하게 이바지한다. 신학은 현대 세계에 이해 가능한 그리스도교 메시지를 줄 수 있어야 하고, 그 임무는 건조한 언어와 스콜라적 논쟁으로 엉킨 주제들을 새롭게 서술하고 설정해야 한다.

공의회가 제시한 쇄신의 프로그램을 받아들인다는 것은 명확하게 교회 조직의 재구축을 넘어서야 한다. 교회는 하느님을 생각하는 데 더딘 세상에 예수 그리스도를 선포하고, 경제적 진보와 사회적 진보를 종말론적 완성으로 여기는 위험을 지닌 세상에 근본적인 쇄신을 요구해야 한다. 그렇기에 이전에 집중한 신학적 주제는 새로운 신학적 주제로 이동해야 한다. 이러한 이동을 통해 교회는 점차 도움을 받게 될 것이다. 신학적 주제는 공의회에서 맹렬히 추구한 교회론에서 그리스도론

1 M. Carrougues, *Le Laïcat: mythe et réalité* (Centurion, Paris 1964) 44 s.

으로 또 '신학'(*Teo*-logia)으로 이동할 것이다. 그렇다면 다음의 질문이 제기되는 것은 불가피하다. '교회가 해방을 위해 노력하는 인간 곁에 자리한다면, 무엇을 새롭게 제안할 수 있을까? 그리스도가 인간의 삶에 가져온 것은 무엇인가? 오로지 보편적 연대의 원칙뿐인가? 그리스도와 유토피아적 스승들의 차이점은 무엇인가? 해방의 과정과 그리스도 구원의 본질적 차이는 무엇인가?' 이 질문들은 세상에서 평신도의 임무의 문제와 연결되어 있다. 따라서 다음의 질문이 이어진다. '평신도 그리스도인은 교회의 이름으로 더 나은 세상을 위해 사람들과 공생하는 영역에서 무엇을 할 수 있는가?' 신학은 학문적 특성이라는 간접적인 방법으로 평신도의 역할, 더욱 정확하게는 교회의 역할에 기여했다.

따라서 평신도에 관한 공의회 신학은 재검토되어야 한다는 신학적 주장이 점차 제기되었다. 이 신학이 1950년대 프랑스 신학의 관점에 너무 결속되었다는 비판을 받았기 때문이다.

2. 평신도 신학에서 직무의 신학으로

평신도에 관한 공의회 신학의 비판적 재검토는 먼저 공의회를 통해 널리 알려진 주제인 '**하느님 백성**'을 향한다. 무엇보다도 「인류의 빛」은 하느님 백성을 설명했고, 이어서 교계 제도와 평신도의 분리를 설명했다. 이러한 공의회의 전개 과정에서 평신도라는 용어를 폐지하라는 주장이 제기되었다. 예를 들어, 헨리 홀스타인의 작품 해제에서 피에르 기모는 다음과 같이 진술한다.

나의 견해로, '하느님 백성'을 다루는 장(「인류의 빛」 제2장)은 다의적이고 심지어는 불쾌한 평신도라는 용어를 폐지했다. 사실, 교회는 본질적으로 세례받은 이들로 구성된다는 토대 위에 세워졌다. […] 제2차 바티칸공의회의 가르침에 함축된 모든 것을 진지하게 생각한다면, '평신도 신학'을 문제로 설정해서는 안 된다. '평신도'는 세례로 부르심을 받았을 뿐만 아니라 올바른 의미와 완전한 이름으로 하느님 백성의 구성원이기 때문이다.[2]

이 글에 따르면, 근본적인 그리스도인의 조건은 실질적으로 공통된 그리스도인인 평신도로 설정된다. 이러한 그리스도인의 조건 위에 사제 직무자의 조건이 설정되어 차이가 드러났고, 이를 정확히 규정하는 문제가 남겨졌다. 결국, 문제가 되는 것은 바로 사제 직무자이다.

공의회 이전 평신도 신학의 주창자 중 한 명인 **이브 콩가르**가 이러한 방향에서 연구를 처음 시도했다. 그는 1970년대 후반에 발표한 논문에서 평신도 신학에 관한 자신의 관점을 '재숙고'했다. 논문 제목인 「평신도 신학과 직무들의 신학에 대한 나의 여정」[3]은 이미 이 연구의 전개 과정을 알려 준다. 그는 이 논문에서 부끄러움 없이 자신의 관점을 변경했다. 그가 발표했던 교회론의 논문들은 직무를 '능동인'이라고 이해했으며, 따라서 그 스스로 존재하는 실재인 (서품) 직무는 공동체 이전에 또 공동체 설립 이전에 이미 존재한다고 생각했다. 이러한 착상을 도식으로 나타내면 '그리스도 → 교계 제도 → 하느님 백성, 믿는 이들의 공

---

2 *Préface* à P. Guilmot *Fin d'une Eglise clericale? Le débat en France de 1945 à nos jours* (Cerf, Paris 1969) 10 s.

3 Y. Congar, *Il mio itinerario nella teologia del laicato e dei ministeri*, in Id., *Ministeri e comunione ecclesiale* (EDB, Bologna 1973) 9-28.

동체'라는 수평적인 노선으로 나타난다. 콩가르는 이러한 착상을 선택했기에, '사제직-평신도'라는 두 평행선을 펼칠 수 있었다.

> 진리의 부분을 포함하고 있더라도, 이러한 도식은 적합하지 않다. 이전에 직무 사제직이 우선적이고 또 공동체를 가시적으로 드러낸다고 주장했다. 그 결과, 공동체의 건설은 교계의 직무가 수행하는 활동으로 축소되었다. 하지만 이러한 관점은 신약성경을 따라 사목의 현실로 확장되어야 한다. 그분의 영과 함께하는 하느님과 그리스도는 당신의 교회를 건설하는 것을 결코 멈추지 않으신다.[4]

신약성경과 사목의 실천은 스콜라 신학의 '능동인'을 넘어서는데, 봉사의 다양성을 통해 교회가 건설된다는 이해로 이어진다. 성령을 따르는 공동체는 그리스도와 직접적인 관계를 맺는다. 전통적 교회론은 그리스도와 교회의 관계가 열두 사도의 선택과 파견이라는 '직접성'에 근거해 형성된다고 하지만 이는 제한적이다. 그런데도 제2차 바티칸공의회는 「만민에게」에서 이러한 교회의 '직접성'이 정당하다고 다음과 같이 진술한다. "이렇게 사도들은 새 이스라엘의 싹이 되고 동시에 거룩한 교계의 기원이 되었다"(「만민에게」 5항). 곧, 교회는 이미 사도들 안에 전체적으로 형성되기에, 사도들은 교회의 싹이 된다고 진술했다.

콩가르는 사도들과 그 후계자들이 교회 위에 군림할 수 없다고 진술했다. 동시에 그는 교회가 민주주의로 변질되는 것도 의미하지 않는다고 다음과 같이 설명한다. "그리스도는 그분이 선택한 열두 제자의 공

4 같은 책 16 s.

동체에서 구조화된 공동체를 원하셨다."[5] 그는 앞에서 말한 구조화된 도식을 대체할 것이 필요하다는 관점을 다음과 같이 제시했다. "공동체가 확장된 실재로 드러나는 도식은 공동체 전반에 있는 직무자들, 제도들, 성사들을 통해 공동체가 되도록 또 공동체로서 행하도록 부르심을 받은 봉사를 통해 자리매김할 것이다."[6] 이 새로운 구조에서 그리스도는 당신의 영을 통해 공동체 안에서, 공동체를 통해 직무의 다양성을 설정한다. 그 결과, '성직자-평신도'라는 두 평행선이 극복되어 '공동체-직무'라는 새로움으로 대체된다. 콩가르는 다양한 직무는 구분될 수 있고 구분되어야 하지만, "모든 구성원이 모든 이의 삶을 위해 또 모든 이의 삶에서 자신의 역할을 펼치는 몸의 구조를 지닌다"[7]라고 설명했다. 이러한 구조에서 그는 다음과 같이 주장했다. "정의定義가 필요한 것은 평신도가 아니라 사제다."[8]

콩가르는 평신도가 교회에 모일 뿐이고 교회의 건설에 사소한 역할만 한다고 이해할 위험에 맞서, 교회는 자신의 고유한 사명을 염두에 두면서 평신도의 임무를 허용해야 한다고 강력하게 주장했다. "교회는 (성사적이고 법적인) 권력이 아니라 영향력으로 행동"[9]하는 공간이기 때문이다. 세상에서 행동하는 공간은 하느님 백성의 구성원인 평신도의 고유한 자리지만, 평신도처럼 임무를 수행하기를 원하는 성직자도 배제하지 않는다. 이렇게 주장하는 콩가르는 '그리스도인으로 있음'과

5 같은 책 18.

6 같은 책 19.

7 *Ministeri e strutturazione della Chiesa*, in *Ministeri e comunione ecclesiale*, cit. 37.

8 *Il mio itinerario nella teologia del laicato e dei ministeri*, cit. 22.

9 같은 책 27.

'그리스도인으로 행함'이라는 마리탱의 전형적인 구분을 넘어서야 한다고 다음과 같이 말한다. "그리스도인으로서 믿는 이는 개인 또는 단체로 행동하지, 윤리적 인격 혹은 공적 제도를 통해 교회의 임무를 수행하는 것은 아니다."[10] 이 문장에서 콩가르는 하느님 백성의 구성원인 평신도가 '세속적' 차원을 잃어버리길 바라지 않는다고 명확하게 주장하는 것처럼 보인다. 그는 제2차 바티칸공의회가 제시한 것을 포기하고 싶지 않았다. 게다가 그는 제2차 바티칸공의회에서 이미 교회의 새로운 관점인 평신도의 직무를 발견할 수 있다고 주장했다. 공의회는 소극적으로라도 이미 평신도의 직무들을 말하고 있었다.

자신의 관점을 재숙고하는 콩가르의 짧은 논문은 1970년대 초반에 학교에서 알려졌다. 그 결과, 평신도의 직무를 말하는 것이 일상화되었다. 그는 공동체의 건설에 평신도의 참여를 회복해야 한다고 계속해서 주장했다. 이제 교회 생활에서 모든 이의 **'공동 책임'**(corresponsabilità)이 어디에서나 중단 없이 강조되었다. '공동 책임'이라는 용어는 주교회의의 사목적 문헌에서 나타났고, 교회 건설에 참여하는 믿는 이를 양성하는 출판물에도 수록되었다. 공동체의 자유로운 영혼인 성령께 의탁하는 일이 자주 일어났고, 의견의 복수성과 신학의 다양성 그리고 역할의 복수성이 받아들여졌으며, 심지어 은사를 교회의 모든 기원으로 여기는 극단이 나타나기도 했다. 하지만 비판적 거리를 충분히 두고 이 시기를 평가하면, 은사를 나열하며 구분하는 '유명론적' 범주는 은사의 목록을 작성하는 데 유용한 도움이 될 뿐이다.

10 같은 곳.

교황 바오로 6세의 자의 교서 「일부 직무」(1972)는 평신도 직무의 재발견에 이바지했다. 이 자의 교서는 성직자가 되는 과정을 개정해 제시했다. '소품'은 두 가지 직무(독서직, 시종직)로 축소되었고, 서품을 받지 않더라도 직무를 받을 수 있게 되었다. 이러한 직무들은 (여성을 제외한)[11] 평신도에게도 수여할 수 있기에, 더 이상 성직 지망자에게만 유보되지 않는다. 성직 지망자는 부제 서품을 통해 성직자에 속한다.

서품 예식과 성찬 거행의 지시문은 서품이 남성에게만 유보되어 있고, 여성을 배제한다. 이러한 배제는 교회에서 모든 평신도가 동등하지 않음을 암시하기에, 여성 운동은 이에 대해 강한 실망을 표출했다.

'직무'라는 단어의 도입은 성직자와 평신도를 분리하는 이전의 평신도 신학을 극복하는 데 도움이 되었다. 그러나 교회 안에서 그리고 교회를 위해 평신도 역할의 특성을 모호하게 할 위험도 있었다. 사실, 직무 그 자체와 '일부 직무' 사이의 관계에서 '직무의 의미'라는 문제가 해결되지 않았다. 이에 대한 해답은 교회를 형성하는 직무의 차이로만 제시되었다.

교황 교도권은 평신도의 임무가 지닌 세속성을 지속적으로 강조한 반면, 평신도가 지닌 세속성을 극복해야 한다고 주장하는 위험도 나타났다. 이때 교황 바오로 6세의 교황 권고 『현대의 복음 선교』(1975)는 더욱 권위 있는 참고 사항이 되었다. 이 문헌은 '현대 세계 안에서 복음화'라는 주제로 열린 1974년 시노드의 결과를 받아들였다. 특히 이 문헌

---

11 교황 프란치스코 「주님의 성령」(한국천주교주교회의 2021) 참조. 이 문헌을 통해 교황 프란치스코는 직무에서 여성의 배제도 해제했다. "실제로도 라틴 예법 교회에서 공고해진 관행은, 평신도 직무들이 세례성사에 기초하고 있기에, 남성이든 여성이든 적격한 자라면 모든 신자에게 맡겨질 수 있다는 것을 확증합니다" - 역자 주.

의 제6부 「복음화 일꾼」은 평신도에 관해 다음과 같이 진술한다.

> 세상 속에서 특별한 성소를 지니고 다양한 세속적 임무를 맡고 있는 평신도들은, 바로 그러한 이유로 매우 특별한 형태의 복음화를 실천하여야 합니다.
> 평신도들의 직접적이고 주된 임무는 교회 공동체를 설립하고 발전시키는 것이 아니라, — 그것은 목자들의 고유 임무입니다 — 세상사 안에 이미 존재하면서 작용하고 있지만 잠재되어 있는 그리스도교적이고 복음적인 모든 가능성을 사용하는 것입니다. 평신도들의 복음화 활동 분야는 바로 정치, 사회, 경제 분야뿐 아니라 문화, 학문, 예술, 국제 생활, 대중 매체와 같은 광범위하고 복잡한 현실 세계입니다. 그 밖에 인간의 사랑, 가정, 어린이와 청소년 교육, 직업 활동, 고통 등 복음화에 열려 있는 다른 실재들도 포함됩니다(70항).

이 글은 공의회를 반영하지만, 목자들과 평신도의 분리로 되돌아갔다. 그 결과, 이제 갓 태동한 '직무의 신학'(teologia dei ministeri)이 제거되지는 않았지만 모호해졌다. 이 진술의 의미는 그리스도교 공동체가 시민사회의 일을 생각하지 않고 스스로 폐쇄되거나 혹은 목자와 신자를 구분하는 교회의 태생적 구조를 잊은 듯한 교황의 우려에서 이해해야 한다. 이와 관련하여 교황 바오로 6세는 이 인용문 바로 전에(58항 참조) '교회의 기초 공동체'들은 보편 교회를 위한 희망이 될 수 있다고 강조했다.

교회의 기초 공동체는 교회의 새로운 임무를 펼치는 평신도의 장소로 제시되었고, 성직자가 부족한 상황에서 이루어진 일부 경험은 교회의 새로운 광채로 소개되었다. 유능한 평신도는 주교에게 임무를 받아 공동체를 이끌었다. 자이르의 평신도(Mokambi)나 콩고의 평신도 단체(Mabundu)도 본당을 이끌었는데, 교회의 새로운 과정의 패러다임을 이루는 모습이 되었다. 교회의 건설을 위한 공동 책임이라는 공통된 이해를 바탕으로, 이전에 단순히 순종해야 했던 이들에게도 공간이 마련되었다. 초대교회를 기억해 재현하며 체험한 이 교회론적 의미들은 널리 알려졌다. 직물처럼 짜인 교회는 성직자로만 이루어지지 않는다.

교회의 탈성직자화와 평신도의 성직자화 현상은 직무의 이해에 따라 관점이 달라진다. 이 현상을 해설하는 두 관점은 중요하다. 먼저 '직무의 신학'은 평신도에게 수여되는 직무의 타당성을 확정했지만, 아울러 평신도가 시민 생활에서 활동하는 자신의 고유성을 잃어버릴 위험이 있다는 다음과 같은 비판들도 제기되었다. 1) 1977년 12월 평신도 가톨릭 지도자 47명이 서명한 「시카고 선언」은 미국의 평신도들이 세상을 향하는 창으로 활발한 역할을 해야 한다고 다음과 같이 주장한다. "교회에서 사람들은 중요하다고 여기는 문제, 대개 제도를 논의하면서 그 힘을 소진한다. […] 평신도가 창의성을 잃어버리면 성직주의의 길로 되돌아갈 수밖에 없다. […] 제2차 바티칸공의회가 세상에 교회의 창문을 열었지만, 그 창문 안으로 되돌아간다면, 역사의 큰 아이러니가 될 것이다." 2) '교황청 평신도평의회'(Pontificium Consilium Pro Laicis)가 빈에서 주최한 독일 연방 대표자 회의(1981)에서 나온 문헌은 공의회 이후 가톨릭 평신도들의 활동이 사회에서 감소했고 또 대부분 교회의 내부 문제에만 주의를 집중한다고 비판했다.

이 두 비판은 평신도의 성직자화가 드러낸 널리 퍼진 부조화의 일각이었다. 이 부조화는 신학적 이유로 설명될 수 있다. 교회 내부의 역할은 직무로 인정받지만, '세상'의 영역에서 평신도가 펼치는 역할들이 직무로 알려지지는 않는다. 따라서 직무를 받은 평신도들은 교회 내부의 품계에서 하급 품계로 여겨질 위험이 있고 또 어떤 경우에는 평신도들이 직무를 받음으로써 공적으로 '교회에 속함'을 자랑스러워하기도 했다.

한계들에 대해 몇몇 주교회의의 사목적 문서는 소극적일지라도 중재를 시도했다. 주교회의의 사목 문서 중 프랑스 주교회의와 이탈리아 주교회의의 문서들은 **직무의 신학**을 이미 강조했던 대표적인 예가 된다.

교회의 맏딸인 프랑스 교회 주교들은 1973년에 루르드에서 열린 주교회의의 결과로 후속 문헌인 『교회에서 모두가 책임이 있는가?』[12]를 출판했다. 이 문헌은 다양한 은사와 직무로 드러나는 '총체적 직무의 교회'라는 콩가르의 개념을 받아들였다. 이 문헌의 제목이 드러내는 중요성은 이탈리아 주교회의가 1977년에 출간한 문헌 『복음화와 직무』에서도 인용되었다. 이 문헌의 서문은 이렇게 진술한다. "세례받은 모든 이는 직무는 다르지만, 교회의 우선적이고 근본적인 직무인 복음화에 참여합니다. 그리고 교회의 모든 구성원은 성령의 은총과 그분이 원하시는 방식에 따라 각자에게 주어진 선물을 통해 복음화하기에, 세상을 구원하기 위해 봉사를 마땅한 직무로 실행합니다(참조: 「인류의 빛」 12항; 1코린 12,11)"(『복음화와 직무』 1항). 이어서 문헌은 그리스도의 직무와 그로부터 나온 교회의 직무들을 구분해 설명했다. 여기서 '총체적 직무의 교회'가 제시하는 직무들을 사제 직무와 제도 직무(ministeri istituiti) 그리

12 CEF *Tutti responsabili nella Chiesa?* (Elle Di Ci, Leumann, Torino 1975).

고 활동 직무(ministeri di fatto)로 정확하게 구분했다. 이처럼 구분된 직무들은 몇 가지 기준으로 규정된다. 기원의 초자연성, 목적과 내용의 교회성, 법적 질서의 확립, 공적 인지도가 그 기준이 된다. 여기서 평신도에 관한 설명은 방향이 바뀐다. 곧, 평신도는 세상에서 활동하는 것만이 아니라면서, 다음과 같이 우려를 표명한다. "평신도에 관해 세상에서 임무가 주어진다는 널리 퍼진 정신의 재조정이 우선 필요합니다. 따라서 주님에 대한 봉사로 가득한 교회의 현실에서 더욱 조직적으로 짜인 평신도의 고유한 역할을 생각해야 합니다"(『복음화와 직무』 72항). 이러한 진술은 영역의 구분을 극복하려는 의도로 보이지만, 『현대의 복음 선교』 70항을 인용하는 문헌은 영역의 분리로 다시 돌아가는 것처럼 보인다. 그런데도 이 문헌이 평신도의 고유한 직무에 대해 말하는 대목은 중요하다. 이 문헌은 『현대의 복음 선교』 70항을 인용하면서 다음과 같이 진술한다. "세속 질서와 인간 증진은 교회 사명의 한 분야를 차지하는 것은 확실합니다. 이에 관해 그리스도교적으로 양성하는 직무가 매우 폭넓은 지평으로 열렸습니다. 사실, 복음화의 질서에 포함되는 모든 것은 교회 직무의 대상이 될 수 있습니다"(『복음화와 직무』 73항).

이 문헌은 교회의 사명이라는 노선에서 직무를 성찰하기를 의도한다. 그러나 신학적 반성에 따른 '사목적' 확대는 적어도 이때 즉각 나타나지 않았다. 이 문헌으로부터 십여 년이 흘렀을 때, 교회의 사명을 위한 직무의 관점이 실현되었음을 볼 수 있다. 교회는 자신의 사명이 세상을 향한다고 이해하면서, 교회 밖에서 구현되는 은사들의 역할을 설명할 것이다. 교회는 평신도의 은사를 우선적으로 규정하기에, 그 첫자리는 세상에서 그리스도인 생활에 연관된다. 사실, 그리스도인 생활은 교회의 사명을 수행하는 활발한 생기가 피어나는 곳이다.[13]

직무의 신학은 (적어도 경향적으로는) 교회 생활과 그 사명에 모든 이가 참여한다는 사실을 널리 알렸다. 이는 중요하고 유익하다. 하지만 직무의 설정이라는 문제는 미결 상태로 남겨졌다.

그리스도의 직무와 교회의 직무는 확실한 연관성을 지닌다. 그러나 모든 직무를 정확히 규정하는 기준은 없다. 사실, 사제 직무가 성품성사를 통해 직접 그리스도에게서 오는 토대를 지닌다면, 교회가 설정한 '제도 직무'나 '활동 직무'는 사제 직무와 동일하다고 말할 수 없다. 그러므로 제도 직무나 활동 직무는 사제 직무자들에게 요구되지 않는 공동체의 승인을 필요로 한다. 이미 설명했듯이, 직무의 신학은 교회에서 모든 역할이 교회론적이고 공동체적인 차원과 근원을 지닌다고 주장했다. 이러한 의미에서 세례를 통해 믿는 이 모두의 공통된 조건을 회복하고, 이로써 교회의 유일한 사명에 모든 이가 참여한다. 교계의 중개가 없는 그리스도와 공동체의 직접적인 관계의 회복은 콩가르가 주장한 것이었다.

그리스도와 공동체의 직접적인 관계는 이탈리아 주교회의의 문헌인 『신학교 그리고 사제 성소』(1979)에서 명확하게 진술되었다. 이 문헌은 보편 사제직과 직무 사제직의 관계를 설명하면서, 이 관계를 진술한 「인류의 빛」 10항의 한 문장을 다음과 같이 해석한다. "공의회는 직무 사제직을 '정도'(grado)만이 아니라 '본질'(essenza)에서도 다르다고 진술하면서, 직무 사제직이 보편 사제직과 구분된다고 가르칩니다. 이 진술은 그리스도와 교회의 관계에서 교계 사제직이 그리스도와 믿는 이들을 중개하는 역할을 지닌다고 설명합니다. 이는 계단처럼 내려오는 모

13 S. Dianich, *Laici e laicità nella Chiesa*, in id. (ed.), *Dossier sui laici* (Queriniana, Brescia 1987) 103-151 참조.

습이 아니라 성령의 활동으로 성사를 통해 그리스도 안에서 모두가 직접적으로 연결되는 모습을 정확하게 반영하려는 의도였습니다”(16항). 하느님 백성 혹은 친교의 교회에 관한 설명에 합당한 이러한 진술은 공통되는 것은 구분되는 것보다 우선한다는 의미다.

교회가 세상 안에 있고 또 세상을 위해 있다는 사실과 그에 따른 성과를 설명하면서, 1970년대 말에 하나의 전환이 전개된다. 현세성이 온 교회의 특성이라는 것이다. 그 결과, 평신도라는 용어는 점차 사라진다.

3. 평신도에서 현세성으로

제1장에서 평신도라는 용어의 의미와 파생되는 단어들을 설명했다. ‘현세성’(laicità)과 ‘세속성’(secolarità)이라는 용어는 1970년대 말에 계획적으로 주제화되었지만, 그 가치를 정확히 규정하기는 어려웠다. 세상을 통상적으로 이해하거나 세상에 대한 어떠한 강조점도 두지 않는다면, 세상은 창조된 실재로서 자율성을 지니기에 거룩함의 관계에서 벗어나 독자적으로 된다. 그리스도의 업적은 거룩한 것과 속된 것의 장벽을 허물었다. 이에 따라 교회는 거룩한 영역이 세상과 분리되어 있지 않다고 말해야 한다. 인간의 지상 운명을 함께하기에, 교회는 세속적이라고 말할 수 있다. ‘현세성’과 ‘세속성’을 동의어라고 이해한다면, 교황 바오로 6세가 재속회 ‘섭리의 어머니’ 창설 25주년에 회원들에게 한 담화(1972)는 **교회의 ‘세속성’**에 관한 권위 있는 진술이 된다. “교회에는 자신의 내적 본성과 사명에 고유한 권위 있는 세속적 차원이 있습니다. 이는 육화하신 말씀의 신비에 뿌리를 둡니다. 교회의 세속적 차원은 사

제이든 평신도이든 각자의 은사에 따라 교회의 구성원을 위해 다양한 형태로 실현됩니다."[14]

이탈리아에서 교회의 세속적 차원은 활발하게 논의되었고, 권위 있는 목소리들이 시민 · 정치 · 종교 영역에서 대담한 임무를 전개했다. 특히 **주세페 라차티**가 두각을 드러냈다. 고대 그리스도교 역사학 교수인 그는 공의회에서 확정했고 교황 교도권이 반복한 평신도의 세속적 성격을 고수했다. 그는 흔히 말하는 '총체적 교회론'[15]과 직무의 신학에 맞서 온 교회에 세속적 성격을 부여해야 한다고 주장했다.

라차티는 '공의회 이전'의 마리탱 학파와 콩가르 학파에서 양성되었으므로, 공의회의 가르침에 '글자 그대로' 충실할 것을 주장했다. 그는 공의회를 넘어서는 것이 그 가르침에 충실한 길이라고 주장한 신학자 브루노 포르테와 비교된다.[16]

라차티에 따르면, 인간의 구원과 현세 사물의 구원은 구분되어야 한다. 인간의 구원은 성사라는 도구를 통해 실현되기에 직무 사제를 필요로 한다. 하지만 현세 사물의 구원은 자연과 과학이라는 중립적인 도구들을 통해 실현되는 평신도의 영역이다. 이는 교회의 유일한 사명에서 두 역할을 분리하는 것이 아니라 구분하는 것이다.

라차티는 교회의 유일한 사명은 다음과 같이 펼쳐진다고 진술한다.

---

14 *Gli Istituti secolari nella parola di Paolo VI* (Edizioni O. R, Milano 1972) 6.

15 '총체적 교회론'(Ecclesiologia totale)은 '직무의 신학'으로 교회를 이해하려 한다. 곧, 교회의 직무가 모든 평신도에게도 수여되고, 직무를 받은 모든 그리스도인의 총체로 교회를 이해하려는 교회론이다. 모든 그리스도인이 직무를 지니며 평신도의 고유한 영역(세상)에서의 평신도의 활동이 침체되고, 그 결과 평신도의 성직자화가 발생한다 - 역자 주.

16 B. Forte, *La Chiesa icona della Trinità* (Queriniana, Brescia 1984) 28-34 참조.

"(교회의 유일한 사명은) 그리스도의 은총이라는 하느님의 힘을 불러 일으키면서, 세상 한가운데서 세상을 사랑하고 세상에 봉사한다. 이 은총을 통해 그분을 받아들이기로 한 사람들은 그분에게서 새로 태어나 죄에서 벗어나며, 세상을 종살이에서 해방시키며, 마침내 하느님을 따라 모든 실재에 질서를 부여한다."[17]

그에 따르면, 고유한 교계의 역할(목자들)과 특성화된 세속의 역할(평신도)은 유일한 교회의 사명을 함께 실현한다. "교계의 역할과 평신도의 역할은 그리스도와 세상이라는 두 가지 신비를 표현하기 위해 함께 나아간다. 이를 통해 교회는 그리스도께서 교회에 주신 사명, 곧 세상의 구원을 실현한다."[18]

게다가 라차티는 평신도의 고유한 세속적 성격을 온 교회에 부여하려는 것을 다음과 같이 평가한다. "(평신도의 고유한 세속적 성격을 온 교회에 적용하는 것은) 거룩함의 의미를 줄이거나 망각을 가져올 수 있고 또 가져왔다. 거룩함의 의미는 서품된 사제 직무와 종교 생활의 심오한 의미에 특별하게 연관되어 있다. 이것들을 통해 복음화가 쉽게 이루어졌다고 말할 수도 있다. 하지만 이처럼 쉽게 이루어진 복음화는 오늘날 불투명하게 되었고, 결국에는 효과적이지도 않게 되었다."[19]

현세성-세속성의 범람은 평신도에게 특별하게 부여된 함축된 의미를 잃어버리게 하고, 따라서 모든 사람과 구체적인 삶을 나누도록 부르심을 받은 이들이 사회에서 활발하게 활동해야 한다는 자극을 잃어버

---

17 G. Lazzati, *Laicità e impegno cristiano nelle realtà temporali* (Ave, Roma 1985) 34.

18 같은 책 36.

19 G. Lazzati, *Secolarità e laicità. Le caratteristiche del laico nella Chiesa e per il mondo*, in «Il Regno/Attualità» 12 (1985) 336.

리게 한다고 우려했다. 이러한 우려는 이론적인 이유들과 함께 실질적인 걱정으로 드러났다.

라차티에 대한 두 가지 반론은 다음과 같다. 첫째 반론은 다양한 역할들의 기초가 되는 자연과 초자연 사이를 구분하여 전개하는 것이고, 둘째 반론은 현세성이 그 자체로 가치를 지닌다고 주장한 것이다. 특히 둘째 반론은 라차티와 한통속이 되어 온 교회의 현세성을 주장하는 이들에게도 해당된다.

제1장에서 설명했듯이, 현세성은 거룩함과는 다른 것으로 이해된다. 하지만 교회의 현세성을 주장하는 이들은 그리스도교의 도래는 거룩함과 속됨의 경계를 허물었다고 주장한다. 이전에는 거룩한 것이라 여겨졌던 것, 곧 따로 분리된 것과 건드릴 수 없는 것들에 이제는 그리스도 안에서 모두가 접근할 수 있기 때문이다. 따라서 그리스도는 예식적 의미에서 사제가 아니며 평신도라는 사실은 온 교회에 생활한 사제직을 설정하고 교회를 세속적으로 설정한다. 곧, 교회가 세상과 분리되지 않고 세상과 겹치도록 해야 한다. 아울러 자연과 초자연 사이의 구분은 교회에서 역할을 맡는 사제 직무와 교회 밖 세상에서 역할을 하는 평신도 사이의 구분으로 향한다. 이 구분의 실천적 지향성을 설명한다면, 그렇게 비판할 수도 있다. 하지만 현세성 자체의 가치에 관한 반론은 더 세심한 주의를 요구한다.

현세성은 그 자체로 가치가 있을까? 이전 세기의 신학과 교회의 실천은 세상을 성화하려고 했다. 하지만 현세성 강조는 세상을 성화하려는 경향에 대한 반대에 그 뿌리를 둔다. 이는 세상이 그 자체로 천부적인 신학적 가치가 있다고 주장하는 '**세속화 신학**'에서 발견된다. 세속화 신학에 따르면, 오늘날 사회의 해방 과정은 그리스도교가 주장하는 내용이 발전하는 것처럼 보인다. 독일 신학자 요한 밥티스트 메츠가 최초로 이에 이바지했다. 그의 작품 『세상에 관한 신학』[20]은 '세상이 세상으로 되어 가는 과정'에 관한 신학적 관점을 제시했다. 그는 세상에 관한 자신의 해석을 종합적으로 다음과 같이 진술한다. "'세상의 세상화'는 세상이 세상으로 되어 가는 과정으로 나타나고 또 오늘날 우리에게 제시되는 거대한 기대로 나타난다. 이러한 세상의 세상화는 개별적인 역사적 사건으로 드러나지 않고, 그리스도교가 주장하듯이 세상의 토대로 드러난다. 따라서 세상의 세상화는 근본적으로 그리스도교의 사건이며, 그리스도의 시간을 드러낸다. 그분의 사건과 시간은 세상의 자리에서 역사를 전반적으로 지배하는 능력을 지닌다."[21] 여기서 이러한 해석에 대해 논의하지는 않겠다. 다만 『세상에 관한 신학』은 신학적 성찰의 공통된 주제로 설정된다. 따라서 근대에 발견된 이 신학을 부정적으로 보지 않는다면, 이 신학은 교회가 알아야 하는 현세성을 진술하는 가치를 지닌다. 세상을 그리스도교적으로 해석하는 방식은 추상적이라 할지라도, 가치 있는 자료로 부각되어 이론적 지지를 받았고, 널리 퍼진 담론 중 하나가 되었다. 이는 이탈리아의 신학자 브루노 포르테의 진술을 인용하는 것으로 충분할 것이다. "종교와의 관계에서 현세성은 자율성과 속된 세상의 자기 확립을 진술한다. '세속성'과 동의어인 현세성은 모든 인간의 일상적 실존이 펴져 나오는 '세속'(saeculum)의 참된 가치, 실재가 지닌 복합성의 가치, 세상에서 일어나는 관계와 선택의 가

20 J. B. Metz, *Sulla teologia del mondo* (Queriniana, Brescia 1969).

21 같은 책 17.

치를 알게 한다."[22] 곧, 현세성은 세상의 세상화를 다룬다.

이러한 관점에 따르면, 현세성이 자율성과 겹친다는 것을 쉽게 알 수 있다. 교회는 이 겹침을 이해해야 한다. 그 결과, 현세성은 곧바로 **교회의 현세성이라는 문제**를 일으킨다. 사실 교회는 세상과 동일해서는 안 되고, 세상과 겹친다고 하더라도 세상보다는 더 좋은 곳이 되어야 한다. 교회는 자신의 사명으로 인해 세상과 거리를 두기 때문이다. 교회에서 세상으로 가는 방향은 세상에서 교회로 가는 방향과 다른 방식을 지니는데, 자신의 사명을 실현하기 위해 교회는 세상과 구분된다. 곧, 교회는 세상으로부터 자신의 사명을 받지 않았다.

교회에서 육화를 함축하는 '세속적' 영혼과 종말을 함축하는 '수도자적' 영혼이 양립되는 것은 문제를 품고 있다. 육화의 측면에 따르면, 교회는 적어도 어떤 면에서는 세속적 차원을 지닌다고 생각할 수 있다. 여기서 문제가 되는 것은 육화와 현세성이 동일시되는 경향이다. 이미 설명했듯이, 이러한 동일화는 거룩함에 반대되는 측면을 지시하는 세상화와 현세성이 겹친다는 전제로부터 나온다. 육화와 현세성이 동일하다면, 육화의 활동은 하느님이 아닌 세상의 것으로 이해된다. 곧, 육화와 현세성이 동일하다고 말하지만, 육화가 하느님의 거룩함이라고 말하지 않는 것은 이해할 수 없다. 이해할 수 없는 시도는 주류의 문화를 '축복'이라고 긍정적으로 평가하면서, 주류에서 배제되지 않으려는 몸부림처럼 보인다. 이러한 결정적인 이유를 포함한 이데올로기적 과정은 분명하게 드러났다.

---

22 B. Forte, *Laicato e laicità* (Marietti, Casale Monteferrato 1986) 56 s.

현세성을 강조한 결과는 평신도를 망각하게 되는 것이다. 이러한 결과는 가지가 뻗어 나가는 것처럼 관찰된다. 로즈마리 골디는 다음과 같이 비평한다. "평신도가 자신의 구체적인 현실에서 오늘날의 '평신도의 신화' 뒤로 사라지거나 '하느님 백성'으로 확장되지 않는 위험이 있다면, 믿는 이는 세례받은 이들과 동등한 품위를 함께 누리는 것이 아니라 신학적 추상으로 진입하거나 뜬구름 같은 세속주의로 빠져든다."[23]

이러한 우려는 커져 갔는데, 이탈리아 중북부 신학대학의 교수들은 더욱 강력하게 현세성에 대해 비판했다. 1986년 2월에 신학대학에서 열린 학회에서 "직무의 신학과 '현세성'의 범주"라는 두 주제에 관한 주제 발표와 논평이 이어졌다. 여기서 현세성의 범주에 관한 비판적 분석이 공통적으로 가혹하게 집중되었다. 현세성은 그 자체로 순전히 사회학적인 요소를 담고 있기에, 신학적으로 교회의 가치로 형성될 수 없으며 평신도의 특성도 아니라는 것이다. 학회 자료 서문에서 주세페 콜롬보는 현세성을 다음과 같이 정의한다. "'현세성'은 '믿는 이'에게 그 어떤 것도 부가하지 못한다. 현세성은 신앙의 임무 외에 '다른' 임무를 요구할 수 없고, 신앙의 충실함 외에 '다른' 충실함도 요구하지 못한다. 한마디로, **평신도는 그리스도인일 뿐**이다. 이 정의보다 더한 것도 다른 것도 있을 수 없다."[24] 이어서 그는 평신도의 개념이 현실에서 실천신학의 개념이고, 평신도의 문제는 원천적으로 사목의 문제일 뿐이라고 결론 내렸다. 사실, 평신도와 현세성에 관한 성찰의 초창기에는 영역을 분리하는 구획화를 통해 교회의 탈성직자화가 요구되었다. 이는 성직자의

---

23 R. Goldie, *Laici, Laicato, laicità* (AVE, Roma 1986) 42.

24 G. Colombo, *La «teologia del laicato». Bilancio di una vicenda storica*, in Facolta' Teologica dell'Italia Settentrionale, *I laici nella Chiesa* (Elle Di Ci, Leumann 1986) 24.

전횡으로부터 평신도를 보호하려는 의도였다. 하지만 교회의 탈성직자화를 주장하는 것은 '총체적 교회론'과 그리스도교적 인간학의 이론적 토대를 통해 구획화를 극복해야 한다는 이데올로기적 작업이었다. 그 결과, 이러한 성찰은 탈출구가 없는 미로처럼 길을 잃어버렸다. 콜롬보는 이를 다음과 같이 합리적으로 평가한다. "결정적인 분석은 다음을 보여 준다. (평신도들이 교회에서 역할을 포기하는) 상실의 기원에는 뿌리 깊은 악습이 있다. 그 자체로 순전히 사회학적 요소인 '현세성'을 이론적인 가치로 변화시키려는 경향이다. 이러한 작업은 현세성과 이성, 이성주의와 역사, 역사와 자연의 동일화를 전제한다. 그래서 신앙(믿음/이성)-그리스도교(그리스도교/역사)-초자연(초자연/자연)이라는 이어지는 노선이 만들어진다."[25]

콜롬보는 이 논의의 결론을 다음과 같이 주장한다. "**평신도는 그리스도인이고, 그것으로 충분하다.**" 이 주장에 따르면, 평신도는 삶의 공통된 조건에서 어떻게 그리스도교를 살아야 하느냐가 중요하다. 더 나아가 이러한 관점에서 현세성에 대해 다음과 같이 결론을 내린다. "'현세성'이 그 자체로 가치를 지닌다거나 직접적으로 그 가치를 입증한다고 전제하는 수많은 책은 부질없다. 이런 책들은 집중해야 하는 실질적 문제를 희석시키고, 없애 버려야 할 기생충 같은 문제만 일으킨다."[26]

그가 제시한 예리한 판단은 공의회 이후에 발전한 총체적 교회론에 관한 모든 연구가 부질없음을 선언했다. 콜롬보는 제2차 바티칸공의

25 같은 곳.

26 같은 책 6.

회의 교회론 이해를 통해 '성직자-평신도'라는 이분법을 극복해야 한다고 주장했다. 그런데도 이 판단은 교회에서 성직자와 신자의 차이를 문제로 남겨 놓았다. 이 둘 모두는 그리스도인이지만, 성직자가 신자에 비해 훌륭한 그리스도인이라고 말할 수 없다. 따라서 사회학적 조건이 신학적 조건과 무관하다면, 교회의 사명을 실현하는 데 먼저 평신도의 임무가 무엇인지 또 목자들의 임무가 무엇인지 실천적인 관점으로 정확히 규정해야 한다. 교황 교도권은 공의회 가르침의 연속선상에서 이를 설명한다.

4. 교도권의 가르침

교황 바오로 6세나 교황 요한 바오로 2세는 공의회의 수호자이며 실행자로서, 평신도의 역할을 설명했고 평신도의 형태에도 관심을 두었다. 사실, 새로운 신학적 가능성을 시험하는 것은 교도권의 임무가 아니다. 이 교황들은 직접적으로는 선언을 통해, 간접적으로는 새로운 조직의 창설을 통해 공의회의 가르침을 재확인했다.

일반적으로, 두 교황의 재임 기간에 평신도에 관한 공의회의 두 산물은 재확인된다. 평신도는 하느님 백성이라는 완전한 이름을 얻고, 따라서 자신의 역할을 통해 교회의 유일한 사명에 참여한다는 것이다. 그리고 세속적 성격은 평신도에게 고유하다는 것도 재확인되었다. 특히 공의회가 진술한 평신도의 세속적 성격은 교회 전반에 확장되는 경향으로 강하게 강조되었다. 하지만 교황 요한 바오로 2세는 1986년 4월 25일의 담화에서 현세성에 체계적인 가치를 부여할 수 없음을 확정했다. 여기서 그가 '가톨릭 운동'에 관해 다음과 같이 말한 것은 상징적이다.

"논란의 여지가 있는 교회론적 관점으로 부적절하게 확장된 현세성의 개념을 받아들인다면, 평신도의 정체성은 위태로워질 것입니다. 부적절하게 확장된 현세성의 개념은 교회의 신적 설립에 속하는 직무를 차이로만 받아들이고 교회에서 부르심의 특별함을 저해하므로, 평신도의 부르심이나 '가톨릭 운동'도 폄하합니다."[27] 이 담화는 1980년대 중반의 논쟁 과정들을 반영한다.

평신도라는 주제에 관해 제2차 바티칸공의회의 노선에 머물기를 바란 두 교황(요한 바오로 1세는 유성처럼 사라졌으므로)의 모든 발언을 여기서 분석하는 것은 고단하고 유익하지도 않을 것이다. 따라서 교도권의 가르침과는 중요성에 차이가 있지만, 우리 주제에 의미 있는 세 가지, 즉 평신도평의회, 새 『교회 법전』, 1987년 세계주교시노드에 집중한다.

1. **평신도평의회**. 바오로 6세는 1967년 1월 6일 자의 교서 「그리스도의 가톨릭교회」*Catholicam Christi Ecclesiam*를 통해 '평신도평의회'와 '정의평화위원회'를 창설했다. 이 두 조직은 교회와 세상의 관계에 관한 교회의 관심으로 창설되었다. 공의회 문헌 「사도직 활동」 26항과 「기쁨과 희망」 90항에서 드러난 공의회의 결정과 열망을 실행하기 위해서였다. 교서의 시작에서 표현되었듯이, 두 조직의 동시 창설은 평신도의 임무가 세속의 올바른 형성에 있다는 것을 염두에 둔 것으로 보인다.

공의회 폐막 이후 창설된 조직은 교의적 정의를 내리기보다는 공의회의 결정을 실행하려는 것이었다. 평의회에 부여된 임무는 평신도 사도직의 증진과 협력 그리고 이 주제에 관한 연구였다. 교황 바오로 6세

27 *Insegnamenti di Giovanni Paolo II*, IX, 1 1986 (LEV, Città del Vaticano 1986) 1129.

는 1976년 12월 10일의 자의 교서 「사도직 수행」*Apostolatus peragendi*을 통해 이미 이 평의회의 구조와 임무를 정확히 규정했고, '평신도평의회'라고 명명했다. "제2차 바티칸공의회의 가장 좋은 열매 중의 하나"라는 자의식을 지닌 이 조직의 근본적인 임무는 이미 내려진 평신도에 관한 교의적 정의를 다음과 같이 실행하는 것이었다. "사도직 실행의 다양한 형태, 곧 교회라는 그리스도 신비체의 건설에 봉사하는 것은 완전한 법으로 평신도에게 적용됩니다."[28] 인용문은 교회의 사명에 평신도가 참여해야 하지만, 이를 실천하지 못하는 정리되지 않은 상황에 대한 심각한 우려에서 나온 것이라 보인다. 공의회는 평신도 사도직을 적합하게 실행할 구체적인 세부 사항을 지시하지 않았다. 그러므로 '평신도평의회'는 성령께서 이해시켜 주는 것을 구체적인 삶으로 증진하려고 했다. 이 문헌을 통해 두 가지 핵심, 곧 이 평의회 위원 대부분이 평신도였지만, 평신도의 현세 임무에 대해 진술하지 않았다는 점이 알려진다. 곧, 이 문헌은 누룩처럼 세상의 성화에 기여하는 평신도의 임무를 진술하는 「인류의 빛」 31항의 시작을 인용했음에도 불구하고, 평신도의 현세 임무에 관해 진술하지 않았다. 이 두 가지 핵심은 당시의 신학이 주요하게 기여한 '구획화'를 극복하려는 경향을 반영하는 것처럼 보인다.

평의회 창설은 확실히 교도권의 활동이 아니었다. 다만 이 조직의 창설은 교회 생활과 그 사명을 위해 평신도의 중요성을 강조하길 원하는 의지를 드러낸 것이었고, 이러한 의미에서 원칙을 선언하는 대신 교회에서 의견을 나누도록 이바지했다. 그러나 교도권의 원칙이 교회 생활에 연관되었을지라도, 구체적인 제도로 유효하게 연결되지 않았다. 교

28 *Enchiridion Vaticanum* 5, n. 2155.

도권의 원칙에 연관된 법적 구조가 성립되지 않았기에, 공의회의 지시 중 많은 것이 생활에 녹아들지 않았기 때문이다. 그 결과, 교도권의 원칙들은 믿는 이들의 마음과 정신에 파고들지 못했다.

2. **새 『교회 법전』**. 1983년에 반포된 새 『교회 법전』은 공의회의 유산을 모으고, "공의회의 가르침, 특히 두 가지 헌장, 즉 교회 헌장과 사목 헌장의 보충"으로 라틴 교회를 위해 편찬되었다. 이제 새 『교회 법전』과 1917년 『교회 법전』의 차이에 주의하면서, 곧바로 우리의 주제로 접근한다. 1917년 『교회 법전』은 성직자와 평신도의 차이에 집중하면서 다음과 같이 강조한다. "신적 설립을 통한 교회에서 성직자들은 평신도들과 구분된다"(107조). "그리스도의 설립을 통한 교회에서 서품은 평신도와 성직자를 나눈다"(948조). 이러한 교회론을 굳이 떠올리지 않아도 된다. 새 『교회 법전』은 1917년 『교회 법전』과는 다른 전망을 취하기 때문이다. 곧, 공통적인 '그리스도교 신자'(christifidelis)의 조건으로 시작해 일련의 차이가 있는 교회의 모든 구성원을 다룬다. 따라서 세례성사(견진성사)의 힘으로 믿는 이 모두는 동등한 품위를 지니고, 각자의 조건이나 임무에 따라 그리스도의 몸을 건설하는 데 기여한다(새 『교회 법전』 208조 참조). 이처럼 선언된 법의 원칙은 「인류의 빛」의 가르침을 따르고 교회에서 신분과 임무의 차이를 설명하는 기초를 제공한다. 그러므로 해석학적 원리에 따라 모든 차이는 본질적인 동등성 안에 포함된다. 따라서 평신도는 자신이 지닌 조건으로 설명된다. 이는 사회학적 관점을 따른 단순한 정의가 아니라 성령의 열매로 드러난다. 부차적인 조건(평신도는 성직자가 아니다)을 다루지 않고, 그리스도인의 충만함을 제시한다. 그러므로 새 『교회 법전』은 거룩한 직무 곁에 있는 다른 방식의 그리스

도인이 지닌 특별한 조건을 다룬다.

그런데도 새 『교회 법전』 207조 1항은 평신도를 사제 직무자와 연관지어 정의하는 오래된 경향을 반영하는 것처럼 보인다. 이는 법전을 읽는 이들에게 적지 않은 당혹감을 주었다. 새 『교회 법전』은 다음과 같이 제시한다. "하느님의 제정으로 그리스도교 신자들 중에는 교회 안의 거룩한 교역자들이 있는데 이들을 법에서 성직자들이라 부르고 그 외의 신자들은 평신도들이라고 부른다." 아마도 새 『교회 법전』에는 신분을 구분하는 특성에 관한 설명이 반드시 필요했을 것이다. 한편, 새 『교회 법전』 207조 2항은 「인류의 빛」의 윤곽을 따라 교회의 기억을 담보로 수도자의 조건을 규정하지만, 교회 내의 관계를 기준으로 평신도를 정확히 규정하는 것처럼 보인다. 다른 한편, 평신도의 사명을 설명할 때, 교회 활동의 두 영역, 곧 직접적인 복음화와 그리스도교적으로 현세 사물을 다루는 것을 유지했다(225조 참조). 특히 세속 영역은 평신도의 특수성이라고 규정했다(225조 2항 참조).

이러한 규정들이 평신도에게만 유보된 특성으로 평신도를 정의하려는 것일까? 새 『교회 법전』의 법 조항으로만 이 질문에 대답할 수는 없지만, 법전의 조문들은 공의회의 가르침을 다시 제시할 수밖에 없었을 것이다. 그런데도 평신도에게 부여된 세속적 성격으로 평신도를 설명하려고 제한했다면, 평신도를 '그리스도교 신자'라고 정의한 법전의 모든 조항은 무색하게 될 것이다. 달리 말하면, 새 『교회 법전』 제225조가 제시하듯이, 평신도의 임무로 평신도를 설명하려면, 교회의 사명에 대한 전반적인 관점으로 설명해야 한다.

새 『교회 법전』은 세속 영역과 결부되는 자유에 관한 법을 규정했다. 곧, 교회는 현세 사물에 적성이 맞지 않지만, 평신도는 시민으로서 현세 사물에 특별한 적성을 지닌다고 제시했다. 그러나 공론화 과정에서 평신도의 의견이 교회의 가르침인 양 주장하는 것을 금지하는 것 또한 자유에 해당한다. 자유와 적성은 책임감을 요구하기에, 어떠한 평신도도 자신의 선택이 교회의 선택이라고 권위의 개입을 요구할 수 없다(227조 참조).

결론적으로 새 『교회 법전』에 평신도를 규정하는 조항은 많지 않다. 그러나 그리스도인의 전형이 성직자나 수도자의 부류라고 주장하지 않는 것으로 만족할 수 있다. 그리고 특수한 영역에서 행동의 자유를 말할 때, 법전은 법으로는 규정하지 않은 궁극적인 한계를 설정했다.

1917년 법전은 교회에서 평신도의 활동을 규정하지 않았고 생각할 여지도 두지 않았다. 그러나 새 『교회 법전』은 그 임무와 가능성을 열어 주었다. 공의회에서 이미 제시한 '직무'의 삼중 분할을 취하면서, 새 『교회 법전』은 삼중 직무의 모든 측면에 평신도의 참여를 규정했다. 특히 새 『교회 법전』 129조 2항에서 새로움이 다음과 같이 발견된다. "그리스도교 평신도들이 이 권력의 행사에 법 규범을 따라 협력할 수 있다"['협력하다'(cooperare)라는 동사가 사용되는데, 같은 조의 1항은 법 규정에 따라 성품에 오른 이들이 재치권을 지닌다고 말한다]. 이는 평신도들이 권력의 주체란 것을 배제하지만, '협력'을 법으로 규정한 것처럼 보인다. 이에 대해 도메니코 모가베로는 다음과 같이 의견을 제시한다. "평신도들이 어떤 방식으로든 권력의 주체가 되지 않는다면, 어떠한 협력도 가능하지 않다. 성품을 받지 않으면 유효하게 협력할 능력이 없다는 주장은 서품된 이의 권력에 대한 평신도의 어떠한 협력도 불가능하다고 암시한다."[29] 다

29 D. Mogavero, *La condizione del laicato nell'ordinamento canonico* in S. Dianich (ed.), *Dossier sui laici*, cit. 89.

른 한편, 통치의 영역에서 평신도는 성직자에게 유보된 몇 가지 직무를 수행할 수 있다. "평신도들도 재판관들로 선임되어 그들 중 한 명이 합의제 재판부를 구성"(1421조 2항)할 수 있고, "단독 재판관은 두 명의 덕망 높은 성직자들이나 평신도들을 배심관들로 채용"(1424조)할 수 있으며, "품행 방정과 현명과 학식이 뛰어난 성직자들이나 평신도들을 예심관의 임무"(1428조 2항)나 "검찰관과 성사 보호관"(1435조)으로 임명할 수 있으며, "사제들이 부족하기 때문에 부제나 기타 사제 인호가 없는 사람이나 사람들의 공동체에서 본당 사목구의 사목 수행에 참여"(517조 2항)할 수 있고, 성좌의 허락을 받고 혼인 예식을 주례하도록 위임할 수 있다(1112조 참조).

앞에서 말한 모든 규정은 남성과 여성을 차별하지 않는다. 다만 시종직과 독서직은 남성에게만 수여되므로, 차별의 문제가 제기된다(230조 1항 참조). 새 『교회 법전』은 교황 바오로 6세의 자의 교서 「일부 직무」를 인용하며 규정했다. 이것이 여성에 대한 차별의 유일한 사례다. 그 이유는 이중적인데, 전임자의 교도권에 반대할 수 없었고 또 문제가 되는 직무들은 전례적인 것이라서 주례자의 영역에 가까웠기에, 남성에게만 유보되었다.

앞선 내용을 종합하면, 새 『교회 법전』은 평신도가 교회 생활에 완전하게 참여할 수 있는 적합한 구조를 제시하지 못했음을 볼 수 있다. 그런데도 '사목 평의회'가 창설된 것은 상징적이다. 사실, '사제 평의회'의 설치가 주교에게 의무가 된 것처럼(495조 참조), 이와 관련되어 평신도를 주요 구성원으로 삼는 '교구 사목 평의회'가 설치되어야 한다(512조 1항 참조). 이 평의회가 있어야 하는 이유는 주교와 사제들 사이에는 성품성사를 통한 사제단의 유대라는 형태가 있지만, 주교와 평신도 사이에는 이 유대가 없기 때문이다. 또한 '본당 사목 평의회'는 의무적인 것은 아니지만(536조 참조), '재무 평의회'는 의무적이다(537조 참조). 새 『교회 법전』은 현실에 대해 과도하게 신중하기에, '사목 평의회'가 민주적 시민 생활에 참여하는 형태로 운영될 수 있다는 우려를 명백하게 표현했다. 따라서 주교의 식별에 '사목 평의회'를 맡기면서, 새 『교회 법전』은 조직을 통해 교회의 건설에 참여하는 것이 필수적이지 않다고 제시했다. 하지만 조직은 교회에 참여하는 의미를 특별하게 드러낼 수 있다.

3. **'교회와 세상 안에서 평신도의 부르심과 사명' 시노드**는 1986년 개최 예정이었지만, 그다음 해인 1987년에 개최되었다. 공의회의 수용을 다룬 1985년 '특별 시노드'가 지연되었기 때문이다. 사실, 1987년 시노드의 주제는 교회의 대부분 구성원이 설문에 응답해 선정되었다(「의안」 1항 참조). 교황 요한 바오로 2세가 1984년 5월에 시노드 의장단과 만난 자리에서 설문의 이유를 다음과 같이 설명한다. "의견들에서 집중된 주제를 선정하고 모으는 것은 어렵지 않았습니다. 평신도의 사명은 교회 그 자체에 본질적 중요성을 지닙니다. 이들은 하느님 백성 전체를 구원하라는 통합적인 사명으로 교회 생활을 이끌고, 세상의 사람들과 현세 사물에 구원을 주도록 부르심을 받았습니다."[30]

시노드가 직면해야 할 문제는 많았다. 여기서는 시노드에서 논의된 네 가지 문제에 대해서만 분석한다. 이 문제들은 '세속성'에 특별한 주의를 기울이는 평신도의 정체성, 교회 활동의 가치, 교회 생활에서 평신도의 직무 그리고 교회 안에서 여성의 역할이다.

30 *Insegnamenti di Giovanni Paolo II*, VII, 1-1984 (LEV, Città del Vaticano 1984) 1445.

평신도의 정체성. 몇몇 신학자가 명백하게 규정된 평신도의 특성인 세속성을 주제화했고, 교도권이 이를 다시 공론화했다.

시노드의 「의안」은 공의회의 가르침을 다시 제시하기보다는 해석했다. 곧, '세속성'은 사회학적 가치만이 아니라 신학적 가치를 지닌다고 진술했다. 「인류의 빛」 31항을 인용하면서, 의안은 다음과 같이 덧붙인다. "공의회는 현세와 지상 사물에 평신도의 자리를 배치하는 것, '세속성'을 부각시켰다. 이는 사회학적 요소일 뿐 아니라 신학적이고도 교회론적인 요소들인데, 그리스도교의 부르심을 살아가는 특징적 방식이다"(「의안」 22항). 이 진술에 따라 평신도의 정체성은 교회의 구성원과 사회의 구성원이라는 두 요소로 형성된다.

시노드를 위한 「개요」는 공의회의 가르침을 강조했지만(「개요」 4항. 16항. 18항. 28항 참조), 동시에 최근 신학이 성찰한 요구도 제시했다. 여기서 평신도와 그리스도인이 겹친다. 「개요」 27항은 평신도라는 믿는 이의 생활 신분을 다음과 같이 진술한다. "이처럼 평신도 신자의 생활 신분은 그리스도인과 겹친다. 평신도가 하느님 백성이 생활하는 일반적인 요소들을 드러내기 때문이다. 하느님 백성 중 목자의 생활 신분이나 수도자의 생활 신분은 성품성사나 복음적 권고의 성별이라는 특수한 조건에 연관된다."[31] 「의안」과 「개요」가 다른 이유는 「의안」은 논의 중인 다른 신학적 경향들을 성찰해 숙고한 것이지만, 「개요」는 시노드 사무국에 온 의견들을 종합했기 때문이다.

사실, 교회 밖으로 향하는 평신도는 시노드 전반에 걸쳐 논쟁의 주제가 되었다. 「발제」 제4장 45항은 시노드 교부들의 의견을 제시하며, 논

31 *Enchiridion Vaticanum* 10, n. 1654.

쟁 끝에 도달한 결론을 교황에게 다음과 같이 제시할 수밖에 없었다.

> [⋯] 세상 안에 살지만 세상의 것이 아닌 교회는 전반적으로 세속적 차원을 지닌다. 이 차원은 특별한 방식으로 평신도의 사명에 속한다. [⋯] 따라서 평신도 신자들의 세속적 성격은 사회학적 의미만이 아니라 신학적 의미로 정의해야 한다. 세속적 성격은 창조적 행동의 빛으로 또 하느님의 구원 행위의 관점에서 이해해야 한다. 하느님께서 남자들과 여자들에게 세상을 맡기신 것은 이들이 창조 사업에 동참하고 죄에 사로잡힌 창조를 해방하며 혼인과 독신, 가정과 직장 그리고 다양한 사회 활동에서 성화하기 위해서이다.[32]

이 글에서 교회는 세속적 차원을 받아들이고 평신도의 조건을 신학적 의미로 특별히 강조한다. 「의안」이 제시했던 것처럼, 「발제」 제4장 45항은 세상에서 평신도의 임무에 대한 교회적 차원을 강조했다. 시아신트 티안둠 추기경은 시노드 작업 첫 단계의 결론을 다음과 같이 진술한다. "향주삼덕의 관점에서, 현세 사물을 다루고 하느님 나라를 찾으며(「인류의 빛」 31항 참조) 가정과 직장과 문화와 정치의 삶에서 의무를 완수하는 평신도는 세상을 성화하는 교회의 사명에 완전한 의무를 지니고 참여한다. 그러므로 평신도는 우선적으로 교회의 직무를 지닌다."[33] 세속적 성격은 평신도에게 특별하지만, 성직자를 배제하지 않는다. 이는 「의안」의 전형적 해석으로 시노드 작업의 결론에서 다시 제안되었다.

---

32 같은 책 n. 2110.

33 G. Caprile, *Il Sinodo dei vescovi 1987* (La Civilta Cattolica, Roma 1989) 400.

활동. 쉽지 않은 두 번째 주제는 평신도 활동에 관한 것이다. 1980년대에 평신도 단체의 새로운 형태가 널리 퍼졌다. '가톨릭 운동'은 활동력을 거의 잃은 듯하지만, 평신도 단체들은 비그리스도교 영역을 관통하는 능력으로 활발한 선교 활동을 보여 주었다. 하지만 이 활동은 개별 교회와의 관계 그리고 본당과의 관계라는 문제를 안고 있었다. 아직 살아 있는 설립자의 은사에 모여들거나 혹은 사회 영역에 관한 특별한 관심으로 모이는 것은 때로는 교회의 전통적인 속지 조직에 대한 변형으로, 심지어 전승되는 교회의 조직적 구조에 대항하는 것으로 비쳤다.

이에 대한 다른 경향의 두 노선이 논쟁했다. 한 노선은 '보편적 은사'를 주장했지만, 다른 노선은 개별 교회와의 필수적인 결속과 지역 주교에 대한 '순명'을 주장했다. 두 노선은 대조적으로 드러났다. 첫째 노선은 '친교와 해방'의 창립자인 루이지 주사니와 평신도평의회 부의장인 파울 요제프 코르데스가 대표적이었고, 둘째 노선은 포르탈레자의 대주교인 알로이시오 로르셰이데르와 밀라노의 대주교 카를로 마리아 마르티니 추기경이 대표적이었다.

「발제」 14-17항은 지역 주교와의 결속을 제시했다.[34] 목자들은 모임을 이루는 평신도의 권리를 알고 확정하며 평신도 운동들을 식별하면서 그들의 활동으로 복음화의 새로운 필요성을 이해해야 한다. 이 문제는 단체를 형성하는 평신도의 자유, 보편 교회와 지역 교회의 관계, 더 나아가 베드로의 직무와 지역 주교의 직무의 관계를 포함하고 있다. 티안둠 추기경은 이 관계에 관해 다음과 같이 진술한다. "평신도 운동의 기원인 은사의 보편적 본성과 세계적 확장은 보편 교회를 향하기에, 베

---

34 *Enchiridion Vaticanum* 10, nn. 2138-2145 참조.

드로의 후계자와 결속된다. 이는 지역 교회와 보편 교회의 관계를 지시한다. 평신도 운동이 이 관계를 이해하면서 지역 교회에서 실행될 수 있을까?"[35]

「발제」에서 제기된 문제에 대한 해답은 평신도 운동을 바라보는 지역 교회의 고유성으로 균형을 잡는 것처럼 보인다. 이는 공의회의 진술, 특히 「인류의 빛」 제3장과 연결된다.

직무. 세 번째 주제는 평신도 직무에 관한 것이다. 시노드가 직면해야 했던 문제들은 「개요」 31-32항에서 요약되었는데,[36] 평신도에게 수여되는 직무의 정체성 그리고 사제 직무자와 서품되지 않은 직무자 사이의 정체성을 두고 주요한 논쟁이 벌어졌다. 논쟁을 둘러싼 감정은 완전히 해소되지 않았다. 티안둠 추기경은 이에 관해 종합적으로 다음과 같이 진술한다. "직무의 요소에 관한 명확함이 빠져 있다."[37] 시노드는 언어별로 그룹을 나누어 논의했는데, 이 그룹에서도 명확한 직무의 정의가 요구되었다. 만족스럽지는 않지만 이에 대한 해답으로, 「발제」 18항은 교황 바오로 6세의 자의 교서 「일부 직무」의 재검토를 용기 있게 다음과 같이 요구했다.

> 시노드 교부들은 '직무'(ministero) '임무'(compito, munus, funzione), '공무'(ufficio)라는 세 용어에 관한 더욱 명확한 정의를 요구했다. 설정된 직무를 봉사라고 부른다. 이는 교회의 이름과 (언제나 필요하지 않을지

35 G. Caprile, *Il Sinodo dei vescovi 1987*, cit. 403.

36 *Enchiridion Vaticanum* 10, nn. 1664-1667 참조.

37 G. Caprile, *Il Sinodo dei vescovi 1987*, cit. 403.

라도) 교회의 권위로 굳건히 실행하고 그리스도의 삼중 직무에 참여한다는 뜻이 함축되어 있다. 시노드는 교황 바오로 6세의 자의 교서 「일부 직무」가 개정되기를 원하면서, 지역 교회에서 활용할 수 있는 방안과 개별 직무를 받는 이를 선발하는 기준을 명시하기를 바랐다.[38]

이 「발제」를 둘러싼 논의에서나 언어별 그룹의 논의에서도 평신도 신학을 극복하기 위한 새로운 길로 여겨졌던 직무의 신학은 실질적으로 또 신학적으로 정립되지 않고 수사학적으로만 진술된 것처럼 보인다.

시노드는 직무에 관한 문제를 명확하게 풀지 못했지만, 성령께서 하느님 백성 전체에 활동하신다는 확신에 토대를 두고, 교회의 결정에 있어 평신도의 참여를 강조했다.[39] 또한 시노드에 적절한 수의 평신도를 참여시키자는 요구가 제기되었다. 세례받은 이들의 99퍼센트가 평신도이기 때문이다.[40] 이 시노드는 직접 평신도를 향해 의미 있는 참여를 요청할 뿐 아니라 교회 생활의 모든 것은 평신도의 생활임을 확신했다.

여성. 네 번째 주제는 앞선 시기에 뜨거운 논란이 된 교회 안의 여성이다. 여성 차별에 대한 저항의 목소리가 들끓었다. 시노드는 그 목소리를 간과할 수만은 없었다. 토론 과정에서 수많은 발언이 저항의 목소리의 반향이었다. 하지만 「발제」 46-47항을 읽으면, 이 반향이 점차 감소한다는 느낌이 든다. 이는 세계의 북반구에 비해 남반구의 여성들이 심

38 *Enchiridion Vaticanum* 10, n. 2146 참조.

39 G. Caprile, *Il Sinodo dei vescovi 1987*, cit. 127-128: 로잔, 제네바, 프리부르의 보좌 주교인 가브리엘 뷜레의 발언을 참조하라.

40 같은 책 139-141: 핼리팩스의 대주교인 제임스 M. 헤이스의 발언을 참조하라.

각하게 저항하지 않는 점에 주의를 기울인 것처럼 보인다. 온갖 형태의 차별에 반대한다는 장엄한 진술 외에 거쳐야 할 경로를 지시한 진술을 시노드에서 찾아볼 수 없다.

시노드는 회의 중 제기된 문제들을 모두 풀지는 못했다. 그러나 시노드의 선언은 시노드의 본성과 그 성찰이 무엇을 위한 것인지 제시한다. 시노드의 임무는 교도권 활동을 위한 자료를 교황에게 제공하는 것이다. 더 나아가 시노드의 성찰은 공의회 이후 움츠렸던 평신도라는 주제에 특별한 관심을 불러일으켰다. 시노드는 이론적인 결과를 넘어 실질적으로 교회의 사명에 평신도의 참여를 재확인했다. 곧, 평신도는 하느님 백성에 천부적으로 속하고, 세례성사의 힘으로 세상에 자신의 임무가 있으며 현세 사물에 대한 그들의 특별한 부르심과 사명을 지닌다.

시노드의 진술들은 공의회의 가르침을 따라갔다. 이는 시노드의 작업들을 종합한 교황 요한 바오로 2세의 교황 권고 『**평신도 그리스도인**』의 논지가 된다. 이 문헌은 먼저 믿는 이 모두가 주님에게서 부르심을 받은 것으로 시작했다. 사회의 비그리스도교적 상황에서 믿는 이 모두가 주님의 포도밭에서 일하라는 부르심을 받았다. "모든 평신도가 한 집단으로서든 개인으로서든 교회의 친교와 사명 안에서 받은 은사와 책임에 대한 더욱더 깊은 의식을 일깨우고 증진하고자 하는 것이 이 권고의 목적입니다"(『평신도 그리스도인』 2항). 평신도의 정체성은 "은사"와 "책임"이라는 용어로 규정되었다. 평신도의 조건은 부르심에 있고, 바로 이 때문에 교회의 다른 이들에게 속하지 않는 평신도의 임무를 전개한다. 종합적으로 평신도의 정체성은 다음과 같이 제시된다. "따라서 평신도의 교회 내 위치는 근본적으로 그리스도인 생활의 새로움에 따라 규명되며 그 세속적 성격으로 구별됩니다"(『평신도 그리스도인』 15항). 여기서 "그리스도인 생활"이 평신도를 다른 모든 그리스도인과 결속하는 것이라면, 그리스도인들을 구별하는 "세속적 성격"은 평신도가 포기할 수 없는 풍요로운 교회의 임무를 가리킨다. 곧, 교회의 사명은 치유하고 드높여야 할 인간 전체를 바라본다.

이러한 설명으로 평신도의 정체성은 (교황 권고의 언어로 다른 두 '생활 신분'인) 사제 직무자나 수도자와의 관계에서가 아니라, 그리스도와 세상이라는 직접적인 관계에서 나온다. 따라서 거룩함과 사명을 살아가는 믿는 이들의 동등한 품위는 상호 보완적인 차이로 드러난다(『평신도 그리스도인』 55항 참조).

이 차이로 믿는 이들의 신분이 구분되고, 성령께서 원하시는 대로 각자에게 선사하는 은사가 정해진다. 이러한 방식을 통해 믿는 이들은 서로 결합된다. 그들은 거룩함과 사명이라는 공통된 부르심을 받았고, 이 부르심은 그리스도라는 유일한 포도밭으로 불리는 힘으로 드러난다. 공통된 부르심은 생활 신분으로 사제 직무자, 수도자, 평신도로 구분되었다. 이 생활 신분으로 각자는 은사를 받지만, 모두 자신의 근본인 그리스도께서 교회에 맡기신 사명을 실행한다. 오늘날 이 사명은 영적인 보완과 모든 이의 참여를 필요로 한다. 따라서 신분을 구분한 역사적 상황은 본질적인 필요를 실현하는 자극이 될 뿐이다.

『평신도 그리스도인』은 평신도의 정체성에 집중하는데, 특히 교회에서 평신도 활동의 가치에 관한 새로움을 드러낸다. 하지만 이는 우리의 관심에서는 벗어나 있다.

『평신도 그리스도인』은 공의회의 가르침을 해석하면서, 「의제」의 관점에서 공의회의 가르침을 다시 제안하고 설정했다. 하지만 신학적으로 성찰한 몇 가지 요구는 받아들여지지 않았다. 특히 평신도가 그리스도인이라는 것은 받아들여지지 않았다. 대체로 공의회와 교도권의 가르침, 특히 교황과 그 후계자의 가르침은 하나의 맥락을 이룬다. 시노드의 특별 비서인 피에르 에이트 주교의 평가도 참조할 수 있다. "제2차 바티칸공의회는 성경과 교부들을 풍부하게 인용했다. 공의회의 위대함으로 인해 공의회의 자료에 전적으로 의지한 시노드가 그 원천인 성경과 교부들을 궁극적으로 활용했는지 의문이 든다."[41]

결론

공의회의 수용 과정은 설명하기 쉽지 않다. 이 과정은 열광적인 단계에서 비판적 다시 읽기의 단계로 넘어간다. 이 과정에서 공의회가 주제화한 평신도에 관한 교의적 정의가 드러내는 한계가 나타난다. 때때로 다시 읽기는 편향된 관점으로 문헌의 방대함을 축소하며, 이념적으로 집약한다. 그렇기에 공의회를 해석하는 많은 부분에서 충돌이 일어났다.

평신도를 해석하는 공의회의 근본적인 논지는 이러하다. 믿는 이 모두는 동등한 품위가 있고, 세속적 성격은 평신도의 천부적 특성이다. 하지만 이 논지에 반대되는 다른 논지가 양극화로 드러났다. 곧, 평신도가 지닌 동등한 품위에 대한 양극화는 교회의 사명을 실행함에 있어 임무의 차이를 제거하는 위험이었고, 세속적 성격에 대한 양극화는 세상에서 살아가는 평신도가 세상은 배제한 채 교회 안에서만 활동하는

41 P. Eyt, *La VII assemblée ordinarie du Synode des évêques*, in «Nouvelle Revue Théologique» 110 (1988) 8 s.

위험이었다. 이러한 양극화를 극복하려고 직무의 신학이나 온 교회에 현세성-세속성을 부여하려는 시도들이 있었고, 이러한 시도에 반해 평신도에 관한 문제를 단순히 사목적 문제로 전환하려는 시도도 있었다. 하지만 이러한 시도들은 긴장을 해소하지 못했다. 그 결과, 교회 구조의 조직화라는 문제를 반영하는 역사적 유산은 평신도의 정체성을 다른 그리스도인들의 형태(사제 직무자나 수도자)와 비교하며 투명하게 규정하지 못했다.

이 문제의 해답은 부르심의 신학을 심화하는 것에 있다. 이는 한 개인의 사회학적 조건을 신학적 조건으로 드러낼 것이다. 우리가 추구하는 방향은 다음 장에 이어진다.

제10장

교회 안에 평신도가 존재하는가?

앞서 설명한 방대한 여정에서 교회의 구성원인 평신도가 행한 많은 그리스도교적 실천을 설명하지 않았다. 이들은 일상적 조건과 상황에서 복음을 드러내는 삶을 살았지만, 어떠한 인정도 받지 못했다. 평신도의 정체성은 교회의 다른 구성원들에 비해 정확하게 규정되지 않았다. 하지만 주의 깊게 성찰하면, 평신도는 오직 예수 그리스도에 견주어 이해되어야 한다. 평신도의 역할이 사제 직무나 수도자의 역할에 연관될 필요조차 없다. 평신도는 그리스도교의 지혜를 바탕으로 그리스도를 드러낸다. 이러한 관점을 염두에 두면, 평신도가 자신의 역할을 사회학적 특성으로 제한하는 교회의 개념을 비판한 것이 이해된다. 이러한 교회의 개념은 평신도 그리스도인의 정체성에 특성을 부여하는 길잡이처럼 제시되었다.

통상적으로 평신도는 교회의 사명과 관련된 역할로 이해되었기에, 성직자(수도자)와 연관되어 논의되었다. 이러한 논의는 확실하게 그리스도인이라는 '존재론적' 이해를 바탕으로 평신도의 특성을 설정했지만, 주된 논점은 평신도에게 임무를 부여하는 것에 관한 신학적 합리화를 경계했다. 그 결과, 이 경향은 평신도의 특성을 교회의 사회학적 개념으로 규정했다. 이러한 개념을 신비적 차원으로 수정하려고 노력할 때에도 그 영향은 지속되었다. 이에 반해 교회의 사회학적 개념을 무시해야 한다는 주장도 제기되었다. 하지만 이에 현혹되지 말아야 한다. 교회는 사회학적 차원도 필요하다. 사회학적 차원은 교회의 다른 구성원들의 정체성 규정에 도움을 주기 때문이다.

교회의 구성원의 정체성을 규정하는 궁극적 근거는 그리스도임이 명확하다. 따라서 앞 장에서 '평신도에서 그리스도인으로' 전환되는 방향을 강조했다면, 이제는 '평신도가 그리스도인'이라는 주제에 집중하려 한다. 곧, 그리스도인의 정체성을 규정하기 위해 교회의 사명과 평신도가 겹친다는 것을 설명할 것이다.

1. "과연 그분의 충만함에서 우리는 모두 은총에 은총을 받았다"(요한 1,16).

한스 우르스 폰 발타사르는 1954년에 논문 「평신도와 교회」[1]에서 다음과 같이 진술한다. "바오로에 따르면, **교회는 그리스도의 충만**이다. [...] 교회의 중심 주제가 된 평신도에 관한 문제를 연구하는 이는 충만을 단편적이거나 부분적인 파편으로만 이해해서는 안 된다. 충만은 활

1 H. U. von Balthasar, *Il laico e la Chiesa in Sponsa Verbi. Saggi teologici* (Morcellana, Brescia 1972) 311-326.

발한 신앙으로 살아 있는 신비에 잠겨야 한다. 이 충만함에서 교회의 본질들을 뽑아내어, 평신도에게 충만한 신앙을 선사하는 방식으로 교회 구조들을 형성해야 한다."[2]

이 짧은 인용문은 하나의 길잡이가 된다. 평신도가 누구인가를 정확히 규정하기 위해서 교회의 모든 이에게 선사된 충만함을 보아야 한다. 교회의 충만함에서 믿는 이 모두는 저마다 다른 이 안에서 자신의 기원을 거울처럼 보게 될 것이며, 이처럼 이해된 다양한 형태가 드러내는 갖가지 신비는 일치로 이끌린다는 것을 보게 될 것이다. 여기서 '독점'과 '집중'을 피하는 동시에 다양한 형태가 조화롭게 신비를 드러내는 방식을 표현하고 드러내야 한다.

그리스도교의 핵심은 나자렛 예수다. 그분은 하느님의 최종적 계시인 동시에 인간의 진리이자 척도다. 하느님의 절대성이 예수 안에 있기 때문에 그분은 진리를 입증하는 최후의 기준이 된다. 이 진리의 기준은 인간이 살아가면서 경험하는 모든 종교와 체험 그리고 합리적인 체계와는 다르다.

칼케돈공의회(451)에서 그리스도론이 확립되었다. 이러한 그리스도론의 전통은 그분이 진리라는 확신을 "**예수 그리스도는 참하느님이시며 참 사람**"이라고 정식으로 선언했다. 이러한 정식을 바탕으로 전통적 그리스도론은 현대 문화를 비판했다. 현대 문화가 인간과 인간 자신의 기원인 하느님을 대척하면서 영속하려 했기 때문이다. 프리드리히 니체 이후로 오늘에 이르기까지 주류의 문화는 단순하지만 도식적인 문구

2 같은 책 311.

를 상징적으로 이처럼 표현했다. '살아 있는 인간은 잠든 하느님이 필요하다.' 이러한 문구는 하느님이 인간을 결정하기에, 결과적으로 인간의 자유를 제거한다고 말한다. 곧, 초월의 형상을 인식하는 것은 인간을 제거한다는 두려움을 드러낸다.

그러나 그리스도론적 신앙은 하느님과 인간의 대척 관계를 거슬러, **인간의 완성**이 하느님 안에서 가능하다고 설명한다. 고백자 막시무스(7세기)는 그리스도교의 관점에서 진리는 하느님의 아드님이시고 또 사람의 아들인 그리스도이므로, 하느님이 계신 곳에 사람이 있다고 설명했다. 달리 말하면, 하느님은 사람과 경쟁 관계가 아니며, 그분은 인간의 완성이고, 인간이 올바른 자기 초월을 이루도록 이끄신다. 이는 환상이 아니다. 인간인 예수는 충만한 인간을 실현했다.

여러 단편으로 구성된 신약성경은 이러한 확신을 드러냈다. 바오로와 루카가 예수를 새로운 아담으로 소개했다면(참조: 루카 3,23-38; 로마 5,14; 1코린 15,45), 요한은 그분을 "인간"으로 드러냈고(요한 19,5 참조), 히브리인들에게 보낸 서간에서 부활하신 분께 시편 8장을 적용한 것은 그분 안에서 인간을 위한 하느님의 계획이 실현됨을 드러낸다(히브 2,5-9 참조). 공관복음은 '따름'(sequela)이라는 용어를 통해 구원을 확장해 설명하면서, 구원은 하느님이 계획하신 인간이 예수처럼 살고 죽는 것이라는 확신을 살아 있는 언어로 선포한다. 그분 뒤에 서는 것은 자신의 생명을 얻는 일이다(마태 16,25 참조).

이제 예수를 살아가는 것은 자유와 순종 그리고 헌신으로 규정된다. 자유는 제약된 환경을 넘어설 뿐만 아니라 하느님을 향한 자기 결정의 가능성이 된다. 순종은 하느님께 전적으로 의지하는 것이다. 그리고 헌신은 인간을 구원하시는 하느님을 위해 봉사하는 것이다. 자유와 순종 그리고 헌신, 이 세 가지는 서로 의존한다는 것을 알 수 있다. 자유의 상태가 순종이라면, 선을 행하며 하느님의 영광을 찾는 순종은 인간에게 생명을 위해 헌신하게 한다. 따라서 제자는 예수의 삶을 자신의 삶에서 다시 살아가는 이다. 그러므로 제자는 다른 이의 선을 위해 살아가고 하느님의 영광을 찾으며, 하느님의 뜻에 이끌리도록 자기를 결정한다.

신약성경의 관점에 따라 구원된 인간의 상태를 집약해 설명하면, '사랑하기 위해 자유로운 인간'이라고 말할 수 있다. 이 말에는 수많은 요소가 함축되어 있다. '사랑하기 위해 자유로운 인간'은 죄로 기운 실존과 자기 숭배적 경향을 극복해, 하느님의 현실을 보고 살아간다. 그러므로 제자가 사랑하는 것(1요한 4,8-21 참조)은 그분의 사랑 안에서 완성되는 것이다. 이러한 관점으로 인간은 하느님의 모상이고 또 하느님은 인간 안에서 드러나신다.

예수의 하느님은 역사의 주님이시다. 따라서 구원의 과정은 역사와 동떨어져 있지 않고, 역사 안에서 실현된다. 이러한 의미에서 그리스도인의 생활은 하느님을 증언하는 삶이다. 복음이 증언하는 부활 이야기를 읽어 보면, 제자들에게 나타나신 예수께서는 그들을 증인으로 세운다. 곧, 제자들은 사탄의 시험을 벗어났고(루카 22,31 참조), 믿음으로 굳건하다. 이들은 세상을 위한 빛과 소금이 되어야 하며, 예수의 영을 통해 복음을 위해 하느님에 대한 헌신으로 사람들 사이에서 활동한다. 이 증인들은 '예수에게만 구원이 있다'(사도 4,12 참조)라고 온 세상 어디서나 선포한다. 이들은 강하고, 자유로우며, 가치 있는 이유로 헌신하고, 현실을 변화시키며, 희망을 부여하고, 지배하는 이들에 맞서는 사람이다.

현대 문화는 표면적으로 드러난 몇몇 사건에서 그리스도인을 폄하한다. 현대 문화는 그리스도인이 끔찍하거나 예속되었거나 소외되었거나 속은 자들이라고 비난하지만, 그리스도인은 이와는 거리가 멀다. **그리스도와 일치된 이들은 더욱 인간화된 인간**이다. 제2차 바티칸공의회는 전승되어 온 구원된 인간에 대한 확신을 강력하게 제시한다. "새 아담 그리스도께서는 하느님 아버지의 신비와 그 사랑의 신비를 알려 주는 바로 그 계시 안에서 인간을 바로 인간에게 완전히 드러내 보여 주시고 인간에게 그 지고의 소명을 밝혀 주신다"(「기쁨과 희망」 22항).

이러한 원칙은 사람들의 구체적인 역사에서 입증되어야 한다. 하느님의 구원은 추상적으로 인류에게 도달하지 않고, 다양한 방식으로 구체적으로 실현된다. 그리스도가 모든 사회적 차별을 없앴다면(갈라 3,28 참조), 피조물은 그리스도와 만남으로써 충만함으로 이끌려야 한다.

최근의 신학적 성찰들은 **역사의 범주와 인간학의 범주를 효과적으로 통합**한다. 곧, 구원과 관련된 모든 문화적 조건과 개인적 조건의 의미를 성찰한다. 신학은 고대로부터 유산을 물려받았기에 본질을 깊이 파고들면서, 모든 것에 토대가 되는 동일성을 강조했다. 하지만 구체적인 다양성이 생겨나는 것을 말하지 않고, 오로지 동일성의 원리만을 강조하는 것은 위험한 일이었다. 역사를 입증의 기준으로 전제하는 최근의 신학은 다양성에서 출발해 동일성을 목표로 설정한다. 신학이 단순하게 이 목표로만 설정되면 좋겠지만, 다양성은 목표와 원리에서 떨어져 나갈 위험도 발생시킨다.

다양성은 다음의 두 가지 이유로 폄하된다. 공통된 본질적 기원을 토대로 두지 않기 때문이고, 미래에 결국에는 동일성으로 수렴되므로 극복해야 하기 때문이다. 하지만 하느님의 창조 행위를 전제하는 신학적 반성은 하나의 본질이 다양하게 드러나는 복수성을 생각해야만 하고, 따라서 이 일치는 친교로 드러난다는 것을 반드시 생각해야 한다.

제2차 바티칸공의회는 교회론과 인간학이라는 두 영역에서 복수성을 받아들였다. 교회론은 교회의 보편성을 드러내면서, 많은 개별 교회의 다양성에 초점을 두었고 여러 민족의 풍요로움을 받아들였다. 그리고 인간학은 창조된 실재와 문화 그리고 구원과 하느님 나라가 연속성을 지닌다고 선언했고, 따라서 창조된 실재와 문화가 구원과 하느님 나라를 향해 나아간다고 강조했다. 더 나아가, 그리스도의 나라와 이 세상의 나라라는 두 영역을 「인류의 빛」 13항은 다음과 같이 진술한다.

> 따라서 지상의 모든 민족 가운데에 하나의 하느님 백성이 있다. 그들은 모든 민족 가운데에서 지상 왕국이 아니라 하늘 나라의 시민으로서 자기 백성을 모으고 있기 때문이다. 실제로 온 세계에 흩어져 있는 모든 신자가 성령 안에서 다른 이들과 친교를 이룬다. 이렇게 하여 "로마에 앉아서 인도인들이 자기 지체임을 안다".
>
> 그러나 그리스도의 나라는 이 세상의 나라가 아니므로(요한 18,36 참조), 이 나라를 이끌어 들이는 교회 곧 하느님의 백성은 어떠한 민족이든 그 현세적 선을 결코 없애지 않으며, 오히려 정반대로 민족들의 역량과 자산과 관습을 좋은 것이라면 촉진하고 받아들이며, 받아들임으로써 실제로 정화하고 강화하며 승화시킨다.

그리스도의 나라와 세상이 같지 않더라도 연속성 안에 있다면, 그리스도는 세상의 관계를 약화시키러 오지 않으시고, 오히려 현실을 완성으로 이끌기 위해 오셨다.

믿는 이들의 '교회에 속함'은 그들의 개성을 평준화하지 않고, 교회의 유기적인 몸에 받아들인다는 의미다. 이 세상이 개인과 민족들을 풍요롭게 하기 위해 유익하다면, 타고난 품성을 지닌 이들이 세례를 통해 그리스도와 합체되고 교회에 속한다. 따라서 믿는 이들은 개성을 통해 교회 생활에 봉사하고 교회의 사명에 참여한다. 믿는 이가 자신의 개성으로 교회에 참여하는 원리는 오랫동안 잊혔지만, 오늘날 복원되어 드높여졌다. 그러므로 믿는 이 개인은 그분의 충만함을 원초적으로 표현하면서, 그리스도의 모습을 드러낸다.

은사나 부르심의 가르침은 이러한 확신 위에 기초한다. 약간 거칠게 표현하면, 그리스도를 믿는 이들이 '단지 그리스도인일 뿐'이라는 말은 성립할 수 없다. 오히려 그리스도인은 자유의 구조와 역사 속에서 그리스도와 만나 자신의 원형으로 변화되는 이들이다.

따라서 은사나 부르심의 가르침을 입증하기 위해 그리스도교 성덕의 역사를 살펴보아야 한다. 성덕의 관점에서 성인들은 그리스도인의 상징적인 실현이다. 성인들은 그리스도의 모습을 만화경처럼 드러낸다. 단, 그리스도를 닮은 성인 중 누구도 그분의 모든 것을 전체적으로 완전히 드러낼 수 없다. 성인은 그분 모습의 일부만 드러낼 뿐이고, 성인마다 다른 모습을 드러낸다.

은사의 '다름'을 말하기 전에, 먼저 한 사람을 형성하는 **역사의 의미**를 설명해야 한다. 역사를 구성하는 요소는 지형적 환경, 그가 속한 문화의 성격, 가족, 생물학적 구조, 개인적 관계, 형성된 교육 등 대단히 많다. 개인의 자유가 펼쳐지는 역사라는 장소는 언제나 생활 환경에서 일어난다. 믿는 이는 이 생활 환경에서 그리스도와 관계를 맺게 되기에,

수많은 관계를 거치지 않으면 그리스도와 연결되지 않는다. 그리스도와 관계 맺는 믿는 이는 먼저 자신의 생활 환경에서 삶을 살아가야 하고, 이 삶을 성찰하면서 그리스도의 이름으로 전개되는 임무로 향한다. 사실, 살아가면서 일어난 모든 일은 단순한 우연들이 겹친 사건일 뿐이다. 하지만 믿는 이는 삶의 모든 일이 모든 것의 기원인 하느님의 계획이고, 자신의 삶이 하느님의 계획에 봉사해야 하는 더 큰 계획이라고 이해한다.

이러한 인식으로 이끄는 과정은 그리스도와의 만남으로 인한 은총의 결실이고, 오로지 성령의 인도하심에 따라 인식된다. 이것을 '은사'라고 부를 수 있다. 따라서 은사는 한 사람의 타고난 품성에 외부에서 부가되는 선물이 아니고, 하느님의 계획을 실현하는 데 무익하지 않다. 은사는 믿는 이가 자신의 삶을 충만하게 전개하도록 이끈다.

개인과 그리스도의 만남이 교회를 통해서만 실현된다면, 교회에서 개인의 완성을 볼 수 있다. 성인들은 언제나 교회의 자녀였고, 그리스도 안에서 생명을 낳는 어머니인 교회의 모습을 그들 얼굴 위에 드러낸다. 성인들의 얼굴에서 발산되는 빛은 신부의 얼굴에서 반사된다. 성인들이 반사한 빛은 다른 이들의 얼굴에 빛을 비춘다. 성인들의 빛나는 얼굴은 모범적 특징으로 제시되고, 그리스도교의 새로운 기원을 낳으며 다양한 형태로 교회의 새로운 모습을 실현한다.

서서히 윤곽을 드러내는 설명의 핵심은 이러하다. 모든 그리스도인이 저마다 그리스도의 모습 중 몇몇 모습을 드러내지만, 그리스도의 신비 전부를 재현하며 특별한 은사에 따라 교회의 신비를 드러낸다.

이처럼 교회는 하느님 계획과 그리스도의 신비가 충만하게 드러나는 장소다. 교회는 다양한 은사가 자신의 원천으로 수렴되는 곳이고 또 은사의 목적들이 일치되며 재생산되는 자리로서, 수많은 선물(1코린 12 참조)을 조화롭게 조직하는 장소다. 믿는 이 개인에게 주어진 선물은 교회 전체를 위해 사용되지 않을 수 있지만, 모든 선물은 교회적이다.

따라서 모든 그리스도인은 다른 이를 위한 존재다. 이러한 관계성에서 그리스도에 결속되거나 교회에 연관된 각자의 선물을 발견해야 하는데, 이 선물은 교회의 사명을 위한 것이다. 따라서 은사는 각자를 실현하기 위해 그리스도교의 방식으로 선사된 선물이다. '다른 이를 위한' 자유로운 존재는 자기만족에서 벗어나는 동시에 자신의 원천을 발산한다. 이를 통해 그리스도라는 인간의 진리는 하나만이 아니라 그분을 닮으려는 모든 이 안에서 알려진다.

이처럼 **그리스도인이 되어 가는 과정**은 유일회적이 아닌 자유가 함축된 과정과 자유를 실행하는 과정으로 드러난다. 그리스도인은 그리스도를 서서히 닮아 간다. 예수와 제자의 관계가 '따름'이라 불린 것은 우연이 아닌데, 순명은 언제나 앞서가시는 그분이라는 목표를 향해 뒤따라가고 이 목표에 다다르게 한다. 자유의 역사는 해방의 역사다. 믿는 이는 역사에서 또 이 역사를 통해 하느님의 계획에 따라 자신의 궁극적인 정체성으로 이끌린다. 인간 자신을 실현하는 조건은 자율성이 아니라 순명이다.

순명은 신뢰 가득한 의탁을 의미한다. 그러나 이는 자기 존재의 지배자가 되려는 인간에 내재된 욕망과 상반된다. 욕망의 임무는 외부에서 오는 모든 간섭에 대항하는 것이다.

이처럼 함축된 욕망은 개인의 성장 과정만이 아니라 인간 집단에서도 역동적으로 드러난다. 이 욕망 아래, 복음의 선포를 들은 이들은 자신의 자유를 빼앗기는 것처럼 여길 수 있다. 이 욕망의 역동성은 인류의 시작에서부터 반복된다. 이는 인간 조건이 지닌 변증법을 반영한다. 곧, 인간은 자신의 기원에 의존하는 동시에 독자적 존재로서 자유롭게 결정하려 한다.

이러한 욕망의 역동성에 교회는 오랫동안 참견해 왔고, 개인과 민족들의 자유를 억압하는 비이성적인 것으로 이해되었다. 교회는 진리의 이름으로 이미 존재하고 있던 진리를 종종 이해하지 못했다.

이러한 교회의 태도는 교회 전반에서 이론적 · 실천적으로 합리화되었다. 교회의 태도는 원죄의 가르침을 바탕으로 세상의 실재는 부정적이라고 이론적으로 합리화했다. 가톨릭 교리는 원죄로 인해 인간 안에 있는 하느님의 모상이 모두 지워지지 않았음을 단언하지만, 이를 해석하는 주된 사고의 경향은 그리스도 없는 인류는 단죄받은 집단이라 여긴다. 이러한 확신은 복음을 받아들이는 데 어려움을 겪는 인간이나 악과 인간의 이기주의가 입증되는 곳에서 강조된다. 복음을 받아들이는 것은 이전의 생활 방식이나 사고방식을 완전하게 포기한다는 의미다. 따라서 복음은 전적으로 근본적인 새로움이 된다.

반면 복음의 메시지가 기존 문화의 고유한 측면을 파괴하는 극단적인 결과로 이어졌다고 주장하는 이도 있다. 오늘날 이렇게 주장하는 이들은 복음이 아니라 교회가 자유를 향한 발걸음에 걸림돌이라고 생각한다.

진리에 대한 인식은 경직된 태도로 이어질 수 있다. 현실에 대한 부정적인 관점은 역사의 고유한 시기마다 드러나는 하느님 현존의 표지를 흐릿하게 가린다. 역사에서 이루어진 복음 선포를 주의 깊게 살펴보면, 일반적으로 문화를 파괴한 것은 복음 선포자들이 아니라 정복자들이었다. 교회가 정복 의지를 드러냈을 때만 스스로 억압적인 모습을 보였다는 것을 알아야 한다.

교회가 진리를 수호하려는 시도에 관한 결과들은 전반적으로 이미 앞선 장들, 특히 제7장에서 제시했다. 진리의 수호자들은 종종 배타적으로 자신의 역할을 주장했고, 믿는 이 모두에게 진리의 영이 있음을 보지 못했다. 따라서 복음을 지키고 선포하라는 사명에 모든 이가 참여하는 것조차 잊어버렸다. 진리는 단지 목자들에게만 속한다고 이해되었다. 목자들은 이를 실천했지만, 평신도는 단순히 목자들의 말을 듣고 진리를 실천하는 이들로 이해되었다. 하지만 이러한 이해와 실천은 사회와 교회의 관계를 끊어 버리는 원인이 되었다. 사회는 교회를 진리의 자유로운 결정에 대한 장애물로 이해했지만, 교회는 자신을 궁극적 진리의 소유자라고 여겼다. 자율성에 대한 요구와 평등에 대한 요구는 늘 함께한다. 다른 이에 비해 우월하다고 여기는 이는 다른 이의 고유한 독자성을 보장하지 못한다.

결론적으로 인류와 교회의 관계 그리고 교회의 권위와 믿는 이의 관계에 관한 문제는 **진리의 문제**와 연결된다. '교회는 진리와 같다'라는 오해를 피해야 하는 이유는 진리는 교리의 내용으로 단순화해 주장할 수 없기 때문이다. 오히려 진리는 창조된 실재의 완성, 특히 인간 실재의 완성을 위한 기준이 되어야 한다. 사실, 진리를 교리로 설파하는 것은 존재론적인 의미에서 진리에 대한 개연적이고 언어적인 표현일 뿐이다. 그리스도가 창조된 실재를 완성으로 이끄는 진리라면 그리스도를 드러내는 교회의 임무는 강조되어야 하고, 교회의 임무로서 믿는 이 각자의 임무도 강조되어야 한다.

2. 교회의 사명

지금까지 말한 것은 교회의 사명이 그리스도의 사명일 수밖에 없음을 분명하게 드러낸다. **교회의 목적**은 하느님의 뜻에 따라 창조된 것들을 이끈다.

교회론의 역사는 수많은 개념과 비유를 통한 신학적 성찰로 그리스도와 교회의 연속성을 강조했다. 교회론의 개념과 비유 중 몸의 비유는 특별한 위치를 차지한다. 교회는 부활하신 주님의 실체를 역사 안에 드러내 보인다. (특히, '제2 바오로 서간'[3]은 교회를 몸이라고 표현한다.) 따라서 인간의 해방-구원을 위한 교회의 활동은 그리스도의 활동이다.

이는 교회의 목적이 교회 '밖으로' 드러남을 의미한다. 곧, 그리스도의 영으로 어루만져진 인류의 형성과 인류 전체를 위한 그리스도의 돌봄이라는 두 가지 지향을 드러낸다.

하지만 교회가 이 두 가지 지향에서 멀어졌고, 교회 자신이 아직 그리스도 활동의 궁극적 목적에 이르지 않았다는 사실은 교회의 역사에서 드러났다. 교회는 그리스도 활동의 표징이고 씨앗이며 예견이다. 교회의 궁극적 목적은 하느님 나라인데, 교회는 이곳을 향해 나아가고 이 목적지에 인류와 함께 도달하려고 애쓴다. 교회는 역사에서 인류에 대해 과도하게 참견했다. 하지만 "하느님께서 모든 것 안에서 모든 것이 되실"(1코린 15,28) 때, 교회는 사라질 것이다. 그렇기에 교회는 지속적으로 말씀과 성사를 통해 때나 주름 없이(에페 5,27 참조) 주님을 더욱 닮아

---

3 콜로새 신자들에게 보낸 서간과 에페소 신자들에게 보낸 서간, 테살로니카 신자들에게 보낸 둘째 서간 그리고 '사목 서간'이라고도 부르는 티모테오에게 보낸 첫째 서간과 티모테오에게 보낸 둘째 서간, 티토에게 보낸 서간이다 - 역자 주.

가야 한다. 곧, 교회는 언제나 정화되어야 한다.

교회에 관한 이러한 설명은 교회가 일반적인 인간의 조건보다 드높다고 하더라도, 교회 자신의 완성을 위해 주님의 이끄심이 필요하다는 사실을 기억하게 한다. 교회에는 어떠한 자만도 허용되지 않는다. 교회가 부활하신 분의 역사적 표현인 한, 인류 구원의 질서에서 온 교회의 활동과 그에 속한 모든 것은 그분에게 속해야 한다. 또한 믿는 이 각자에게도 어떠한 자만도 허용되지 않는다. 성 바오로가 한 말은 개별 신자와 교회 모두에게 의미가 있다. "과연 누가 그대를 잘났다고 쳐 줍니까? 그대가 가지고 있는 것으로서 받지 않은 것이 무엇입니까? 받았다면 왜 마치 받지 않은 것처럼 자랑합니까?"(1코린 4,7). 그러므로 교회는 그리스도를 통한 하느님 활동의 열매로, 하느님께 감사드리며 그분께 향하는 것으로 자신의 의미를 실현한다. 적어도 전례 행위는 교회가 그리스도를 통해 성령 안에서 하느님께 자신을 봉헌하는 상징적 행위다. 따라서 교회의 사명이 지향하는 목적은 사람들이 하느님께 향하도록 이끄는 봉헌이다. 제2차 바티칸공의회의 「사제의 생활과 교역에 관한 교령 – 사제품」(이하 「사제품」)이 로마 15,16을 인용하면서 전례가 교회의 복음화 활동의 정점이고, 사제들의 사도직 활동은 믿는 이들의 삶을 봉헌하도록 이끈다고 설명하는 것은 우연이 아니다. "그러므로 성찬례 모임은 사제가 주재하는 신자 집회의 중심이다. 따라서 사제는 신자들이 미사의 희생 제사에서 하느님 아버지께 신적 제물을 봉헌하고 또한 그 제물과 더불어 자기 삶을 바치도록 가르쳐야 한다"(「사제품」 5항). 이처럼 전례 거행은 아버지께 되돌아감을 상징적으로 실현한다. 전례 거행은 교회의 구조가 되고, 그리스도를 통하여 그리스도와 함께 원천으로 되돌아가는 교회의 완성을 예견한다.

이러한 의미에서 교회는 역사 속에 현존하는 동시에 '기억이며 예견'이다. 곧, 교회는 예수를 새롭게 제시하며 하느님 나라를 미리 드러낸다. 교회의 모든 활동은 이러한 역할을 실현하는 것이며, 사람들이 이를 이해할 수 있도록 그들을 아버지께로 되돌리고자 이끈다. 그 결과, 앞서 말한 것처럼, 사람들은 마침내 그분의 제자가 된다.

교회의 사명을 실현하는 형태들을 규정하는 최근 몇십 년의 과정에서 긴장과 논쟁이 뚜렷하게 드러났다. 이러한 긴장과 논쟁은 **'복음화'와 '인간 증진'**이라는 두 가지 주제로 집약된다.

복음화와 인간 증진을 둘러싼 논쟁은 대립적이라고 쉽게 특징지을 수 있다. 복음화는 다른 모든 집단의 형태에 대립하면서 교회의 특별함을 강조한다. 그리고 인간 증진의 요구는 그리스도의 구원 활동 전반에 비추어 정당화되기에, 인류를 위한 선의 관점에서 교회는 사회적 세력으로서 사회와 대립한다.

복음화와 인간 증진의 요구는 교회와 시민사회의 관계에 대한 이해도 요구한다. 이 문제는 과거로 거슬러 올라가면 자연과 초자연의 관계 혹은 역사와 초월의 관계로 집약된다. 오늘날 신학적 성찰이나 교회 교도권의 설명은 신학적 관점이나 인간학적 관점으로 이 두 측면의 일치를 강조한다. 곧, 하느님은 인간이 살아 있기를, 인간을 당신의 충만함으로 이끌기를 원하시기에, 인간을 위협하는 모든 죽음의 세력은 극복되어야 한다. 앞에서 말한 것처럼, 구원은 인간 됨을 포기하는 것이 아니라 하느님에 따라 행동하면서 이루어지는 인간 자신의 충만으로 드러난다. 따라서 그리스도인은 부활한 인간으로서, 세상을 모든 인간의 집이라 여기도록 세상의 건설자로 제시된다. 메시아 백성에 포함되는 인간은 예수의 흔적을 따라 메시아적 활동을 완수한다. 그러므로 복음화와 인간 증진에 관한 모든 것은 전반적으로 인간의 자유와 연관된다.

하느님 나라의 표징들은 정치적 해방과 하느님 나라가 동일하다는 의미가 아니다. 다만 하느님 나라의 표징들은 가난한 이들이 비참에서 해방되고, 무지한 이들이 교육되며, 병자들이 낫고, 종이 자유를 얻는 것으로 드러난다. 라틴아메리카에서 시작해 남반구에서 발전한 '해방신학'은 온 교회가 이러한 측면에 관심을 쏟게 했다. 더 나아가 해방신학은 하느님 나라가 '역사적 해방'을 넘어 '역사적 해방의 과정'과 동일하다고 진술하기에 이른다. 해방이라는 용어의 어원적 의미에서 억압받는 이들이 해방되는 곳에 하느님 나라가 드러나고 입증된다.

교회의 사명을 영적 차원으로만 축소하는 것은 인간을 영적 영역으로만 축소하는 것이다. 이러한 축소는 인간은 분리될 수 없는 통합된 존재임을 잊는 것이며, 근대에 확립된 영적 영역과 인간적-시민적 영역의 분리를 받아들이는 것일 뿐이다.

적어도 교회의 전통은 실천적 관점에서 영적 영역과 인간적-시민적 영역이 통합된 관점을 항상 유지했고, 가난한 이들에 대한 관심은 그리스도교의 특별한 임무라고 언제나 증언했다. 그리스도교의 시작에서부터 육체적이고 영적인 자비의 활동은 그리스도교 실천의 한 축이었다. 이에 대한 이의가 있을 수 없기에, 그리스도와 연속성을 지닌 교회는 악의 권세 아래 있는 모든 이를 돕고 치유한다(사도 10,38 참조). 그리스도는 당신의 교회에 상처 입은 인간들을 맡기시기에, 교회는 약한 인간들을 돌본다.

교회는 그리스도 안에서 인간의 궁극적인 구원을 선포한다. 하지만 교회가 구원을 예견하는 활동을 보여 주지 않는다면, 교회의 신앙고백은 모순적일 것이다. 사실, 교회는 신앙고백을 통해 죽은 이들의 부활을 고대했다. 그리고 초세기의 반영지주의 전통과 중세 스페인(톨레도공의회의 많은 이)의 반이원론적 전통은 육신의 부활을 입증했다.

더 나아가 제2차 바티칸공의회의 새로운 활력으로 드러난 「기쁨과 희망」은 교회가 인류의 발전이나 시민사회의 공생에 이바지해야 한다고 강조했다. 그 이유는 이 문헌의 시작에서 다음과 같이 강렬하게 표현된다.

> 기쁨과 희망, 슬픔과 고뇌, 현대인들 특히 가난하고 고통받는 모든 사람의 그것은 바로 그리스도 제자들의 기쁨과 희망이며 슬픔과 고뇌이다. 참으로 인간적인 것은 무엇이든 신자들의 심금을 울리지 않는 것이 없다. 그리스도 제자들의 공동체가 인간들로 이루어져 있기 때문이다. 그리스도 안에 모인 그들은 하느님 아버지의 나라를 향한 여정에서 성령의 인도를 받으며, 모든 사람에게 선포하여야 할 구원의 소식을 받아들였다. 따라서 그리스도 제자들의 공동체는 인류와 인류 역사에 긴밀하게 결합되어 있음을 체험한다(1항).

제8장에서 공의회의 가르침을 살펴본 것처럼, 교회는 인간과 결합되어 있다. 이때 교회는 인간과 겹치기에, 인간의 편에 결합되는 것이 아니라 인간의 형성 과정에 결합된다. 따라서 교회의 특별한 임무는 인간이 성장하도록 이바지한다. 이를 제거한다면, 교회는 스스로 유익하지 않음을 선언하는 것이다. 이러한 지평에서 평신도 그리스도인의 형태를 강조할 수 있다.

3. 평신도 그리스도인

평신도가 그리스도인이라는 것은 이미 명확하다. 사목적 임무나 복음 선포가 맡겨진 성직자에 비해 평신도는 세상에 대한 임무나 인류 증진에 대한 임무를 지니고 있다. 이와 같은 정의로 모든 그리스도인은 교회의 표현이며, 그리스도인이 될 때부터 교회의 모든 사명에 참여한다고 주장할 수 있다.

그러므로 묻게 된다. **평신도가 존재하는가?**

더 이상 평신도는 존재하지 않는다. 이 주장은 교회의 우연한 사건들이 그리스도인의 형태를 규정했다고 역설한다. 하지만 이 주장에 대한 이론적인 지지는 여전히 부족하다.

앞서 제9장에서 최근의 신학적 경향 중 적어도 한 학파가 '평신도는 그리스도인으로 충분하다'라고 주장했음을 설명했다. 이 경향은 또한 평신도를 정의하는 것이 문제가 아니라 사제 직무를 수행하는 이의 그리스도교적 형태를 정확히 규정하는 것이 문제라고 주장했다. 더 나아가 평신도에 관해 규정하는 것은 어떠한 고유한 신학적 가치도 없는 '사목적' 문제일 뿐이라고 단언했다.

이러한 주장은 '그리스도인의 본질'을 고정한다. 하지만 통상적으로 '그리스도인의 존재'는 성품성사의 힘으로 풍요롭게 되며, 사제 직무자들이 그리스도인의 궁극적인 의미를 제시하는 것처럼 보인다.

그렇지만 그리스도인의 존재는 그리스도인의 실존에 비해 추상적이다. 구체적인 그리스도인의 실존은 그리스도와의 관계에서 모두가 동등한 형태를 지니지만, 역사적인 환경과 개인이 받은 성사들로 그 의미가 달라진다. 달리 말하면, **그리스도인이 존재하는 방식**은 다양하다. 사제 직무자가 그리스도인으로 존재하는 방식은 성품성사를 받지 않은 사람과 완전히 다르지는 않을지라도, 분명히 다를 수밖에 없다. 이는 마치 혼인성사를 받은 그리스도인의 존재 방식이 이 성사를 받지 못한 이들과 다른 것과 같다. 생활 조건은 받은 성사로부터 달라지기에, 그리스도인의 특별한 생활을 결정한다.

여기에서 분명하게 밝혀 두자. 사제 직무가 단순한 서원으로 축소되기를 원하지 않는다면, 성찬의 주례나 죄의 용서를 포함하는 공적인 말씀의 선포 그리고 공동체의 일치를 이루고 보살피는 임무가 특별한 방식으로 한 사람의 실존과 동일하다는 사실을 받아들여야 한다. 만일 이렇다면, 사제 직무자가 아닌 다른 그리스도인의 실존이 지닌 구조도 받아들여야 한다. 단순히 성찬에 참여하거나 죄의 용서를 받는 것, 공적이지 않은 말씀을 선포하는 것은 직무자의 실존과는 다른 표지다.

평신도를 성직자와 비교하는 방식은 평신도에 관한 설명을 부정적으로 되돌린다. 이는 믿는 이 모두가 그렇듯이 사제 직무자도 성사를 받고 말씀을 듣는다는 사실을 잊어버린 것처럼 보인다. 따라서 평신도에 관한 설명이 부정적으로 드러나는 곳에는 지도와 성화의 활동을 수행하는 사제 직무만이 그리스도인의 완전한 형태이고, 오로지 이들이 교회를 '대표'하며 교회의 다른 이들에 대해 책임감을 지닌다고 제시한다.

하지만 이는 오해다. 앞서 말한 것처럼, 모든 그리스도인은 어디에서나 활동하면서 교회를 대표하며 교회에 대한 책임감을 지닌다.

앞서 제시한 오해를 불식시켜야 한다. 공의회 이전의 성찰과 이어지는 공의회의 성찰은 정치적 · 사회적 · 문화적 선택을 하는 평신도 개인이나 단체의 활동을 규정하려고 했다. 이는 평신도의 우연한 선택이 교회의 보증으로 드러나는 일이나 교회와 정부의 경계는 사라져야 한다는 '정교 유착'의 심각한 위험을 피하려는 것이었다. 만일 교회와 정부의 경계가 사라진다면, 통상적으로 평신도의 정체성이라 알려진 평신도의 임무와 사제 직무자의 임무 사이의 차이는 없어질 것이다. 그렇다면 이들을 구분하는 교회성의 또 다른 기준이 마련되어야 할 것이다.

평신도의 선택을 규정하는 것은 개별 직무자들, 적어도 설교와 공동체의 지도를 맡은 사제 직무자의 선택에도 똑같이 적용되어야 한다. 다음의 질문을 모두가 잊어버렸다. '사제나 주교가 개인적으로 제시하는 어떤 내용이 교회가 가르친 것이라고 누가 보증할 수 있나? 공동체를 이끌기 위해 개별 직무자들이 실행한 모든 선택이 교회로부터 보증된 것이라고 누가 판단해 말할 수 있나?' 따라서 성사의 수여, 하느님 말씀을 선포하는 독서직의 수여 또는 규정된 양식으로 갱신하는 수여의 경우를 제외하고, 이제 개인으로 여겨지는 그 누구라도 자신의 관점을 드러내는 주장을 교회가 궁극적으로 보장한다고 말할 수 없다. 앞서 말한 것처럼, 구체적인 평신도의 선택에 관해 규정하는 것은 모든 이에게도 해당되어야 한다. 사제 직무자 또한 교회가 보증할 수 없는 자신이 책임져야 하는 주체이며 또 죄의 주체이다.

따라서 **교회성**을 지닌 활동은 당위의 '확정성'으로 측정되지 않는다. 반대로 교회의 영감과 추구하는 내용 그리고 활동을 완수할 이의 그리스도교적 조건에 따라 측정된다. 따라서 교회의 사명을 실현하기 위해 교회의 자녀가 완수하는 모든 활동은 그 자체로 '교회적'이라고 생각해야 한다. 성사적 활동이나 교의적 정의의 확실함이나 확정성이 함축되어 있지 않더라도 그렇다. 교회는 역사에서 활동하고 역사적 우연을 살아간다. 따라서 교회는 개인이나 단체가 완수한 선택들이 일관적으로 확정성을 가진다고 주장할 수 없다. 이러한 의미에서, 곧 교회의 사명을 실현하는 질서에서 성사의 수여와 말씀의 순수한 선포라는 특별한 활동을 제외하고, 사제 직무자가 한 선택이나 다른 그리스도인이 한 선택은 똑같이 적용되어야 한다.

평신도는 자신의 조건을 스스로 선택했다. 이 조건이 사제 직무자의 조건에 비해 교회성의 다른 차원에서 세워질 수 없다면, 평신도의 정체성은 규정할 수 없다. 이미 말했듯이, 교회의 사명에 평신도의 참여를 회복한 것은 교회가 마땅히 실천해야 할 인간 증진을 포함한다.

인간 증진을 위한 평신도 활동이 더욱 정의로운 사회를 건설하려는 의도로 그리스도교적 정신과 그리스도교적 방식으로 완수되었다면, 이러한 평신도 활동이 완전히 교회적임을 부정할 수 없다. 이러한 평신도 활동은 교회의 고유한 사명을 표현한다.

교회의 사명이 지닌 핵심은 교회의 활동과 영역에서 교회의 정신으로 이동한다. 따라서 교회의 정신으로 교회의 행위는 완성된다. 교회성은 활동하는 이들이 복음의 정신에 적합한지에 따라 또 교회라는 공간보다는 하느님 나라와의 관계에서 활동한 결과에 따라 측정되어야 한다. 따라서 거룩한 직무자는 교회에서 활동하고, 반대로 평신도는 속된 공간에서 활동한다는 이해는 적합하지 않다. 세상은 교회의 사명을 실천하는 자리이자 활동하는 자리이다. 교회는 세상 어느 곳이든 말씀의 선포에서 자비의 활동에 이르기까지 자신의 사명을 실현한다.

어원의 특성에 관한 신학적 성찰은 20세기 말에 널리 퍼졌다. 이러한 방법으로 **온 교회의 세속성**을 주제화할 수 있다. 곧, 평신도만 세속성을 살아가는 것이 아니라 온 교회는 세상과 겹쳐 있고 세상에서 활동하지 않을 수 없다. 교회는 세속적 성격을 평신도에게 부여했다.

이 사실은 한편으로, 세속적 성격이 교회와 연결되어 있음을 생각하게 한다. 평신도는 우선 그리스도인이기에, 그의 생활 조건은 그리스도인이라는 정체성에서 분리될 수 없기 때문이다. 먼저 (속된 공간을 의미하는 세상에 속한) 평신도가 있고 그다음에 이들이 그리스도인이 된 것이 아니라, 반대로 먼저 그리스도인이 있었고 그다음에 이들이 평신도로서 세상에 나아간다고 말할 수 있다. 그 결과, 평신도는 교회의 다른 구성원들처럼 교회의 자녀이자 교회의 표현이며, 따라서 교회가 하고자 하는 일에 참여한다.

다른 한편으로, 평신도에 관한 모든 성찰은 현세성이 그리스도교의 현실에 부질없는 것이라고 교회가 이해하거나, 반대로 교회의 어떤 구성원들이 세상에서 살아가기 위해 필요한 것이라고 전제한다. 이러한 불편한 인상은 세상과 교회의 이분법을 당연한 것으로 여기고, 세상이 시민사회 혹은 정부와 동일하다는 궤변일 뿐 아니라 죄 속에 허덕이는 세상에서 구원의 자리가 교회임을 제시하려는 원의에서 나온다.

그러나 온 교회가 역사의 우연한 사건들로 세상에서 살아간다는 것이 알려지고, 그래서 세상에 대한 사명을 지닌다고 설명하면, 모든 그리스도인은 교회와 세상에 동시에 속한다고 결론을 내릴 수 있다. 게다가 믿는 이들은 교회에 속하는 동시에 세상에 속하고, 그 반대도 성립된다. 세상의 가치와 교회의 가치가 반대되는 것이 아니라 '상호 내재'(pericoresi)하기 때문이다. 그러므로 세상 밖에서 살고 있는 듯한 교회의 다른 구성원들과 비교해, 평신도는 오로지 세상에 살고 있는 그리스도인이라 이해해서는 안 된다. 세상은 모든 이의 공간이다. 이로써 세상과 교회의 관계가 정확히 규정된다.

이제 막 이해된 불편함을 해소하기 위해, 제2장과 제9장에서 제시한 최근의 신학적 성찰은 온 교회에 현세성을 부여했다. 그리스도는 생활한 사제직을 살아가신 동시에 거룩한 공간을 벗어나 성 밖에서 죽임을 당하셨고, 이로써 그분은 모든 속됨을 지니셨기 때문이다. 제1장에서 이해한 평신도라는 용어에 관한 그리스도교의 본래 의미처럼, 평신도는 속됨과 겹친다.

평신도나 현세성이 속됨으로만 이해된다면, 세상이라는 공간을 전제한다. 이 공간에서 살아가는 실재인 교회는 '세속적'이라 간주된다. 하지만 '거룩함'이 존재하지 않고서는 '속됨'을 말할 수 없다. '거룩함'이 시간을 초월한 실재(예를 들어, 히브리 예식이 전제한 세상)나 그리스도께서 가져오신 성숙에 미치지 못하는 '미성숙한' 상태의 현실을 의미하지 않는다면 더욱 그러하다.

이러한 사상의 지평에서 다음의 질문들을 던져야 한다. '하느님과 그분의 활동에 연관된 교회는 세상의 조건에 동화될 수 있는가?' 이 맥락에서 반복해서 물어야 한다. '세상의 현세성은 교회의 현세성과 동일한가?' 만일 그렇다면, 교회가 세상에서 하는 역할을 볼 수 없을 것이다.

앞 장에서 이미 '세속화 신학'을 설명했다. 사실, 우리가 질문을 제기하는 개념은 **교회의 사명을 중심으로 세상을 생각**하지, 그 반대로 세상을 중심으로 교회를 생각하지 않는다. 만일 세속화 신학의 관점이 유지되면, 교회를 품고 있는 세상만 있지, 세상을 품은 교회는 없다.

그 결과 발생하는 문제는 이러하다. '구원의 중개는 어디에서 특성화되는가?' 구원은 이미 세상 안에 있고, 교회는 구원의 궁극적인 표현이라는 전제를 떠올려야 한다. 이때 교회가 세상에서 구원을 실현해 완성에 이르게 하는 일은 인간의 이해를 넘어선다.

교회는 세상 안에 있고 세상을 위해 있지만, 세상을 넘어서는 것은 분명하다. 교회의 존재는 그리스도 안에서 하느님 구원 활동의 역사적 표현이며, 교회의 활동은 구원의 활동을 알 수 있게 한다. 만일 교회를 세상의 관점으로만 이해한다면, 교회는 '세상 밖으로' 나와야 하는 것이 아니라 '세상 안에' 침잠해야 한다. 이 관점으로는 교회를 이해하지 못한다. 교회는 세상과의 거리를 유지해야 할 뿐만 아니라 그 차이점도 지녀야 한다. 이처럼 정의된 교회의 특성이 하느님의 구원에 연결된다면, 세상이 규정한 교회의 특성이 어떠하든지 교회에 적용할 수 없다. 전통적인 언어로 표현한다면, 세상의 '속됨'을 교회에 부여할 수 없다.

적어도 이러한 의미에서 교회의 현세성을 주장하는 것은 교회의 사명에 관해 논의하는 일에서 적절하지 않은 것처럼 보인다. 교회는 세상의 얼굴도, 세상의 표현도 아니다.

결론적으로 세상이라는 용어는 다양한 이해로 인해 오해의 소지가 있다고 말할 수 있다. 그런데도 우리는 세상이 인간의 죄로 물든 장소임을 전제하지 않는 신학적 관점으로 세상을 단순하게 하느님의 창조물이라고 이해한다. 따라서 세상은 죄를 전제하는 치유의 과정 없이도 성장하는 긍정적 실재이다.

교회는 **세상에 대한 '타자성'**을 간직해야 한다. 이는 교회가 세상과 다른 관계의 힘, 그리스도에 의존해야 한다는 것이다. 이러한 교회의 타자성은 교회와 하느님 나라의 관계를 염두에 두면 명확하게 이해된다.

성경의 비유는 하느님의 주권과 그 결과를 연속적으로 떠올리게 한다. 따라서 통상적으로 인간의 성취를 반영하는 세상의 성취와 교회에 머무르는 하느님의 주권이라는 특별한 능력은 결코 비교의 대상이 되지 않는다. 그리스도와 결합하는 요소들과 성령의 활동은 교회에서 가시적이고 효과적이지만, 인간의 어떤 장소에서도 발견되지 않는다. 그 결과, 교회 안에 있는 모든 죄에도 불구하고, 교회에서 하느님 나라는 특별한 형태로 드러난다. 따라서 교회는 하느님 나라의 표징이고 씨앗이며 도구라고 불린다.

하느님 나라와 교회 그리고 세상이라는 세 가지 용어에서 교회와 하느님 나라의 동일성을 말하지는 않지만, 교회는 하느님 나라와 연관되어 있다. 하느님 나라는 공간적으로나 시간적으로나 교회를 초월한다. 마치 오래된 스콜라적 공리가 말하는 것(하느님은 당신의 은총을 성사들에만 결부시키지 않는다)처럼, 하느님의 활동을 교회의 경계선 안으로 구겨 넣을 수 없다. 제2차 바티칸공의회는 이를 폭넓게 진술했다. 곧, 구원하시는 하느님의 현존을 경험한 인간은 자신의 충만을 위해 하느님으로 향한다. 이를 탈역사적인 방법으로 합리화하자면, 하느님 나라는 교회에 앞서 인류에게서 발아한다.

따라서 통상적으로 하느님 나라가 인류 안에 있다고 말할 수 있다면, 이 인류 안에 교회가 현존한다고 말해야 한다. 교회는 하느님 나라가 아니라 하느님 나라의 표징이므로, 교회 밖에도 존재하는 하느님 나라의 유비적인 표징들을 분별하는 기준이 된다. 그렇기에 교회는 하느님께서 역사 안에 씨 뿌려 놓으신 것을 탐색하면서, 역사의 방향을 하느님 나라로 이끈다. 자신이 이미 소유한 도구들과 인류가 여전히 지니지 못한 도구들을 사용해 하느님 나라로 나아간다.

약간 공리적인 표현으로 이렇게 말할 수 있다. '세상이 교회에서 하느님 나라의 표징들을 보는 것이 아니라, 교회가 세상 안에서 이 표징들을 본다.' 교회는 하느님 나라의 표징을 보는 눈을 지니고 있지만, 세상은 그 눈을 아직 지니지 못하기 때문이다. 세상은 교회의 가르침을 통해 역사 안에서 하느님의 현존을 볼 수 있다.

이러한 교회의 타자성을 통해 **평신도 그리스도인의 형태**를 강조할 수 있다. 세상과 구별되는 교회는 세상을 위한 사명을 지니는데, 이 사명이 바로 교회의 실존과 교회 구성원의 실존을 형성한다. 한편, 믿는 이 개인의 사명은 특별한 부르심으로 결정되는데, 이 특별한 부르심은 의미 있는 개별적인 일들이 어우러진 생활 조건에서 드러난다.

이제 실질적으로 현실을 분석해 보자. 자신의 실존을 특별한 형태로 조직하는 믿는 이들이 교회에 존재한다. 이들의 근본적인 차이는 직업이나 독신 혹은 가정을 선택하는 것(동방교회와 동방 가톨릭교회에서는 사제들도 혼인할 수 있다)이 아니라 성품성사의 여부 그리고 이 성품성사로 직무 사제직을 수행하느냐에 달려 있다. 곧, 다양한 그리스도인이 그리스도교의 측면 중 하나를 더 혹은 덜 강조해 보여 준다고 할지라도, 결국 이 차이는 성품성사의 인호로 '표식'을 지니느냐 혹은 지니지 않느냐에 달려 있다. 달리 말하면, 그리스도인들 사이의 차이는 그리스도교 구조들(육화적 · 종말론적 · 활동적 · 관상적)의 한 측면만을 강조하는 것에 의해 발생한다. 따라서 그리스도를 닮은 공통된 존재와 본질적으로 다른 존재 사이의 관계가 문제로 발생한다.

'직무의 신학'은 교회의 총체적 직무들을 강조하면서, 믿는 이 모두가 이 직무들에 다양한 방식으로 참여하는 관계를 설명하려고 했다. 하지만 '직무의 신학'은 '직무의 차이'라는 동일한 문제 앞에 용어만 바꾸었을 뿐, 전통적 해결책이 아닌 다른 대안을 제시하지 못했다. 직무들의 다양함을 말할지라도, 사제 직무와 서품되지 않은 직무의 차이가 여전히 남아 있다. 만일 직무가 구체적인 그리스도인 실존의 구조에 겹치지 않는 단순한 역할일 뿐이라고 이해하지 않는다면, 서품되지 않은 직무에 비해 어떤 그리스도인의 특별한 형태가 사제 직무의 힘으로 설정되는지 정확히 규정해야 하는 문제는 여전히 남아 있다.

직무의 신학 대신에 은사의 교리를 적용한다고 하더라도, 더 좋은 결과가 나오지 않는다. 교회에서 평신도의 실존에 관한 문제를 더 혹은 덜 해결하기 위해 각자에게 자유로이 주어진 은사들을 적용할 수 없다. 적어도 일반적 의미에서, 자유로운 은사들이 어떤 사람들의 부류에 속한다고 누가 강제할 수 있는가? 성령께서 평신도에게 선사하신 선물을 지시하고자 은사를 사용한다면, 이러한 의미로 평신도의 은사에 관해 말하는 것은 부적절하다.

교회의 본질적 특성에서 출발해 따라가야 할 핵심 경로에는 중요한 몇 가지 측면이 있다. 이 측면들은 교회의 본질적 특성을 모두에게 상징적으로 드러내 보인다. 여기서 '상징적'이라는 말은 이 측면들이 모두에게 해당된다는 의미다. 이러한 측면들은 교회의 본질적 특성이 한 방식으로만 실현되지 않음을 정확히 드러낸다.

교회의 구조가 지니는 함의가 강조하는 것 중에 '**지속성**'이 있다. 이 용어는 모든 집단에 비해 교회에 특별한 성격을 부여한다. '지속성'은 그리스도께서 설정하신 시간과 공간 안에 영속하는 특성이다. 가톨릭 교회의 가르침에 따르면, 성령께서 이를 보증하신다. 성령은 자유의 원리가 아니라 그리스도라는 기원에 충실함의 원리로 이해된다. 성령이 이 충실함을 보증하듯이, 은사들이나 필요한 직무들은 말씀과 성사를 통해 성령과 지속성에 반드시 결합되어야 한다.

성직주의라는 악습의 굴레에 빠지지 않으려면, 성직자는 말씀을 선포하고 성사들을 거행하는 데 집중해야 한다. 말씀의 선포와 성사들의 거행은 하느님 나라의 보이는 표징으로 교회가 한자리에 모이고 또 형성되는 조건이다. 사실, 믿는 이 모두는 말씀을 선포하고 성사를 거행할 수 있다. 하지만 성직자가 이 역할을 권위 있게 전개할 때, 성직자는 단순히 '신자'로 있을 수 없다. 그는 다른 믿는 이들 앞에서 당신의 교회를 형성하도록 선포하고 행동하는 주님의 '대리인'이 되어야 한다.

이때 성직자의 역할은 일시적으로 완성되고 교회로부터 일시적으로 인정되지만, 이 경우에도 이 역할을 수행하는 이의 실존은 구축된다. 성직자의 역할이 앞에서 언급한 '지속성'의 표징이 되기 위해서는 자신의 실존적 구조로 성직자의 역할을 수행하겠다는 믿는 이 개인의 완전한 결정이 필요하다. 성직자의 역할은 성품성사로 부여되는데, 교회의 지속성의 관점에서 성령은 성품성사를 통해 믿는 이를 당신의 도구로 축성하신다. 그 결과, 수품자의 조건이 비수품자의 조건과 다르게 드러난다. 이제 다음의 물음에 결론을 내려야 한다. '서품받은 이는 서품받지 않은 이보다 더 훌륭한 그리스도인인가?' 절대 그렇지 않다! 성령께서 그리스도인을 형성하시기에, 성령 안에서 자신의 삶을 살아가는 그리스도인만이 있을 뿐이다. 곧, 그리스도인이라는 존재는 지속성이라는 표지의 역할을 자신의 생활 속에 투명하게 드러내야 한다.

성직주의의 유령이 다시 나타날까? 교회를 '제도-조직'이라고 강조해 이해한다면, 그럴 수도 있을 것이다. 하지만 교회의 사명을 이해한다면, 이 유령은 사라진다. 따라서 평신도의 이해에 관한 신학적 변천에서 평신도의 새로운 이해가 교회와 세상의 관계 정립으로 시작한 것은 우연이 아니다. 교회는 세상에 맞서 자신을 방어하거나 세상을 정복하려 하지 않고, 세상에 복음을 선포하면서 세상과 협력하고자 한다.

교회의 사명이라는 관점에서 교회는 '지속성'으로만 설명되지 않고, 인류와 연대를 통한 '**개방**'으로 이해된다. 앞서 제2차 바티칸공의회를 설명한 것처럼, 교회는 인류와 더불어 동일한 지상의 운명을 공유하고 하느님 나라라는 목표에 도달해야 한다. 이 개방은 온 교회의 임무인데, 교회의 개방을 실현하도록 부르심을 받은 이들과 모든 이에게 교회의 임무를 실행하자고 흔들어 깨우는 이들은 분명하게 이미 교회에 존재한다. 이들이 바로 평신도, 자신에게 주어진 생활 조건을 살아가는 그리스도인이다.

그러므로 교회의 완성이라는 관점에서 평신도의 임무는 세상에서 인류와 함께하는 교회의 연대를 드러내는 표징이어야 한다. 이는 몇몇 신학자의 반대 의견에도 불구하고, 교도권이 강조하고 제안한 평신도의 세속적 성격과 그 특성이다.

평신도가 이 임무를 완수하는 방식은 단순한 **복음적 생활**이다. 이는 말씀의 선포와 공동체를 이끄는 일에서 평신도가 배제된다는 뜻이 아니다. 제9장에서 믿는 이 모두는 단계는 다를지라도, 교회의 다양한 '직무들'을 부여받을 수 있는 능력이 있다고 이미 설명했다.

따라서 믿는 이 각자가 교회 생활에 참여하는 방식은 선험적(a priori)이지 않다. 어떤 이들에게는 특정 영역을 부여하고 또 다른 이들에게는 지속적인 영역을 부여하는 구분은 없다. 먼저 교회가 펼치려는 사명의 환경이나 필요성에 의해, 그리고 각자가 받은 은사에 따라 설정된다. 그러므로 평신도가 세속적 성격을 지니기 때문에, 말씀의 선포나 공동체를 결집하는 역할에서 배제될 수 없다. 하지만 평신도가 직무를 수행하는 순간, 평신도의 신분은 멈추게 될 것이다. 따라서 평신도는 직무보다는 (일이 아닌 평신도만의 임무로써) 일상생활의 일이나 직업, 교육하는 임무에서 교회의 사명을 지속적으로 펼치는 단계에 도달해야 한다. 죄에 떨어지는 순간이 아니라면 그리스도인의 존재를 중단해서는 안 된다고 앞서 설명했다. 그러므로 복음에 영감을 받은 자신의 모든 행동으로 평신도는 교회의 자녀로 드러나고 교회의 사명을 실행한다. 따라서 세상이 인간의 거처가 되도록 사회에서 일하는 것이 교회의 직무를 수행하는 교리 교사직이나 전례 거행을 이끄는 임무보다 더 중요하다. 하지만 교회와 하느님 나라의 관계를 설명하지 못하는 관점, 흔히 말하듯이 인간 증진을 포함하지 않는 교회의 관점은 평신도를 직무 사제직이 지닌 '교회성'을 덜 지닌 이라거나 성직자의 임무를 보조하는 제한된 역할을 수행하는 이라고 평가절하할 수밖에 없다.

선포된 말씀에 대한 해설과 성사들의 구원적 가치가 구현하려는 목표는 믿는 이들이 예수의 모습을 따라 생활하는 것이다. 인간이 그리스도인이 될 때, 하느님이 의도하신 새로운 인간성의 씨앗이 구체적인 환경에서 드러나고 하느님 나라를 예견한다. 이러한 발아는 영이 활동하는 인간의 전적인 치유를 함축하고 있다. 이제 하느님 구원 활동의 결론은 그리스도 안에서 치유된 인간으로 결정적으로 드러난다. 그러므로 부분적일지라도, 비인간적인 상황의 치유는 새로운 인간을 예견한다. 죄로 기울어져 불완전한 인간 조건으로부터 인간성을 고양해 인간의 본래 모습으로 드높이는 모든 행동은 교회의 활동이 되고, 이 활동을 수행하는 이는 누구든지 교회의 표현이 된다.

이러한 의미에서 평신도는 교회에서 직무 사제직에 협조만 하는 이가 아니다. 그는 그리스도께서 수여하신 사명을 스스로 실현하는 이다.

결론적으로 성령은 모든 그리스도인 생활의 기원이고 그리스도교 입문성사들은 '교회에 속함'을 위한 출입구이자 교회의 사명에 참여하기 위한 기초가 된다. 이는 확실하게 참되다고 말할 수 있다. 따라서 교회성은 임무가 아닌 그 기원에 여전히 결정적인 요인이 있다.

이처럼 **제안된 전망에 대한 반론**은 다음과 같다. 사실, 교회를 건설하는 것은 권위 있는 말씀의 선포와 교회를 살아 있게 하는 성사들이다. 따라서 사제 직무의 필요성은 서품받지 않은 그리스도인의 직무의 필요성과 다르다. 서품받지 않은 그리스도인은 '교회의 선을 위한 존재'이지, '교회를 위한 존재'는 아니다.

하지만 이러한 반론에 대해 다음과 같이 대답해야 한다. 말씀과 성사들은 '외적' 대상을 필요로 하지만, 이를 수여받은 믿는 이 모두의 활동을 통해 실현된다. 따라서 세상으로 향하지 않는 교회는 더 이상 교회로 있을 수 없다. 이러한 교회는 오직 존재론적이고 정적인 교회의 관점으로만 이해되며, 선교 활동이나 인간 증진을 위해 이바지할 수 없다.

더 나아가 앞서 제시한 전망은 전례적이고 법적인 교회의 '설립-제도'의 관점을 넘어서, 교회의 방향을 일상생활의 차원으로 전환한다. 교회는 자신의 사명을 일상에서 실현한다. 수많은 남성과 여성이 스스로 결정하고 그 결정으로 조직이 형성되는 곳에 교회는 땅의 소금과 세상의 빛으로 드러난다.

이러한 강조점은 관점을 전환하는 것이다. 통상적으로 고전적 교회론은 먼저 교회에서 근본적이고 중심적인 역할을 다루었고, 부가적으로 다른 역할을 생각하고 설명했다. '전통적 이해'가 교회의 사명을 실현하기 위해 평신도가 교회에 참여한다고 말할 때, 직무 사제직의 방식에 보조적인 역할만을 의미했다. 그러나 최근의 교황 문헌들은 이 방식, 교황과 주교들을 으뜸가는 복음 선포자 혹은 첫째 선교사로 제시한 다음, 평신도를 맨 끝자리에 두는 방식을 제시하지 않는다. 따라서 이러한 배치의 의도를 성찰해야 한다. 말씀과 지도의 역할에 중점을 두는 것은 교회의 교계 제도를 떠올리게 하지만, 교회의 교계 제도가 지닌 일방성과 한계도 강조해야 한다. 평신도를 교회 구조와 생활에서 장신구처럼 여기는 위험이 그러하다.

평신도의 관점으로 교회와 교회의 사명을 보는 것은 인간의 일상생활과 교회 생활의 통합을 의미하고, 그리스도인의 교회 생활은 일상생활과 다르지 않음을 의미한다. 이는 교회가 모든 이의 집이라는 뜻이기에, 교회의 조직에 이바지하지 않는 이들 또한 이 집에 포함된다.

통상적으로 적지 않은 평신도 그리스도인이 교회를 '조직'하려는 사명에 골몰하며, 이 조직에 그들의 시간과 가능성을 바치며 힘을 소진한다. 그 결과, 그들은 자신이 '2부 리그'라는 열등감을 느끼면서, 공동체 생활의 주변부에 머무르려고 한다. 교회의 사명을 실현하기 위해 조직해 능률적인 공동체를 이루려는 위험은 사목적 선택에 가까이 있다. 평신도 그리스도인의 형태는 단체나 연합회나 조직에서 다른 이를 위해 일하는 한 개인이라 이해되고, 이 개인들이 단체를 형성한다. 이에 따라 그리스도교 공동체의 형태는 효과적인 봉사 단체로 드러난다. 하지만 이러한 방식에는 교회를 집단적으로 조직해 능률을 올리고자 하는 그림자도 깊어진다. 결론적으로 교회의 사명에 참여하는 최선의 방식은 일상생활의 조건에서 그리스도교 생활을 살아가는 것이다.

'직무의 신학'은 앞서 강조한 위험을 다루지 않았다. 사실, 제2차 바티칸공의회와 그 이후 교도권의 문헌들은 평신도 그리스도인이 일상생활의 조건, 곧 가정생활, 직업, 사회적 관계, 여가에서 교회의 사명을 수행한다고 끊임없이 진술했다. 따라서 많은 나라의 일상생활의 조건에서 말과 모범을 통해 복음을 전하는 용기 있는 행동이 그리스도교 신앙을 유지한다는 것을 기억해야 한다. 교회 생활에 평신도의 참여를 강조하는 열정은 때때로 평신도를 교회의 '의결 기구'에 참여시킴으로써, 마침내 성직자적 교회의 관점으로 회귀하는 위험도 불러일으킨다. 몇몇 평신도가 지도의 역할로 교회의 사명에 참여한다면, 이 구조에 들어가지 않은 다른 평신도들을 덜 '교회적'이라고 여겨야 할까? 다수의 믿는 이에 비해 몇몇 평신도에게 우선적으로 사소한 '권력'(potestas)이라도 부여하는 것으로 이전의 교회로 되돌아가려는 것일까? 하지만 평신도가 권력을 부여받음으로 교회의 완전한 신분으로 여겨지는 위험을 주제로 설정할 수 없다. 그리스도인 생활을 뜻하는 교회 생활은 '권력'의 나눔으로 이뤄지지 않는다는 것을 잊어서는 안 된다.

교회가 구체적인 일상생활을 통해 이해되지 않는다면, 엘리트적인 교회의 위험은 되살아날 것이다. 이러한 전망을 유지한다면, 더욱 올바른 교회 생활은 인간 실존의 일상생활에서 복음을 더욱 적합하게 살아감으로써 드러난다. 따라서 교회는 권위를 입은 사람보다는 공적인 책임을 받지 않은 대다수의 사람들에 의해 형성된다. 대다수의 사람들이 이룬 그리스도교의 성화는 역사 안에서 더욱 풍요로워질 것이다. 그러므로 일상생활에 동화된 교회 생활은 지금껏 교회가 이룬 성과를 일부

부인하거나 적어도 상대화하는 것을 염두에 두는 것처럼 보인다.

지금까지 말한 것은 **교회 생활의 조직적 차원을 상대화**한다. 이는 그리스도교 생활이 일상생활에서 실현됨을 의미한다. 바로 이 때문에 교회 조직은 부차적이며 또 교회 조직에서의 활동이 그리스도교 생활이라고 말하는 그러한 교회성으로 평가할 수도 없다. 권위 있는 그리스도교 생활은 '외향적'일 수밖에 없다. 곧, 그리스도교 생활은 밖으로 드러날 수밖에 없다. 그리스도교 생활은 이 외향성을 부차적으로 여기지 않기에, 먼저 밖으로 드러나야 한다. 그리스도교 생활 방식은 구체적인 환경, 은사, 각자의 선택, 그 시대의 요구, 성사 수여를 통해 부여된 임무에 의해 많이 혹은 적게 달라질 것이다. 따라서 그리스도교 생활 방식은 상대적이다. 누구도 성령께 복속되지 않거나 불순종하는 일이 없으므로, 성령은 그리스도교 생활의 절대적인 근본 토대이지만, 이 토대에서 파생하는 그리스도교 생활은 상대적이다.

그러므로 평신도는 성품성사를 받지 않았지만, 주님께서 살아가라고 자리를 마련해 주신 곳에서 타고난 사명감을 지니며 그리스도인 생활을 살아가는 그리스도인이다. 평신도는 교회 생활의 구조에서 활동하면 교회적으로 성숙한 평신도 그리스도인이 되지 않지만, 그들의 일상에서 영감의 원칙인 복음을 선택하며 살아가면 교회적으로 성숙한 그리스도인이 된다.

결론

이 장의 의도는 평신도 그리스도인의 형태를 강조하는 것이다. 이 의도가 다다른 결론은 이러하다. 평신도는 사제 직무자(혹은 수도자)에 비해 세속적 성격으로 규정된 것을 넘어서, 성품성사를 받지 않았을지라도 일상생활의 조건에서 교회의 사명을 살아가는 그리스도인이다. 교회의 사명은 다른 구성원들에게도 그러하듯이, 평신도에게도 타고난 것으로 부여된다. 교회의 사명에 참여하는 바탕은 그리스도교의 입문성사들로 시작된다. 그리고 교회의 사명을 실행하는 방법은 구체적인 가능성과 받은 은사에 따라 다양하다. 따라서 교회의 사명을 위해 조직적 구조에 참여하는 것은 필수적이지 않다. 조직적 구조는 복음을 따라 살아갈 수 있고 또 살아야만 하는 공동생활을 위한 역할만 할 뿐이다.

'엘리트적 교회'라는 관념을 극복하려는 이 전망은 그리스도론을 통해 교회의 다양한 부르심에 다시 집중하기를 의도한다. 이러한 전망은 교회를 하느님 나라의 표징과 씨앗으로 바라보고 인간의 종말론적인 완성을 바라보며, 교회의 다양한 구조를 생각하게 한다. 그 결과, 교회는 병든 인간성을 위해 실질적으로 봉사하며 또 하느님과 그리스도의 업적으로 부여된 치유의 힘을 잉태한다. 평신도는 교회의 얼굴과 구조로 드러나면서, 하늘 나라를 위한 봉사로서 자신의 모든 면에서 인간의 완성을 위해 봉사한다. 그러므로 평신도는 교회의 '외향성'을 상징적으로 드러낸다.

사제 직무자와의 관계에서 드러나는 평신도에 관한 이해처럼, 성직주의적 관점은 평신도가 성품성사를 받지 않은 이라는 부정적인 이해를 반영한다. 사실, 그리스도교 생활이 일상생활과 다르지 않다면, 교회성의 기준은 수행하는 역할이 아닌 복음적 생활의 방식이어야 한다. 역할은 그리스도인의 특별한 생활을 위한 구체적인 구조일 뿐이기에, 복음적 생활로 통합되어야 한다. '전통적 이해'는 교회의 사명에 참여하는 이만을 사제 직무자로 특정하지만, 이는 더 이상 타당하지 않다.

사제 직무자의 특별함은 상징적으로 교회의 '지속성'이라는 특성으로 나타나지만, 복음의 영 안에서 자신의 역할을 드러낼 때만 모든 그리스도인에게 가치가 있다.

교회의 교계 구조를 무너뜨려야 할까? 교계 구조는 생활과 연관되어야 한다. 사제 직무는 필요하지만, 직무는 교회 생활의 원천이 아니며 교회의 기준도 아니다. 교회 생활의 원천은 성령이시고, 그 기준은 예수다. 모든 그리스도인에게 그러하다.

제11장

평신도의 생활 신분?

제10장에서 제시된 관점은 공의회 이후의 논쟁에서 드러난 평신도의 세속성을 유지하려는 관점과 평신도는 그리스도인일 뿐이라는 상반된 두 관점을 중재하면서, 그리스도교 생활에서 가치 있는 평신도의 형태를 보호하고자 했다. 이 관점은 믿는 이들의 부류를 엄격한 신분화로 설정하는 것을 극복하려는 시도였지만, '생활 신분'이라는 가르침을 다시 제시하는 것처럼 보인다. 과거에 활용된 '생활 신분'은 성령께서 교회에 자극한 '그리스도를 따름'(sequela Christi)이라는 근본적 양식을 하강식 계단으로 설정해, 신분을 정확히 규정하려 했다.

최근의 교회론이 전개되는 상황은 '생활 신분'을 다시 제시하는 것 같다. 사실, 교회의 실천은 신학적 관점을 반영하고 생산하지만, 이를 실현하고 증진하는 이들의 명확한 지향과는 별개일 때도 있다. 제3천년기를 앞두고 평신도, 사제 그리고 수도자를 주제로 개최되었던 세 차례의 시노드가 이 사실을 암시한다. 「인류의 빛」의 배치를 따라 선정된 시노드의 주제들은 교회를 구성하는 믿는 이들의 다양한 부류에 따라 "교회와 세상에서 평신도의 부르심과 사명"(1987), "현대의 사제 양성"(1990), "교회와 세상에서 봉헌 생활과 그 사명"(1994)으로 제시되었다. 이 시노드들은 교황 권고 『평신도 그리스도인』(1988), 『현대의 사제 양성』(1992), 『봉헌 생활』(1996)을 이끌어 냈다. 이 권고들은 교회는 세 가지 '생활 신분'으로 분류된다는 이해를 반영했다.

이 교황 권고들의 공통된 논지는 믿는 이들을 서로 다른 부류나 그리스도교 생활 형태들 중 하나로 분류했다. 이는 전통적인 삼중 분할인 성직자와 수도자 그리고 평신도라는 신분으로 교회에 결합한다는 것을 제안한 것이다. 특히 『봉헌 생활』은 시노드 교부들의 질문지에서 제기된 생활 신분의 문제에 대해 다음과 같이 명백하게 응답한다. "기본적인 생활 신분은 각기 그 나름대로 하나인 그리스도 신비의 여러 면모를 드러내는 구실을 합니다"(32항).

1987년 시노드 이후 파생된 신학적 논쟁과 제9장에서 설명했던 생활 신분의 삼중 분할은 문제의 소지가 있다. 이는 제2차 바티칸공의회 이전의 신학으로 되돌아가는 것처럼 보인다. 공의회 이전 신학은 생활 신분에 따른 다양한 생활 조건이나 부르심을 성덕과 연관해 다르게 배치했다. 그러나 공의회는 믿는 이 모두가 사랑의 완전함으로 부르심을 받았다고 선언하며, 생활 신분에 따른 믿는 이들의 구분을 허용하지 않았고 또 그리스도의 완전성에서 어떤 신분이 다른 신분에 비해 특은의 조건에 있다는 진술을 더 이상 받아들이지 않았다(「인류의 빛」 제5장 참조).

이제 마지막 장에서 세 '신분'의 분류에서 평신도의 생활 신분을 더 낮은 단계에 배치하는 것이 가능한지, 만일 가능하다면 어떻게 가능한지 논증하려 한다. 그러기 위해서는 우선 '생활 신분'이 정확하게 무엇을 의미하는지 규정할 필요가 있다.

1. 생활 신분 혹은 부르심의 신분

신학적 · 교회법적 전통은 '**생활 신분**'을 다음과 같이 정의한다. "그리스도인의 공적인 세 상태 혹은 사람들에게 해당되는 공적인 세 신분인 성직자, 수도자 그리고 평신도가 있습니다. 교회법의 체계는 모퉁잇돌과 같은 이 신분들 위에 건설됩니다."[1] 이러한 교황 비오 12세의 진술이 합리적이라고 하더라도, 이 설명을 둘러싸고 교회법학자들 사이에서 논쟁이 일어났다. 성직자 신분과 평신도 신분에 더해 수도자 또한 예수의 뜻에 따라 설정되었기에, 수도자 신분이 교회의 구성 요소로 이해되어야 하는지 물음이 제기되었다.[2]▶

이 논쟁을 제외하면, 적어도 성화에 있어서 세 가지 생활 신분으로 구분된다는 이해는 오랫동안 공유되었다. 교회의 언어는 새롭게 드러나고 발전하는 교회 생활을 규정하려고 시도했지만, 삶의 복합성이나

---

1 R. Carpentier, *États de vie, in Dictionnaire de Spiritualité* IV (Beauchesne, Paris 1960-61) col. 1406. 이 책은 교황 비오 12세의 교황령 「섭리의 어머니인 교회」*Provida Mater Ecclesia*(1947)를 인용했고, 이 교황령으로 재속회의 법적 상태가 알려진다. 이 교황령은 완전함(봉헌 생활)의 법적 상태가 "교회의 중요한 신분 중의 하나"이며 "모퉁잇돌 중의 하나"인데, 그 위에 "교회 규율의 건물"이 세워진다고 진술했다. «Acta Apostolicae Sedis» 39(1947) 116. 또한 교황 비오 12세는 자의 교서 「처음으로 행복한」(1948)으로 재속회의 법적 본성을 정확하게 규정했다. 이 문헌에서 「인류의 빛」 31항의 '평신도에게 세속적 본성이 있다'는 진술의 원천을 발견할 수 있다. M. Semeraro, *Con la Chiesa nel mondo. Il laico nella storia, nella teologia, nel Magistero* (Ed. Vivere In, Roma 1991) 105-106 참조.

교의적인 자료, 신학 연구의 결과가 많이 반영되지 않았음이 뚜렷하게 보인다.

신분의 설정은 신분의 명확한 개념화와 교회법의 제정에 유익하고, 일반적으로 성령이 기원이 되는 교회 생활의 다양한 형태를 명확히 구분한다. 유기체인 교회는 다양한 식별의 기준들을 고정할 수밖에 없었다. 이를 통해 성령께서 어디에서 드러나시는지 특별히 지시했고, 어떤 태도들이 효과적으로 '거룩'한 것인지 입증할 수 있는 경우들을 설정했다. 그러나 너무 엄격한 기준을 고정하는 것은 "성령의 불을 끄는" 위험으로 드러났다. 삶은 모든 기준의 제한점을 넘어선다. 교회 생활의 형태에 기준을 적용하려는 모든 시도는 강렬한 에너지를 발산하는 삶을 다 품을 수 없다. 식별의 기준은 이론들이나 학문적 모델들을 통해 정립된다. 곧, 식별의 기준은 특정한 경험을 바탕으로 설정되지만, 새로운 체험을 해석하기에 적합하지 않으면 곧바로 폐기된다. 이러한 의미에서 식별의 기준은 언제나 삶 이후에 나오는 삶의 결과물이다. 선행하

◂2 이 논쟁을 설명하고 해설하는 것으로 G. Canobbio, *Dagli stati di vita alle vocazioni*, in G. Canobbio - F. Dalla Vecchia - G. P. Montini (eds.), *Gli stati di vita del cristiano* (Morcelliana, Brescia 1995) 17-47 참조. 교황 권고 『봉헌 생활』 29항은 「인류의 빛」의 한 단락을 인용하면서, 포기할 수 없는 요소로서 봉헌 생활이 교회에 속한다는 것을 강조한다. "이것은 초대교회부터 있어 온 봉헌 생활이 교회 본연의 특성을 나타낸다는 의미에서, 교회의 본질적이고 특징적인 요소의 하나임을 뜻합니다"(『봉헌 생활』 29항). 새 『교회 법전』도 봉헌 생활이 교회에 속하는 신분이라는 것을 제시한다. "연합회들의 법적 맥락으로부터 봉헌 생활 규정을 제2권의 제2편에서 제3편으로 이동하는 새 『교회 법전』은 봉헌 생활자들의 신분을 교회론적 가치로 격상하는 한편, 제도적으로 제2권의 제1편에 해당하는 '하느님의 백성'이나 제2편에 해당하는 '교회의 교계 구조'와 동일한 신분이 되게 한다"[E. Corecco, *Aspetti della ricezione del Vaticano II nel Codice di diritto canonico*, in G. Alberigo - J. P. Jossua (eds.), *Il vaticano II e la Chiesa* (Paideia, Brescia 1985) 355]. 이 주제에 대한 논의는 만족할 만한 해법을 찾지 못하고 있다. G. Canobbio, *La vita consacrata nell'ecclesiologia delle Esortazioni postsinodali. Dalla Christifideles laici a oggi*, in CISM, *Chiesa locale, vita consacrata e territorio: un dialogo aperto* (Il Calamo, Roma 2004) 43-60 참조.

는 삶 이후에 이 기준을 적용하고 나서야, 그 삶을 이해하고 그 방향을 닮고자 한다.

그리스도교 생활 형태를 생활 신분으로 분류하는 한계는 복음 권고에 따른 봉헌 생활[3]의 승인과 규범에서 예를 찾을 수 있다. 오랜 세월을 거친 전통은 **'수도' 생활**(vita 'religiosa')**의 다양한 형태**를 알고 있었다. 교회법은 수도 생활의 다양한 형태를 존중하면서 규정하려 했는데, 복음 권고나 완전함의 단계에 따른 이 다양한 형태들을 일반적 범주인 생활 신분으로 규정했다. 수도 생활의 다양한 형태들이 있다 하더라도, 그 본질이 다를 수 없다. 수도자를 규정하는 공통된 요소는 복음 권고의 서원인데, 이 서원을 통해 정결하신 예수, 가난하신 예수, 순종하신 예수의 생활 양식을 살아간다. 역사를 살펴보면, 수도 생활의 다양한 형태는 점차 퍼져 나가는 한 도식으로 설명된다. 마치 가지들이 뻗어 나가는 나무와 같다. 이 도식의 기원은 수도 생활의 다양한 형태를 뻗어 나가게 한다. 더욱 주의를 기울여 살펴보면, 수도 생활의 기원은 수도 생활의 모든 형태를 포함하고 있지만, 정확하게 하나의 형태로 규정되지 않는다. 세상에 '축성의 형태들'이 나타났을 때, 현행법적 규정으로 이 형

3 축성생활신학회 『축성생활 용어집』 (프란치스코출판사 2015) 참조. 이 책은 '축성 생활' 항에서 다음과 같이 설명한다. "한국천주교주교회의 용어위원회는 2012년 남녀 수도자 장상협의회의 의견을 참고해 이러한 생활 형태를 가리키는 라틴어 'vita consecrata'의 번역어로 '봉헌 생활', '축성 생활' 두 용어를 함께 사용하는 것으로 결정했다(참조: 중협주 2012-414호; 한국천주교여자수도회 장상연합회 제 2012-076). 이는 주교회의가 1997년 동일한 단어를 '봉헌 생활'로 번역하기로 했던 결정을 보완한 것이다"(같은 책 117). 한 용어의 혼용은 그 자체로 논의의 대상이 된다는 것을 암시한다. 그리스도인의 신분 구분이 그리 중요치 않다고 역설하는 저자의 관점에 따라, 이 책에서는 'vita consecrata'를 '봉헌 생활'로 고정한다. 다만 봉헌 생활의 역사적 관점에 따라 과거 전통적 수도 생활을 '축성 생활', 교황 비오 12세가 축성 생활과 활동 수도회의 구분을 통합한 경우를 '수도 생활', 1983 교회 법전 이후의 용어를 '봉헌 생활'이라고 고정한다 - 역자 주.

태들을 통합하기는 어려웠다. 그리하여 '이전에 받아들여진'(recepta) '축성 생활' 개념과는 매우 결이 다른 '활동 수도회'(religiosa)가 구분되었다. 따라서 '축성 생활'의 형태들을 분류하는 일이 필요했는데, 교황 비오 12세의 교황령 「섭리의 어머니인 교회」는 '수도 생활'의 형태들을 공식적으로 승인했다. 교황 비오 12세는 이 문헌에서 재속회를 '활동 수도회'의 한 형태로 규정했다. 교회는 재속회에 관한 경험이 부족했고, 재속회가 봉헌 생활의 다른 모델이라고 제안하기에도 무르익지 않았다.

그 사이에 신학자 폰 발타사르는 재속회가 복음 권고에 따른 '축성'을 살아가는 새로운 양식이라 생각했다. 그는 1950년에 자신이 속했던 예수회를 탈퇴해, 신비가인 아드리엔 폰 슈파이어와 함께 세상 안에서 그리스도교 봉헌 생활 공동체인 '요한 재속회'를 창설했다. 바젤의 신학자는 이 재속회가 로욜라의 성 이냐시오의 유산을 받아들이고 계승하는 방식이라 확신했다. 그는 복음 권고가 세상으로부터의 도피가 아니라 "'그리스도를 따름'으로써 세상 구원과 성찬의 내어 줌을 서원하는 것"[4]임을 강조했다. 그의 작품 『장벽들을 허물어』가 의도했던 것처럼, 폰 발타사르는 다음과 같이 증언한다. "그리스도인 사이에서, 사람들 사이에서 긴장이 있는 곳에 재속회는 (세상을 이긴다는 '종말론적인') 외적 표지가 될 뿐만 아니라 보이는 동시에 보이지 않는 교회의 한 실재를 드러낸다고 강조해야 한다."[5] 오늘날 재속회들은 이처럼 증언해야 한다. 폰 발타사르는 재속회들이 그리스도교의 새로운 "실존적 형태"를 드러내어 "교회와 결속되는 중심"이라고 다음과 같이 설명한

4 폰 발타사르가 이탈리아 브레시아의 바오로 6세 재단의 국제 대상을 수상하면서 한 말이다. *Hans Urs von Balthasar. Premio internazionale Paolo VI* (Istituto Paolo VI, Brescia 1984) 27.

5 H. U. von Balthasar, *La mia opera ed Epilogo* (Jaca book, Milano 1994) 54.

다. “재속회원들은 세상의 신분과 종교적 신분을 연결하고, 평신도와 활동 수도자를 연결하는 다리가 되어 교회의 본질적 일치뿐만 아니라 교회의 지속성 그리고 세상을 향한 ‘가장 현대화’된 사명을 드러낸다.”[6]

이처럼 재속회가 봉헌 생활의 새로운 형태를 드러내는 것은 명확하지만, ‘수도 생활’의 유형에 속하지는 않았다. 하지만 새 『교회 법전』과 1994년 시노드, 이를 계승한 1996년의 교황 권고가 복음 권고에 따른 생활을 ‘수도 생활’이 아닌 ‘봉헌 생활’이라고 명명한 것은 우연이 아니다. 이 교황 권고는 복음 권고의 길에서 이전에 알려지지 않았거나 혹은 적어도 인식되지 못했던 봉헌의 형태를 포함하려 하기 때문이다. 『봉헌 생활』 32항은 다음과 같이 설명한다. “모든 봉헌 생활에 공통된 이러한 시각에서 보면, 서로 다르지만 서로 보완하는 길들이 있습니다.”

‘생활 신분’이라는 말이 그리스도인의 복합적 형태를 지시하는 데 여전히 적합할까? 『봉헌 생활』 32항은 “기본적인 생활 신분”의 공통된 형태들을 살펴본 뒤에, 그 형태들의 차이를 진술했다. 이는 믿는 이들의 생활 방식은 다를지라도, 구조적으로 동일한 형태라는 것을 의미한다.

여전히 ‘**수도자 신분**’을 말해야 할까? 교회의 언어로 널리 알려진 ‘수도자 신분’은 ‘특별한 축성 생활’일까? 이 신분은 부르심을 받아 봉헌 생활을 선택한 이들을 단순히 ‘지속성’이라는 조건에 두기 위해 전통적 표현인 생활 신분으로 지시하려는 것처럼 보인다. 하지만 생활 신분은 결정적인 선택을 내포하고 있는 생활 조건을 드러내기 위해서만 사용되어야 한다. 만일 그렇지 않다면, 실존적으로 결정적인 선택을 하

6 같은 곳.

지 않은 이에 대해 어떻게 말해야 할까? 예를 들어, 젊은이들을 생각해 보자. 이들은 일시적으로 평신도라는 생활 신분에 해당되는가? 일시적 조건을 다룬다면, 어떻게 (지속되는) 생활 신분이라 말할 수 있을까?

또한 **평신도의 생활 신분**도 생활 신분이라는 용어가 의도하고자 한 것에 적합하지 않다.

앞서 제9장에서 1987년 시노드를 둘러싸고 이탈리아 신학을 중심으로 발전된 논의를 설명했다. 여기서 이전 교회의 가르침에서 제2차 바티칸공의회에 이르기까지 성직자의 신분과 더불어 평신도의 교회법적 '생활 신분'은 마땅히 있어야 할 것이 아니라 지양해야 한다고 설명했다. 평신도는 공통된 그리스도인 혹은 기본적으로 그리스도인이고, 공의회가 평신도의 적성이라고 설명한 "세속적 성격"(「인류의 빛」 31항)은 온 교회에 적용되어야 한다. 그러므로 '평신도'는 매우 일반적인 범주이고, 그 활용은 구시대적이다.

이미 보았듯이, 새로운 방향의 중심에는 쇄신된 교회론이 있다. 이 관점에 따르면, 성령께서 유일한 하느님의 백성에게 다양한 부르심과 직무들을 불러일으키신다. 이 부르심과 직무들은 일반적인 범주로 제한되지 않는다. 그러므로 믿는 이들의 동등한 품위와 교회의 사명에의 공통적 참여를 주장하는 이들은 믿는 이들을 확고하게 고정된 '교회법적 신분'으로 분류하는 것이 문제라고 지적한다. 더 나아가 생활 신분이라는 용어가 적합하지 않은 이유는 평신도의 '생활 신분'이 지닌 특수함이 있기 때문이다. 예를 들어, 부부들은 혼인성사의 힘을 통해 '혼인 신분'에 속한다. 이는 (평신도라는) '신분' 안에 있는 또 하나의 '신분'이다. 혼인이라는 '생활 신분'의 활용은 부부의 조건이 지속성을 지닌다는 표현일 뿐이다. 만일 '혼인 신분'이 서원을 하지 않거나 성품성사를 받지 않은 그리스도인을 분류하는 조건을 지시한다면, 혼인하지 않은 그리스도인의 신분은 여전히 미결 상태로 남을 것이다.

평신도의 조건에 이어 사제 직무의 조건을 다루면, **'성직자의 생활 신분'**을 분류하는 것도 이와 비슷한 어려움에 처하게 된다. 성직자의 조건은 성품성사를 받는 '단계'(grado)에 따라 다르다. 따라서 성직자들을 분류할 수 있는 하나의 범주는 없다. 성직자들을 사제직이라는 범주에 묶을 수도 없는데, 부제들의 경우 성찬을 축성하는 '권력' 주변부에 머무른다고 해도, 사제직에 참여하지 못하기 때문이다. 또한 '머리이신 그리스도를 대표'하는 범주에 묶을 수도 없는데, 주교와 사제들에게 유보된 주례하는 역할이 부제들에게는 해당되지 않기 때문이다. 그러므로 사제 직무의 다른 '품계들'을 묶을 수 있는 유일한 요소는 '생활 신분'이라는 용어뿐인데, 이는 '지속성'을 표현하기 위한 것처럼 보인다. 그러나 이 '지속성'은 정확하게 오직 주교에게만 해당된다. 사제 서품을 받을 부제들이나 사제들은 성품성사의 낮은 품계에서 그 위의 품계로 오를 뿐이지, 충만한 성품성사를 받지 않았기 때문이다.

더 나아가 구체적인 교회 생활에서 드러난 **'신분'의 겹침**(사제인 활동 수도자나 재속회의 봉헌 생활자, 동방교회 예법의 가톨릭교회에 해당하는 혼인한 사제 등)을 설명한다면, 이는 중복된 신분들이 단순화된 형태라고 이해해야 한다. 곧, 교회에서 (교회법적으로) 두 가지 생활 신분이나 (거룩함의 의미에 해당하는) 세 가지 생활 신분이 겹친다.

오늘날 '생활 신분'은 결론적으로 로마법과는 다른 의미지만[7], 믿는

---

7 로마법은 특수한 권리와 의무를 수반하는 조건을 정해, 성품 신분과 평민 신분에 다르게 적용했다. 고대 교회는 평신도에게 '신분'(status)을 적용했지만, 사제들에게는 '계층'(ordo)이라는 용어를 사용했다. W. M. Plöchl, *Geschichte des Kirchenrechts* (Bd, Wien-München 1960) 63 참조.

이들의 부류를 단순하게 일반화한 표현으로 생활 조건을 표시하려는 그리스도교 언어에 적합하기에 활용한다. 그러나 '생활 신분'은 신분의 설정에도 혹은 (완전함의 법적 혹은 상대적인) 특별함을 규정하는 것에도 적합하지 않다. 따라서 교회의 역할을 실행하는 관계에서나 완전함에 이르는 관계에서도 '생활 신분'은 적합하지 않다.

제2차 바티칸공의회는 **'생활 신분'의 상대화**를 제시했다. 공의회의 문헌들은 '생활 신분'을 엄격하게 규정하지 않았다. 이를 진술한 문헌들에서 용어들이 유연하게 표현되는 전조가 있다. 제2차 바티칸공의회는 동등한 품위를 바탕으로 그리스도인의 다름을 지시하거나 설명할 때, "조건"(condictio)[8], "신분"(status)[9], "계층"(ordo)[10]이라는 용어를 사용했다. 용어들의 혼용과 호환은 어원적으로 신분에 특별한 가치 부여를 의도하지 않는다. '완전함의 상태'를 확실하게 표현한 두 경우[11]를 제외하고, 세례받은 모든 이는 애덕의 완전함으로 부르심을 받았다는 사실이 더욱 중요하다.

---

8 「인류의 빛」 11항; 13항; 30항; 39항; 40항; 41항; 43항; 50항. 역자 주: 「인류의 빛」 한국어판은 "조건"과 "신분"을 혼용한다. "조건"을 의미하는 11항("처지"), 39항("생활 형태"), 41항("생활 조건"), 50항("조건")을 제외한 나머지 항(13항, 30항, 40항, 43항)에서는 "신분"이라고 번역했다.

9 「인류의 빛」 11항; 13항; 30항; 31항; 35항; 39항; 40항; 42항; 43항; 44항; 45항; 50항. 역자 주: 「인류의 빛」 한국어판은 대체적으로 "신분"이라고 번역하고 있으나, 11항("생활 신분")과 13항("생활")은 다소 다른 의미로 번역된다.

10 「인류의 빛」 11항; 12항; 39항; 40항. 본문에서 "계층"(ordo)은 형용사 "거룩한"(sacer)과 연결되지 않는다. 역자 주: 「인류의 빛」 공의회 문헌 한국어판은 "계층"으로 번역했지만, 11항은 "성품"으로 번역했다.

11 「거룩한 전례에 관한 헌장 – 거룩한 공의회」 98항, 101항 2조 참조. 이 문헌이 승인될 때, 전승된 교리인 "완전함의 상태"에 대해 「인류의 빛」 제5장은 아직 논의를 시작하지 못했기에, 이 교리를 넘어설 수 없었다. 역자 주: 「인류의 빛」 한국어판은 "완덕 신분"이라고 번역했다.

그리스도교 생활의 다양한 형태를 지시하는 '생활 신분'의 의미가 너무 좁게 적용되어 부적합한 표현으로 나타났다면, '부르심'이라는 용어를 대신 사용할 수 있을 것이다. 최근 몇십 년 사이에 특별한 주목을 받은 '부르심'이라는 용어는 이전의 생각을 넘어서도록 이끌었다. 이는 어떤 생활 조건이 단순히 우연한 신분에 기인하는 것이 아니라 하느님 부르심과 그에 대한 응답의 열매라는 생각에 기여했다. 이 확신은 모든 생활 조건이 신학적 의미를 지니고, 그렇기에 성덕을 실현하는 길[12]임을 알려 준다. 또한 다양한 개인적 상황이 펼쳐지는 생활 조건을 엄격한 모델의 형태로 구분하지 않는다. 결론적으로 모두가 하느님께 공통적으로 응답하기에, 모두 그리스도만이 성취하는 완성으로 이끌린다.

제10장에서 평신도에 관한 새로운 이해를 제시했다. 평신도에 관해 말하려면, 결과적으로 이처럼 설명해야 한다. 평신도라는 일반적 용어로는 그 사명의 특별함이나 그리스도교 생활의 구체적 형태를 다 담지 못한다. 평신도에 관해 말하는 것은 봉헌 생활을 살아가는 이들이나 성품성사에 참여하는 이들에게도 해당되기 때문이다. 평신도의 이 넓은 범위에 속한 부르심의 다양함은 근본적으로 법에 의해 분류되지 않는다. 그러므로 평신도의 부르심보다 '상위'의 부르심을 말하는 것은 지양해야 한다.

그러나 최근 몇십 년 사이에 '상위'의 부르심은 널리 확산되어 묵은 문제를 다시 불거지게 했다. 교회의 건설과 성화를 위해 어떤 부르심이 '객관적으로' 다른 부르심에 비해 상위의 조건으로 배치되는가?

---

12 "길"이라는 용어는 「인류의 빛」 11항에서 발견된다. "이렇게 크고 많은 구원의 수단을 갖춘 모든 그리스도인은, 어떠한 생활 신분이나 처지에서든, 하느님 아버지께서 완전하신 것처럼 완전한 성덕에 이르도록 저마다 자기 **길**에서 주님께 부르심을 받는다." (인용문 안 강조는 역자 주)

2. 다름 안에서 동등함

'생활 신분'으로 그리스도인들을 분류하는 것은 통상적으로 '위계'를 고정한다. 교회 조직의 관점으로 고정된 위계에서는 성직자 신분이 첫자리를 차지하고, 성화의 관점으로 고정된 위계에서는 수도자 신분이 첫자리를 차지한다. '평신도의 신분'은 언제나 끝자리로 배치된다.

이미 보았듯이, 평신도를 끝자리에 배치하는 것은 역사적 · 신학적 근거가 있었다. 지도자와 신하들로 분류되는 사회로 드러나기에 역사적이며, 교회가 신적 제도를 통한 교계와 봉헌 생활 형태를 지니기에 신학적이다. 특별히 봉헌 생활 형태는 정결하고 가난하고 순종하신 예수께 다가가려는 '종말'(*éschaton*)을 선취하는 단계로서, 그리스도교의 완전함이라는 패러다임을 실현하기에 신학적이다.

'생활 신분'으로 그리스도인을 분류하는 것에 대해 **최근의 신학적 성찰이 이의를 제기하는 이유**는 성화의 조건에서 이러한 분류로 한 신분이 다른 신분보다 우위라고 이해되기 때문이다. 하지만 제2차 바티칸 공의회의 가르침은 모든 그리스도인이 하느님께서 정하신 삶에서 애덕의 완전함으로 부르심을 받았다고 진술한다.

따라서 거룩함에 도달하기 위해 필요한 조건과 수단으로 믿는 이들 중 어느 한 신분이 다른 신분보다 '열등한' 조건을 지닌다는 이해를 거부하는 것은 신학적으로 정당하다.

생활 신분에 따라 그리스도인을 분류하는 것을 거부하는 것에 직면하여, 교황 권고 『봉헌 생활』은 과거의 전통적 노선에서 봉헌 생활에 관한 이해를 다음과 같이 강조한다. "교회의 성덕을 드러내는 길로서 그리스도 자신의 생활 방식을 반영하는 봉헌 생활은 객관적 탁월성을 가지고 있음을 인정하여야 합니다"(32항). 이러한 진술은 예수의 생활 방식을 살아가는 실존의 형태에 관한 중세의 신념을 계승한다.

제2차 바티칸공의회의 가르침은 이러한 관점의 타당성을 수정했다. 공의회의 권위가 교황 권고의 권위보다 상위인 것은 분명하다. 공의회의 문헌들이 전통적 신념을 극복했으므로, 교황 권고가 과거의 신념을 다시 취한 것은 수정되어야 한다.

제2차 바티칸공의회의 가르침은 성화에 이르는 길에서 평신도와 수도자 그리고 성직자의 다름에 대해 이견 없이 진술했다. 완전함에 이르는 부르심의 길에 차이가 없다면, 어떻게 이 다름을 이해해야 할까? 성직자의 경우, '선별'로 알아들어야 할까? 혹은 수도자의 경우 완전함에 이르는 더욱 열정적인 단계라고 이해해야 할까?

공의회는 **사제 생활**에 특히 주의를 기울였다. 「사제품」은 다음과 같이 진술했다. "신약의 사제들은 그 성소와 성품으로 어느 면에서는 하느님 백성의 품에서 선별되었지만, 그것은 하느님 백성이나 어떤 인간에게서 분리되는 것이 아니라, 주님께서 그들에게 맡기신 일에 온전히 봉헌되도록 하는 것이다"(3항). 이때 "선별"은 사회학적 의미를 의도하지 않은 것이 확실하다. 교령은 주의를 기울여 사제 생활이 '분리'가 아님을 정확하게 진술했다. 이러한 의미에서 사제 생활은 혼인이나 수도서원 그 자체를 배제하지 않는다. 따라서 공의회는 사제의 생활과 교역을 다루면서 동방교회의 혼인한 사제들을 포함하고(「사제품」 16항 참조) 사제들은 학문이나 직업에 매진할 수 있다고 예견했다. 따라서 "선별"은 사회학적 의미로 '거룩한' 분리가 아니라, 오히려 "같은 하느님 백성의 구성원 중 백성들의 유익을 위해 사명을 수행하는 이의 고유한 상황"[13]으로 이해된다. 전통과 연속성을 지니는 제2차 바티칸공의회는 사제의 "고유한 상황"을 머리이시며 목자이신 그리스도와 결합되는 형태라고 정확히 규정했다. 성품성사는 한 믿는 이의 삶이 다른 이들과 구분됨을 암시한다. 하지만 모두가 애덕의 완전함으로 부르심을 받아 이를 실현하는데, 그렇다면 다른 믿는 이들에 비해 사제에게서 드러나는 차이가 무엇인지 규정하는 일은 쉽지 않다. 그런데도 사제(그리고 주교)는 그리스도교 공동체의 일치를 위해 봉사하는 공동체의 기초이며 (그리스도의 인격으로 행하면서) 공동체를 구현한다고 할 수 있다. 사제의 애덕은 그리스도의 "목자다운 사랑"(「사제품」 14항 참조)을 드러내고, 사제의 실존은 보편 사제직을 받은 형제자매들이 영적 예배로 살아가도록 온전한 헌신을 지속적이고 결정적으로 드러낸다. 그러므로 "선별"은 성품성사의 힘으로 그리스도와 결합되는 형태로부터 나오는 애덕을 살아가는 특별한 형태라고 이해된다.

사제 생활, 특히 성사의 집전에서 드러나는 애덕의 삶과 마찬가지로, 혼인 생활도 애덕을 살아가는 특별한 방법이다. 더욱이 그리스도교의 생활 형태의 구성에서 혼인성사는 성품성사의 하위가 아니다.

공의회는 완전함의 유일한 상태가 수도자라는 생각을 폐기했지만, **수도자의 특별함**을 비교법으로 서술하거나 "특별한 방식으로"[14]라는 문구로 복원하려고 노력했다. 공의회는 봉헌 생활에 대해 충분하게 다루지 못했다고 우려했다. 이 문제는 「인류의 빛」 제5장의 형성 과정에 계

13 G. Moioli, *Linee interpretative sintetiche della figura del presbitero diocesano, come figura di valore, nel Concilio Vaticano II*, in F. Brovelli-T. Citrini (eds.), *La spiritualità del prete diocesano* (Glossa, Milano 1990) 212.

속 제기되었다. 수도자의 특별함을 비교법으로 제시하는 것은 그리스도교의 완전함에 부르심을 받은 봉헌 생활의 형태가 지닌 특별함을 명확하게 드러낸다. 또한 그 기원에 있어서 동정 봉헌을 순교와 동일시했던 과거의 전통과 봉헌 생활의 목적이 분리되기를 원치 않았다. 따라서 「인류의 빛」 42항은 다음과 같이 진술한다. "그러므로 제자가 세상의 구원을 위하여 죽음을 자유로이 받아들이신 스승을 본받고 피를 흘려 스승과 동화되는 순교는 교회에서 최상의 은혜로 또 사랑의 최고 증거로 여겨진다. … 또한 교회의 성덕은 특별한 방식으로 주님께서 복음에서 당신 제자들에게 준수하도록 제시하신 여러 가지 권고로써 증진된다." 여기서 "교회의 성덕과 같은 특별한 방식"[15]이라고 표현하는 문구에서 "같은"(item)이라는 부사를 사용했다. 이는 "교회의 성덕"과 "특별한 방식"을 밀접하게 연결한다.

게다가 공의회는 복음 권고의 장엄 서원을 한 이들에게 해당되는 결정적인 의무의 가치를 포기하려 하지 않았다. 이와 관련된 「인류의 빛」 44항은 다음과 같이 말한다. "서원을 통하여 또는 그 고유한 특성에서 서원과 비슷한 다른 거룩한 결연을 통하여 앞서 말한 세 가지 복음적 권고의 의무를 받아들이는 그리스도인은 지극히 사랑하는 하느님께 온전히 봉헌되며, 이렇게 하여 하느님을 섬기고 하느님께 영광을 드리는 새롭고 특수한 자격을 받는다."

---

14 예를 들어, 「인류의 빛」 13항; 42항; 44항; 46항; 「완전한 사랑」 1항을 참조하라. 역자 주: 「인류의 빛」 한국어판의 13항과 46항에서는 비교법("더 좁은 길로 …": "더욱 깊이")이 적용되었고, 42항, 44항 그리고 「완전한 사랑」 1항에서는 수도자의 특별함을 꾸미는 것이 "특별한 방식으로", "특별한 모양으로", "특별한 방법으로"라고 번역되었다.

15 원문에는 다음과 같이 제시되었다. "Sanctitatis Ecclesiae item speciali modo…". 한국어판에서는 그 뜻이 정확하게 번역되지 않았다. "또한 교회의 성덕은 특별한 방식으로…" – 역자 주.

수도자의 생활 조건은 표징으로 드러나고 그리스도교 부르심의 의무를 열정적으로 완수하므로, 믿는 이들 모두에게 자극이 되며 하느님과의 관계에서 나오는 결정적인 상태를 예고한다(「인류의 빛」 44항 참조).

그러나 공의회는 이러한 진술들로 '수도자 신분'이 애덕의 완전함에 도달하는 유일한 신분(혹은 조건)이라고 제시하지 않았고, 그보다는 애덕의 완전함으로 도달할 수 있는 길의 특별함을 강조했다. 이 특별함은 공의회의 문헌에서 확실하게 '우위'를 의미한다.

제2차 바티칸공의회는 성화에 있어 '수도자 신분'이 다른 이들에 비해 우위라는 것을 부정하지 않지만, 강조점의 이동을 통해 모든 신분이 다다를 수 있는 완전함의 자리를 암시했다.

공의회는 성화에 관한 전통적 교리를 유지하는 동시에 새로운 맥락으로 전개했다. 곧, 모두가 애덕의 완전함에 이르라는 부르심을 받았기에, 교회의 건설과 사명에 참여하라고 가르친다. 공의회의 가르침으로 수도자에게만 유보된 '완전함의 신분'이라는 표현을 지속하려는 모든 시도는 제거되어야 한다. 믿는 이는 모두 자신의 조건에서 자신의 신분으로 완전함을 실현할 가능성을 지닌다.

이러한 관점은 유일한 그리스도교 생활에서 근본적인 다름을 아우르는 것을 허용한다. 그리스도인의 모든 형태가 그리스도의 한 형태를 반영한다면, 누구도 그 홀로 그분의 충만함을 채우지 못한다. 따라서 각자는 다른 이들에게 유익이 되는 그분의 한 형태를 반사하고 드러낼 뿐이다. 제10장에서 설명했듯이, 그리스도의 신비를 드러내는 자리인 교회는 이 신비가 지닌 풍요로움의 다양한 드러남으로 이해된다.

그러므로 교황 권고 『봉헌 생활』은 제2차 바티칸공의회의 가르침을 다시 제시하는 것에 불과하다.

이어서 성화에 관한 **생활 조건의 위계화라는 의미**가 문제로 제기된다. 이는 교회법에도 해당된다. 위계화는 하느님에게서 오는 것이기에 그분이 설정한 것을 확실하게 질서 지어야 하며, 어떤 예외도 있을 수 없다고 생각할 수 있다.

그러나 '하느님에게서 오는 것'이라는 말은 해결책이 될 수 없다. 이는 교회법의 문제에서도 결정적이지 않다. 성화의 관점에서나 하느님 백성의 통치의 관점에서 성직자의 조건은 평신도나 수도자보다 우위다. 하지만 세 신분 모두 교회에서 동일하게 '법적'으로 규정되어 있다.

더 나아가 생활 형태는 하느님께서 모든 이를 위해 정하신 것이고 애덕을 실현하는 장소로 이해된다. 하나의 생활 형태가 다른 생활 형태보다 우위라고 볼 수 없다. 인간을 초월하는 하느님께서 정하신 질서는 모든 이를 애덕의 완전함으로 부르는 것인데, 어떤 이들을 '하위'의 조건으로 배치할 수 있을까?

이 물음은 믿는 이 모두의 근본적인 정체성에 관해, 믿는 이 사이의 다름에 관해 묻는다. 삶의 모든 차원에서 만나는 현실을 드러내는 이 물음은 다름의 문제를 더 광범위하게 제기한다. '왜 남성과 여성이 다르고, 백인과 흑인이 다르며, 병자와 건강한 이가 다를까?' 이러한 물음은 근본적인 평등성과 역사에서 발생하는 차별의 관계에 관해 묻는다. 실질적인 문화적 맥락은 평등성과 차별은 한 줄기로 합쳐지지 않는 두 지류라고 제시한다. 평등성이 강조되는 곳에서는 차이가 잊히고, 각자(백성 혹은 개인)의 고유한 개성이 무시된다. 반대로, 차이가 강조되는 곳에서는 최소한의 평등성조차 찾아볼 수 없고, 역사에서 평등성이 실현된 적이 없기에 추상화되고 만다. 교회에서도 평등성에 집중하거나, 반대로 차이가 빚어내는 특수함을 방어하려는 흐름이 나타나기도 한다.

여기서 평등성의 집중이나 특수함의 방어 중 하나만 신학적 해석의 대상이 된다면, 다른 하나는 폐기되고 말 것이다.

따라서 교회의 책임자와 성화의 의미라는 두 방향에서 대립적인 다른 주체들을 이해할 수 있다. 첫째 방향, 곧 교회의 책임자에 관해 통상적으로 성직자에 속하는 것과 평신도에 속하는 것이 대립한다. 수도자는 일반적으로 이 대립에 해당되지 않는다. 여기에는 두 가지의 이유가 있다. 첫째, 수도자(남성)는 대부분 성직자의 구성원이었다. 둘째, 교회의 사목과 선교에 중요한 책임을 맡은 여성 수도자는 구조적으로 자신의 자율성을 드러내고 교회에서 임의의 권력을 실행할 수 있었다. 또한 수도자는 평신도와는 다른 조건을 지니기에, 세상에서는 교회의 책임을 지는 이들이라 여겨졌다.

이 대립에서 나온 충돌의 중심에는 이제는 거의 극복된 신학, 곧 영역들의 분할이라는 신학이 있었다. 이는 공통적인 교회론에서 중단 없이 제시되었다. 하지만 제9장에서 살펴본 것처럼, 1980년대의 신학적 성찰은 이 분할을 반드시 극복해야 한다고 주장했고, 그 이후로 세속적 성격을 지닌 평신도에게 부여된 영역들은 세분화되고 확대되었다.[16]

이 현상의 이유는 이론적이고도 실천적이다. 먼저 이론적인 이유는 그리스도교 생활의 '평신도적' 형태를 규정해야 할 필요성 때문이다.

---

16 영역들의 분할을 다시 제시하려는 움직임은 몇몇 교도권의 개입에서 발견된다. 교황 권고 『평신도 그리스도인』에서 이를 볼 수 있다. 또한 『동방교회 법전』(1990)에서는 평신도를 다음과 같이 규정한다. "이 법전에서 평신도라는 이름은 그리스도인 신자를 지칭한다. 이들은 특별한 세속적 성격을 부여받았고, 세상을 살아가면서 교회의 사명에 참여한다. 하지만 평신도는 성품에 해당하지 않으며 수도 신분의 구성원도 아니다"(제399조). 또한 이전에 영역 분할을 폐기했던 신학자들도 영역 분할을 다시 취하는 것 같다. 그 특별한 예로, 콩가르는 『평신도 그리스도인』의 프랑스판 해제(l'editrice du Cerf, Paris 1989, I-IV)에서 세속적 성격을 평신도의 특성으로 보는 견해로 되돌아간다.

이어서 실천적인 이유는 그리스도교 생활의 다른 형태들은 교회의 현존을 확실하게 드러낸다는 필요성 때문이다. 이 형태들은 하느님의 뜻에 따라 인간성의 건설에 구체적으로 기여하지만, 다른 특정한 부류를 위해 정치적으로 편향되도록 교회에 강요하지 않는다. 이러한 관점에서 '그리스도인으로서 활동함'과 '그리스도인이기에 활동함'이라는 마리탱적 구분을 재고해야 한다고 생각하는 이들도 있다.

이어서 성화의 의미를 추구하는 방향은 수도자와 연관된다. 여기서 평신도가 수도자보다 하위의 조건에 배치되는 결과가 드러난다. '분리'의 의미를 지닌 성인은 수도자의 이미지 속에 널리 퍼지고 각인된 거룩한 모습인데, 삶의 공통된 조건에서 살아가지 않는 이들이 하느님께 더욱 가까이 다가간 것이라 이해된다. 그렇기에 평신도의 복자품이나 성인품은 수도회를 설립한 이들이나 회원(그리고 성직자)에 비교될 수 없을 만큼 적다. 이는 뚜렷하게 드러났고, 이론뿐만 아니라 실질적으로도 이 상태가 이어지고 있다.

따라서 지향에서는 수도자(성직자)와 평신도의 차이가 사라지는 것 같지만, 그 반대로 교의적인 진술에서는 이들에 비해 평신도가 여전히 하위의 부류로 여겨진다.

어떻게 이 관념의 영향에서 교회론의 이미지들이 자유로워질 수 있을까?

'이전에 받아들여진'(receptus) 개념은 평신도가 세속적 성격으로 특별한 사명을 지닌다는 것을 알지 못했고 모든 권리와 의무를 지닌 당연한 그리스도인이라고 선언하지도 않았다. 평신도가 세속적 성격을 지닌다는 것은 교회 조직의 한 부분이나 객관적으로 하위의 신분임을 의미한다. 이들은 당연한 그리스도인이지만, 이들을 불확실하다고 여겨 그리스도교 생활의 다른 형태들과 같지 않다고 이해했다.

하지만 **평신도의 조건**은 하느님 계획의 열매와 하느님의 부르심이라고 이해해야 한다. 이는 그리스도 안에서 하느님의 계획을 완성하도록 인류에게 파견된 것이다. 이러한 관점은 교회의 목적이 인류의 공통된 삶과 그리스도가 만나 형성하는 질서에 있으며, 이 질서를 실현하는 것이 교회의 역할이라고 이해한다. 교회가 인류를 위해 있다는 말은 교회가 세상에 파견되어 예수의 복음을 전하는 것만이 아니라 인간이 그리스도와 만나 하느님께서 계획하신 것을 실현하는 장소이며 도구임을 의미한다. 인간의 형태는 다양하지만, 이 다양한 형태는 그리스도와의 만남으로 완성될 수 있고 완성되어야 한다. 이는 이미 제10장에서 말한 것과 같다. 역사에서 드러나는 인간의 전형적 방식은 실질적으로 평신도적 방식으로 이해된다. 성직자의 방식과 그리스도교 봉헌 생활의 방식은 평신도적 방식을 바탕으로 그 역할을 펼친다. 그들은 말씀과 성사들을 통해 그리스도 안에 뿌리 내리고, 인간 실존을 초월의 경계로 이끄는 데 봉사한다. 이러한 의미에서 교황 권고 『봉헌 생활』은 다음과 같이 진술한다. "그리스도 자신의 생활 방식을 반영하는 봉헌 생활"(32항)은 다른 신분들과 연결되는데, "사실 성사들을 통하여 받은 성덕은 일상생활의 성덕으로 이어져야 합니다. 봉헌 생활은, 교회 안에 존재하는 실존 그 자체로써, 성직자와 평신도를 막론하고 모든 신자들의 봉헌에 봉사하려는 것입니다"(33항). 하지만 정결, 가난, 순명이라는 예수의 삶의 방식은 그분을 '따름'에 있어 실마리인 것이 확실하다고 하더라도, 수도자의 방식 안에 받아들여진 이러한 복음 권고가 인간 실존의 패러다임을 구성한다고는 할 수 없다. 만일 복음 권고가 인간 실존의 패러다임을 구성한다면, 혼인은 분명 경시될 것이다. 하지만 혼인은 성사를 통해 인간의 구조에 기초를 놓고 완성한다. 혼인은 그리스도의 구원하는 활동을 통해 생활 조건이 된다.

마지막 분석으로 **인간의 모습과 구원의 개념을 비교**해야 한다. '역사 안에서 구원된 인간, 완성된 인간은 혼인 관계, 세상의 활동, 사회 건설의 임무를 벗어나서 실현되는가?' 만일 그렇다면 구원은 역사를 벗어나야 하고 역사에 속하는 모든 것은 생명의 최후 목적으로 들어가는 그날에 등 뒤로 사라질 것이다. 이러한 관점은 그리스도교 신학의 전형적인 몇 가지 확신을 설명하지 못한다. 1. 창조는 종말이 아닌 완성을 향한다. 2. 완성된 인간의 품위라는 확실한 패러다임을 설정하신 부활하신 그리스도는 계속 자기 십자가를 지는 사람에게 머무르며, 따라서 역사의 변천 안에서도 머무르신다. 3. '종말'에는 인간이 자기 자신을 잃지 않으며, 인간의 인격은 우주와 다른 인격들이 함께 살아가는 관계망에서 형성될 것이다.

이러한 이해를 바탕으로 '평신도'가 사제 직무자나 수도자에 비해 하위의 조건이라고 생각하는 것은 문제가 된다. 사실, 평신도는 성품성사를 받지 않았고, 예수의 삶의 형태를 살아가기 위한 수도 서원도 하지 않았다. 그러나 평신도 그리스도인은 그 자체로 완성될 인간 실존의 특별한 모습을 지니고 있고, 그리스도와의 만남으로 하느님께서 창조하신 것들이 사라질 우려가 없다는 것을 보여 준다. 이러한 의미에서 평신도 그리스도인들은 애덕의 완전함으로 부르심을 받은 이들의 다수를 차지할 뿐만 아니라 일상적인 생활 조건, 곧 구원의 역사라는 차원에서 구원이 무엇으로 이루어지는지 보여 주는 이들이다.

이는 구원의 종말론적 차원을 포기한다는 의미가 아니라 역사 안에서만 알게 되는 구원 체험의 결과이자 완성을 성찰하게 한다. 부활에는 혼인도, 혼인할 이도 없을 것이라는 말씀은 옳다(마르 12,25 참조). 하느님 나라를 위한 동정자들은 역사의 종말에 일어날 일을 예견하지만, 이 주제가 무제한적으로 적용될 수 없다. 만일 그렇다면, 결이 다른 결론이 나올 수밖에 없다. 종말에는 일을 하지 않고 관상만 할 것이라는 결론이다. 관상(혹은 쉼)이 그리스도교 생활의 완성된 조건이라서 일이 벌로 여겨진다면, 이 벌에서 빨리 벗어나야 한다. 이러한 관점은 노동에 관한 이해에서 이미 문제로 제기되었고 붕괴되었다.

더 나아가 역사 안에서 종말만이 성화의 패러다임을 형성한다는 주장은 수정되어야 한다. 종말만이 성화를 완성한다고 생각한다면, 예수의 실천은 그리스도교 생활이 강조하는 노력에 어떠한 의미도 지니지 못한다는 결론에 이르게 되고, 역사와 세상에서 '그리스도를 본받음'(imitari Christi)을 실천해야 한다는 생각은 무용해질 것이다. 게다가 인간의 대부분, 특히 가난한 이들이 자신이 살아가는 환경에서 노동으로 살아가는 영성을, 예수의 드러나지 않은 삶을 새롭게 살겠다고 다짐하며 살아가는 이름 없는 이들의 영성을 근본적으로 폄하하게 될 것이다.

이러한 **종말론적 관점**은 그리스도교 생활 형태가 지닌 위계를 뒤집으면서, 평신도의 생활을 모범적인 형태로 설정한다. 이는 변수를 재숙고하려는 시도다. 곧, '역사 혹은 종말'이라는 변수를 통해 궁극적인 위계를 설정하려 한다. 역사라는 변수를 선택하든, 종말이라는 변수를 선택하든 서로 다른 기준을 적용해야 할 것이다. 하지만 결국에는 이 변수와는 다른 인간학적 개념이나 구원론적 개념을 반영해야 한다. 그러므로 '역사 혹은 종말'이라는 변수는 궁극적인 위계화를 설정하기 위해 명확하게 설명되어야 한다.

봉헌 생활이 객관적인 우위를 지닌다는 진술은 봉헌 생활이 더욱 좁은 길이라는 생각을 바탕으로 한다. 이는 갈리지 않는 마음으로(「인류의 빛」 13항, 42항 참조) 하느님을 사랑하는 좁은 길이지만 더욱 쉬운 길이며, 지상의 것들을 상대화해 하느님 나라의 우월성을 드러낸다(「인류의 빛」 46항 참조). 이러한 이해는 종말이 성화의 패러다임을 형성한다는 확신 위에 세워졌다. 복된 삶에서 실현될 어떠한 중개도 없을 하느님의 사랑은 지상 생활의 정결과 가난과 순명으로 예견되었다.

이러한 선택은 하느님 나라를 위한 독신이나 동정이 혼인으로 하느님을 사랑하는 것보다 더 나은 방법임을 의미했다.

(봉헌 생활의 전형을 지시할 때 그리고 이와 연관되어 성화가 애덕의 완전함으로 이루어짐을 말할 때) 봉헌된 동정의 가치는 이론의 여지가 없지만, 혼인 또한 상징적인 가치가 있음을 잊어서는 안 된다. 혼인은 하느님과 당신의 백성, 하느님과 영혼, 그리스도와 교회의 깊고 떨어질 수 없는 일치를 드러내는 신비로운 언어, 성경의 메아리로 받아들여지지 않는가? 이러한 상징은 성화에 다다르는 부부들의 생활 조건이 지닌 최고의 가치를 지시하지 않는가?

(혼인한) 평신도의 생활도 종말론적 가치를 지닌다. 이러한 가치는 세상에서 인간의 활발함으로 실현되는 새로운 세상을 준비할 때 가장 잘 드러날 것이다. "우리 본성과 노력의 훌륭한 열매인 이 모든 것을 우리가 주님의 성령 안에서 주님의 명령에 따라 지상에 널리 전파한 다음, 그리스도께서 성부께 보편되고 영원한 나라, '진리와 생명의 나라요 거룩함과 은총의 나라이며 정의와 사랑과 평화의 나라'를 돌려드릴

때에, 모든 때를 씻어 버리고 찬란하게 변모된 그 가치들을 다시 찾게 될 것이다”(「기쁨과 희망」 39항).

하느님 나라의 탈역사적 개념은 예수에 대한 전형적인 이해를 바탕으로 봉헌 생활을 우위에 둔다. 하지만 이는 반드시 수정될 것이다. 하느님 나라의 역사적 차원은 그분이 설교하신 행복으로 밝게 드러난다. ‘하느님 나라의 건설’을 위해 믿는 이들이 초대된다면, 포괄적인 교회의 가르침에서 하느님 나라의 역사적 차원을 끊임없이 강조해야 할 것이다. 하느님의 거룩함이 예수에게서 드러났다면, 이 거룩함은 역사에서 분리되거나 상징적으로만 이해될 수 없고, 인간을 위한 사랑으로 이해되어야 한다. 이러한 의미에서 「인류의 빛」은 사랑의 완전함이 성화라고 진술했다.

그러므로 봉헌 생활이 ‘객관적’ 우위라는 진술은 개인에게 봉헌 생활의 길을 선택하는 동기를 제공할 뿐이다. 이는 신학적이기보다 역사적이고 심리학적인 이유로 형성된다고 말할 수 있다. 전통은 우위의 강조를 통해 개인이 봉헌 생활의 길을 선택하는 동기를 제공했으며, 역사적으로나 심리적으로 이를 계속 지지하고 있다.

이러한 이유가 신학적 가치가 없다는 뜻이 아니다. 다만 하나의 교리나 관점이 다른 개연성을 보지 못할 때, 어떻게 이것들이 폐기될 수 있고 폐기되어야 하는지 보지 못할 때, 교회에서 전통은 진리의 기준을 고정한다. 하느님의 뜻으로 이해된 활발한 생활 형태를 교회에서 허용하는 것은 실천적인 의도를 지닌다. 이는 그리스도인의 ‘참조 모델’이 되고 그들의 결정을 도와주는 중요한 의미를 제시한다. 따라서 하느님의 부르심은 교의적으로 형성되고 구체적인 모델들을 통해 제시되며,

교회의 임무는 이 부르심을 실현하는 가능성을 열어 둔다. 참으로 교회는 그리스도교 생활의 다양한 형태로 하느님의 부르심을 실현하는 태생적 장소다. 이 부르심의 기원이 아닐지라도, 교회는 이 부르심이 성령에게서 왔음을 알고 증언해야 한다.

이러한 해석을 따르면, 봉헌 생활이 우위를 지닌다는 진술은 단순하게 구조적인 것이 아니라 소멸 위기에 놓인 것을 지키기 위한 (임시적인) 시도라고 이해된다. 이러한 진술은 성령의 활동을 탈역사적으로 이해할 때만 가능하다. 이는 봉헌 생활의 진정한 가치를 희석시키는 시도이며, 심지어는 이데올로기라고 이해할 수 있다. 성령께서는 역사에 얽매이지 않고, 교회의 역사적인 활동을 통해 활동하신다. 세기에 걸친 전통적인 가르침은 성화의 기원인 성령이 그리스도교 생활의 형태를 창조한다는 패러다임을 알려 준다. 따라서 성화의 기원인 성령은 교회에서 항상 법적으로만 이해될 수는 없다.

따라서 봉헌 생활이 그리스도교의 완전함이 실현된 유일한 자리라는 이상을 다시 제시하려는 것이 아님이 분명하다.

봉헌 생활이 우위를 차지한다는 생각은 (성직자뿐만 아니라) 평신도 그리스도인의 생활에 스며들어 있고, 그 결과 평신도 그리스도인이 그리스도교 생활에서 덜 엄격한 임무를 지니는 것을 정당화한다. 그리스도교의 완전함이라는 패러다임으로 수도자의 실존 방식을 취해야 한다는 과도함은 평신도를 성화의 끝자리로 '내몰 수'밖에 없었다. 따라서 성화의 의미로 봉헌 생활의 객관적 우위를 제시하는 것은 앞서 설명한 '심리학적'인 변형일 뿐이고, 그리스도교 생활의 특별한 형태를 보호하려는 시도에서 그 목적의 변질이 확인된다.

성직자와 평신도 그리스도인의 관계에서도 이와 같은 현상이 발견된다. 교회의 결정 과정은 교계를 규정하는 교회법에 의존하는데, 이 결정 과정에서 평신도를 배제하는 것은 의견을 제시하거나 참여하는 것 외에 교회의 책임을 지는 어떠한 일에도 관여하지 말라는 생각으로 이어진다. 모든 그리스도인은 저마다 교회의 사명에 동일하게 참여한다는 장엄한 교의적 선언은 이러한 생각을 무너트리기에 충분치 않다.

그 결과, 뒤틀린 상황이 관찰된다. 한편으로는, 교의적 관점에서 세례받은 모든 이는 애덕의 완전함으로 부르심을 받았다고 선언하고, 다른 한편으로는 그리스도교 생활 형태에서 (수도자가) 객관적으로 우위를 지닌다는 생각이 제시된다. (교의의 정당함을 제거하지 않는) 실천적인 관점에서 교회의 결정 과정에서 어떤 부류의 그리스도인은 배제되지만, 동시에 이들에게 교회의 사명에 참여하라고 요구한다. 어떻게 이 꼬임을 풀 수 있을까? 두 가지 해법을 거칠 수 있고 또 거쳐야만 한다. 교의적 관점에서 그리스도교 생활의 의미를 드러내는 공통되고 살아 있는 인간의 가치를 강조해야 하고, 실천적인 관점에서 평신도가 교회에 참여하는 구조를 만들고 교의에 적합한 이해를 통해 참여를 굳건하게 하는 새로운 구조를 도출해야 한다. 이 과정을 통해서만 평신도 그리스도인이 하위의 신분에서 벗어날 수 있다. 이미 제2차 바티칸공의회는 이를 장엄하게 선포했다.

결론

마지막 장은 '평신도의 생활 신분'이 가능한 것인지 살펴보고, 다른 부르심에 비해 '평신도의' 부르심을 '하위'로 여기는 인식을 수정하고자 한다. 교회 언어인 '생활 신분'이라는 표현이 다시금 제시되면서 이 주제에 집중할 필요성이 생겼다. 교회의 성화라는 의미로 봉헌 생활이 객관적으로 우위에 있다는 진술이 반복되면서 문제는 촉발됐다. 결론적으로 신학 연구에서 이 주제가 파생하는 개념은 폐기되어야 한다.

생활 신분이라는 가르침을 폐기해야 할 이유는 애덕의 완전함으로 부르심을 받은 믿는 이 모두는 동등하기 때문이다. 생활 신분이라는 표현은 평신도에 관한 시노드, 성직자에 관한 시노드, 수도자에 관한 시노드에서 동일하게 제시되었다. 하지만 믿는 이들을 전통적인 세 부류(평신도, 성직자, 수도자)로 구분하는 것은 도식화와 법적 규범에 유용하다고 하더라도, 그리스도교 생활 형태의 목적에는 전혀 어울리지 않는다. 이 구분으로 파생된 신분의 목록화를 극복하기 위해서, '생활 신분'이라는 용어로 어렵게 제약한 것들을 '부르심'이라고 유연하게 수정해야 한다. 이 생활 신분은 성령께서 형성하시는 다양성이나 '신분들'이 중첩되는 복수성과는 연관이 없기 때문이다.

이러한 결과를 바탕으로 그리스도교 생활 형태의 위계 혹은 완전한 애덕의 실현은 상대화된다. 교회가 이해한 성화에서 봉헌 생활이 객관적 우위라는 진술이 정당화되는 이유를 파악한다고 하더라도, 하느님의 '부르심-계획'은 결코 위계적일 수 없으며, 예수에게서 드러난 거룩함의 실현으로 그리스도교 생활의 다양한 형태도 위계적일 수 없다. 이러한 의미에서 교회의 책임에 관해서도, 거룩함의 실현을 향한 길에서도 평신도가 하위라는 고착된 관념은 극복되어야 한다.

이러한 주장이 정당화되려면, 구원의 역사적 차원을 다시 강조해야 한다. 구원된 인격은 상징적 형태인 종말을 통해 자기 삶의 역사를 저버리는 것이 아니라, 하느님께서 역사에서 그를 위해 계획하신 생활 형태로 하느님 나라를 위해 헌신하는 것이다. 예수께서 하신 것처럼 말이다.

결론

『평신도 혹은 그리스도인』은 교계 신분이나 수도 생활의 신분과 이에 속하지 않는 그리스도인 신분 사이의 양극을 제시하려고 했다. 이는 20세기의 신학적 성찰이 오랫동안 입증하려 한 것이다.

'평신도'는 교회 안에서 자신에게 설정되고 부여된 열등감이나 소외감을 느꼈지만, 교회 밖인 세속에서 펼쳐야 할 임무에 참여하면서 교회와 병립하거나 대립하게 되었다. 후자의 경우, '평신도'는 교회에서 자신의 신분에 따라 역할이 달라졌지만, 교회 밖에서는 신분보다는 역할로 드러났다. 세상에서 살아가는 평신도는 '세속적 본성'이라는 성격을 지니고, 세상에 속한 것들을 완성으로 이끌면서 교회의 사명에 참여한다. 평신도는 세상을 더욱 나은 곳이 되도록 드높이며 하느님께로 향하게 한다. 이러한 의미에서 평신도는 교회에 종사하기에 더욱 적합한 성직자와 대등하고, 세상에 속하지 않으면서 직접적으로 하느님을 향하는 그리스도인을 지시하는 수도자와도 대등하다.

사실, '그리스도인'이라는 믿는 이들의 조건은 '예수 그리스도에게 속함'을 말한다. 이 조건은 교회의 신분과 역할에만 종속되지 않는다. 믿는 이들의 조건은 그들이 수행하는 임무가 아닌 타고난 조건을 강조하고, 이 조건에서 받은 은사나 직무의 수여를 통해 특화된 그리스도인의 임무는 교회 밖으로 드러난다. 이러한 관점으로 평신도에 관해 말하는 것은 명확하게 과거의 교회가 임시로 대처했던 역사적 우연이 빚어낸 열매일 뿐이다. 과거의 이러한 이해는 극복된 면도 있지만, 여전히 더 극복되어야 한다. 평신도라는 신분의 설정은 과거의 사회에서 교회의 이익을 위해 시도한 역사적 우연이 빚어낸 열매일 뿐이다. 그러므로 평신도에 관한 신학적 성찰은 이데올로기적 성격이 작용한 것에 불과하다고 말할 수 있다.

하나의 극에 반대되는 다른 하나의 극은 역사를, 정확하게는 교회가 태어난 순간을 떠올리게 한다. 이 역사의 마지막에는 지난 수 세기에 걸쳐 이루어 낸 발전이 소멸할 것이고, 결국 종말의 때에 교회는 자신이 태어난 순간으로 회귀할 것이다.

이 책의 방법론으로 역사에 관한 이해를 도식적으로 생각하고 반영했다. 이를 통해 '소멸과 회귀'라는 주제를 풀어낼 수 있었다. 이 방법론에 따라 역사의 다양한 시기에 나타난 교회 조직에 관해 설명했다. 역사적으로 시기가 나뉜다고 하더라도, 하나의 몸통을 이룬 역사에서 평신도가 그리스도인이라는 의미로 전혀 논의되지 않았다. 사실, 평신도가 그리스도인이라는 것이 문제가 아니라 교회의 역할을 맡는 것이 문제였다.

대략적으로 살펴본 역사적 연구는 교회에서 평신도의 역할에 대해 침묵하거나 심지어 부정했다는 것을 보여 준다. 교회에서 평신도의 역할은 어느 시기에서는 호교론적이고 사회적인 이유로 또 다른 시기에서는 더욱 고유한 교회론적 이유로 부정되었다.

교회의 초세기부터 '평신도'라는 용어의 기원이 되는 '수많은 백성'이라는 사회적 신분은 책임을 지는 역할을 수행하지 않았다. 이는 중세 시기에도 그러했다. 견고한 위계적 사회에서 믿는 이 모두가 '신앙 감각'(sensus fidei)을 지니고 있음을 교회가 인지했다고 하더라도, 적합하게 준비되지 않은 이가 교의적 문제들을 결정하도록 방치할 수 없었다. 이단이 마땅한 식별 없이 쉽게 확산될 수 있었기 때문이다.

목자들에게 유보된 임무인 신앙의 보존은 신학적인 이유보다는 현실적인 선택이었다. 사목 서간이 입증했듯이, 목자들을 선택하는 것은 신약성경 시대부터 분명히 실행된 '돌봄'(vigilanza)이기 때문이었다.

목자들은 무지하거나 불성실할 수 없지만, 그들에게 '유보'된 권한의 강조는 역사의 시기마다 종교개혁가들의 저항을 불러일으켰다. 사실, '종교개혁'(reformatio)의 근본 목표는 원천으로 '되돌아감'(ritorno)이기에, 종교개혁가들은 교회가 '영적'이기를 바랐다. 따라서 종교개혁가들은 믿는 이 모두에게 교회의 역할을 되돌려주려고 했다. 이들에 따르면, 그리스도와 합체하게 하는 세례는 믿는 이 모두가 교회에서 직무를 수행할 수 있게 했다. 무엇보다도 이들은 성령이 교회를 올바르게 세우고 이끈다고 주장했다.

종교개혁가들의 시도는 시민사회와는 다른 교회의 '타자성'을 고수하려는 의도였다. 따라서 종교개혁가들은 권위를 지닌 이들이 아닌 '영적인 이들'을 위해 더 많은 자리가 허용되는 교회의 조직적 형태를 구상했다. 격변의 역사에서 종교개혁의 시도가 실패로 드러났다면 그 시도를 정당화하는 일방성 때문일 것이지만, 교회의 건설에 믿는 이 모두가 참여해야 한다는 요구는 권위주의적 반동의 시기에도 지속되었을 것이다. 이에 반해 교회의 책임에 평신도가 참여함을 부정하는 교회론적 이유들이 강조되었을 것이다.

두 가지 방향을 생각해 볼 수 있다.

근대 시기에도 그랬지만, 중세 시기의 교회는 자신이 지닌 중심적 권위로 군주나 제후의 권력이라는 '평신도'의 간섭에 맞서면서, 교의적인 측면이나 고유한 교회 조직의 측면에서 평신도의 교회 생활을 제한했다(예를 들어, 주교의 임명). 교회는 '평신도적'(속적) 권위를 부정하지 않았지만, 시민사회에 대한 교회의 '우위'(완전한 사회로서의 교회)를 재천명하고자 했다. 더 나아가 교회는 하느님과 직접적인 관계를 맺기에, 하느님이라는 권위 외에 다른 어떠한 권력에도 굴복하지 않았다. 반면에 평신도는 세속적 권력을 지닌 동시에 교회의 자유도 보장해야 했으며, 심지어 위험할 때에는 교회에 봉사해야 했다.

교회의 권위와 그에 기댄 신학의 한 경향은 고대 시기에 뿌리내렸지만 근대 시기까지 지속되었다. 이 신학은 사제 직무의 가치와 교회법이 규정한 권력의 가치를 강조했다. 그 결과, 교회의 공동 책임을 나누어야 할 평신도가 교회의 권력에 참여하지 못하도록 이들을 교회 밖으로 내몰았다. 교회가 권력을 강조한 이유는 이러하다. 강력하고도 유일한 교회의 권위만이 교회의 자율성을 더욱 온전하게 유지하므로, 한편으로는 평신도 권력자에 맞서 방어하고, 다른 한편으로는 종교개혁에 맞서야 했기 때문이다. 따라서 '권위'는 순전히 '권력'으로 축소되었고, 세월이 흐르면서 강해진 제후들의 권위에 교회를 넘겨주게 되었다. 교회의 권위는 그리스도론에 토대를 두지만, 교회 권력의 강조는 교회의 권위 그 자체를 위험에 빠트렸다.

중세 시기와 근대 시기에 평신도는 부차적인 그리스도인으로 여겨질 수밖에 없었다. 완전함을 살아간다고 인식된 수도자와 예수 그리스도께서 이끌고 성화하는 권력을 주신 성직자에 비해 이들은 부차적이었기 때문이다. 평신도는 교회에서 권한이 배제된 수도자와 묶일 수도 있었고, 완전함의 상태에 속하지 않은 성직자와 묶일 수도 있었다. 그러므로 평신도는 권력을 받드는 신하의 조건이나 구원을 찾는 이의 조건으로 축소되었고, 세상일의 조건에 침잠할수록 그들의 구원은 어려워졌다.

20세기의 성찰과 실천은 평신도가 지닌 열등감이라는 상태를 극복하기를 바랐다. 이 시기에는 평신도 또한 성화의 상태에 있으며 자신의 성화를 완성하라는 부르심을 받았다고 설명했다. 따라서 평신도는 이전보다 더욱 교회의 모습으로 드러나게 되었고, 교회의 사명이 인류 증진에 이바지하는 것이라는 설명이 서서히 퍼져 나갔다.

제2차 바티칸공의회는 이러한 영향에 주요하게 공헌했다. 공의회는 이전의 신학적 연구와 실천들을 모으고 보증하면서, 평신도는 모든 면에서 그리스도인이고 교회의 다른 구성원들과 동등한 품위를 지닌다고 선언했다. 또한 평신도는 '세속적 본성'으로 규정된 다름으로 인해 교회의 사명에 특별한 위치가 있다고 설명했다.

제2차 바티칸공의회 직후에 평신도가 세상을 하느님께로 이끌고 세상에서 활동한다는 두 가지 방향성이 나왔는데, 특히 후자가 중점적으로 받아들여졌다. 세상에서 활동하는 것은 세상을 마주 보며 개방하는 교회에 더 많은 역할을 할 수 있고, '세속화'라고 불리는 사회학적 · 종교학적 경향과 더욱 조화롭기 때문이었다. 그리고 부차적이지만 공의회 이전의 성찰이 주제화한 '현세성'과 접점도 있었다.

결론적으로 제2차 바티칸공의회가 말하는 '평신도 혹은 그리스도인'이라는 두 극성은 우선적인 연구 주제가 된다. 곧, 평신도의 특성을 파악하려 한 이전의 모든 연구는 교회를 설명한다는 결론에 이르게 될 것이다.

이러한 경향에서 비판적으로 강조하는 주장은 다음과 같다. "평신도는 그리스도인일 뿐이다." 현세성에 관한 모든 성찰은 시대의 요구일 뿐이고, 평신도의 고유한 신분을 신학적으로 파악하려는 연구는 부질없다. 평신도에 관한 문제는 '사목적' 문제일 뿐이기에, 평신도는 다음과 같이 정의된다. "그리스도인으로 충분하다." 그러므로 이제는 시민생활이라는 공통적인 조건에서 어떻게 복음을 살아갈 수 있는지를 규정하는 것이 문제가 된다.

평신도 혹은 그리스도인? 이에 대해 어떻게 이해할 수 있을까?

우리가 도달해야 할 결론으로 '평신도 그리스도인'이라는 강화된 신분을 제시한다. 교회의 신분에서 평신도는 교회의 사명에서 출발해 그리스도인이라는 결론에 도달한다. 이 결론으로 평신도의 형태를 정확하게 규정할 수 있고 규정해야 한다. 모든 평신도가 인류를 완성으로 이끄는 하느님 나라에 대한 표지와 발아된 씨앗이라면, 충만한 인류가 되도록 펼치는 모든 그리스도인 활동은 정확하게 교회의 활동이라고 주장할 수 있다. 따라서 평신도는 교회 밖으로 드러나는 상징적인 교회의 형태인데, 복음의 정신에 따라 살아가며 자신의 구체적인 생활로 인간의 조건을 변화시키고 고양한다. 이를 실현하기 위해 교회의 권위가 제시하며 보증하는 임무나 역할을 부여받는 것은 필요치 않으며, 더 나아가 교회의 연합회나 운동들에 참여하는 것도 필요치 않다. 바로 복음을 살아가는 것만이 필요하다. 성령에 의해 이끌리는 예수처럼 그리고 다른 그리스도인들처럼, 평신도 또한 교회의 표현이다. 사실, '직무의 신학'은 선한 지향일지라도, 교회의 엘리트화를 막지 못했다. 이와 같은 효율주의적 개념을 지양하면, 결과적으로 교회의 엘리트화는 극복될 수 있다. 평신도는 사제 직무를 수여받지 못해 다른 직무들을 수여받으려는 그리스도인이 아니다. 평신도는 공통된 그리스도인이다. 이를 성찰하는 최근의 연구들은 같은 결과를 도출한다. 더 나아가 공통된 그리스도인이 우선한다면, 더욱 그리스도인으로 보일 수 있는 공통적이지 않은 성직자나 수도자와 굳이 비교하지 않아도 된다. 그리스도인이 되기 위해 (교회) 조직의 특별한 역할을 맡지 않아도 된다는 사실이 먼저 강조되어야 한다. 한마디로 평신도는 성품성사를 받지 않았지만, 일상적 생활 환경에서 활기찬 증언을 하며 살아가는 그리스도인이다. 이들은 인류 증진을 위해 헌신하면서, 교회의 힘이자 대표자로 드러난다.

평신도를 부정적으로 정의하던 때로 되돌아가야 할까? 성품성사를 받는 것이 더 훌륭한 그리스도인을 만들고, 교회와 인류에 대해 더 큰 책임감을 느끼게 한다고 지속적으로 인정될 때만 그럴 수 있을 것이다.

참고문헌

우리의 주제인 평신도에 관한 자료들은 이 주제에 대한 관심이 상대적으로 약해진 시기 이후에, 곧 "교회와 세상 안에서 평신도의 부르심과 사명"을 주제로 열린 1987년 시노드를 둘러싸고 풍성해진다. 제9장에서 말한 것처럼, 이 시기에 '총제적 교회론'이라 불리는 직무의 신학은 '불필요한 것'이 되고, 더 나아가 평신도에 대한 신학적 성찰을 폐기해야 한다는 주장에 이른다.

최근에 출판된 중요한 자료가 너무 많기에, 이를 모두 기억하는 것은 불가능하다. (드문 예외를 제외하고) 여기서 제시할 자료들은 이탈리아어로 된 연구들과 자료들 그리고 창작물로 제한한다. 이 책에서 제시하는 문제들과 역사적 사건들을 심화하는 데 유익하다.

주요 참고 자료

우선 주요 참고 자료를 제시한다. 폭넓은 정보를 제공하고 또 국제적으로 받아들여지는 특별한 가치가 있다고 생각되는 자료로 제한한다.

Istituto Giovanni Paolo II per Studi su Matrimonio e Famiglia della Pontificia Università Lateranense, *Il laicato. Rassegna bibliografica in lingua italiana, tedesca e francese* (Libreria Editrice Vaticana, Città del Vaticano 1987). 1987년 시노드에 이르기까지 종합적인 자료를 제공하는 이 작품은 '교황청립 라테라노 대학교의 요한 바오로 2세 혼인과 가정 연구소'의 교수들이 집필했다. 400쪽이 넘는 이 책은 1954년부터 1986년까지 이탈리아와 독일 그리고 프랑스에서 평신도를 주제로 한 자료들을 집성했다. 이 책의 참고 자료에는 스페인어와 영어로 된 최근의 연구도 수록되어 있다. 책 내용은 시간순으로 배열되었다. 참고 자료의 방대함으로 인해 독자들이 길을 잃지 않도록 의미 있는 논문과 책에 대해 폭넓은 개요를 충분히 제공한다. 언어권별로 분류되었다.

R. Goldie, *Laici, Laicato, Laicità. Bilancio di trent'anni di bibliografia* (AVE, Roma 1986). 이 작품은 참고 자료뿐만 아니라 평가도 제시한다. 곧, 평신도 신학의 황금기(1950년대)부터 1987년 시노드 이전의 현세성에 대한 논의에 이르기까지 중요한 관점들을 논평했다. 이 명민한 작품은 종합적으로 이 주제를 파악하고자 하는 이에게 엄선된 명확한 자료들을 제시한다. 저자는 다음의 논문도 발표했다. R. Goldie, *Il laicato prima e dopo il concilio*, in P. Vanzan (ed.), *Il laicato nella Bibbia e nella storia* (AVE, Roma 1986) 137-149.

J. Dupuis, *Lay People in Church and World. The Contribution of Recent Literature to a Synodal Theme*, in «Gregorianum» 68 (1987) 347-390. 이 논문은 1984년부터 1986년까지 잡지에 실린 논문을 분류하며, 참고 자료가 풍부하다. 논쟁 중인 주제를 잘 조직화하여 제시하면서, 논평한 연구들을 여덟 가지 주제로 분류한다. Dupuis가 논평한 여덟 가지 주제는 다음과 같다. 1) 초대교회에서 평신도 2) 평신도 신학에 대한 공의회 이전의 쇄신 3) 제2차 바티칸공의회의 평신도 4) 평신도 신학에 불필요한 총체적 교회론 5) 아래로부터 교회 건설 6) 평신도의 직무들과 활동 7) 새로운 과정을 위한 시도들 8) 준비 중인 시노드에 대한 관점.

논평은 제한적으로 국제적인 관점만을 다룬다. 이 잡지에 실린 다른 논문들은 다음과 같다. U. Vanni, *La promozione del regno come responsabilità sacerdotale dei cristiani secondo l'Apocalisse e la Prima Lettera di Pietro*, 9-56; G. Rambaldi, *Carismi e laicato nella Chiesa. Teologia dei carismi, comunione e corresponsabilità dei laici nella Chiesa*; A. Antón, *Principios fundamentales para una teologia del laicato en la Eclesiologia del Vaticano II*, 103-155; J. Beyer, *Le laïcat et les laïcs dans l'Église*, 157-185; Ph. J. Rosato, *Priesthood of the Baptized and Priesthood of the Ordained*, 215-266; R. Goldie, *The Laity in the Ecumenical Movement*, 307-337.

E. Bueno de la Fuente, *¿Redescubrimiento de los laicos o de la Iglesia?*, in

«Rivista Española de Teología» 48 (1988) 213-249. 이 논문은 1985년부터 1987년까지 신학 잡지 단행본들이 평신도라는 주제로 발표한 개별 논문들을 분류하는 데 집중했다. 이 논문의 장점은 국제적 신학 잡지가 아닌 지역의 신학 잡지들에서 일어난 논쟁을 저자가 세밀하게 다룬다는 점이다.

저자는 1987년 시노드 과정과 그 이후에 발표한 연구들을 논평하면서 같은 제목으로 논문의 내용을 수정 · 보완한다. 처음의 논문처럼, 개정한 논문 또한 우수하다. E. Bueno de la Fuente, *¿Redescubrimiento de los laicos o de la Iglesia?*, in «Rivista Española de Teología» 49 (1989) 69-99.

E. Dal Covolo, in Id. – F. Bergamelli – E. Zocca – M.G. Bianco (eds.), *Laici e laicità nei primi secoli della Chiesa*. Postfazione di P. Siniscalco (Paoline, Milano 1995) 35-43. 이 작품은 여러 장으로 나뉘어 있으며, 각 장의 제목은 독자가 우리의 주제를 심화하도록 이끈다. 특히, 마지막 장은 여성의 조건에 관련된 참고 자료를 제공한다. 같은 참고 자료가 약간의 첨삭을 거쳐 다음의 책에도 제시된다. E. Dal Covolo, *Chiesa e società politica. Aree di «laicità» nel cristianesimo delle origini* (LAS, Roma 1994) 32-38.

G. Zambon, *Invito alla lettura*, in «Credere oggi» (3/1994) 81. 이 단행본 잡지는 '교회와 세상 안에서 평신도'를 주제로 다루는데, Zambon은 평신도를 주제로 한 공통적인 제목들을 모은다. 그는 '평신도'라는 용어의 의미부터 몇 가지 종합에 이르는 과정을 거치면서, 전체 내용을 다섯 장으로 정리한다. 각 논문의 마지막에는 특별히 골몰하는 주제에

대한 참고 자료들을 발견할 수 있다.

M.T. Fattori, *Il tema dei laici dagli anni trenta al concilio Vaticano II. Rassegna delle fonti e dei percorsi (1930~1965)* in «Cristianesimo nella storia» 20 (1999) 325-381. 이 논문은 제2차 바티칸공의회 이전의 성찰에 주의를 기울인다.

Y. Congar, *Per una teologia del laicato*. (Morcelliana, Brescia 1967) (sulla seconda edizione francese). 고전적 작품 중에서 종합을 이루는 이 작품을 언급해야 한다. 이 작품에 대한 재숙고는 다음과 같다. Y. Congar, *Il mio cammino nella teologia del laicato e dei ministeri*, in Id., Ministeri e comunione ecclesiale (EDB, Bologna 1973) 11-28.

R. Pellitero, *La teologia del laicado en la obra de Yves Congar* (Universidad de Navarra, Pamplona 1996). 이 작품은 Congar가 평신도에 관해 진술한 것을 매우 세부적으로 성찰한 연구다.

La Facoltà di diritto Canonico della Pontificia Università di Santa Croce, *Il fedele laico. Realtà e prospettive*, a cura di L. Navarro e F. Puig (Giuffrè, Milano 2012). 우리의 주제를 다양한 관점으로 성찰한 이 작품은 2011년 4월 7일부터 8일까지 로마 교황청립 성 십자가 대학교의 교회법 학과 학술 대회 발제문으로 발표되었고, 이후 책으로 출판되었다. 이 작품에는 신학부터 교회법, 사목, 성인전에 이르는 논문 22편이 실렸는데, 제3천년기의 첫 십 년쯤 평신도에 대한 성찰을 반영한다.

G. Campanini, *Il laico nella Chiesa e nel mondo*. (EDB, Bologna 2004). 이 책은 대중적 성격을 지닌 양서이다.

공의회를 둘러싼 논의

G. Baraùna (a cura di) *La Chiesa del Vaticano II* (Vallecchi, Firenze 1965). 이 작품은 공의회를 둘러싼 논쟁을 집성하는 주요한 공헌을 했다. 이 책에서 다음의 두 논문은 공의회 이전과 공의회의 논의를 분석하는 동시에 과거의 유산과 공의회의 새로움을 설명하는 데 도움이 된다. E. Schilebeeckx, *Definizione del laico cristiano* (959-977) 그리고 M.D. Chenu, *I laici e la «consecratio mundi»* 978-993.

G. Zambon, *Il concilio Vaticano II. Un'indagine sull'identità del laico negli scritti conciliari*, in «Credere oggi» 81, 3(1994), 32-47. 이 논문은 제2차 바티칸공의회가 선언하는 평신도에 관한 성찰의 과정을 잘 종합했다. 공의회의 논쟁에 관해서 참고하기 유익한 자료들은 다음과 같다. H. Sauer, *Il concilio alla scoperta dei laici*, in G. Alberigo (ed.), *Storia del concilio Vaticano II*, vol. 4: *La Chiesa come comunione. Il terzo periodo e la terza intersessione (settembre 1964~settembre 1965)* (il Mulino, Bologna 1999) 259-299; G. Routhier, *I laici nel Vaticano II: un tema complesso*, in Id., *Il concilio Vaticano II. Recezione ed ermeneutica* (Vita e Pensiero, Milano 2007) 165-184.

제2차 바티칸공의회의 「인류의 빛」 10항의 한 구절은 수많은 논쟁을 불러일으켰다. 보편 사제직과 직무 사제직 사이에 "정도만이 아니라 본질"의 차이가 있다는 표현이다. 이 표현의 역사와 의미의 분석을 심화한 자료는 다음과 같다. R. Tononi, *Differenza di grado o di essenza? Un testo problematico del concilio Ecumenico Vaticano II*, in G. Canobbio – F. Dalla Vecchia – G.P. Montini (eds.), *Gli stati di vita del Cristiano* (Morcelliana, Brescia 1995) 181-211.

G. Philips, *La Lumen Gentium. Commento*, vol. II (Jaca Book, Milano 1966) 13-60. 「인류의 빛」의 편집자 중의 한 명인 Philips이 「인류의 빛」 제4장에 대한 권위 있는 해설을 했다. 이 저자의 1950년대의 연구에서 이미 몇 가지 직관이 제시된 것을 발견할 수 있는데, 우선 1957년에 열린 평신도 사도직을 위한 제2차 학술회의에서, 또 1959년 5월 몬탈레그로 국제평신도대회 상임위원회가 개최한 학술 연구에서 같은 노선의 해설이 제시되었다.

D. Vitali, in S. Noceti – R. Repole (eds.), *Commentario ai documenti del Vaticano II 2: Lumen gentium* (EDB, Bologna 2015) 315-354. 이 연구는 「인류의 빛」 4장에 대한 유익한 해설이다.

A. Favale (a cura di) *La Costituzione dogmatica sulla Chiesa*. Elle Di Ci, Leumann 1966. 이 작품에는 교령 「사도직 활동」에 대한 해설과 편집 과정의 역사가 제시되었다. 「인류의 빛」과 연결된 교령의 주제들의 발전을 볼 수 있다.

평신도 신학의 변천에 관한 평가

M. Semeraro, *Con la Chiesa nel mondo. Il laico nella storia, nella teologia, nel Magistero* (Ed. Vivere In, Roma 1991). 이 책은 총 221쪽 중 140쪽을 할애해 교도권의 가르침을 설명한다. 특히 「인류의 빛」 30-31

항과 1987년 시노드에 기반한 교황 권고 『평신도 그리스도인』을 제시한다. 다음의 연구도 참조하라. E. Castellucci, *Il punto sulla teologia del laicato oggi: prospettive*, in «Orientamenti pastorali» 51 (2003) nn. 6-7, 42-84.

E. Malnati, *Dal Magistero contemporaneo. Teologia del laicato.* (LINT, Trieste 1992). 이 작품은 평신도를 주제로 한 최근 교도권의 가르침을 본성, 품위, 부르심, 평신도 그리스도인의 사명으로 정리했다.

D. Busolini, *Il laico cristiano. Nel magistero di Paolo VI all'Azione Cattolica Italiana* (Studium, Roma 1998). 이 작품은 교황 바오로 6세가 평신도 주제 가운데 특히 관심을 둔 이탈리아의 '가톨릭 운동'에 대해 설명했다.

G. Zambon, *Laicato e tipologie ecclesiali. Ricerca storica sulla «teologia del laicato» in Italia alla luce del concilio Vaticano II* (1950~1980) (PUG, Roma 1991). 이 작품은 평신도 신학의 성장과 극복이 진행된 시기의 세부적인 변천 과정을 보여 준다.

G. Ambrosio – G. Angelini, *Laico e cristiano* (Marietti, Genova 1987). 이 작품은 평신도 신학의 변천을 보여 주는데, 시민사회와의 관계에서 교회의 변천에 연관된 문제를 보여 주려 한다. Angelini는 비판적인 신학적 평가를 제시하면서, 신학적으로 정당화될 수 있는 형태의 평신도는 존재하지 않으며, 평신도의 문제는 시민사회 생활에서 그리스도교를 살아가는 문제를 설정하며 전개된다고 말한다.

G. Colombo, *La «Teologia del laicato»: bilancio di una vicenda storica*, in Facoltà Teologica dell'Italia Settentrionale, *I laici nella Chiesa*. (Elle Di Ci, Leumann 1986) 9-27. 이 연구는 평신도에 대한

권위 있는 비판적 평가로 여겨진다. 저자의 결론과 이탈리아 북부 신학대학의 학술 대회에서 제시된 많은 논문의 주장은 이러하다. 평신도는 그리스도인이고, 이것으로 충분하다. 따라서 얼마 전부터 몇몇 이탈리아 신학자들의 주제와 연구가 되었던 현세성에 대한 모든 것은 제거되어야 한다.

AA. VV., *Laicità, problemi e prospettive*. Atti del XLVII corso di aggiornamento culturale dell'Università Cattolica del Sacro Cuore (Verona 1977) (Vita e Pensiero, Milano 1977); AA. VV., *Laicità nella Chiesa*, a cura del Dipartimento di scienze religiose dell'Università Cattolica del Sacro Cuore (Vita e Pensiero, Milano 1977). 이 자료집은 평신도 신학의 변천에 대한 판단의 적합성을 평가하는데, 평신도에서 현세성으로 전환되는 논쟁의 과정을 발견할 수 있다. 현세성은 창조된 사물의 가치와 자율성의 의미로 받아들여진다. 이는 교회가 세상에 있는 한, 온 교회의 현세성으로 이해된다.

B. Forte, *Laicato e laicità*, (Marietti, Casale Monferrato, 1986); S. Dianich, *Chiesa in missione* (Paoline, Cinisello Balsamo 1985) 그리고 *Laici e laicità nella Chiesa*, in S. Dianich (ed.), *Dossier sui laici* (Queriniana, Brescia 1987) 103-151. 이 두 연구에서 교회의 현세성으로 확장되는 의미의 정당화는 제지된다.

G. Lazzati, *Per una nuova maturità del laicato*. (AVE, Roma 1986); Id., *Laicità e impegno cristiano nelle realtà temporali* (AVE, Roma 1985). 교회의 현세성의 확장을 제지하려는 사상에 맞서 Lazzati는 날카롭게 반발한다. 그는 공의회에 충실하고 시민사회에서 의미 있는 교회의 현존을 유지하기 위해 많은 논문에서 평신도 형태의 특별함을 보

존하려 한다. 이러한 맥락에서 위의 두 연구는 종합적이다.

G. Canobbio, *Si può ancora parlare di laici e di laicato?*, in «Rivista del Clero Italiano» 67 (1986) 215-224. 이 연구는 교회의 현세성에 관한 논쟁을 확장한다.

G. Della Torre (ed.), *Lessico della laicità* (Studium, Roma 2007). 이 작품은 새천년기의 첫 시기에 현세성에 관한 주제로 큰 관심을 불러일으킨다. 여기에 인식의 영역이든 혹은 실천의 영역이든 다양한 영역에서 주제를 강조하고자 하는 논문 20편이 제시된다.

G. Colombo, *Il dibattito su laici e laicità: aspetti problematici in recenti pubblicazioni*, in «Humanitas» 42 (1987) 751-762. 이 연구는 참고 도서의 목록을 제시하면서, 1980년대 중반에 진행 중인 경향을 '우려'한다.

Associazione Teologica Italiana, *Laicità e democrazia. Una questione per la teologia*, a cura di L. Casula (Glossa, Milano 2011). 이 작품은 현세성이라는 주제가 정치적 관점에서 최근에 다시 집중받는 것을 보여 준다.

평신도에 대한 논의

M. Vergottini, *La teologia e i «laici». Una ipotesi interpretativa e la sua recezione nella letteratura*, in «Teologia» 18 (1993) 166-186. 1990년대에 이탈리아 북부 신학대학의 몇몇 교수들은 평신도에 관한 논의를 진행했는데, 이들에 따르면 평신도에 대한 문제는 신학적 · 실천적 문제다. 이 연구는 이를 주장하고, S. Dianich, A. Scola 그리고 G. Canobbio

는 논문과 비평을 전개한다. 이러한 노선에서 Vergottini는 평신도에 대한 비판적인 평가를 논문으로 발표한다. M. Vergottini, *La riflessione sui laici da «Lumen Gentium» a «Christifideles laici»* in C. Ghidelli (ed.), *A trent'anni dal concilio. Memoria e profezia* (Studium, Roma 1995) 130-159; Id., *Laico*, in G. Barbaglio – G. Bof – S. Dianich (eds.), *Teologia* (San Paolo, Cinisello Balsamo 2002) 776-787; Id. *I laici nel Vaticano II. Ermeneutica dei testi e recezione conciliare*, in Associazione Teologica Italiana, *La Chiesa e il Vaticano II. Problemi di ermeneutica e recezione conciliare*, a cura di M. Vergottini (Glossa, Milano 2005) 331-358; Id., *Congedo dalla teologia del laicato* (EDB, Bologna 2017) (긴 해제는 F.G. Brambilla가 썼다.)

C. Prandi, *I cristianesimi e la questione della laicità*, in «Humanitas» 49 (1994) 60-81. 평신도라는 주제의 중심에 역사적 선택이 있는 것처럼 보이는데, 이 책에 따르면 평신도의 문제는 근대 시기 교회와 시민사회의 분리에서 도출되었다. 이 연구는 이러한 방향을 전개한다.

P. Vanzan (ed.), *Il laicato nella Bibbia e nella storia* (AVE, Roma 1987); M. Toso (ed.), *Laici per una nuova evangelizzazione. Studi sull'Esortazione apostolica «Christifideles laici» di Giovanni Paolo II* (Elle Di Ci, Leumann 1990) (특히 제1부). 이 두 작품은 평신도 문제와 교회적 전통에서 평신도를 생각하는 방식에 관한 기초 정보를 제공한다.

A. Vanhoye, *Sacerdoti antichi e nuovo sacerdote secondo il Nuovo Testamento* (Elle Di Ci, Leumann 1985); M. Adinolfi, *Il sacerdozio comune dei fedeli* (Antonianum, Roma 1983). 이 두 작품은 신약성경의 보편 사제직을 알아볼 때 유용하다. 과거에 받아들이지 않았던 질문에

대한 해답을 찾던 연구자들은 이 두 책에서 답을 찾을 것이다.

A. Faivre, *I laici alle origini della Chiesa* (Paoline, Cinisello Balsamo 1986); P. Siniscalco, *Laici e laicità. Un profilo storico* (AVE, Roma 1986); Id., *Laici e laicità nei primi secoli della Chiesa*. 이 작품들은 초세기의 그리스도인을 다룬다. 두 번째 작품은 초세기의 그리스도교 그 이후도 다루며, 세 번째 작품은 1세기부터 3세기까지의 교부들의 문헌을 집성하고 해설한다. 이 작품은 교회에서 '평신도'에 관한 니케아공의회 이전의 증언 그리고 '현세성의 영역'(부자-가난한 자, 정치적 제도들, 여성)에 관한 니케아공의회 이전의 증언이라는 두 부분으로 나뉜다. 두 부분은 본문을 방법론적으로 선택할 것을 지시한다. '평신도'라는 용어가 나오는 부분만으로는 니케아공의회 이전 시기 평신도 그리스도인의 조건을 이해할 수 없다. 대신 세속 현실을 살아가는 초세기 그리스도인들의 태도를 이해하도록 이끈다. 이 태도를 설명하는 것은 다음의 책인데, 너무 과도한 측면이 있다. E. Dal Covolo, *Chiesa e società politica. Aree di «laicità» nel cristianesimo delle origini* (LAS, Roma 1995).

AA. VV., *I laici nella «societas christiana» dei secoli XI e XII*. Atti della terza settimana internazionale di studio (La Mendola 21-27 agosto 1965) (Vita e Pensiero, Milano 1968). 이 작품은 중세를 이해하기 위해 필수 불가결하다. Ilarino da Milano, *La spiritualità dei laici nei secoli VIII-X*, in AA. VV., *Problemi di storia della Chiesa. L'alto medioevo* (Vita e Pensiero, Milano 1973) 139-300. 이 긴 논문은 평신도의 영성을 확립하기 위한 노력을 이해하는 데 유익하다. A. Vauchez, *I laici nel medioevo. Pratiche ed esperienze religiose* (Il Saggiatore, Milano 1989). 이 논문은 제목부터가 우리의 주제를 다루지만, 본문 중 일부만이 이 주제

를 다룬다.

R. Savigni, *Giona di Orléans. Una ecclesiologia carolingia* (Patron Editore, Quarto Inferiore 1989) 17-109. 중세 저자 중 한 명인 오를레앙의 요나스를 다루는 이 중요한 논문은 평신도(특히 왕)의 영적 측면을 분석한다. M. Grandjean, *Laïcs dans l'Église. Regards de Pierre Damien, Anselme de Cantorbéry, Yves de Chartres* (Beauchesne, Paris 1994). 이 작품은 12세기에 일어난 전복을 이해하는 데 중요한 자료인데, 관상 생활의 부르심에 우선성이 있다는 주장을 반박하지는 않았지만, 평신도의 생활에 긍정적인 의미를 부여했다.

G. De Lagarde, *Alle origini dello spirito laico* (Morcelliana, Brescia 1961). 현세성의 출현과 발전 그리고 시민 생활을 강조한 이 작품은 언급할 가치가 있다.

A. Maffeis, *Il sacerdozio universale dei fedeli secondo Lutero. Valenza critica e implicazioni ecclesiologiche di una dottrina*, in G. Canobbio – F. Dalla Vecchia – G.P. Montini (eds.), *Gli stati di vita del cristiano* (Morcelliana, Brescia 1995) 123-152. 이 연구는 믿는 이 모두의 사제직에 관한 루터의 관점 이해에 중요하다.

A.M. Erba, *Laico (storia del)*, in E. Ancilli (ed.), *Dizionario di spiritualità dei laici*, vol. I (Edizioni O.R. Milano 1981) 369-393. 이 연구는 평신도의 폭넓은 역사를 조직적이고 효율적으로 설명했다.

비교적 근래에 이루어진 뉴먼에 관한 J. Coulson의 연구는 이 책의 제6장에서 제시되었다. 제2차 바티칸공의회의 평신도 신학을 예고하는 작품들 역시 제7장에서 제시했다.

평신도의 영성

평신도의 영성에 관해서는 P. Brugnoli, *La spiritualità dei laici dopo il concilio* (Morcelliana, Brescia 1967)와 Id. *Santità e vita nel mondo* (Paoline, Milano 1967)를 언급하는 것으로 충분하다. 둘째 작품은 주제를 확장해 그리스도교 생활은 일상생활이라는 결론에 이른다. P. Scabini, *Laici (e spiritualità laicale)* in E. Ancilli (ed.), *Dizionario enciclopedico di spiritualità*, II (Città Nuova, Roma 1990) 1380-1399. 이 연구는 제2차 바티칸공의회와 1987년 시노드의 이해 아래 평신도에 관한 최근의 성찰을 다루는데, 몇몇 요소는 평신도의 영성을 (성사적, 세속적, 지혜적으로) 다룬다. G. Caracciolo, *Spiritualità e laicato nel Vaticano II e nella teologia del tempo* (Glossa, Milano 2008). 이 작품은 폭넓은 평가와 제안으로 '평신도' 제자들의 신원을 정확하게 설명하려 한다. G. Campanini, *Testimoni nel mondo. Per una spiritualità della politica* (Studium, Roma 2010). 이 작품은 전형적인 평신도 영성의 노선에서 성찰을 이어 가는데, 정치의 임무를 지닌 그리스도인의 '덕'을 현세성의 첫자리에 둔다.

새로운 교회법적 규정

D. Mogavero, *La condizione del laicato nell'ordinamento canonico*, in S. Dianich (ed.), *Dossier sui laici*, 65-102; A. Montan, *I laici nel diritto della Chiesa. Presupposti ecclesiologici e profilo giuridico*, in «Lateranum» 53 (1987) 470-503; E. Corecco, *I laici nel nuovo Codice di diritto cano-*

nico, in «La Scuola Cattolica» 112 (1984) 194-218. 여러 연구 중에서 이 세 연구는 새로운 교회법 규정을 훌륭하게 분석했다. L. Navarro, *La condizione giuridica del laico nella canonistica dal concilio Vaticano II ad oggi*, in L. Navarro – F. Puig (eds.), *Il fedele laico. Realtà e prospettive* (Giuffrè, Milano 2012) 35-66. 이 연구는 교회법적 맥락에서 주제에 대한 윤곽을 제공했다. S. Mazzotti, *La libertà dei fedeli laici nelle realtà temporali (C. 227 C.I.C.)* (Editrice Pontificia Università Gregoriana, Roma 2007). 이 작품은 현세에서 평신도의 자유에 관해 특별하게 다루었다.

교황 권고 『평신도 그리스도인』

M. Toso (ed.), *Laici per una nuova evangelizzazione*; D. Tettamanzi (ed.), *Laici verso il terzo millennio. Esortazione apostolica «Christifideles laici». Testo e commenti* (Città Nuova, Roma 1989). 이 두 작품은 교황 권고 『평신도 그리스도인』의 해설이다.

I. Siviglia, *La partecipazione dei laici ai processi decisionali nella Chiesa nel dibattito del Sinodo dei Vescovi del 1987* (Facoltà Teologica di Sicilia, Palermo 1993). 시노드에서 발생한 논쟁에 관해 이 책을 참조하라. 이 작품은 1987년 시노드에서 이루어진 교회의 결정 과정에 평신도의 참여를 염두에 두었다.

F. De Giorgi, *Il brutto anatroccolo. Il laicato cattolico italiano* (Paoline, Milano 2008). 제2차 바티칸공의회 이후 시기에 수많은 평신도에게서

일어난 기대는 곧바로 실망으로 변했다. 그중 소수는 과격했다. 이는 성직주의의 복권에 대한 저항으로 비쳤다. 이 연구는 당시 이탈리아의 상황을 주시했다. 이탈리아 교회의 상황을 비판적으로 다루며, 평신도에 대한 이해 부족에 특히 주의를 기울인다. (이 책의 제목 『미운 오리 새끼: 이탈리아 가톨릭 평신도』는 안데르센의 우화를 암시한다.)

P. Neuner, *Per una teologia del popolo di Dio* (Queriniana 2016). 이 작품은 더 일반적인 관점을 제공한다. 1987년 시노드의 상황에서 발표한 연구들을 재구성했는데, 특히 독일의 상황을 반영한다. 수정되지 않은 몇몇 부분도 있지만, 많은 부분이 심화되었다. 이 작품의 첫 세 장은 역사적인 내용을 다루고, 이후에 교황 프란치스코의 권고 『복음의 기쁨』(2013)에 책의 절반을 할애한다. 이 책의 4장은 제2차 바티칸공의회 이전과 이후의 조직적 성찰을 시도한다. 마지막 20쪽 정도는 개인적인 관점을 제시하는데, 평신도의 고유한 영성은 없다고 주장한다. 이 작품이 제시하는 명확하지만 설명되지 않는 주장은 결정 과정에서 모든 하느님 백성이 참여해야 한다는 교황 프란치스코의 우려에 근거한다. 이는 2015년에서 2016년으로 이어지는 가정에 관한 특별 시노드에서 제기되었는데, 실천적인 교황은 시노드적 교회의 생각을 표명했다. 저자는 하느님 백성으로서 교회라는 설명을 복원하기 위해 '생활 신분들'의 구분을 극복하자고 제안했다.

직무의 신학에 관련된 연구를 제시하지 않은 것은 평신도에 관한 공의회 이후의 논쟁을 제시한 자료들이 이미 충분하기 때문이다.

사실, 제시하지 않은 자료가 더 많이 있다. 참고문헌을 제시하는 의도는 이러한 누락을 확인하려는 것이다. 누락된 자료들은 우리의 작업에서 한발 더 나아가려는 연구에 유용할 것이다.